匡亚明 主编 中国思想家评传丛书

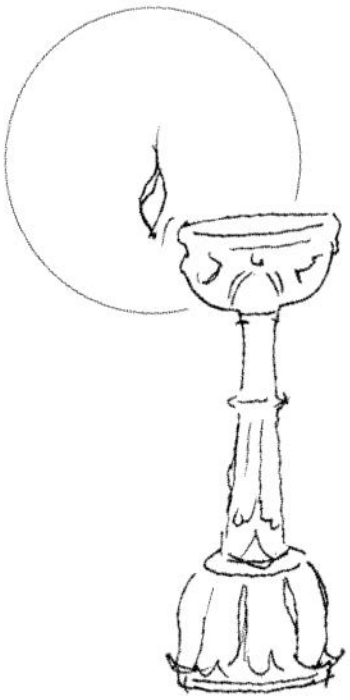

智𫖮评传

潘桂明 著

南京大学中国思想家研究中心

南京大学出版社

中国思想家评传丛书

智𫖮画像

《中国思想家评传丛书》序

匡亚明

伟大的中华民族在长达五千年连绵不断的曲折发展过程中，像滚滚东流的长江那样，以磅礴之势，冲破了重重险阻，奔腾向前，现在更以崭新面貌，雄姿英发，屹立于世界民族之林。这是人类历史上的一个奇迹。产生这一奇迹有诸多原因，其中十分重要的一点，就是我们勤劳、勇敢、智慧的各族人民，在长期的生产活动、社会活动、思维活动和对外交往以及抗击外来侵略过程中，逐渐创造、积累、发展了具有以生生不息的内在思想活力为核心的优秀传统思想文化。这是一种伟大、坚强的精神支柱，是我们民族凝聚力和生命力之所在，是历史留给我们所有海内外炎黄子孙引以自豪的无价之宝。

当然，和各国各种不同传统思想文化一样，在中华民族的思想文化传统中，也是既有精华，又有糟粕，因而全盘肯定或全盘否定，不对；一知半解、信口开河或裹足不前、漠然置之，也不对。郑重而严肃的态度应该是对它进行实事求是的科学的研究和分析，取其精华，弃其糟粕，继承和弘扬这份瑰宝，振兴中华，造福人类。人类历史发展的连续性，就是在不断去粗取精、继往开来和改革创新过程中实现的。继往是为了开来，开来不能离开继往。民族虚无主义和复古主义，都是违背历史发展的辩证规律的。

现在我们国家正处在一个新的继往开来迈向四化的关键时刻。继往就是继民族优秀传统之往，开来就是开社会主义现代化建设之来。对中国传统思想文化从广度和深度上进行系统研究，实现去粗取精的要求，正是继往开来必须完成的紧迫任务。我认为这是中国各族人民，首先是文化界、学术界、理论界义不容辞的光荣职责。但面对这一时间上长达五千年，内容上涉及人文科学、自然科学等各个领域的传统思想文化，将从何着手呢？毛泽东同志早在 1938 年就说过："从孔夫子到孙中山，我们应当给以总结，承继这一份珍贵的遗产。"① 这是很有远见而又切合实际的英明建议。从孔子到孙中山这两千余年是中国历史上思想文化最丰富的时期，如果总结了这段历史，也就基本上总结了五千年传统思想文化的主要内容。当然，基本上不等于全部。孔子以前和孙中山以后的情况，可以另行研究。因此，我认为首先最好是在时间上从孔子开始到孙中山为止，方法上采取《中国思想家评传丛书》的形式作为实现这一任务的开端。这就是从这段历史的各个时期、各个领域和各个

① 毛泽东：《中国共产党在民族战争中的地位》，《毛泽东选集》第 2 卷，人民出版社 1952 年版，第 522 页。

学科（包括文、史、哲、经、教、农、工、医、政治等等）有杰出成就的人物中，遴选二百余人作为传主（一般为一人一传，少数为二人或二人以上合传），通过对每个传主的评述，从各个侧面展现那些在不同时期、不同领域中有代表性人物的思想活力和业绩，从而以微见著、由具体到一般地勾勒出这段历史中中国传统思想文化的总体面貌，揭示其积极因素和消极因素的主要内涵，以利于开门见山、引人入胜地批判继承、古为今用，也为进一步全面系统地总结中国传统思想文化打下基础。自从毛泽东同志提出上引建议后，半个世纪以来，不少专家学者已从各个方面做了许多工作，但对全面完成这个任务来说还远远不够，还要在深度和广度上继续努力。作为“抛砖引玉”，本《丛书》只是这个继续努力所应完成的工作的一部分。《丛书》凡二百部，约四千万言，自 1990 年开始陆续出版，争取十到十五年全部出齐。

《丛书》所以用“中国思想家评传”命名，主要是考虑到中国传统思想文化中的核心是生生不息的内在思想活力，而历史事实也反复证明，凡是在各个不同时代不同领域和学科中取得成就者，大多是那些在当时历史条件下自觉或不自觉地认识和掌握了该领域事物发展规律的具有敏锐思想的人。他们取得成就的大小，取决于思想上认识和反映这些规律的程度如何。思想并非先验之物，它所以能反映和掌握这些规律，主要是通过社会实践和对前人思想成果的借鉴和继承。思想一旦形成，反过来在一定程度上又对实践起决定性指导作用。

韩愈说的“行成于思，毁于随”①，列宁说的“没有革命的理论就不会有革命的运动”②，这些话，虽所处时代和所持立场不同，所要解决的问题的性质也不同，但就认识论中思与行、理论（思想的高度概括）与实践的关系而言，确有相通之处，即都强调思想对实践的指导意义和作用。因此我们以“中国思想家评传”命名，就是力图抓住问题的核心，高屋建瓴地从思想角度去评述历史人物，以便对每个传主在他所处时代的具体情况下，如何在他所从事的领域中，克服困难，施展才华，取得成功，做出贡献，从思想深处洞察其底蕴。历史上各个时代富有思想因而能在有关方面取得成就的人，直接阐述自己思想观点的论著虽亦不少，但大量的则是其思想既来自实践（包括对前人、他人实践经验的吸取）、又渗透在自己创造性实践之中，集中凝聚在他自己的业绩和事功上，而没有留下论著。另一些人却只留下著作而无其他功绩，对这些人来说，他那些有价值的著作就理所当然地是他的伟大业绩和事功。如果论述一个人的思想而不联系他的业绩（包括著作），必将流于空洞的抽象；同样，如果只讲一个人的具体业绩而不结合他的思想活动，又必将成为现象的罗列。评价思想和评价业绩，两者不应偏废。而不断在实践中丰富和深化的思想活力则是经常起主导作用的因素，强调这个因素，引起人们的正视和反思，正是我们的主旨和目的。当然，思想和思想家，思想家和实践家，都是既有区别又有联系的不同概念，忽视这一点是不对的。《从

① 韩愈：《进学解》，中华书局《四部备要》东雅堂本《韩昌黎全集》卷十二第3页。

② 列宁《怎么办》，《列宁选集》第1卷，人民出版社1976年版，第241页。

书》的重点则是放在两者的联系和结合上。至于如何使两者很好联系和结合而又着意于剖析其思想活力，各占多少篇幅或以何种方式表达，则自当由作者根据传主的具体情况创造性地作出妥善安排。

自从人类历史上产生了马克思主义，不仅全人类解放和发展有了划时代的明确方向，学术研究也有了更严密的科学方法，即辩证唯物主义和历史唯物主义的世界观和方法论。根据这一科学方法，在研究和总结中国传统思想文化，特别是联系到《丛书》的撰著时，我认为下列几点应特别引起重视。

一、坚持实事求是的原则。实事求是是贯串在马克思实际活动和理论研究中的主线，离开了它也就离开了马克思主义。只有切实掌握了客观情况，才能得出正确的认识和判断。前者为“实事”，后者为“求是”，二者相结合，就叫实事求是。事不实则非夸即诬。为了弄清情况，就必须对情况的本质与现象、整体与局部、真与伪、精与粗，作出区别、梳理和取舍，这样才能掌握情况的实质，达到“实事”的要求；然后进一步加以分析研究，找出事物本身固有的真相而非主观臆测的假象，并验证其是否符合人民利益和人类历史前进方向，是否反映科学、技术、文化、艺术的发展规律，这样才能得出正确的认识和判断，达到“求是”的要求。实事求是是治学的基本功夫，是对每个传主的功、过、是、非作出公正评价的必要前提。不论古今中外，对历史人物过高或过低的不公正评价，大都由于未能认真坚持实事求是原则的缘故。

二、坚持批判继承的原则。马克思主义学说就是批判的学说，而批判是为了继承、发展和创新。这就需要我们在实事求是的基础上，既要继承发扬传主业绩和思想中的积极因素，又要批判清除其消极因素。凡传主业绩和思想中体现了诸如爱国主义、民主意识、科学见解、艺术创造和艰苦奋斗、克己奉公、追求真理的精神,即在符合历史前进要求的"立德"、"立功"、"立言"诸方面有显著成就等积极因素者,必须满腔热情地加以继承和弘扬,并紧密结合当前社会主义建设实际,使之深入人心,蔚然成风;凡反映有诸如封建迷信、专制独裁、愚昧落后、丧失民族尊严和违背科学进步等消极因素者,必须以历史唯物主义的观点加以批判,清除其一定程度上至今尚起作用的消极影响,而消极因素经过彻底批判后可转化为有益的教训;凡积极因素和消极因素相混者,更当加以认真清理和扬弃,既发扬其积极因素又摒弃其消极因素。我们力求一点一滴、切实认真地探索各个传主思想和业绩中珍贵的积极因素,使之成为全国各族人民正在从事的继往开来伟大历史工程的组成部分。

三、坚持"百花齐放"、"百家争鸣"的原则。"百花齐放"和"百家争鸣",是发扬学术民主、促进学术繁荣的正确原则和巨大动力。前者强调一个"齐"字,后者强调一个"争"字,是表示学术上平等、民主和自由的两种不同状态;前者突出的是统一与和谐,后者突出的是区别与争论;两种状态又统一于不断地相互促进和相互补充、转化的持续发展提高过程之中。"百花齐放"、"百家争鸣"的原则体现在撰著评传时,应从"齐放"和"争鸣"出发,综合中外各个时期对有关传主的不同评价,吸取符合客观存在的对的东西,摒弃其违反客观存在的不实的东西,然后创造性地提出经过自己独立思考的、赶前人或超前人的一家之言。同时,对整个《丛书》而言,也有个共性、个性又统一又区别的问题。这就是一方面作者应把"实事求是"、"批判继承”和“百花齐放”、“百家争鸣”这几点作为大家的共性(统一与共识);另一方面,对每部评传的立意、结构和行文(文体、文风和文采等),则主要是作者的创造性思维劳动和雅俗共赏的文字表达艺术的成果,是彼此的个性(区别),不宜也不应强求一律。评传作者都有充分自由去发扬这一个性,力求在对每一传主的评述中探索和展示其积极因素,使之和正在变革中国面貌的伟大社会主义建设实践融为一体,丰富其内容,促进其发展,而不是仅仅停留在对传主思想业绩的一般性诠释上。

我认为,以上三点大体上可以表达《丛书》所遵循的主要指导思想,但也不排除用其他思想和方法得出的有价值的研究成果。

感谢所有关心和支持《丛书》工作的单位和个人,特别感谢《丛书》的名誉顾问和学术顾问。他们的热情关心、支持和指教,使《丛书》工作得以顺利进行。更要感谢所有承担评传撰著任务的老中青学者,他们都以严谨的治学态度,作出了或正在作出对学术,对民族,对历史负责的研究成果。没有他们的积极合作,《丛书》工作的开展是不可能的。《丛书》副主编和中国思想家研究中心、南京大学出版社,在制定《丛书》规划,约请和联系国内外学者,审定书稿以及筹划编辑出版等方面,克服重重困难,做了大量工作,他们的辛勤劳动是《丛书》能按预定计划出版的必要前提。

现在《丛书》开始出版了,我作为年逾八旬的老人,看到自己迫于使命感而酝酿已久的设想终于在大家支持合作下实现,心情怡然感奋,好像回到了青年时代一样,体会到“不知老之将至”的愉悦,并以这种愉悦心情等待着《丛书》最后一部的问世;特别盼望看到它在继承中华民族传统思想文化的珍贵遗产方面，在激励人心、提高民族自尊心和爱国主义思想方面，在促进当前建设有中国特色的继往开来的社会主义现代化物质文明和精神文明的历史性伟大事业中，能起到应有的作用。我以一颗耄耋童心，默默地祝愿这一由一批老中青优秀学者经长年累月紧张思维劳动而作出的集体性学术成果能发出无私的熠熠之光，紧紧伴照着全民族、全人类排除前进道路上的各种障碍，走向和平、发展、繁荣、幸福的明天！

热诚欢迎国内外同仁和各界人士不吝赐教，以匡不逮。是为序。

1990年10月7日

序

任继愈

佛教自印度次大陆传入中国，经历了一段漫长过程，终于在这块土地上生了根并发生广泛而深远的影响，形成“中国佛教”。中国佛教有佛教外来文化因素，又有中国文化特色。我们称之为中国佛教，并不是“佛教在中国”，因为它是“中国化的佛教”，已不同于古印度佛教的精神面貌。

佛教在中国广大地区出现了三个分支：在云南省与缅甸、老挝接壤地区的中国佛教带有中国云南边疆地区民族文化的特色，流行范围不大，信徒不多。这一分支，我们称之为“云南佛教上座部”。在藏语地区传播的中国佛教主要流行范围在中国西南藏族地区，后来扩展到西藏以外，如云南、四川、甘肃、青海、内蒙、蒙古人民共和国以及俄罗斯的远东地区，这一支系，我们称之为“藏传佛教”，外国称之为“喇嘛教”。流行地域最广，信徒人数最多，并由中国内地传播东邻韩国、朝鲜、日本、越南等地的这一支派，我们称之为“汉传佛教”。

这里只说汉传佛教。

汉传佛教与中国传统文化相结合，凭借中印双方古老文化的深厚根基，得到充分的发展，繁茂壮大，蔚为大宗，它对后世的影响及持续绵延的寿命，大大超过了印度佛教。今天在印度次大陆只能看到当年佛教遗址，已难以看到佛教的活动，它的重心已转到了中国。

中国佛教接受了中国封建传统文化中的三纲思想，成为中国古代上层建筑的一部分。释迦牟尼早被中国人民所接纳，与中国圣人孔子、老子受到同等尊奉，并称“三圣”。

佛教传入中国，逐渐成为“中国佛教”，曾经历过四个发展阶段，或称为四个时期：

第一个时期是介绍阶段——汉至东晋；

第二个时期是融会阶段——南北朝；

第三个时期是创造阶段——隋唐；

第四个时期是儒化阶段——宋至清。

为了适应佛教在中国的发展，佛教界在各个不同阶段涌现过一些杰出的历史人物，他们完成了不同的历史任务。

在第一个阶段（汉到东晋）的中国著名僧人，《高僧传》上的重要人物，都是译经大师。佛典的翻译者，同时也是所译佛典的宣传者，并由译出经典引发出不同学派。当时主译者多为外国佛教学者。早期译者来自天竺者少，来自西域（中亚）者多。早期佛经多出自“胡语”，即中亚语言。直接从梵语译出的佛教典籍，南北朝后期才逐渐增多，隋唐以后汉译佛教典籍底本才完全出自梵文。其所以出现这种现象，有人才的原因，有中外交通的原因，也有当时中国政治形势的原因，这里不详说。

在第一阶段（介绍时期）有早期和晚期的差异。最早的介绍没有系统，有什么佛教经典就译什么。译者水平受语言的局限，未必完全准确地表达原意。出于宗教徒的虔诚心理，他们对佛经的话绝对相信，从不怀疑。翻译早期佛教经典的一些外国僧人到中国后才开始学习汉语，汉语水平不高，不得不借助于中国助手，在译文中难免，甚至必然地，掺入当时当地的流行思想。用语、词汇往往借助于当时流行用语，对中国译经助手们来说，他们起着融会的作用。早期佛教专门术语用的“格义”，就是常见的表达方式。

中华民族是个伟大的民族，它善于继承和创新。经常以继承的方式来创新，即古人所说的“以述为作”。正是由于中国古人以述为作的表达方式的特殊性，在介绍阶段已孕育着融会的成分；融会阶段也孕育着创造的成分。近代从事佛教研究的有些外国学者看到中国佛教未严格遵循古天竺佛教的原意，认为中国佛教失去印度佛教原旨，这是由于他们不了解中国古代学者著述的特点。真正理解中国学术发展规律的研究者，恰恰在这些地方探骊得珠，从中寻出学术文化发展的脉络所在。

天台宗的开创人智顗生活在陈隋之际，他凭借《法华经》的基本理论框架，大胆发挥其理论的创造性，构建了比较完整的宗派体系，为中国佛教发展开了新生面。外国学者论述中国佛教时，讲什么中国有“十宗”、“八宗”之说，均不可取，因为他们误把学派当成了宗派，与历史实况不符。

智顗以阐释《法华经》的方式写出不少著作。研究者如果根据智顗的阐释去理解《法华经》，有时会失望。但智顗的哲学体系，确实是他通过对《法华经》的阐释完成的，是极有价值的思想资料。智顗是中国佛教从融会阶段走向创造阶段的先行者，他创建的天台宗不失为中国佛教发展史上的里程碑。从此以后，中国佛教撰述摆脱依傍，开始走自己的路，与中国的传统文化打成一片，与中国的现实社会密切结合，体现了中国哲学史在心性论和本体论方面不断深化、不断前进的轨迹。前进要探索，探索过程中有创获，也会有失误。中华民族创造的文化就是这样走过来的，全世界所有高度文化成就的民族都是这样走过来的。从这个角度来考察智顗这个人和他的思想，不但对中国佛教史有意义，也有哲学史的普遍意义。

我国研究佛教史的专人和专著不算少，但对智顗下过工夫的不算多，少数专家中，潘桂明同志是功力比较深厚的一位。学术界若干年来，深受社会浮夸风传染病的毒害，不读书，却好求甚解。以此自娱，聊胜于博弈；如果印成书册，向人发售，必会误人。社会科学、人文科学都有它科学的严肃性。潘桂明同志的治学态度是认真而严肃的。潘桂明同志治学一向勤奋刻苦，好学深思，不求闻达。孔子对他的及门弟子曾参有过评论，说“参也鲁”。“鲁”有质朴、平实、不虚浮的品质。在当今学术界，质朴学风越来越淡，有识之士很为学术界的前途担忧。潘桂明同志治学务实，不随波逐流，为知识分子多保持几分质朴、平实，十分可喜，也十分可贵。这本书的内容得失由读者去评论，这里只在《评传》以外谈了一些可采可不采的意见，以应潘桂明同志的嘱托。

内 容 提 要

智𫖮是陈隋之际杰出的高僧，也是中国哲学史上屈指可数的伟大哲学家。本书以丰富翔实的原始资料为依据，通过智𫖮时代的佛学背景、他的生平和著述以及构成他止观学说体系主要内容的一心三观、圆融三谛、一念三千、性具实相、性具善恶等哲学命题的阐述和辨析，对智𫖮的政治态度、佛学渊源、哲学性质和特色，以及判教原则等问题，发表了作者自己的看法，提出了许多新的学术观点，力图客观、公正地对智𫖮及其天台学说的历史地位作出全面的系统的评价。

A Brief Introduction

Zhi Yi was an outstanding monk between Chen and Sui Dynasties, and a great philosopher in the history of Chinese philosophy history. Relying on plentiful original materials, this book records and analyses the Buddhist background characteristics of Zhi Yi's life time, the whole life and works of Zhi Yi, the basic contents in Zhi Yi's Śamathavipaśyanā theory system: one mind including three vipaśyanā, three dogmas unity, one thought surveying the 3000 worlds, Buddhanature including subject, Buddhanature including both good and evil, etc. The author has his own opinions to problems of Zhi Yi's politic attitude, Buddhist source, philosophic character and distinctive quality, principle of classification, ect. He puts forword many new academic viewpoints, tries to asess historic position of Zhi Yi and his Tian Tai School comprehensively, systematically, objectively and fairly.

目　次

A CRITICAL BIOGRAPHY OF ZHI YI

CONTENTS

第一章　智顗生活的时代

一、南北朝后期的政治

智顗是中国佛教天台宗的实际创始人，在他一生六十年的生涯中，有五十二年在南朝度过，八年在隋朝度过。他经历的是一个动荡不已的时代，一个由长期分裂而走向统一的时代。

南北朝历史上有两件至为重要的大事，它们直接影响到后来的政治进程和社会变迁,那就是孝文帝改革和侯景之乱。

北魏太武帝以不到十年的时间统一北方，并建立起“廓定四表，混一戎华”[①] 的异族统治。孝文帝在这一基础上，通过政治、经济等多方面的改革，加快了鲜卑族封建化的进程，使北方地区社会经济获得迅速恢复和发展，逐步确立起南北

---

① 《魏书》卷四，《世祖太武帝纪》。

朝对峙中的优势，为北朝最终吞并南朝打下了基础。

南朝自宋武帝至梁武帝，无论在政治、经济和军事上，都还足以与北朝相抗衡。但南朝并未抓住有利时机北伐，进而统一中国，相反在连年不断的内战以及统治阶级日趋腐败之中削弱了自己的力量。公元534年，北魏分裂（此前六年即528年发生“河阴之变”，北魏朝廷内乱，政局已不稳定），这是梁武帝北上进取的良机，但他未能充分利用这一机会。不久，便发生了侯景之乱。太清元年（547），东魏大将侯景因与高欢之子高澄不和，愿以所据河南之地投降梁朝。梁武帝轻信侯景之言，同意接纳。侯景便趁机南下，进占寿春（今安徽寿县），并勾结梁宗室萧正德，渡过长江，围攻建康（今江苏南京）。梁军赴援的各路主帅多为梁武帝子孙，他们因觊觎皇位，互相猜疑，保存实力，无心应战。太清三年（549），侯景攻破建康，昔日繁华的都城被焚掠一空，梁武帝则被软禁于台城，直至困饿而亡。此后，梁武帝的子孙们分别联合西魏、北齐，展开长达数年之久的相互残杀。公元557年，陈霸先杀王僧辩，自立为帝，建立陈朝，梁朝灭亡。

南朝诸帝中，梁武帝萧衍尚属比较有为的人物。梁武帝困死台城，南朝也就告一段落，正如陈寅恪先生所指出的：“梁的失败，也就是南朝的失败。陈亡不过是一个时间上的问题。”[①] 陈是南朝最弱小的朝代，不仅疆域狭小（控制区域仅限于江陵以东、长江以南地区），而且政局动荡、经济凋敝。陈后主叔宝嗣位后，极度荒淫奢侈，南朝的覆亡已指日可待。

① 万绳楠整理：《陈寅恪魏晋南北朝史讲演录》，黄山书社1987年版，第192页。

与此同时，北魏在分裂为东魏、西魏后，于公元550年和557年，又分别为北齐、北周所取代。北周武帝宇文邕在位期间，在西魏宇文泰改革[①] 的基础上，进一步从政治、经济、军事、思想领域推行改革，为北周统一北方以及北朝最终战胜南朝创造了条件。建德六年（577），周武帝消灭北齐，北方地区复归于统一。次年，周武帝死，政权落入外戚杨坚之手。大定元年（581），杨坚称帝，建立隋朝。此后，隋文帝杨坚在北周的基础上，继续采取加强中央集权、发展社会经济的措施，使隋朝在政治、经济、军事等方面力量不断壮大，远远超过偏于东南一隅的陈朝。腐朽不堪的陈朝却以为长江天险足资凭借，君臣仍沉湎于歌舞酒色之中。开皇九年（589），隋军渡江，势如破竹，一举攻下建康，陈朝灭亡，后主被掳。从此，历时二百余年的南北分裂局面宣告结束。

智𫖮生当南北朝后期，他目睹了北朝的日趋强大和南朝的不断衰落，并亲历了梁朝的败亡和陈朝的覆灭。作为南朝官宦子弟的他，面对当时的政治变迁和社会动乱，不能不百感交集、心绪难平。智𫖮的出家学佛以及他与陈、隋王朝的关系，大多可以从这一政治背景中找到答案。

对智𫖮思想产生重要影响的，还有北周武帝的灭佛运动。

周武帝在政治上是相当有为的帝王。为了统一大业，他崇尚儒术，重用苏绰、卢辩等人，以为“六经儒教之弘政术，

① 宇文泰的改革，除“减官员，置二长，并置屯田以资军国”外，“又为六条诏书”。这六条是：“先治心”，“敦教化”，“尽地利”，“擢贤良”，“恤狱讼”，“均赋役”。见《周书》卷二三，《苏绰传》。

礼义忠孝,于世有宜,故须存立。”[①]此前北魏太武帝灭佛时,曾提出“西戎虚诞,妄生妖孽”[②],“事胡妖鬼,以乱天常”[③]等理由。周武帝继承这一观念,认为要一统天下,必须发扬华夏文化,尊奉儒学为正统,废除五胡“夷狄之法”的佛教。他说:

> 佛生西域,寄传东夏;原其风教,殊乖中国。汉魏晋世,似有若无;五胡乱治,风化方盛。朕非五胡,心无敬事;既非正教,所以废之。[④]

况且佛教鼓励出家离俗、兴建寺塔,有害于富国强兵。于是,在道士张宾、佛徒卫元嵩的敦促下,周武帝终于在建德六年(577),以佛教费财伤民、悖逆不孝为名,正式宣布毁佛灭法。其结果是:

> 毁破前代关山西东数百年来官私所造一切佛塔,扫地悉尽。融刮圣容,焚烧经典。八州寺庙出四十千,尽赐王公,充为第宅。三方释子减三百万,皆复军民,还归编户。[⑤]

---

① [唐]道宣:《广弘明集》卷一〇,《叙释慧远抗周武帝废教事》,见《大正藏》卷五二。

② 《魏书》卷一一四,《释老志》。

③ 《魏书》卷一一四,《释老志》。

④ 《广弘明集》卷一〇,《叙任道林辨周武帝除佛法诏》。

⑤ [隋]费长房:《历代三宝记》卷一一,见《大正藏》卷四九。

这次毁佛为时虽短，但它对佛教的打击则要远远超过北魏太武帝灭佛。

周武帝毁佛后，大批僧尼或混迹民间，或逃匿山林，与北魏以后的流民混杂一起，成为隋代的严重社会问题。直到唐朝初年,这一问题仍然是影响统治者决策的一个重要因素。另有一部分僧尼则渡江逃入陈朝境内，不仅给予南方佛学以重要影响，而且在客观上促进了南北佛教文化的交流。

周武帝毁佛前后，智顗先是在金陵（今江苏南京）瓦官寺弘扬佛法，宣讲佛教经论，后又去天台山实修止观。毫无疑问，毁佛也同样给智顗的思想造成重大影响，并加速了他的创宗立派活动。

二、迅速发展中的中国佛教

大约在两汉之际，即公元一世纪前后，佛教已通过西域传入中国内地。但在汉魏时期，佛教传播地区有限，信仰佛教的人数也有限，而且大多属于上层贵族。

魏晋玄学的流行，使中国传统思想出现一大变化。玄学家以老庄学说解释儒家经典,并以哲学思辨形式展开论证,说明在现象世界背后存在着永恒不变的、非语言形象能表述的精神本体“道”或“无”。佛教的般若学旨在论证客观世界的虚妄不实，宣扬“诸法性空”的大乘空宗思想，认为解脱就是以般若智慧去体验永恒真实的“真如”。因为般若学与玄学有许多相似之处，所以在两晋得以迅速传播。

西晋灭亡后，北方地区陷入十六国混战之中。由于民族矛盾和阶级矛盾的激化，佛教得到滋长的机会。北方民众在异族统治者的残暴统治下，为逃避苛刻的徭役而竞相出家。在后赵、前秦、后秦、北凉等一些有影响的大国中，佛教受最高统治者的提倡和支持，获得特别迅速的发展。佛图澄是后赵统治者所尊奉的"大和尚"，他受石勒、石虎信任，除了推广佛教，还参与军政机要。其弟子道安以玄学观点提倡般若空宗理论，并对汉译佛经进行了初步整理，为出家僧众制定了法规、仪式。道安弟子慧远在庐山发挥"神不灭论"和"因果报应"思想，同时提倡阿弥陀佛净土信仰，给予后世净土宗的形成以重大影响。鸠摩罗什受后秦姚兴尊崇，在长安译出大量大乘空宗经典，积极传授般若学说。其弟子僧肇在总结批评魏晋以后般若学各家观点的基础上，建立起自己的系统学说，他的《肇论》标志着中国佛教在理论方面已有长足进步。晋宋以后，随着涅槃佛性论的兴起，般若之学被取而代之。

江南地区的佛教在东晋时也获得重大的发展。由于东晋王朝是南渡的北方士族和南方土著大姓联合支持下的政权，所以，东晋的社会风气和文化思想与士族关系极大。其时不仅玄学盛行，佛教和道教也得以进一步传播。东晋帝王普遍对佛教感到兴趣，纷纷结交僧尼。晋元帝曾诏令沙门竺道潜入内殿讲经，允许著屐登殿。晋明帝善书画，尤善绘画佛像，曾召集沙门于皇兴寺讲论佛道。哀帝、简文帝或"好重佛法"，或"尤善玄言"。孝武帝立精舍于宫殿，令僧尼出入宫廷，干预政事。其时有女尼妙音者权倾一朝，威行内外，门前常有车马百余辆。恭帝更是深信佛教，造丈六金像，亲自往瓦官寺迎接。与此同时，东晋的世家大族配合帝王的奉佛，也全力支持佛教，与名僧密切交往。中书令何充"性好释典，崇修佛寺。供给沙门以百数，糜费巨亿而不吝也。”[1] 御史中丞周嵩“精于事佛，临刑犹于市诵经。”[2] 东晋时期虽然有礼法与佛法之争，也有某些排佛言论，但从未有过激烈的反佛运动，佛教呈稳定发展的趋势。据唐代释法琳《辨正论》[3]记载，东晋共有佛寺一千七百六十八所，僧尼二万四千人。皇室贵族竞相修建寺庙，名士奉佛、士子出家等现象十分突出。这些情况直接影响到南朝佛教的展开，当然也有助于说明智颉的创宗立派活动。

南北朝是中国佛教全面持续高涨的时期。

北魏在太武帝时，佛教已初具规模。太武帝灭佛，给佛教以沉重打击。但由于太子晃缓宣诏书，使沙门预知消息而亡匿深山，佛教经论及佛像等也得以隐藏。所以当文成帝宣布重兴佛教时，佛教迅速在魏境恢复并发展起来。文成帝在诏书中积极鼓励兴建寺塔、出家修道，并于平城（今山西大同）大兴土木金石，为后来北魏诸帝在这方面的活动树立了榜样。献文帝雅薄时务，常有遗世之心，于京城内外多处兴修寺塔和佛像，当政六年即禅位于太子。孝文帝在尊崇儒学的同时，也提倡佛教。他曾为父资福而度僧起寺，又曾多次设斋供僧。迁都洛阳后，又特为西域沙门跋陀（即佛陀）于少室山阴立少林寺。宣武帝即位之初，诏于洛阳伊阙山为其父母营造石窟二所。此处后经历代帝王陆续营造，创建了规模宏大的龙门石窟群。孝明帝时，灵太后专权，在洛阳城内

---

① 《晋书》卷七七，《何充传》。

② 《晋书》卷六一，《周浚传附周嵩传》。

③ 见《大正藏》卷五二。

起永宁寺，塔高九级计四十余丈，中有金玉佛像十余躯，僧房楼观一千余间。据魏收《魏书·释老志》和杨衒之《洛阳伽蓝记》统计，孝文帝太和元年（477），北魏境内有寺院六千四百七十八所，僧尼七万七千二百五十八人，至北魏末年(534)，境内有寺三万余所，僧尼数达二百万人。北魏分裂后，北方地区佛教继续向前推进，故至周武帝毁佛时，共没收寺庙四万所，僧尼还俗达三百万人。

北朝佛教的空前发展，给当时社会带来许多问题，终于造成两次灭佛事件。无论是北魏太武帝还是北周武帝，都以佛教有悖于汉民族传统文化以及不利于国计民生为主要理由，展开对佛教的斗争。同时，北魏沙门的多次聚众谋反也为灭佛提供了借口。其结果，佛教的“末法”[①]思想不仅广泛流传，而且不断付诸实践。北朝时期大规模的兴建寺塔和凿窟造像活动，以及寺院经济的确立、净土往生的提倡，无一不与这种末法思想有密切联系。正是在这一背景下，信行于隋初创立起三阶教。而天台宗先驱慧思禅师则在《誓愿文》中反覆申述，自己既处末法之世，便当精进苦行，以求解脱。智颉建立天台宗，同样具有强烈的末法背景。受北魏太武帝和北周武帝两次毁佛事件的刺激，身处末法浊世，人根愚钝，因而智颉试图通过合法途径，接受现实政治的庇护，为佛教争

① 佛教认为，释迦逝世后，佛法将日益衰微，出现正法、像法、末法三个时期。唐代窥基《大乘法苑义林章》卷六：“佛灭度后，法有三时，谓正、像、末。具教、行、证三，名为正法；但有教、行，名为像法；有教无余，名为末法。”《南岳思大禅师立誓愿文》认为，正法五百年，像法一千年，末法一万年。所谓“末法”，意为时当十恶之世，佛法将灭，只有教说，没有修行，更没有证悟。

得一席之地，这是容易理解的。

南朝统治者普遍提倡佛教。他们已开始自觉地把佛教当成维护自身统治的工具，这与以往统治者把佛教只是当作祈福的手段、太平吉祥的象征，或是争取人才的做法不同，显示了他们对佛教认识的深化。

宋武帝在位时，颇为礼敬鸠摩罗什的弟子慧严、僧导。宋文帝崇奉佛法，他对竺道生的“顿悟成佛”理论十分赞赏，召请道生弟子道猷入宫“申述顿悟”，认为“生公孤情绝照，猷公直轡独上。”[①] 文帝崇佛的目的，在他与侍中何尚之、郎中羊玄保的谈论中有明确表示：“若使率土之滨，皆纯此化，则吾坐致太平，夫复何事！”[②] 而某些都市僧侣，也往往有意给世俗政权以佛教神权的论证。宋文帝曾设筵招待道生等僧众，时“众咸疑日晚。帝曰：始可中耳。生曰：白日丽天，天言始中，何得非中？遂取钵便食。于是一众从之，莫不叹其枢机得衷。”[③] 这是世俗政治与佛教相互利用的典型一例。

南朝佛教在梁武帝时达到极盛。这种局面是与梁武帝大力提倡佛教分不开的。古今学者好以“佞佛”二字概括梁武帝的思想，并以此作为评价这一历史人物的主要依据。事实上，梁武帝思想的基本倾向是重视对儒术、经学的恢复和建设，以礼教为治国的根本内容。当然，作为补充和调剂，他也利用了佛教以及道教。他亲自进行了儒、释、道三教思想

---

① ［梁］慧皎：《高僧传》卷七，《道猷传》，见《大正藏》卷五〇。

② ［梁］僧祐：《弘明集》卷一一，《答宋文帝赞扬佛教事》，见《大正藏》卷五二。

③ 《高僧传》卷七，《竺道生传》。

融合统一的有效尝试，奠定了三教合一的基本格局。在佛学上，他倡导涅槃佛性论，其中心命题是“神明成佛”说。此“神明”并非印度佛教的“业识”，而是中国传统宗教观念中鬼神、灵魂的别称。他的佛学又以讨论“善恶”为根本特色，并以“忠孝”为善恶的枢纽。[①] 据法琳《辨正论》所载，梁朝全国寺庙和僧尼数最多时分别为二千八百四十六所和八万二千七百人，这只是同时期北朝的十分之一和二十四分之一。通常人们把南朝帝王、尤其是梁武帝的奉佛看得十分严重，并根据荀济、郭祖深等人的反佛言论，得出南朝佛教泛滥成灾、梁武帝因佞佛而亡国的结论。从以上资料可以看出，梁武帝提倡佛教是有限度的，他从对王权的自信出发，把佛教及其思想纳入自己设计的轨道。他有意识引导展开佛教义学论辩，推行因果报应的神不灭论，并禁断肉食、立忏悔法，实际是要把儒家忠孝、善恶等观念植入人心。义学论辩的结果，不仅没有出现北朝那样的毁佛灭佛事件，相反保证了王权对佛教的控制和利用。

陈朝诸帝步梁朝后尘，继续提倡佛教，或舍身佛寺，或举办法会，或推行忏法。他们的目的都不外乎要兼人王和法王于一身，以世俗王权的标准来规范佛教教义、佛法修行。

由此可以看出，南朝佛教虽然没有达到北朝那样的严重泛滥的程度，但统治者对佛教的基本态度大体是一致的。他们既要利用佛教，同时又要限制佛教，以显示王权的特殊地位以及儒学的优先发展权益。主要区别在于，在南朝，世俗

① 有关上述观点的论证，请参考拙文：《试论梁武帝“三教”思想及其历史影响》，见《孔子研究》，1986年第4期。

政权与佛教的矛盾，即使有严重的政治、经济背景，也通常表现为思想文化的争论；而在北朝，即使思想信仰上的分歧，往往也会以政治斗争的形式表现出来。北朝两次灭佛行动和南朝稳步推行佛法形成鲜明对照。灭佛迫使大批高僧南渡，而南渡高僧又给南朝佛教增添了活泼的因素，从而使最初的佛教宗派得以在南北朝末年的南方地区出现。慧思和智𫖮的南下，在某种意义上反映为对北方政治的抗议和对北方佛教的失望。但是，他们在南方的创宗立派，不仅要适应南方的思想文化环境，而且也有必要获得王权的承认，接受王权的制约，因此，智𫖮的天台宗理所当然地表现出思想学说上的圆融调和色彩。这一情况表明，在世俗统治者对佛教日益关注的过程中，佛教的适应能力有了进一步提高，所谓“中国化”的佛教宗派也就应运而生。

三、南北佛教风格的差异

南北朝政治的长期分裂，使南北两地文化思想的地区性差别得到延续，同时也使佛教表现出南北不同的色彩。

南方自永嘉衣冠南渡以后，继承魏晋之风，盛行玄学。东晋南朝士族享有社会特殊地位，玄学依然风行。如宋文帝赐羊玄保二子之名分别为咸、粲，以比拟魏晋玄学家阮咸、荀粲，他说：“欲令卿二子有林下正始余风。”[①] 天竺沙门佛驮跋陀罗住道场寺，僧弼在给宝林的书信中把他比作王弼、何晏一般的人物，说：“道场禅师甚有大心，便是天竺王、何风流

① 《宋书》卷五四，《羊玄保传》。

人也。”[①] 可见，对玄学的尊崇正是当时的社会风尚。赵翼在论及南朝学风时指出：

> 梁时，五经之外，仍不废老庄，且又增佛义。晋人虚伪之习，仍然未改，且又甚焉。风气所趋，积重难返。直至隋平陈之后，始扫除之。盖关陕朴厚，本无此风，魏周以来，初未渐染。[②]

南北风习之异既由来已久，也就难以消除。

由于玄学的盛行，南朝佛教受其影响，表现为重视义学的传统，并在教理上多有所发明。刘宋时代，在建康组成了以佛驮跋陀罗和求那跋陀罗为核心的译场，涌现出慧观、慧严等一大批义学僧侣。宋文帝元嘉之世（424～453），注重玄学义理，在佛教中也流行玄谈性的义理佛教。齐竟陵王萧子良在任司徒时，移居鸡笼山邸（即通名西邸），文学之士沈约、谢朓、王融、萧琛、范云、任昉、陆倕、萧衍（即后来的梁武帝）一起与之交游，号称“八友”。他常在西邸召集名僧讲经，宣传佛教义理。他本人亲自讲述经义，并编撰有关佛教文字十六帙，一百十六卷，抄经三十五部，对当时流行的经论普遍有所涉猎。沈约《齐竟陵王发讲疏》写道：

> 乃以永明元年二月八日，置讲席于上邸，集名僧于帝畿。皆深辩真俗，洞测名相；分微靡滞，临

① 《高僧传》卷二，《佛驮跋陀罗传》。

② ［清］赵翼：《廿二史札记》卷八，《六朝清谈之习》。

疑若晓。同集于邸内之法云精庐，演玄音于六霄，启法门于千载。济济乎，实旷代之盛事也！①

可见萧子良对南朝的佛教义学确有重要的贡献。

梁武帝在复兴儒学的时候，有意识提倡佛教，以此笼络广大僧侣以及世代奉佛的士族，并把人们对现实利益的关心引入对彼岸世界的向往。为了表示他以人王而兼法王的特权，梁武帝曾三度舍身寺院，于高座讲经，并把自己所注的经解用制旨形式颁示群臣和僧众。据记载，他曾自疏《涅槃》、《净名》等经典，自讲《般若》等经义，诏编《众经要钞》、《经律异相》、《义林》等佛学类书。在他的带动下，有关形神、因果的论争达到了很高的水平。由于梁武帝对佛教义理的重视，有力地刺激了佛教内部学术思想的繁荣和发展，佛教一变以往笃守师承的学风，开始各抒己见，异解纷呈。这样，佛教思想在中国逐渐走向成熟，进入独立学说体系的酝酿时期。陈、隋之际天台宗的形成和隋代三论宗的建立，无疑在很大程度上受惠于梁武帝对佛教义理的积极提倡。此外，梁武帝的长子昭明太子、三子简文帝、七子元帝，也都以爱好佛理著称。昭明太子著有《解二谛义》等论文。陈武帝等陈代帝王也善于利用佛教笼络人心，他们除了舍身、建法会之外，悉心推广佛教义理，尤其重视《大品般若经》和“三论”（指《中论》、《百论》、《十二门论》）思想的辨析。

在帝王义理佛教活动的影响下，南朝士族子弟、文人学士，纷纷与僧侣密切交往，共同研讨佛法。如吴郡张畅、南

① 《广弘明集》卷一九。

阳宗炳、南阳刘虬等人与僧慧友善，而僧慧学通老庄，又善讲说《涅槃经》、《法华经》。又如庐江何点、汝南周颙、齐郡明僧绍、濮阳吴苞、吴郡张融等人，均礼敬僧远。又何点曾请义学僧僧印为法师，召集僧众，讲解“三论”、《法华》等经典，听者达七百余人。何点之弟何胤与开善寺智藏交游，亲注“三论”中《百论》和《十二门论》各一卷。汝南周颙“泛涉百家，长于佛理”[1]，曾被酷爱玄理的宋明帝召入殿内侍奉、谈论。佛理上周颙注重《般若》和“三论”，后来著《三宗论》以明空、假二谛之义，对三论宗的形成有一定影响。陈郡谢灵运支持道生的“顿悟”说，著有《辨宗论》，还与慧严、慧观一起改编北本《大般涅槃经》。

在南朝的三教论争中，文人学士善于以自己训练有素的儒、玄修养，阐发佛教义理，促进三教的调和融合。如宗炳，他曾针对慧琳《白黑论》中贬抑佛教的观点，著《明佛论》[2]予以反驳。《论》中认为，“中国君子明于礼义而暗于知人心”；《周易》所谓“阴阳不测”而不能置言，其实指的就是不灭的精神。又认为，群生“神”本相同，随缘迁流而成为“粗妙之识”；练粗成精，即是圣人。神、识、形三者本质不同；神之不灭，缘会之理，积习而圣，这三者构成佛教全部学说的大纲。宗炳这一理论深得慧远思想的精髓，它把外来佛教哲学与中国传统儒、道思想巧妙地结合了起来。此后中国佛教哲学的发展，大体上是沿着这个方向进行的。此外，为驳难何承天《达性论》中的神灭论思想，颜延之著《释达性

① 《南齐书》卷四一，《周颙传》。
② 见《弘明集》卷二。

论》[1]，以明佛教神不灭思想。他们的争论，使南朝有关形神问题的讨论不断深入。范缜《神灭论》的出现，既反映了当时学术自由的社会环境，又表明了在佛教学说冲击下，传统儒家理论水平所达到的新高度。

在南朝佛教与道家的争论中，士族子弟还以传统的玄学素养为背景，对佛教义理予以高度评价，加深了时人对佛学的理解。如张融曾以儒家《孝经》、道家《老子》与佛家《小品般若经》、《法华经》并举，着意调和三教之说。他在所著《门论》中说："道之与佛，逗极无二。寂然不动，致本则同；感而遂通，达迹成异。"[2] 对此，周颙表示异议，他在《难张长史门论》[3] 书中指出，《老子》以"虚无"为主，《般若》以"法性"为宗，表面上似乎一致，但实际上是不同的："虚无、法性，其寂虽同，住寂之方，其旨则别。"因为前者置"无"于"有"之外，是把"有"、"无"分裂了，在实践中必然造成世间与出世间的对立，所以称之为"有外张义"；后者提倡"色即是空，空即是色"，以非有非无为最高境界，故名之为"即色图空"，这是道家所不能企及的。这一观点，基本上划清了释老在哲学本体论上的差别。周颙善《老》、《易》而贵佛理，并对佛教的二谛学说作过具体研究，从而使他对佛道的认识高于时辈。

从整体上看，南朝佛教由于社会环境和思想文化背景等方面的原因，表现出重视教义、偏重理论发挥的特点。故而

① 见《弘明集》卷四。

② 《弘明集》卷六。

③ 见《弘明集》卷六。

汤用彤先生说："佛义与玄学之同流，继承魏晋之风，为南统之特征。"[1] 这已是多数学者的共识。——但至南北朝后期，北方佛教的义学也已有长足的进步。

北方自北魏鲜卑族拓跋部贵族入主中原后，长期致力于振兴儒学，用儒家的纲常名教巩固王权统治。北朝儒学上承汉代，遵循汉儒旧注，学风比较保守。由于大批士族南渡，玄风自北向南转移，北方玄学呈衰落之状，统治者也已无意于提倡玄学。在这种社会环境和文化背景下，北朝佛教表现出重视禅定、诵经、持戒的具体修行以及建寺、造像的宗教活动的基本特点，其实践性格比较明显。

杨衒之《洛阳伽蓝记》卷二《东崇真寺》条记载说，比丘惠凝于死后第七天复活，他详说了此前与其他四比丘一起接受阎罗王检阅时的情景。其中宝明寺智圣因坐禅苦行而得升天堂，般若寺道品以诵经修行也得以升天堂；而蠕觉寺昙谟最因领众讲经而打入黑门，禅林寺道弘因造经像也被打入黑门。四比丘分别处置的理由很明确："今唯试坐禅诵经"。这一故事反映了北朝佛教对坐禅、诵经两种修行方式的特殊重视。

佛教东渐，主要借助于所谓"丝绸之路"，因而它在北方地区获得优先传播。而为了在北方地区得到繁荣发展，佛教僧侣普遍以民众易于接受的禅定和神异形式取胜。北魏初期来自凉州（治所在今甘肃武威）的沙门玄高，深得浮驮跋陀（觉贤）的禅法精髓，其弟子昙曜也以禅业见称。北魏中期北天竺佛陀禅师在嵩山少林寺传授禅法，弟子慧光、道房以及

① 《汉魏两晋南北朝佛教史》，中华书局 1983 年版，第 297 页。

道房弟子僧稠都闻名于当世。被后世禅宗奉为初祖的菩提达摩及其弟子慧可也曾在嵩洛一带修习禅法。他们的活动，对北方佛教风格的形成影响很大。北朝战乱频仍，民众不堪忍受现实痛苦的煎熬，希望从佛教的禅定实践中暂时得到心灵的安慰。同时，激烈的阶级矛盾和民族矛盾也促使统治者有意识提倡佛教的禅定修习。北齐文宣帝（高洋）一度甚至要废除禅学以外的其他所有佛教形式。他说："佛法大宗，静心为本。诸法师等，徒传法化，犹接嚣烦，未曰阐扬，可并除废。"①

建寺造像，目的在于积累"功德"，追求来世的幸福。北朝建造寺庙、宝塔、佛像，其数量之多、规模之大，都为南朝所不及。北魏孝文帝诏曰："内外之人，兴建福业，造立图寺，高敞显博，亦足以辉隆至教矣。"②大规模的宗教实践活动受到最高统治者的认同和鼓励，但对普通民众而言，大多出于"不得已"而为之。王昶《金石萃编》写道：

> 综观造像诸记，其祈祷之词，上及国家，下及父子，以至来生，愿望甚赊。其余鄙俚不经，为吾儒所必斥。然其幸生畏死，伤乱离而想太平，迫于不得已，而不暇计其妄诞者。③

这一看法符合当时北朝社会的实际情况。

---

① ［唐］道宣：《续高僧传》卷一九，《僧稠传》，见《大正藏》卷五〇。
② 《魏书》卷一一四，《释老志》。
③ ［清］王昶：《金石萃编》卷三九，《北朝造像诸碑总论》。

南北佛教风格的上述差异，既是长期政治分裂的结果，又是文化差别的延续。这种局面的存在，不利于政治的统一和文化的认同。佛教发展的趋势，社会和历史对它的要求，是要冲破这种风格上的差异，缩小乃至消除佛教内部的矛盾和距离。事实上，智顗生活的时代，一方面佛教的南北不同风格继续存在，另一方面佛教内部的统一趋势也正在酝酿之中。随着政治统一局面的明朗化，智顗的创宗立派活动便要成为事实。

四、佛学统一的历史趋势

随着南北朝后期佛教事业的迅速成长和佛教理论的不断演进，所谓“北方重实践，南方重义理”的差距正在逐渐弥合和缩小，并最终将以实践和义理并重的统一佛教取而代之。就佛教本身而言，它体现为认识的深化过程。

佛教在内地的传播，最重要的当是佛经的翻译和阐释。长安和洛阳在很长一段时期内是译经据点，北方的佛教研究客观上也具有相当的潜力。虽然由于种种原因，北朝佛教注重实践，但同时对佛理的研究也有不断扩大和深入的趋势。

北魏在太武帝毁佛前，佛理研究处于初期阶段，禅定修习则比较发达。当道武帝、明元帝相继对佛法表示崇敬时，鸠摩罗什正为后秦姚兴所敬，在长安草堂寺集义学僧八百人译经，宣讲义理。由于太武帝毁佛，继起的文成帝和献文帝为迅速恢复佛教，更偏重于禅门实践和造寺立像活动。孝文帝远谋深虑，将佛教事业的兴盛与入主中原、巩固统治联系起来，把提倡佛教与推行汉化加以结合。他不仅常命沙门讲解佛经，讨论经义，而且自己“尤精释义”[①]，“手不释卷，顷便为讲”[②]。他的后继者宣武帝也“尤长释氏之义”[③]，常于宫内广集名僧，标明义旨。由他们倡导的洛阳佛理研习之风，延及北朝后期佛学的展开。据载，义学沙门道登曾有意南渡，但遭同学法度劝阻，说：“此国道学如林，师匠百所。何世无行藏，何时无通塞？十分含灵皆应度脱，何容尽朝南国！”[④]“道学如林，师匠百所”，这是北魏佛理研究开始兴起的写照。这表明，随着佛教事业的发展，北朝佛教的上层已经开始注意到佛理与禅习并重的意义。

由于北方佛教规模较大，佛理研究相对集中于洛阳等少数都市，因而普遍的禅定修习在一定程度上掩盖了佛理研究的社会影响。同时，又由于北朝缺乏南朝那样的三教思想论争的热烈气氛，使得佛教义理的展开如同儒学遵循的传统保守学风，也显得不够生动活泼。

与此同时，迟至南朝后期，南方佛教在禅法方面也出现了可观的形势。早在罗什译出大量禅经后，“祖习逾繁，昙影、道融励精于淮北，智严、慧观勤心于江东。山栖结众，则慧远标宗；独往孤征，则僧群显异”。而从梁代起，禅法已在江南广为流行：“逮于梁祖广辟定门，搜扬宇内，有心学者，总集扬都，校量深浅，自为部类。又于钟阳上下，双建定林，使夫息心之侣栖闲综业。”[⑤] 因此，道宣所谓“自江东佛教弘重

① 《魏书》卷七，《高祖纪》。

② ［唐］道宣：《释迦方志》卷下。

③ 《魏书》卷八，《世宗纪》。

④ 《续高僧传》卷七，《道登传》。

⑤ 《续高僧传》卷二〇，《习禅篇·论》。

义门，至于禅法，盖蔑如也”[①]，当是一种夸张的说法。

上述情况表明，南北朝佛教在长期发展过程中，南北两地都出现了将义理探讨与禅法实践相结合的要求和倾向。这样一种要求和倾向，不仅符合南北朝政治统一的历史趋势，而且也为佛教宗派的产生创造了客观条件。智顗作为这一历史转折时期和佛教融合时期的高僧，必然从中获得启发，从而使他所创立的天台佛教沿着义理与实践并重的方向展开。

随着佛理研究的发达，促进了教界对印度佛教思想的吸收和消化。南北朝佛教学者往往不只通达一经一论，而是同时对多种经论有深入研究；任何一位经师可以同时开讲数种经论。在对各类经论的认真分析、对比和深入考察、研究过程中，佛教学派开始形成并逐渐壮大。而学派的成长又为尔后宗派的建立在思想理论和学说体系上作了必要的准备。

南北朝时期佛教学派众多，其中影响较大的有三论学、涅槃学、毗昙学、成实学、地论学、摄论学、律学、禅学等。这些学派在传播过程中，也有南北融合调和的趋势。比如，在佛学上，相传有“江南盛弘《成实》，河北偏尚《毗昙》”[②]之说，意为北方重视“有学”，而南方重视“空学”。但实际情况并非完全如此。

相当于南朝齐、梁之时，北方出现一批著名的毗昙学者。其后，智游的弟子慧嵩在邺都（今河北大名）和彭城（今江苏徐州）一带大力宣传毗昙慧学，以至“江表、河南率遵声

① 《续高僧传》卷一七，《慧思传》。

② ［唐］湛然：《法华玄义释签》卷一，见《大正藏》卷三三。

教。”[1] 事实上，南方毗昙学在此之前早已盛传。僧伽提婆受慧远之请，于东晋太元十六年（391）在庐山重译《阿毗昙心论》和《三法度论》，并于隆安元年（397）转入建康，受名士王珣、王弥等人的支持。元嘉十年（433），僧伽跋摩与宝云按慧观要求，重译《杂阿毗昙心论》。这样，《毗昙》几乎成了南朝所有论师共同研习的对象。其中僧韶专以《毗昙》擅业，法护常以《毗昙》命家，慧集于毗昙学独步当时。

成实学在南方由僧导开创，萧齐时重要成实师有僧钟、慧次、僧柔等，梁代时则有僧旻、法云、智藏号称“三大师”。但是，成实学的发祥地是在长安，北方成实学在罗什之后蔚然成风。僧嵩及其弟子僧渊阐扬《成实论》思想，成为北朝著名论师，有很高声望。僧渊弟子昙度、慧纪、道登因弘传《成实论》之功而为孝文帝所器重。而灵珣、道凭、道纪、慧嵩等则是魏末北齐时的又一批著名成实论师。

以上仅以毗昙学、成实学为例，说明南北佛学的逐渐接近和融合。[2] 罗什当初翻译《成实论》，是因为其中有七处破《毗昙》，但现在南北佛教学者则已同时传授这两部论著。据

---

① 《续高僧传》卷九，《慧嵩传》。

② 涅槃学更是南北朝后期佛学的共同热点。虽然两地的涅槃学存在着某种差异，但讨论的课题基本一致。这些课题包括：什么是佛性？什么是正因佛性（指成佛的内在依据）？佛性是本有还是始有？成佛的觉悟是顿还是渐？摄论学也有南北合流之趋势。摄论师有的直接出自真谛，有的间接得自真谛之学。出自真谛门下的摄论师，在陈、隋之际或由广州向北流动，至建业、彭城、长安，或入四川。出身地论学者的摄论师，在陈、隋之际发自邺城，或至建业、彭城，或至长安。南北摄论学在江淮间得到融会。

载，慧澄“从僧旻下惟专攻，且经且律，或数或论。十余年中，钩深索引。”[1] 这里的“数”指《毗昙》，“论”指《成实》。这种佛学背景不仅为慧思“昼谈理义，夜便思择”[2] 的定慧双开提供了借鉴，而且也对智顗缜密的止观学说和判教理论有深刻影响。

智顗生活的时代，佛教的寺院经济也已有了长足的成长，这使佛学的全面交流和宗派的建立具备了必要的物质条件。

佛教在中国传播之初，各种活动的开展，主要依靠民间信徒的捐助。东晋十六国时期，随着僧尼数量的激增，寺院在接受王室赐赠、贵族资助以及民众的施舍外，已经开始从事经营土地等方面的活动。南北朝时期，江南僧侣集中于都市，寺院经济主要依赖于经营土地（大多为皇帝、贵族、地主所捐赠）、开设“质库”（当铺），以及各类施舍。南朝寺院的上层一般都比较富有，以至当宋文帝元嘉二十七年（450）准备北伐时，曾向僧尼借钱以筹措军费。“有司又奏军用不充，扬、南徐、兖、江四州富民家赀满五十万，僧尼满二十万，并四分借一，事息即还。”[3] 北方寺院经济的特点是僧祇户和佛图户的创设。北魏文成帝时，沙门统昙曜上奏：

> 平齐户及诸民，有能岁输谷六十斛入僧曹者，即为“僧祇户”，粟为“僧祇粟”，至于俭岁，赈给饥民。又请民犯重罪及官奴以为“佛图户”，以供诸寺

① 《续高僧传》卷五，《慧澄传》。
② 《续高僧传》卷一七，《慧思传》。
③ 《资治通鉴》卷一二五。

> 扫洒。岁兼营田输粟。高宗并许之。于是僧祇户、粟及寺户，遍于州镇矣。[①]

“僧祇户”实际上是州、郡佛教僧团所役使的依附农民，而“佛图户”则是罪犯和官奴；前者属于整个僧团，后者隶属于个别寺院。

与此同时，南北朝时期，某些帝王还曾向寺院提供部分民户的租调，以表明对佛教的切实支持。北齐时五台山已有寺庙二百余座，朝廷乃“割八州之税，以供山众衣药之资。”[②]北齐文宣帝曾说：“今以国储，分为三分，谓供国、自用及以三宝。”[③]南齐建元二年（480），沙门玄畅创建齐兴寺，高帝“敕蠲百户，以充俸给。”[④]陈朝太建九年（577），在智𫖮入天台山实修止观后，宣帝下诏为他“割始丰县调以充众费，蠲两户民，用供薪水。”[⑤]至此，南北朝寺院经济已为佛教的存在和发展提供了稳定的物质基础，从而也为佛教宗派的成立提供了最现实的保证。[⑥]

任继愈先生指出：

> 隋唐时期，全国统一，佛教各家各派得到更进

---

① 《魏书》卷一一四，《释老志》。

② ［唐］慧祥：《古清凉传》卷上，见《大正藏》卷五一。

③ 《续高僧传》卷一六，《僧稠传》。

④ 《高僧传》卷八，《玄畅传》。

⑤ 《续高僧传》卷一七，《智𫖮传》。

⑥ 参考任继愈主编：《中国佛教史》第三卷第一章第五节，中国社会科学出版社 1988 年版。

> 一步融合的机会。隋唐统治者为了更有效地利用佛教这一宗教思想武器，曾积极促成佛教思想的统一。佛教为了巩固自己的宗教势力，保护自己的寺院经济，也模仿世俗封建地主阶级的封建宗法制度，建立了世代相传的僧侣世袭制度。从南北朝长期发展下来的流派，在一定的条件下，有的形成为宗派。宗派与学派不同。佛教宗派都有自己独特的宗教理论体系、宗教轨范制度，有独立的寺院经济，势力范围，每宗都有自己的传法世系。[①]

南北朝长期发展壮大的佛教学说流派，随着寺院经济的繁荣，终于造就了各种宗派体系。智𫖮所创立的天台宗，是所有佛教宗派中最早的一个；作为历史和时代的产物，天台宗全面总结了魏晋南北朝佛教的思想和实践，系统展示了隋唐佛教的发展方向。

① 《中国哲学史》第三册，人民出版社1964年版，第34页。

第二章　智𫖮生平及其著述

一、出家修学时期

智𫖮，字德安，俗姓陈，生于梁武帝大同四年（538），卒于隋文帝开皇十七年（597）。[①] 陈氏祖籍颍川（今河南许昌），“高宗茂积，盛传于谱史”[②]，有一定社会地位。当永嘉南渡之

① 这一生卒生代，根据智𫖮弟子灌顶所作《智者大师别传》。若据道宣《续高僧传》的《智𫖮传》记载，则为531年至597年。当以《别传》所说为准。智𫖮本人在去世前给晋王的《遗书》（见《国清百录》卷三）中有“贫道在世六十年”之语。近人陈垣先生《释氏疑年录》认为：“（智𫖮）隋开皇十七年卒，年六十（538～597）。《续高僧传》、《弘赞法华传》作年六十七，《智者大师别传》、《景德录》、《释门正统》作年六十，与《佛祖统纪》卷九《法喜传》‘陈光大元年智者三十’之说合，今从之”。

② ［隋］灌顶：《智者大师别传》，见《大正藏》卷五〇。以下简称《别传》。

际，为躲避北方战乱，陈氏一家随之南迁，寓居荆州华容（今湖北监利县西北）。

智顗父亲陈起祖，他“学通经传，谈吐绝伦，而武策运筹，偏多勇决”（《别传》），是一位文武兼备的人。因此，当梁湘东王萧绎任荆州刺史时①，他深受赏识，被列为宾客，奉教入朝领军，人称“经国之才”。萧绎称帝即位后，又拜他为散骑常侍，封益阳侯。智顗母亲徐氏性格温良恭俭，偏勤斋戒。传说当智顗诞生之时，神光满室，眼有重瞳，证符其母怀孕时所现各种灵瑞。其兄陈鍼则在梁晋安王下任中兵参军之职。可见，智顗少年时代，虽然周围战火纷飞、干戈不已，但陈氏一家相安无事，过着相对舒适的生活。

承圣三年（554），西魏军攻陷江陵，梁元帝被执处死。江陵百姓男女十余万口，分赏将士，驱归关中，老弱幼小者悉数被杀。此后，王僧辩、陈霸先在建康拥立梁元帝之子萧方智为帝。不久，陈霸先又废萧方智而自立，梁朝灭亡，陈朝建立。

江陵被破，梁元败亡，显示梁朝气数已尽，这一事件成为智顗人生和事业上的转折点。据《别传》记载：

> （顗）年十五，值孝元帝之败，家国殄丧，亲属流徙。叹荣会之难久，痛凋离之易及，于长沙（寺）像前发弘大愿，誓作沙门，荷负正法，为己重任。

① 萧绎是梁武帝的第七子。当侯景之乱生起、台城被围之时，他未作及时救援。梁武帝死后，萧绎先后消灭萧纶、萧纪等兄弟宗亲，又平定侯景叛乱，于承圣元年（552）在江陵即帝位，是为梁元帝。

这是智𫖮要求出家的主要原因。家国的离乱，使他体验了人生之苦难。但其时因为“二亲恩爱，不时听许”，所以出家之愿暂时未能成就。于是退而“刻檀写像，披藏寻经，晓夜礼诵，念念相续”。不久，又遭“二亲殄丧，丁艰荼毒”之苦，面对这一严酷的现实人生，他坚定了出家决心。因受其兄激烈反对，他跪而恳求道：

> 昔梁荆百万，一朝仆妾，于时久役江湖之心，不能复处。碨磊之内，欲报恩酬德，当谋道为先，唐聚何益？铭肌刻骨，意不可移。（《别传》）

最终，他通过父亲的故旧、湘州（治所在今湖南长沙）刺史王琳的勉励和资助，实现了出家宿愿。这年智𫖮十八岁（梁敬帝绍泰元年，即公元 555 年）。

智𫖮弟子灌顶在《别传》等著述中，在有关其师出家的问题上，有一明显的错误记载，现略予澄清。

“孝元之败”在承圣三年（554），按智𫖮世寿六十岁计算，当时他是十七岁，但《别传》作“年十五”，比实际年龄小二岁。《国清百录》卷四《智者年谱事迹》又说，智𫖮于“梁敬帝绍泰元年，十八岁。二亲服讫，坚辞兄出家，乃依湘州果愿寺僧法绪为师”[1]（《别传》也作“逮于服讫，从兄求去”之说）。所谓“二亲服讫”，指服满三年之丧，即指十五岁至十八岁。但事实上，父母之丧当在梁元之败以后，大约于西魏

---

① ［隋］灌顶：《国清百录》，见《大正藏》卷四六。

军攻破江陵后的掠夺和杀戮中，当时智𫖮年尚十七岁。也就是说，智𫖮在父母去世后仅一年左右便实现了出家宏愿。显然，灌顶的错误记载，有意回避上述事实，以圆满智𫖮的传统世俗道德。其实，这没有必要。中国佛教早已明确宣称，出家学佛同样是实践孝道，况且佛教的孝要高出世俗的孝。这一佛教的孝道观，自东晋慧远予以系统论证后，已广泛影响于僧俗两界。智𫖮在出家前曾说："报恩酬德，当谋道为先"，也正是这一意思。在国破家亡、双亲去世，悲痛不已的情况下，智𫖮以出家学佛的行动来报答父母之恩、履行人子孝道，这是可以理解的。

智𫖮的出家，归根到底，是由社会环境所促成。南朝佛教在梁武帝时期达到鼎盛，这时正当智𫖮的幼年时代。在强烈佛教氛围中，幼年的智𫖮便已"口不妄啖，见像便礼，逢僧必敬"；七岁时"喜往伽蓝，诸僧讶其情志，口授《普门品》。"[①] 侯景之乱、梁元之败等一系列重大事件，不仅使智𫖮经历了国破家亡的沉重打击，而且也印证了佛教有关宇宙人生"苦"、"空"的基本原理。一个封建官僚之家迅速崩溃的现实，使他不胜悲痛，从而成就了他迫切的出世理想和真诚的佛教信仰。面对社会人生的种种不幸，他要以自己的学佛活动，寻求解脱之道，并报答帝王和父母的世俗之恩，正如他自陈所愿："学得三世佛法，对千部论师说之无碍，不唐世间四事恩惠。"（《别传》）基于上述出家背景，他所创立的天台宗十分强调佛教哲学与具体实践的结合，非常注重出世间与世间的圆融统一。

---

① 《续高僧传》卷一七，《智𫖮传》。

智𫖮出家时的剃度师是湘州果愿寺沙门法绪。披剃后，法绪带他去北方慧旷律师门下学习。慧旷不仅通晓戒律之学，而且对各类大乘经典都有研究。智𫖮在慧旷门下学习一段时间后，去大贤山（在今湖南衡阳南）隐居，诵《法华经》、《无量义经》、《普贤观经》等，并实践方等忏法，获“胜相”现前[①]。太平二年（557），梁朝灭亡，陈霸先改元永定元年，时智𫖮二十岁，在慧旷律师处受具足戒，并精通律藏。这时，智𫖮已通过自学和受慧旷之教，在佛学上有了长足进步，在实践上也有了相应造诣。

陈文帝天嘉元年（560），智𫖮二十三岁，入光州（今河南光山县）大苏山，诣慧思禅师，受学禅法。慧思是北方嵩岭、伊洛一带的著名禅师，他因受北方佛教的排斥，当时正决定南去衡山隐居。但行至光州，值梁元之败，行旅受阻，只得暂时留居大苏山。师徒初次见面，慧思便对智𫖮十分欣赏，以为“昔日灵山，同听《法华》。宿缘所追，今复来矣。”随即为他“示普贤道场”，“说四安乐行”。而智𫖮也没有辜负慧思的期望，日夜勤奋，精进修学。《别传》写道：

> 于是，昏晓苦到，如教研心。于时，但勇于求法，而贫于资功。切柏为香，柏尽则继之以栗；卷帘进月，月没则燎之以松。息不虚黈，言不妄出。经二七日，诵至《药王品》“诸佛同赞，是真精进，是名真法供养”。到此，一向身心豁然，寂而入定，持

① 方等忏法，即方等三昧忏法，它构成后来智𫖮所立“四种三昧”实践法之一。详见后述。

> 因静发。照了《法华》，若高辉之临幽谷；达诸法相，似长风之游太虚。将证白师，师更开演；大张教网，法目圆备；落景谘详，连环达旦。自心所悟，及从师受；四夜进功，功逾百年；问一知十，何能为喻；观慧无碍，禅门不壅；宿习开发，焕若华敷。

智𫖮本人的刻苦修学以及慧思对他的悉心传授，奠定了他毕生佛教事业的基础。慧思也因有这样的弟子而感到自豪，认为他将来必能担荷重任。《别传》又写道：

> 思师叹曰："非尔弗证，非我莫识。所入定者，法华三昧前方便也；所发持者，初旋陀罗尼也。纵令文字之师千群万众，寻汝之辩不可穷矣，于说法人中最为第一"。

在慧思看来，智𫖮已经具备佛教理论和佛教实践两方面的一流水平；以"法华三昧"为特色的实践和以《法华经》为所依的佛学思辨，为智𫖮统一南北佛教提供了条件。[1]于是，慧思有意令智𫖮继承法席，传灯化物。《别传》说："思师造金字《大品经》竟，自开玄义，命令代讲。是以智方日月，辩若悬河，卷舒称会，有理存焉。唯有三三昧及三观智，用以

① 据《续高僧传·智𫖮传》记载，慧思对智𫖮的评价中有"恨其定力少耳"一句。从北方禅者慧思的角度看，智𫖮毕竟受南方佛教影响较深，义解有余而定力稍逊。慧思这话，包含着对弟子的严格要求和终极关怀。

谘审,余悉自裁”。

智𫖮在慧思处修学佛法,前后共七年之久。陈废帝光大元年(567),慧思正式付法与智𫖮,并命他传灯化物,延续佛种。又指示他:“汝与陈国有缘,往必利益。”①慧思自己则独自去南岳隐居。这一年,智𫖮三十岁。同年,智𫖮奉师严训,与同道法喜等二十七人来到陈都金陵,自此开始了他一生的弘扬佛法活动。

慧思为何南去衡山?又为何令智𫖮金陵弘法?这一问题与天台宗的成立有直接关系,有必要予以辨明。

首先应从末法观念上去理解。慧思时代,北方佛教的末法观念已十分流行。慧思自述道:

> 释迦牟尼说法住世八十余年,导利众生,化缘即讫,便取灭度。灭度之后,正法住世径五百岁;正法灭已,像法住世径一千岁;像法灭已,末法住世径一万年。我慧思即是末法八十二年,太岁在乙未十一月十一日,于大魏国南豫州汝阳郡武津县生,至年十五出家修道,诵《法华经》及诸大乘,精进苦行。②

末法时代,不仅教外有毁佛灭佛的运动,而且教内也有坏法破法的勾当;人心邪恶,根器顽劣。慧思自述曾经历多次来自教团内部的残酷迫害:“年三十四时,在河南兖州界论义故,

① 《续高僧传》卷一七,《智𫖮传》。

② [陈]慧思:《南岳思大禅师立誓愿文》,见《大正藏》卷四六。

遭值诸恶比丘以恶毒药令慧思食，举身烂坏，五脏也烂，垂死之间而更得活。”“至年三十九，是末法一百二十年，淮南郢州刘怀宝共游郢州山中，唤出，讲摩诃衍义。是时为义相答，故有诸法师起大嗔怒，有五人恶论师以生金药置饮食中，令慧思食。……从是已后，数遭非一。”[①] 这些自述虽然不乏夸张的成分，但多次遭遇迫害毕竟加深了慧思的末法观念，从而使他“不复渡河，心心专念，入深山中”；“决不欲向北，心欲南行。即便舍众，渡向淮南山中”[②]，并最终归老于南岳衡山。

慧思一再的南迁，既是对北方战乱局面和僧团迫害的消极逃避，同时也是对北朝现实政治和佛教形态的无声抗议。自永嘉南渡，作为汉文化代表的中原衣冠迁居江南，以东晋南朝为正朔所在，几乎是当时人们的一致看法。梁、陈虽国力日衰，但佛教义学较盛，佛教内部矛盾比较缓和，世俗政治也没有对佛教教团构成迫害。当慧思南去衡山之际，命令智顗“汝于陈国有缘，往必利益”，不难看出这是他深思熟虑的决策。其中含义，不仅要使师徒相承的佛教在陈王朝的保护下得到弘传和发展，而且也希望以这种佛教学说来维护处于步履维艰之中的南方正统王朝。

南方佛教侧重义理，从智顗的佛教修养角度看，也比较适宜去江南政治文化中心的金陵。慧思对智顗的佛学，总体上十分满意，以为定慧并重符合自己的要求，但又指出他还存在着“定力少”的弱点。这意味着，智顗的长处仍在佛理

① 《南岳思大禅师立誓愿文》。
② 《南岳思大禅师立誓愿文》。

方面。慧思所谓“于陈国有缘”，当指让智𫖮以佛法辅助陈朝；所谓“必当利益”，则要求智𫖮发扬义辩长处，并以所受定慧双开的佛法原则开创佛教新局面。这是慧思对智𫖮的谆谆嘱托，也是他自己的真切愿望。

二、弘扬佛法时期

智𫖮来到建康，立即投入了他弘扬佛法的活动。

在金陵，智𫖮以他在佛学修养和禅法实践方面的双重优势，迅速受到佛教界的欢迎。禅者法济、论者大忍首先表示折服，不久便声驰道俗，朝野请益成蹊，赞誉之声四起。朝廷命官如仆射徐陵、仪同沈君理、光禄王固、侍中孔焕、尚书毛喜、仆射周弘正等纷纷向他求学，俱服戒香，同飧法味，表示敬重。从《别传》记载来看，智𫖮不仅给金陵佛教带来新的禅法，以致“慧辩延入定熙天宫，僧晃请居佛窟，皆欲舍讲习禅”；而且使金陵义学界气象一新，所谓“白马惊韶、定林法岁、僧众智令、奉诚法安等，皆金陵上匠，德居僧首，舍指南之位，遵北面之礼。其四方衿袖，万里来者，不惜无赀之躯，以希一句之益。伏膺至教，飧和妙道，唯禅唯慧，忘寝忘食。”由此可见，智𫖮在金陵弘法的最初阶段，就已对僧俗产生广泛影响，这为他今后的弘法生涯奠定了基础。

由于上述原因，智𫖮受到陈宣帝的特殊礼遇。太建元年(569)，他被朝廷迎请住进瓦官寺。在瓦官寺，智𫖮除了宣讲《法华经》和《大智度论》，还有意“创宏禅法”。

《法华经》是慧思所依主要经典，也是慧思向智𫖮传授的主要教学内容；《大智度论》是对《大品般若经》的论释，慧思曾令智颢代讲《大品》，智颢的宣讲自然是如鱼得水，从容自如，俘获了众多信徒。“创宏禅法”，指完成《释禅波罗蜜次第法门》（简称《次第禅门》）的讲说。基于南方佛教偏重义理而忽略实修的特点，智颢作了加强禅法实践的宣传。《次第禅门》的内容，是将原有各类禅门实践方法，根据由浅入深的次序，组织成为严密的禅观体系。这部著作的编著和宣讲，显然受到慧思禅法思想的影响（尤其受慧思《诸法无诤三昧法门》的启发），但又是智颢根据自己长期研究《大智度论》的成果，表明他有能力改变“定力少”的形象，并具备完成独立的禅法思想体系的资格。

因此，瓦官寺的弘法活动，既继承和发扬了南朝佛教的义学特色，又加入了北方佛教的禅法内容。这样一种“解行相应”的统一佛教，理所当然受到金陵地区僧俗两界人士的欢迎，而智颢也由此而成为金陵佛教的中心。

智颢在金陵弘法的后期，正值北周武帝毁佛，北方僧侣避地南来的日益增多，使金陵佛教重又呈现复杂的局面。对此，智颢进行了认真的反省，他说：

> 吾闻暗射则应于弦。无明是暗也，唇舌是弓也。心虑于弦，音声如箭，长夜虚发，无所觉知，若益一人，心弦则应。又，法门如镜，方圆如像，若缘牵心，辘轳无尽；若缘杜心，自然蹇涩。昔南岳轮下及始济江东，法镜屡明，心弦数应。初，瓦官四十人共坐，二十人得法。次年，百余人共坐，二十人得法。次年，二百人共坐，减十人得法。其后徒众转多，得法转少，妨我自行化道。可知群贤各随

所安，吾欲从吾志。蒋山过近，非避喧之处。闻天台《地记》称有仙宫，白道猷所见者信矣；《山赋》用比蓬莱，孙兴公之言得矣。若息缘兹岭，啄峰饮涧，展平生之愿也。(《别传》)

这时，智𫖮决定离开金陵，去天台山隐居。其原因，主要是受了佛教现状的刺激。周武帝毁佛后，金陵佛教也逐渐不尽人意，使他深感失望。不仅教理宣传无法正常进行，而且禅法实践也难以顺利展开。环境的喧闹、人心的不古，妨碍了僧侣的修道得法。这实际上反映了智𫖮佛教思想中的一种末法观念。正因为智𫖮与慧思一样，亲身经历了末法的体验，所以使他也自然萌生隐居实修的思想。

陈宣帝太建七年（575），智𫖮谢绝宣帝等人的挽留，与慧辩等二十余人，入天台山隐居，实修止观。他先是在天台北峰创立伽蓝，栽植松栗，引入流泉。后又往寺北华顶峰，行头陀行，昼夜禅观，刻苦研修。天台山山高林密，远离城市的喧闹，确是隐栖修行的理想处所。此前金陵弘法时，智𫖮已提出隐修的基本条件，其一即“闲居静处”。他说：

闲者，不作众事，名之为闲；无愦闹故，名之为静。此有三处可修禅定。一者深山绝人之处；二者头陀兰若之处，离于聚落，极近二里，此放牧声绝，无诸愦闹；三者远白衣舍处，清净伽监之中。皆闲居静处也。①

① ［隋］智𫖮：《释禅波罗蜜次第法门》卷二，见《大正藏》卷四六。

在他看来，只有在这种特殊环境和气氛中，才有可能“恣意禅观，念念在道，毁誉不起”，“闭门静坐，正谛思维”[①]，完成对佛教的全面反省，摆脱末法的危机。这也是他组织“圆融实相”说，确立教、禅统一的学说体系的初衷。

虽然智𫖮所住之处人迹罕至，舟车艰阻，但为了既定的宗教目标，他排除了一切杂念，“年既失稔，僧众随缘。师共慧绰种苣拾橡，安贫无戚。”（《别传》）这表明，智𫖮离开金陵后，在天台山的隐修中达到了新的境界。其后，陈宣帝便下诏给予物质奖励，其敕书云：

> 智𫖮禅师，佛法雄杰，时匠所宗，兼训道俗，国之望也。宜割始丰县调，以充众费；蠲两户民，用供薪水。主者施行。[②]

意思是说，由于智𫖮对僧、俗两界的贡献，把他所在地始丰县的“调”，割取一部分，作为僧众的费用；并拨给两户农民，供寺中役使。在陈朝江河日下的形势下，宣帝没有忘却智𫖮，并在关键时刻给予了有力支持，由此可以看出陈王朝对智𫖮的真诚态度，这与慧思当日的预言完全相符。而智𫖮则借助于宣帝的支持，聚集徒众，昼谈义理，夜习止观，加紧完成教禅融合体系，建立起独立的佛教派别。

智𫖮在天台山的九年实修，是他弘法生涯中的重要时期。

---

① ［隋］智𫖮：《摩诃止观》卷四，见《大正藏》卷四六。

② 《国清百录》卷一。

在这一时期中，佛教天台宗的基本规模已经初步形成，同时还为该宗的发展和繁荣奠定了坚实的基础。

宗派形成的标志是什么？当前学术界已有相对统一的看法。任继愈先生认为："佛教宗派都有自己独特的宗教理论体系、宗教轨范制度，有独立的寺院经济、势力范围，每宗都有自己的传法世系。"[①]吕澂先生认为："当时提倡某一种学说的人，常能在一地方固定下来，并有了经济基础，具备了设立门庭，传授学徒的条件，这样，师弟传承络绎不绝，因而逐渐形成宗派，就不大同于前此流动不定的各种师说了。"[②]智𫖮在天台山的活动，使他不仅在金陵佛教的基础上，通过对禅教（止观）的更系统研习，成熟了"圆融实相"的学说，形成独特的宗教理论体系；而且由于陈宣帝的物质支助，得以确立起最初的独立寺院经济。长期定居于天台山，使该山成为智𫖮及其弟子们宗教活动的中心；随着徒众的不断增加，天台佛教的宗教轨范制度开始形成。毫无疑问，天台宗是中国佛教的第一个宗派，它形成于陈、隋之际，发展于隋、唐时期。天台宗的形成，为隋唐其他佛教宗派的建立提供了榜样。

智𫖮通过天台山长期止观实修，有机会总结慧思定慧并重的佛教思想，经过改造和发展，完成自己的理论体系。他的代表著作"天台三大部"正式宣讲于天台隐居之后，但实际酝酿成熟于天台隐居期间。也就是说，天台隐居，完成了对数百年中国佛教的反省，提出了如何克服佛教危机、摆脱

① 《中国哲学史》第三册，人民出版社 1964 年版，第 34 页。

② 《中国佛学源流略讲》，中华书局 1979 年版，第 159 页。

末法影响的具体方案。这一方案的原则便是：统一南北佛学、加强止观实践。

陈后主至德三年（585），智顗离开天台山，再度来到金陵，开始了他全面弘传天台佛法的时期。早在此前，陈后主曾七次遣使邀请智顗入京。据《别传》、《国清百录》、《续高僧传》等资料记载，当时陈朝君臣上下，莫不对智顗敬慕不已。《别传》云：

> 陈少主顾问群臣："释门谁为名胜？"徐陵对曰："瓦官禅师，德迈风霜，禅鉴渊海。昔远游京邑，群贤所宗；今高步天台，法云东霭。永阳王北面亲承，愿陛下诏之还都弘法，使道俗咸荷"。

后主在敦请智顗出山的敕书中，一再表示对智顗的崇仰和慰问，态度极为恳切。如他说："岩壑高深，乃幽人之节，佛法示现，未必如此"；"都下法事恒兴，希相助弘阐"①。智顗虽曾以疾病为由，反覆予以推辞，但最后，他在陈文帝第十二子永阳王的恳请下，还是接受了入京的邀请。永阳王当时镇守浙江，是一名虔诚的佛教徒，常年"昼飧讲说，夜习坐禅"。他在给智顗的谏书中写道："主上虚己，朝廷思敬，一言利益，则四生有赖。若高让深山，则慈悲有隔。弟子微弱，尚赐迂屈。不赴台旨，将何自安？"（《别传》）

陈朝君臣恳请智顗出山、智顗重返金陵弘法，这一事件意味着什么？

---

① 《国清百录》卷一。

笔者认为，这一事件意味深长，很难用通常意义上的“佛事活动”予以概括。它实际上是陈朝末年（也是南朝覆灭前夕）世俗政权与宗教力量的一次相互依赖和配合，以维持摇摇欲坠的世俗政权和壮大天台佛教声势。从陈王朝的角度看，佛教将有助于神化政权，达到以佛法护国的目的。而从智顗的角度说，服务于陈王朝是自己义不容辞的职责，通过对王权的支持也有助于佛教自身的发展。

陈宣帝太建十年（578），因北周吞灭北齐，没有履行与陈共伐北齐、中分天下的盟约，宣帝愤然出兵北伐。北伐未获成功，而损失惨重。至翌年，北周已占尽江北、淮南之地，陈氏江东政权已摇摇欲坠。只是此时适逢北周武帝病亡，宣帝继立，新君荒淫暴虐，未能乘胜灭陈，统一南北。陈宣帝太建十三年（581），杨坚废北周幼主静帝自立，改国号为隋。为巩固隋初政权，杨坚也不遑外略。因此，终宣帝之世，陈朝危机四伏，但还未彻底暴露。陈后主继位于至德元年（583），这时起，陈的政治更加迅速腐败。与此同时，北方杨坚逐渐巩固起隋的统治，富国强兵，构成对陈朝日益强大的压力，陈的灭亡已指日可待。

正是在这种政治背景下，陈后主预感到王朝末日的来临，便想到了佛教。后主请智顗说法的敕书中说，“护国之力，莫过数演”[1]，以为通过宣讲佛经便能挽救王朝命运。其皇太子的《请戒疏》中也写道：“化导无方，随机济物，卫护国力，汲引天人。”[2] 在病入膏肓之际，他们已把智顗看作是起死回

① 《国清百录》卷一。

② 《国清百录》卷二。

生的神医。因此，当智颢一行回到金陵，除了受君臣上下大量财物供给，还获特殊礼遇："陈主既降法筵，百僚尽敬，希闻未闻，奉法承道。因即下敕，立禅众于灵耀寺。学徒又结，众望森然。"① 这些特殊的礼遇，表达了人们对智颢寄托的特殊期待。所谓"陈主既降法筵"，是指后主亲临太极殿，请智颢讲《仁王般若波罗蜜经》（简称《仁王般若经》或《仁王经》）。其后，后主又于光宅寺舍身，大施僧众，再请智颢讲说《仁王般若经》。据载，"叙经才讫，陈主于大众内起礼三拜，俯仰殷勤，以彰敬重。"（《别传》）陈后主于此时对《仁王般若经》表示的明显偏爱，其用意当然耐人寻味。

《仁王般若经》题为鸠摩罗什翻译，但实际上系后人托名而作。在这部经典的《护国品》中宣称，当国土受到扰乱之时，诸王应持诵它；并请百法师，设百高座，燃百灯，烧百和香，则不仅可退散怨敌，而且所有灾难都将消弭。这一思想使它具有强烈的护国色彩。因此《仁王般若经》自问世之日起，就广泛流传，并在南北朝以后成为历代帝王的一件法宝。国有灾变，他们便设"仁王法会"，依该经所说仪规建立道场，讲诵该经，以祈愿国泰民安，祛灾消难。在陈朝，早在后主之前，已有先例。陈武帝永定三年（559），就曾在内廷设"仁王大斋"，此后每年举行两次法会，讲《仁王般若经》。后主累请智颢重返金陵，主要目的就是试图通过宣讲《仁王般若经》，以延续风雨飘摇中的世俗政权。

智颢之所以再三推辞，大概是他已经意识到南朝气数已尽。但他毕竟没有忘记其师慧思的嘱咐，最后还是走出天台

---

① 《续高僧传》卷一七，《智颢传》。

山，为陈王朝效命。同时为了佛教自身的利益，他也感到有必要重返金陵，宣传酝酿成熟的天台教义，弘扬天台佛法。而帝王的扶持又是佛教发展的一个基本前提，正如他所说："道通唯人，王为法寄。"[1] 只有这样，由他确立的天台佛教才有可能发展、完善，成为事实上的佛教宗派。

智𫖮重返陈都，后主延上东堂，四事供养；天子欣然，百僚尽敬。他在太极殿开讲《大智度论》时，"有诏羊牛童子引导于前，主书舍人翊从登阶，礼法一如国师瓘阇黎故事"，"其为荣望，未可加之"[2]。智𫖮利用这一机会，成功地保护了大批未获政府批准的出家人，使之免于搜拣（还俗）。《别传》载：

> 陈世所检僧尼无贯者万人，朝议策经不合者休道。先师谏曰："调达日诵万言，不免地狱；槃特诵一行偈，获罗汉果。笃论唯道，岂关多诵？"陈主大悦，即停搜拣。

这一成功，不仅进一步提高了他的声望，而且也增强了天台僧团实力。从天台宗解行相应的主张看，"笃论唯道，岂关多诵"的观点，既符合当时佛教的需要，也与当时社会实际相适应。

至德四年（586），智𫖮因所住灵耀寺过于偏隘，不便立众安禅，便移居光宅寺。在光宅寺，他为皇太子授菩萨戒，又

① 《续高僧传》卷一七，《智𫖮传》。
② 《续高僧传》卷一七，《智𫖮传》。

为皇后沈氏取法名“海慧”。

祯明元年(587),智顗在光宅寺详细讲述《法华经》。当时,他的弟子灌顶听取并记录了全部讲述,后来把讲经内容整理成书,即为《法华文句》。这时,离开陈朝的覆亡已经为时不远了。

翌年(588),杨坚任命其第二子晋王杨广为行军元帅,率领贺若弼、韩擒虎等九十个行军总管,士兵五十二万,分八路进兵伐陈。当此之时,陈的君臣依然夜以继日赏花赋诗,饮酒作乐,以“王气在此”,“长江天堑,虏军岂能飞渡”之说自欺欺人。

祯明三年(589),隋军大举南下,攻入建康,后主被俘,陈朝灭亡。陈朝灭亡虽在智顗意料之中,但他毕竟因此而再度体验了“家国殄丧,亲属流徙”的痛苦。他最终未能完成其师慧思的嘱托,同时也使他失去了最后一个王朝的依赖。面对这一严酷的现实,智顗又一次对佛教现状展开深入反省,以确立与新王朝的基本立场和态度。

当建康为隋军占领之时,南朝佛教迅速步入衰弊状态,寺院受损,僧众星散。金陵佛教受沉重打击,以光宅寺为中心的智顗僧团被迫离散。智顗因此“策杖荆湘”,一路颠沛,最后来到庐山。隋文帝第三子秦孝王杨俊获知消息,遣使邀请,智顗对来使说:“虽欲相见,终恐缘差”(《别传》),断然拒绝接受邀请。隋开皇十年(590),隋文帝亲自下诏,要求智顗与新王朝合作。翌年(591),晋王杨广在江都慕智顗盛名,致书累请,遣使召引。对此,智顗“初陈寡德,次让名僧,后举同学”,在“三辞不免”的情况下,向杨广提出四个要求。不想杨广答应全部要求,智顗再无理由推托,勉强应请前往。

在江都，晋王于金城殿设千僧会，请智顗为他授菩萨戒，并请授法名。智顗授戒毕，为晋王取法名“总持”菩萨。与此同时，晋王回送智顗“智者”大师称号，并赐予大量衣物。

授戒法会结束后，出居城外禅众寺。不久，智顗便提出返回庐山的要求。虽经晋王挽留，但他仍不为所动，逆流而上。开皇十二年(592)，他先重返庐山，后又去潭州(今湖南湘潭)、南岳，最后来到故乡荆州。开皇十三年(593)，为“答生地恩”，智顗在家乡当阳县玉泉山建立寺庙，隋文帝闻知，敕赐寺额，先赐号“一音”，后改赐“玉泉”。这玉泉寺便成为智顗在荆州大开讲席的基地。在此后的两年时间里，智顗于玉泉寺完成《法华玄义》和《摩诃止观》的讲述。至此，“天台三大部”宣告完成，天台宗的宗教哲学理论体系得以完善。

智顗在荆州的弘法活动，使天台宗除了天台山以外，从此又有了一个新的根据地。据智顗自述，“荆州法集，听众一千余僧，学禅三百。”①他在这一地区的声望和影响可以由此想见。据道宣《智顗传》载，智顗回到荆州时，“道俗延颈，老幼相携；戒场讲坐，众将及万。”这表明，他的学问道德早已为当地道俗所知，这成为他弘扬天台佛法的社会基础。

得知智顗声誉日高，影响愈广，晋王杨广于开皇十五年(595)又一再遣使邀请他去扬州。其时，“江淮道俗，再驰欣戴”，智顗又因“频辞不免”(《别传》)，迫不得已而前往，仍住禅众寺。这次，他受晋王之托，为撰《净名经疏》。

开皇十六年(596)春，智顗再度回到天台山。其时“吴

① 《国清百录》卷三。

民越俗，扫巷淘沟；沿道令牧，幡华交候”。而智觊则“雅好泉石，负杖闲游，若吟叹曰：‘虽在人间，弗忘山野；幽幽深谷，愉愉静夜；澄神自照，岂不乐哉！’”（《别传》）无论是人情，无论是环境，都于他十分相宜。但是，事与愿违。开皇十七年（597）冬，晋王遣使者高孝信入山迎请。智觊奉命，随使者成行。行至石城寺（在今浙江新昌），“乃云有疾”，不久即入灭。时智觊年六十，僧腊四十。翌年，晋王给智觊建立寺庙，初名“天台”，大业元年（605）改名“国清”。

智觊一生经历了梁、陈、隋三朝十帝，世事动荡，人生坎坷。他的一生经历，是当时政治生活和佛教现状的真实写照，是这一时代种种不幸的缩影。他因目睹家国破亡而决意投身佛门；投身佛门后，受末法思潮的刺激而担负起调和南北佛学、创立天台佛教的重任。智觊的一生，是为弘扬佛法而奋斗的一生。在智觊六十年的生涯中，除了大力弘扬天台佛教，完成“天台三大部”的著述以及其他大量论著外，还“造寺三十六所，大藏经十五藏，亲手度僧一万四千余人，造旃檀、金、铜、素画像八十万躯，传弟子三十二人，得法自行不可胜数。”（《别传》）他在为佛教事业作出卓越贡献的同时，也为中国哲学思想、中国传统文化留下了丰富的遗产。

三、石城遗书

开皇十七年（597），晋王杨广派遣随从行参高孝信入天台山，敦促智觊急速赴金陵。智觊“行至石城，乃云有疾”，不久便写下遗书，辞众迁化。

对于智觊上述因病而死的说法，佛教史上长期无人提出异议。首先发表不同看法的是近人谈壮飞先生。他在《智𫖮》一文中指出，“我们只要仔细地分析一下他临死前给晋王写的遗书，再联系他生前的活动和有关史实去思考，就有许多使人产生疑窦之处。”通过分析论证，他得出如下结论：“把各种事实连串起来看，智𫖮的死，肯定不是正常的病故，而是迫害身亡的。”[①] 此后，谈氏又特撰《名僧智𫖮死之疑》一文，不仅重申了这一观点，而且进一步作了全面论证。他认为，智𫖮“是在隋统治者的政治迫害下气恼而死，甚至可能是服毒自尽的。决非正常的病故。”[②] 这确实是一种十分新颖的见解，值得引起重视。

在谈氏之后不久，接着发表类似见解的是张哲永《智𫖮的生平与死因》一文。张文在有关智𫖮之死的直接原因上，提出了自己的看法，即认为智𫖮因绝食而亡。他写道：“他一面不愿出山，一面迫于杨广的严令急使，又不得不出山；更重要的是，他为了佛教天台宗的发扬广大和国清寺的早日建成，就不惜借出山为名，行捐躯之实，以达到生前无法达到的目的”。根据“这个必死的决心”，“智𫖮先后共绝饮、绝食了六日。”[③] 这是对谈氏“气恼而死”或“服毒自尽”说的修正。

智𫖮之死，看来现在应该引起人们的关注了。但是，在这一问题上，重要的不是确定他“如何”死，而是辨明他“为什么”而死。正如谈氏《名僧智𫖮死之疑》文中所说，智

① 《中国古代著名哲学家评传》第二卷，齐鲁书社1980年版，第503、507页。

② 《中国哲学史研究集刊》第二辑，上海人民出版社1982年版，第377页。

③ 《华东师范大学学报》，1985年第4期。

颉究竟“怎样”死的，“真相已难考求”。事实上，不仅由于年代久远的客观原因，而且也由于当时智颉弟子以及晋王杨广双方都有意掩盖事实真相，所以使智颉“如何”死这一问题已很难澄清。无论“气恼而死”还是“服毒自尽”，或是“绝食而死”，都只是一种推测和假定，没有可靠的文字依据。但是，“决非正常的病故”这一意见，应该说是反映了历史的真相。智颉临终前口授的“石城遗书”，为我们提供了最初的有关线索；循着这一线索，分析智颉对陈、隋王朝的不同政治态度以及陈、隋王朝对智颉的不同感情，就不难回答智颉“为什么”而死。

长期以来，学术界基于对佛教思想和佛教上层人物的习惯认识，普遍把智颉视为陈、隋王朝的御用工具，而把天台宗的学说看作是为陈、隋王朝作论证而建立的。如郭朋先生在《隋唐佛教》一书中认为：“智颉的一生，可以说就是他同陈、隋王朝深相结纳的一生；天台宗的建立，也可以说就是他同隋王朝深相结纳的产物。”“智颉这个富有政治经验的和尚，并没有让隋文帝失望。不久，他通过和晋王杨广的深相结纳，确实拿出了更大的劲头来为新王朝服务了。”① 这种看法具有一定的代表性，但是否符合实际，尚有待于验证。为此，我们也还得从“石城遗书”说起。

“石城遗书”前半部分，重点申述了智颉生前的“六根”：

贫道初遇胜缘，发心之始，上期无生法忍，下求六根清净。三业殷勤，一生望获。不谓宿罪殃深，

① 《隋唐佛教》，齐鲁书社1980年版，第110、112页。

致诸留难。内无实德，外招虚誉。学徒强集，檀越自来。既不能绝域远避，而复依违顺彼，自招恼乱。道德为亏，应得不得，忧悔何补。上负三宝，下愧本心，此一恨也。然圣法既差，自审非分，欲以先师禅慧，授与学人，故留滞陈都，八年弘法。诸来学者，或易悟而早亡，或随分而自益，无兼他之才，空延教化，略成断种。自行前缺，利物次虚，再负先师百金之寄，此二恨也。而年既西夕，恒惜妙道，思值明时，愿逢外护。初蒙四事，既励朽年，师与学徒四十余僧，三百许日，于江都行道，亦复开怀，待来问者。傥逢易悟，用答王恩，而不见一人求禅求慧，与物无缘，顿止于此。谬当信施，化导无功，此三恨也。又作是念，此处无缘，余方或有。先因荆潭之愿，愿报地恩。大王弘慈，霈然垂许。于湘潭功德，粗展微心，虽结缘者众，孰堪委业？初谓缘者不来，今则往求不得，推想既谬，此四恨也。于荆州法集，听众一千余僧，学禅三百。州司惶虑，谓乖国式。岂可集众，用恼官人。故朝同云合，暮如雨散。设有善萌，不获增长。此乃世调无堪，不能谐和得所，此五恨也。既再游江都，圣心重法，令著《净名疏》。不揆暗识，辄述偏怀。玄义始竟，麾盖入谒，复许东归。而吴会之僧，咸欣听学。山间虚乏，不可聚众。束法待出，访求法门，暮年衰弱，许当开化。今出期既断，法门亦绝，此六恨也。在山两夏，专治玄义，进解经文至《佛道品》，为三十一卷。将身不慎，遂动渴热，一百余日，竟疾治改。

际此夏末，虑有追呼，束装待期。去月十七日，使人至山，止留一宿，遽比萤光。早希进路，行过剡岭，次至石城，气疾兼笃，不能复前。①

这以“六恨”为核心的前半部分是遗书的主体部分。作为智颉临终前的遗言，这“六恨”是他当时心情的真实吐露，字里行间使人感受到他内心的痛苦不安、烦闷压抑。同时，正如谈壮飞先生所说，这“六恨”的内容，“言辞间固充满了申诉、辩解，且暗含忧怨，实有难言之隐。”“六恨的内容，完全是辩诬申诉的性质。”由此足以表明，智颉的死确非正常，他是带着种种遗憾离开人间的。试予以分析。

第一恨，总述他的佛教理想与后来的实际情况未能吻合，从而使他深感“恼乱”，却又“忧悔”不及；但这不是他本人的过错，而是社会环境所造成，或者说是出自“宿罪”即前生的业力。智颉指出，他的出家和对佛教的信仰，纯粹出于“上期无生法忍，下求六根清净”，寻求解脱。因此，一生修行严肃认真，无论语言、思想、行为(“三业”)都殷勤虔诚，未曾越轨。不幸的是，周围人们一再抬举我，使我门下学徒汇聚，施主不请自来。我既不能避开他们，所以也就只能听任摆布。智颉第一恨的大意如此。那末，他究竟招惹了什么是非、得罪了什么人，从而使他这般忧心忡忡，需要为自己作出申辩呢？请看第二恨。

第二恨是智颉对自己与陈王朝关系的申述。他强调指出，此前“留滞陈都，八年弘法”，只是为了佛教事业，为了使佛

① 《国清百录》卷三。

法后继有人。佛教面临末法时期，需要有人作出牺牲，所以不揣浅薄，受先师慧思之托来到金陵，传授禅法。但结果是完全辜负了先师的愿望，不仅“自行前缺”，而且“利物次虚”，劳而无功。上述意思，证明他除了在佛法上与陈王朝有来往，其他方面一概没有关系；而且，就佛教而言，他也并未给陈朝带来裨益。总之，我智顗与陈王朝没有特殊交往。这是智顗遗书的一个要点，也是他向晋王申辩的关键之一。

第三恨的大意是说，正当自己年事渐高，为佛法而忧虑时，陈朝覆灭，隋朝一统天下。“思值明时，愿逢外护”，庆幸自己遇到圣明之时，佛教将在新王朝护持下得到发展。于是，我便接受晋王之邀，去江都弘扬佛法，希望能以此报答王恩。可惜在前后“三百许日”的弘法期间，竟无一人“求禅求慧”，因此我不得不离开江都，溯江而上。这就是说，我对新王朝也已尽了力，按理不应受到指责或怀疑。

第四恨是说，离开金陵，是考虑到这里的弘法因缘尚未成熟；去往湘潭、荆州，也只是从因缘上考虑，而荆州是自己的出生地，有报答地恩的义务。目的只有一个，即弘扬佛法，决无非分之想或越轨之举；况且，“大王弘慈，霈然垂许”，这是经过晋王批准的。遗憾的是，自己的弘法愿望再度遭遇挫折。

以上四恨，智顗重点申述了两个问题。第一，他认为，自己一生的行事，目的只有一个，即为了完成先师所托咐的弘扬佛法的理想，所以，凡与佛法无关的事，一概未曾参与。第二，他强调，自己虽曾受陈朝帝王之邀，在金陵弘法多年，但也没有拒绝隋朝晋王之邀，去江都弘法；江都弘法未曾达到目的，金陵弘法同样没有实现愿望。

第五恨，是说在荆州弘法期间，讲说《法华玄义》和《摩诃止观》，其时“听众一千余僧，学禅三百”。对这一正常的弘法活动，地方官员惊恐万分，指斥为违反了朝廷的法令，命令立刻解散；弘法活动被视为有“集众”闹事之嫌。在这种情况下，佛法的讲说实际上无法顺利进行，“朝同云合，暮如雨散”，我的弘法理想再次受到挫折。

第六恨，叙述自己于开皇十五年受晋王之邀，再次返回江都，并答应为他撰写《维摩经玄疏》。去年方回天台山，时已“暮年衰弱”，以为不会有人再对我的弘法愿望产生怀疑；又考虑到“吴会之僧，咸欣听学”，这是该地区的佛学风尚，而天台山供给贫乏，无法接受大量听众，所以一度设想出山弘法(“束法待出”)。原以为会获得当局允许(“许当开化”)，但哪里想到这弘法的大愿最终未能实现，如今却落得个“出期既断，法门亦绝”的结局。

以上两恨，可以说几乎是智颉向晋王的申诉状，要求对方明察自己所蒙受的冤屈。这冤屈就在于隋王朝误解了自己的弘法理想，并使这一理想最终未能完满实现。而在此后，更为遗憾的是“虑有追呼，束装待期”，即行动失去自由，随时都有被传呼的可能。事实上，不久晋王便派人上山，令智颉急速上路(“早希进路”)，而此人在山上“止留一宿，遽比萤光”。使者来去匆匆，既无安慰之言，又无礼敬之辞，更无檀施之物。冤屈未解，厄运又降。智颉被迫于险恶的环境和悲愤的心情下离开天台山，行至石城，不复向前，数日后示寂于石城寺佛像前。

六恨所述，是否为事实？智颉申述的冤屈有什么依据？他是否与隋王朝深相结纳并为之竭尽全力了？

稽诸史实，我们可以发现，六根所述，多非事实。智𫖮对隋王朝的态度与他以往对陈朝的态度截然不同。对于陈朝，他表现出积极支持、主动维护的姿态；而对于隋朝，则采取阳奉阴违、消极回避的态度。正是这一不同的态度，决定了智𫖮晚年的命运和未享天年的结局。他既无法洗刷自己与陈王朝的各方面密切联系，又难以证实自己与隋王朝的同心同德、心心相印关系。

智𫖮生于梁朝封建官僚之家，梁、陈两代的豪门世族，多有他们家族的亲朋故旧。他一生经历了六十个春秋，其中五十二个春秋是在南朝度过，这使他在感情上倾向于南朝，并有一种患难与共、休戚相关的感觉——尽管他已看破红尘，与世俗无缘。何况梁、陈两代无论于陈氏一家还是于智𫖮本人，都曾厚意相待，这就使他具备了与陈朝君臣深相信任的基础。

前面已经说到，智𫖮之师慧思曾因受北方僧团迫害，又对北方政治表示不满，在末法思想支配下，一再南迁传法，并终老于南岳衡山。慧思托咐弟子，希望他以自己所学为陈朝效命，并在陈统治者支持下发展佛教。智𫖮遗书自陈“留滞陈都，八年弘法”，表明他确实秉承师意而行。但事实上，这也是智𫖮本人的理想。一方面，金陵弘法将发挥他止观并重的佛学特长，完善自己的理论和实践，为佛教事业作出贡献；另一方面，金陵弘法是以实际行动支持南朝政治，与北朝抗衡。他不仅为陈宣帝大开讲筵，而且在陈朝风雨飘摇之际，为陈后主多次讲说《仁王般若经》，祈求诸佛保护陈朝。当陈朝灭亡在即，金陵行将易主之时，智𫖮仍然与陈朝君臣在一起，为这一王朝的起死回生作最后一刻的祈祷。可以认为，智𫖮与陈王朝的结纳是自觉的、积极的，态度是诚恳的。与此同时，陈朝君臣上下也以真诚的态度表达了对智顗的崇敬和仰慕。他们不仅视智顗为“佛法雄杰，时匠所宗，兼训道俗，国之望也”，把国家的希望和命运寄托在他身上，给予极为隆重的礼遇；而且还下诏“割始丰县调”，对他的天台佛教予以切实的支持。

相对于此，智顗对隋朝的感情和态度则有明显反差。可以说，从隋王朝建立之初起，智顗就抱有某种对抗的情绪，拒绝与之合作。

隋朝的统一，给国内各族人民带来了相对和平、稳定的生活，一时出现“户口滋盛，中外仓库，无不盈积”[1] 的升平景象。但是，战争遗留下来的以及新产生的社会问题依然很多。隋王朝为解决这些问题，巩固自己的统治，采取了一系列措施。其中之一，便是提倡佛教，把佛教当作重要的思想统治工具。

开皇元年（581），隋文帝杨坚即位之初，便诏令在全国范围恢复佛教，“听任出家，仍令计口出钱，营造经像。而京师及并州、相州、洛州等诸大都邑之处，并官写一切经，置于寺内，而又别写藏于秘阁”，致使“天下之人从风而靡，竞相景慕，民间佛经多于六经数十百倍。”[2] 开皇三年（583），诏令修复周朝废寺。诏文谓“朕钦崇圣教，念存神宇，其周朝所废之寺，咸可修复。”[3] 晋王杨广送沙门昙崇居寺“户七十

① 《隋书》卷二四，《食货志》。
② 《隋书》卷三五，《经籍志》。
③ 《辩正论》卷三。

有余，水硙及碾，上下六具，永充基业。”① 开皇五年（585），文帝诏曰：“佛以正法付嘱国王。朕是人尊，受佛付嘱。自今以后，迄朕一世，每月常请二十七僧，随番上下；经师四人、大德三人，入内讲经，每夜行道。”② 开皇十年（590），敕令自开皇十年以前，凡僧尼私度者，全部听任出家。③ 开皇十一年（591），诏令天下州县各立僧尼二寺④；又令天下立寺，应无分公私，混同施造⑤。同年，文帝诏征沙门灵裕，宣称，“朕尊崇三宝，归向情深。恒愿阐扬大乘，护持正法。”⑥ 开皇十三年（593），文帝下诏，令修复被周武帝毁坏的佛像、佛经，并发露忏悔；文帝及皇后各施绢十二万匹，王公以下及百姓各施钱百万，参与忏悔者四十余万人。⑦ 可见，从隋文帝到晋王，都表现出对佛教的高度热情，确立起佛法保护者的形象。据《开元释教录》卷七等记载，终文帝之世，凡度僧尼二十三万人，写佛经四十六藏十三万卷，修治故经四百部，造佛像六十余万躯，修治故像一百五十万九千余躯，营造寺塔五千余所。⑧ 这些数字基本上反映了当时朝廷对佛教的提倡和扶植。

---

① 《续高僧传》卷一七，《昙崇传》。
② 《辨正论》卷三。
③ 见［元］觉岸：《释氏稽古略》卷二，《大正藏》卷四九。
④ 见《金石萃编》卷三八，《诏立僧尼二寺记》。
⑤ 见《历代三宝记》卷一二。
⑥ 《续高僧传》卷九，《灵裕传》。
⑦ 见《历代三宝记》卷一二。
⑧ 据《释迦方志》卷下，具体数字略有差别：“一百余寺立舍利塔，度僧尼二十三万人，立寺三千七百九十二所，写经四十六藏、一十三万二千八十六卷，治故经三千八百五十三部，造像十万六千五百六十躯”。

据载，杨坚幼时曾受尼姑智仙的抚养，所以在他即位后，“每以神尼为言，云：我兴由佛。”[①] 于是着意复兴佛教。其后更宣称：“弟子往藉三宝因缘，今膺千年昌运”。这些说法，夸大了佛教的作用，具有神化王权的意义。实际上，隋朝复兴佛教，有其更为深远的政治意图。

南北朝后期，佛教在北方地区已发展成为强大的社会力量。北周武帝毁佛，将三百万僧尼赶出寺院，还归编户农民。从国计民生着眼，这是必要的措施，但它不能从根本上解决问题。在佛教已经成为广大民众普遍信仰的情况下，激烈的行政手段，往往诱发出信奉者更为强烈的宗教感情。宋人宋敏求曾指出：“隋文承周武之后，大崇释氏，以收人望。”[②] 这一看法，相当准确地揭示了杨坚复兴佛教的实质。史称杨广为晋王时极尽“矫情饰貌，肆厥奸回”之能事。即位后“恃才矜己，傲狠明德；内怀险躁，外示凝简。盛冠服以饰其奸，除谏官以掩其过。荒淫无度，法令滋章；教绝四维，刑参五虐。”[③] 正是这样一个“弑君父，杀兄弟，骄淫无度，其不可辅而不相容，涂之人知之”[④]的暴虐者，为了获得太子的地位，以崇奉佛法为掩护，“矫情饰貌”，博取信任。在此之后，又继续通过对佛教的支持，进一步欺骗誉论、愚弄民众。杨广在世期间，居然也曾“治故经六百一十二藏、二万九千一百七十二部；治故像一十万一千躯，造新像三千八百六十躯；度

① 《广弘明集》卷一九，《舍利感应记》。

② ［宋］宋敏求：《长安志》卷七。

③ 《隋书》卷四，《炀帝纪》。

④ ［明］王夫之：《读通鉴论》卷一九。

六千二百人”。[①]

此外，由于北朝时期长期战乱，民不聊生，加上两次毁佛灭佛，流民问题日益严重。至隋朝初年，流民已接近总人口的一半[②]，对稳定政治、恢复和发展经济构成严重威胁。隋文帝多次声势浩大地招揽逃匿僧侣出山，如开皇十年（590），听许私度僧尼出家，一次受度者达五十万人。[③]这种措施明显带有召唤流民归土的政治、经济意向。为了保证封建政治统治和政府赋税收入，隋初在全国范围内还大规模推行检括户口、大索貌阅。仅开皇初年，就一次检出四十四万三千户，一百六十四万一千五百口。[④]

从思想统治的角度看，隋文帝接受历代帝王走佞佛或废佛两个极端的经验教训，力图建立以儒学为核心，以佛、道两教为辅助的体系。他宣称：“门下法无内外，万善同归；教有浅深，殊途共致。”[⑤] 据此，他下令在儒家崇拜的五岳建立佛寺。

文帝登基不久，即设立太学，召集儒士，并在礼部尚书牛弘的建议和组织下，大量搜集散佚于民间的儒家经典。开皇八年（588），文帝下诏南征，诏书内容完全是基于传统儒

---

① 《释迦方志》卷下。

② 据《隋书》卷二四《食货志》载，北齐时，“阳翟一郡，户至数万，籍多无妻。有司劾之，帝以为生事。由是奸欺尤甚。户口租调，十亡六七。”隋初，“山东尚承齐俗，机巧奸伪，避役惰游者十六七。四方疲人，或诈老诈小，规免租赋”。

③ 见《续高僧传》卷一〇，《靖嵩传》。

④ 见《隋书》卷二四，《食货志》。

⑤ 《历代三宝记》卷一二。

家政治伦理道德的考虑。[①] 所以，隋朝帝王提倡佛教，是以儒家思想统治为背景的。开皇十一年(591)，文帝下诏，说："朕位在人王，绍隆三宝，永言至理，弘阐大乘。"[②]意思是说，他是以"人王"的身份来复兴佛教的，所以佛教也必须树立皇权至上的观念，忠实地执行"为国行道"的义务。可见，隋文帝对于佛教，是把它当作对国家和民族有用的思想意识形态来看的。

隋文帝和杨广都清醒地认识到，必须控制佛教，使之为现实政治服务。比如，隋文帝曾在京城大兴建立具有"国寺"性质的大兴善寺；又以学问僧为主组成"二十五众"，作为朝廷管理全国僧尼和领导佛教方向的中心，引导佛教侧重经典翻译和理论探讨，以防止介入政治；又于相州战地建伽蓝一所，为战争阵亡将士追福，把造寺活动提高到维护国家利益方面。

从隋初的实际情况来看，以儒家为核心而辅之以佛、道的统治思想，不仅具有实际意义，而且行之有效。它有助于北方各民族恢复对汉文化的依赖，忘却胡人统治时期对佛道两度摧残的恐惧；也有助于逐渐消除南北两种不同文化类型

---

① 见《资治通鉴》卷一七六。"陈叔宝据手掌之地，恣溪壑之欲，劫夺闾阎，资产俱竭；驱逼内外，劳役弗已；穷奢极侈，俾昼作夜。斩直言之客，灭无罪之家；欺天造恶，祭鬼求恩。盛粉黛而执干戈，曳罗绮而呼警跸；自古昏乱，罕或能比。君子潜逃，小人得志。天灾地孽，物怪人妖。衣冠钳口，道路以目。重以背德违言，摇荡疆场；昼伏夜游，鼠窃狗盗。天之所覆，无非朕臣。每关听览，有怀伤恻。可出师授律，应机诛殄；在斯一举，永清吴越"。

② 《历代三宝记》卷一二。

之间的冲突，撤去中国境内各民族、各地域的隔阂。它对统一国家的重建、民族矛盾的缓和以及文化思想的交流起过作用。对佛教而言，由南北朝时期各种学派的纷争到隋唐时期宗派的形成，不仅与大统一的政治条件相关联，而且也得益于统治者以儒为首的三教并用政策。

但是，对于隋的政治统治，智顗自始至终没有给予配合和支持，处于貌合神离的状态。首先请看开皇十年（590）隋文帝给智顗的一道敕书：

> 皇帝敬问光宅寺智顗禅师。朕于佛教敬信情重，往者周武帝之时毁坏佛法，发心立愿必许护持。及受命于天，仍即兴复。仰凭神力，法轮重转；十方众生，俱获利益。比以有陈，虐乱残暴，东南百姓劳役不胜其苦。故命将出师，为民除害。吴越之地今得廓清，道俗乂安，深称朕意。朕尊崇正法，救济苍生，欲令福田永存，津梁无极。师既已离世网，修己化人，必希奖进僧伍，固守禁戒，使见者钦服，闻即生善，方副大道之心，是为出家之业。若身从道服，心染俗尘，非直含生之类无所归依，仰恐妙法之门更来谤讟。宜相劝励，以同朕心。①

这道敕书有以下几层意思：先是表白自己复兴佛教的功绩以及护持佛教的诚意；接着陈述命师伐陈、统一全国的意义，言外之意是要智顗认清形势，不必为“虐乱残暴”的陈朝的灭

① 《国清百录》卷二。

亡而心存怨恨，以至拒绝与新王朝合作；第三层意思是说，既是出家之人，就应该严守戒律，为僧众做出榜样，如果身披袈裟，却参与世俗政事，那末就配不上教团领袖，并且危及整个教团；第四层意思是说，我既是世间最高统治者，又掌握佛教的兴衰之权，所以，你务必按照我的要求弘扬佛教、宣传佛法，否则咎由自取。

隋初，智颉已是名闻大江南北的佛教领袖。与智颉同时代的佛教界代表人物，如昙延、法藏、昙崇、灵藏、杜顺、昙迁、普安、灵裕、彦琮等，纷纷受隋文帝、晋王的恩宠，或为之立寺，或延入宫廷说法讲经，或恭请译经，或敕赐财物，不一而足。但是，类似隋文帝给智颉的这类敕书，还未曾发现。毫无疑问，这道敕书，正如谈壮飞先生所言，是“政治性的劝降书”；“措辞、语气十分严峻，完全是一封警告信”。可见，在隋统一南方之后，南方名僧智颉并未配合隋在这一地区的统治，甚至流露出对抗的情绪。一个曾经竭力以佛法辅佐陈朝，成为陈朝三代君主崇仰对象的高僧，却拒绝与新王朝合作，在隋文帝看来，当然不是一般的宗教神学问题。

如果从当时国内形势方面考察，隋文帝对智颉的恼怒也是可以理解的。

隋灭陈之后，对江南士族采取压制措施，造成江南士族与隋政权的矛盾，陈朝残余势力纷纷起而反对隋的统治，对隋初政治局面的稳定带来严重威胁。据《资治通鉴》卷一七七记载：

江表自东晋以来，刑法疏缓，世族陵驾寒门；平陈之后，牧民者尽更变之。苏威复作《五教》，使民

> 无长幼悉诵之，士民嗟怨。民间复讹言隋欲徙之入关，远近惊骇。于是婺州汪文进、越州高智慧、苏州沈玄懀皆举兵反，自称天子，署置百官。乐安蔡道人、蒋山李悛、饶州吴世华、温州沈孝彻、泉州王国庆、杭州杨宝英、交州李春等皆自称大都督，攻陷州县。陈之故境，大抵皆反，大者有众数万，小者数千，共相影响，执县令，或抽其肠，或脔其肉食之，曰："更能使侬诵《五教》邪！"

这一记载表明，隋统一江南之初，南朝的残余势力还相当强大，与隋的政治统治存在严重对立。无论智顗是否曾同情或支持这类反隋政治活动，由于他未能向新王朝表达忠诚和拥戴之意，相反在隋军占领金陵后，立即"策杖荆湘"，从而理所当然地成为隋王朝的异己。统一的封建政治不允许佛教游离于王权之外，更不允许教界的代表人物离心离德。

开皇十年（590），晋王杨广任扬州总管。为加强对佛教的控制，他把当时江南宗教界颇有影响的和尚和道士召至扬州，命住于四道场，其中佛教僧侣聚集于慧日寺和法云寺。名义上是表示对佛教的崇敬，实质上是便于统辖和管理。第二年，杨广便向南方最有影响的佛教领袖智顗发出邀请，为他的矫情奸回作装饰和点缀。对此，智顗在三次推辞仍不获许的情况下，以满足四条要求作为应命的条件。这四条要求是：

> 一，虽好学禅，行不称法；年既西夕，远守绳床。抚臆循心，假名而已；吹嘘在彼，恶闻过实。愿勿以禅法见期。二，生在边表，长逢离乱；身暗庠

> 序，口拙暄凉。方外虚玄，久非其分；域间樽节，一无可取。虽欲自慎，终恐朴直忤人。愿不责其规矩。三，微欲传灯，以报法恩。若身当戒范，应重去就。去就若重，传灯则阙；去就若轻，则来嫌诮。避嫌安身，未若通法。愿许为法，勿嫌轻动。四，四十余年，水石之间，因以成性。今王涂既一，佛法再兴；谬承人泛，沐此恩化；内竭朽力，仰酬外护。若丘壑念起，愿放其饮啄，以卒残生。(《别传》)

其中，第一条的意思是说，自己的禅法名声在外，实际上并非如此，所以请晋王不要对禅法寄托什么希望。这等于是说，他不会将自己佛学的精华部分禅法传授给晋王。这里，我们清楚地看出，智颉根据自己的感情好恶，区别对待了陈朝君臣和隋朝帝王。事实证明，后来智颉没有与杨广谈及禅法。第二条的意思是说，自己长期出家，不懂得儒家礼法，也不会上下应酬，所以希望晋王不要动辄以王权和礼法约束。这段话表明智颉坚持自己的立场，语辞委婉却柔中有刚，个性清晰。所谓“虽欲自慎，终恐朴直忤人”，既是为过去的言行辩护（包括对隋文帝敕书的回答），又是为今后的言行申述。第三条的意思是说，为了报答佛法之恩，有义务传授佛法。既要传授佛法，免不了展开佛事活动，其间也就有可能不合朝廷禁戒。作为一名出家人，不能为了避嫌安身而忘却传法这一根本使命。这是智颉向杨广公开表示反对王权的限制，要求对方承认佛教的自主，保障自己活动的自由。第四条意思是说，如今国家统一，佛教复兴，理应竭力效命。但平生热爱山水，不愿受人制约，所以必须保证来去自由，不得阻拦。

这四条要求，表达了智𫖮对隋王朝的基本态度。他没有屈服于文帝敕书的压力，维护了自己人格的尊严。他并未把晋王的累请看作是与隋朝统治者结纳的机会，相反表现出特殊的冷漠和严肃。

杨广从稳定江南政治秩序和扩大自己社会影响方面考虑，居然完全应允智𫖮上述苛刻条件。在智𫖮抵达扬州后，杨广给予隆重礼遇。但是，智𫖮除了为杨广主持授戒法会，“授律仪法”之外，既无说法讲经，又无其他佛事活动的记载。相反，“香火事讫，泛舸衡峡”，“既值便风，朝发夕还。”（《别传》）其心情之急切，可以想见。并且，面对杨广的挽留，他以此前所提“四愿”为由，指出：“先有明约，事无两违”，甚至“拂袖而起”，致使杨广“不敢重邀，合掌寻送至城门”[1]。其倔强不化的个性和傲慢不羁的态度跃然纸上，在强大王权面前再度维护了作为高僧的尊严。《遗书》中，智𫖮回顾此事，作了如下解释：“傥逢易悟，用答王恩，而不见一人求禅求慧，与物无缘，顿至于此。谬当信施，化导无功”。他把全部责任推给了客观条件，这当然是不能令人信服的。

与此形成鲜明对照的是，智𫖮离开扬州后，在庐山、荆州地区积极展开弘法活动，完善天台止观体系，加强天台宗的宗派实力。于是，自然地引出了《遗书》第五恨所表达的逻辑结果，所谓“州司惶虑，谓乖国式。岂可集众，用恼官人”。这一结果，附合隋王朝要求，或者直接出自晋王杨广的旨意。《国清百录》卷二《王谢天冠并请义书》载录其后杨广再度邀请的手疏，其中明确指出：“但戒为基址，信实行先，

---

① 《续高僧传》卷一七，《智𫖮传》。

保解毗尼”,“即日欲服膺智断,率先名教,永泛法流,兼用治国”。这分明是在警告智顗,要他遵守名教、维护王权,不应继续与隋王朝对立。不久,杨广再次手疏邀请,文中直接点破智顗归心陈朝而蔑视隋朝的实质,告诫他不要走得太远。

> 智者昔入陈朝,彼国明式,瓦官大集,众论锋起。荣公强口,先被折角;两琼继轨,才获交绥;忍师赞叹,唯唱希有。弟子仰延之始,便事胜集,屈登无畏,释难如流,亲所听闻,众咸瞻仰。适承前往荆楚,讲《法华经》,旧学名僧,莫不归服。故知非禅不智,验乎金口。①

智顗作为南岳慧思禅师的首席弟子,不仅禅学为道俗崇仰,而且“说法第一”,当年在金陵瓦官寺大开法筵,如今在荆州讲述《法华经》,唯独不为隋朝所用。这明显不过的事实,当然难以为杨广所容忍。由于他是智顗的菩萨戒弟子,所以不能把矛盾公开。但他们之间的矛盾是客观的存在,而且愈演愈烈。这不仅是王权和教权的矛盾,而且也是观念意识、思想感情之间的矛盾冲突,它反映了在王朝交替之际各类历史人物的不同心态。

南北朝时期,南北对峙的双方无论在思想文化上还是在政治措置上,都存在着差别。智顗选择以佛法为陈王朝服务的道路,既有长期南朝政治和思想文化的背景,也有家庭和历史的背景,更有听命师训的道德要求,这样做, 本来无可

① 《国清百录》卷二,《王重请义书》。

非议。南朝没有写下以行政手段毁佛灭佛的历史，也不存在帝王对僧侣的强制措施。事实表明，像智𫖮这样在僧俗均享有盛誉而又个性倔强的高僧，试图以王权予以压服，不仅不能奏效，而且适得其反。

隋统一全国，顺应民心，符合历史潮流。但这并不等于说，智𫖮不愿以佛法粉饰这一王朝，为之进行神学的论证，就是不可取的。智𫖮虽已脱离世俗，但他并未放弃某些传统的世俗观念。他的主动服务于陈而不愿听命于隋，表明了传统的“忠孝”、“名节”观念在他身上继续产生作用。这同样是一种王权观念，即正统王朝观念。《别传》有这样一段记述：

> 然居灵耀，过为褊隘，更求闲静，立众安禅。忽梦一人，翼从严整，称名冠达，请往三桥。师云：“冠达，梁武法名；三桥，岂非光宅？”遂移居之。

这说明，南朝的王权政治和文化政策确实在智𫖮身上有深刻烙印，在思想上留下了远比北朝以及它的继承者隋朝优越的印象。再则，当王朝更迭之时，“金陵讲席，扫土俱尽”[①]；“灵像尊经，多同煨烬；结鬘绳墨，湮灭沟渠”[②]；“寺塔焚烧，如比屋流散，钟梵辍响，鸡犬不闻；废寺同于火宅，持钵略成空返。僧众无依，实可伤叹。”[③] 金陵易手，寺院被焚，经像遭劫，使目睹这一景象的智𫖮难以忘怀，如同重演了北方

① 《续高僧传》卷一四，《慧颧传》。
② 《广弘明集》卷二五，《宝台经藏愿文》。
③ 《国清百录》卷二，《王答蒋州事》。

灭佛的一幕，加深了他的末法观念。

在杨广的严厉指责和敦促下，智顗不得已而再度来到扬州。这时，杨广责令他写《净名经疏》。杨广这样做的用意，是要限制智顗的自由，即使他不能为己所用，也不能放任自主，以免激发民众对旧王朝的怀念之情。然而，智顗厌倦这种受人监视下的著述生活，他借口自己雅好泉石，第二年便回到了天台山。

从灌顶《别传》、道宣《智顗传》等资料看，智顗重回天台山，似已有终老之意。[①]《别传》写道：

> "吾忆小时之梦，当终此地，所以每欣归山。今奉冥告，势当不久。死后安厝西南峰所指之地，累石周尸，植松覆坎，立二白塔，使人见者发菩提心。"又经少时，语弟子云："商行寄金，医去留药。吾虽不敏，狂子可悲。"

《智顗传》记述说：

> 旋归台岳，躬率禅门，更行前忏。仍立誓云："若于三宝有益者，当限此余年；若其徒生，愿速从

---

① 但《遗书》第六恨却说："吴会之僧，咸欣听学；山间虚乏，不可聚众。束法待出，访求法门；暮年衰弱，许当开化。今出期既断，法门亦绝"。这似乎在为不能出山传法而深感遗憾。这一说法值得怀疑。事实上，智顗最后入天台山，已决心不再为隋帝王所用。所以，《遗书》第六恨的用意，一方面继续推卸不能传法的责任，另一方面指责晋王不守信用，申述自己蒙受的冤屈。

化。”不久，告众云：“吾当卒此地矣，所以每欲归山”。

这一事实意味着，智顗与隋朝帝王的关系已经完全破裂，感情无法修复。长期与隋王朝的不合作态度以及隋统治者给他的沉重精神压力，使他清醒地认识到，自己的一期人生行将结束。尔后晋王遣使逼令他限期出山，加深了他的这种认识。个人的生命，对他来说，此时已显得毫无意义。正由于他清醒地预感到死期临近，所以究竟“如何死”也就显得无足轻重。

但是，作为一代高僧、天台宗的创立者，智顗必须为维护佛教事业、保护佛教僧团作最后的努力。这种努力，具体反映在石城遗书的后半部分。如果说遗书的前半部分主要是通过一系列申述和辩解，以消除杨广对自己的疑虑，停止对教团的追查和迫害，那末这遗书的后半部分，就是在这一基础上，要求杨广以师徒名分为念，保护天台佛教，扶植佛教事业。

《遗书》后半部分提出的要求，包括以下数条：

第一，“愿留心佛法，询访胜德，使义门无废，深穷佛教，治道益明。”这是要求杨广对佛教取全面尊崇保护的态度，并通过对佛法的理解来改善政治。第二，“今天台顶寺，茅庵稍整。山下一处，非常之好，又更仰为立一伽蓝。始剪木位基，命弟子营立。不见寺成，冥目为恨。”这是要求杨广为天台宗在天台山脚建立一根本道场，使天台宗将以此为中心有所发展。[1] 第三，“乞废寺田为天台基业，寺图并石像。”这是要求赐给土地，以保障天台宗的寺院经济。第四，希望杨广从广度僧尼、礼敬僧众等方面多做些匡济佛教的实事。他说：“今天下旷大，赋敛宽平，出家者少，老僧零落”，因而有必要广度僧尼，使“出家增益，僧众增益”。又说，末法时代，僧众参差不齐，应当“有罪者治之，无罪者敬之，起平等不可思议心，则功德无量。”

这四条要求，据智顗所述，其目的是：一为佛法，二为国土，三为众生。但实际上，三者之中最根本的，是保护他的佛教僧团，也就是保证天台宗的存在和发展。

后来的事实表明，石城遗书起了作用。晋王在智顗辞世不久，便一一满足了遗书所提出的要求。晋王《答遗旨文》云：

> 遗旨以天台山下遇得一处，非常之好，垂为造寺。始得开剪林木，位置基阶。今遣司马王弘创建伽蓝，一遵指划。寺须公额，并立嘉名，亦不违旨。……所求废寺水田以充基业，亦勒王弘施肥田良地。深蒙拥护。当年别资给行，送经一藏。依法为先师别供养，具钟、幡、香等。又施钱直，且充日费。鄮境灵塔、吴内石像、剡县弥勒、尊仪卧疾之处，并使装饰，亦不仰异。荆州玉泉寺既是为造，理当异余道场。荆州十住、上明寺等，先以敬许为檀越，无

---

① 这一根本道场，早在陈太建七年（575）首次入天台山时，智顗就有初步计划。《别传》借一老僧之口说：“今非其时。三国成一，有大势力人能起此寺。寺若成，国则清，当呼为国清寺。”

容复乖。……僧有罪治，无罪平等。切以涅槃、羯磨，经有诚文。正论治国，《金光明品》。住持三宝，弗敢坠失。又令加修慈心，抚育民庶。犬马识养，人岂忘恩？盖闻外书为教，仁尚恕物；内典居宗，大慈为首。在文虽异，诣理实同。不有君子，其能为国？不有菩萨，岂济含生？又以僧未贯籍，许其出首。适奉诏书，冥符来及，见机而作。①

从答书上看，智顗的目的已经达到。天台山国清寺不久便建成；天台佛教获得大量"肥田良地"以及日用钱物；荆州玉泉寺等因有晋王作檀越(施主)，也有了可靠的物质保证，晋王应允"住持三宝，弗敢坠失"。佛教天台宗的两个重要活动区域天台山和荆州，由于晋王在物质上的大力资助，终于建立起坚实的寺院经济，为后来天台宗的繁荣发展奠定了基础。但是，必须指出，天台宗的幸存和发展，是以智顗付出的沉重代价为条件的。正是智顗在石城遗书中向晋王表达妥胁和屈服，才换来天台宗的转危为安，并在其弟子辈获得发展。

综上所述，石城遗书反映了一代高僧智顗临终前的复杂心情，从中暴露了智顗与隋王朝关系的实质。

智顗既是脱世的高僧，也就决定了他对佛教事业的忠贞不渝。这种强烈的感情，通过遗书的反覆申述、辩解、恳请表达出来。这意味着，为了维护佛教，他愿含垢忍辱，乃至以宝贵的生命殉自已的事业。这是他通过理智的思考和严肃的反省作出的决策。从历史经验中智顗早已认识到，佛教事业的发展还

① 《国清百录》卷三。

得有赖于新王朝的支持。正如他在《让请义书》中所说：

> 匹夫行善，止度一身；仁王弘道，含生荷赖。盖登地菩萨，应生大家，所以发心，兴隆大道，曷可量也，孰可比哉！[①]

在向晋王提出的“四愿”中他也承认：

> 今王途既一，佛法再兴；谬承人泛，沐此恩化；内竭朽力，仰酬外护。

但由于感情的冲突，他始终不能将这种认识付诸实施，以至与隋统治者的关系日趋紧张。只是当他了却一期人生之时，为了毕生为之奋斗的佛教事业，才有条件地直接表示对王权的屈服。他在《遗书》中写道：“如来灭度，法付国王”；“王秉国法，兼匡佛教”。意思是说，我死之后，天台佛教的命运全在你晋王一人之手，希望你不念旧嫌，悉心扶持。作为对晋王护法的报答，智颉在《遗书》中许诺，保证在彼岸以神力守护“大隋国土”。他写道：

> 生来所以周章者，皆为佛法、为国土、为众生。今得法门仰寄，三为具足，六根释矣。命尽之后，若有神力，誓当影护王之土境，使愿法流衍，以答王恩，以副本志。菩萨誓愿，诚而不欺；香火义深，安

① 《国清百录》卷二。

知仰谢。

这样做,从深层意义上说,智𫖮仍完善了自己的人格,保全了自己的名节。因为他完全超越了个人的生死烦恼,摆脱了世间的一切执著,从菩萨行的高度将自己交付给了佛教事业。①

根据以上分析，我们有理由认为，智𫖮在思想上始终与隋统治者保持着距离，他没有美化隋王朝的意图，也没有为隋王朝作神学论证的可能。或认为天台宗是适应隋王朝“政治需要的直接产物”，或认为它是隋王朝的“封建专制统治的反映”，都缺乏事实依据，有必要予以修正。另一方面，智𫖮既对陈王朝有较深的感情纠葛，而天台宗在陈朝末年已经大体形成,那么是否可以说天台学说是为陈王朝作论证的呢?这同样不符合事实。因为天台宗基本教义“三大部”的全部完成是在隋朝，陈时只完成其中《法华文句》的讲说。

客观地说，就智𫖮的佛教哲学而言，既没有具体内容表明为隋王朝进行论证，也没有明显迹象说明为陈王朝作出辩护。他的佛学，是要通过对宇宙人生重大问题的严肃哲学思考，向人们指出获得解脱的最佳途径。他所作的哲学思考和

① 智𫖮曾一再表示，他的一生属于佛教事业，为佛法的兴盛和繁荣，既是他人生的出发点，也是他人生的终点。如说：“若于三宝有益者，当限此余年；若其徒生，愿速从化”。(《续高僧传》卷一七，《智𫖮传》) 又说：“先以身命，奉给三宝，谨听威神。若形命停留，能生物善，不污佛法者，伏听使乞早除差，行愿速圆。若命虽未尽，方多魔障，损物善根，污乱佛法者，岂须停世，愿早灰灭。灭后以诸誓愿，付嘱后人。”他的“三为”(为佛法、为国土、为众生) 说，始终把为佛法(“先为兴显三世佛法”) 放在首位 (见《发愿疏文》等)。

理论思辨，以及他所提倡的实践方法，基本上都是在佛教范围之内。但是，由于南北佛学的逐渐会通以及南北政治的走向统一，佛教不同风格的融合统一不仅有了必要，而且也有了可能。这并不等于说，智颉的圆融哲学因而是为统一王朝效力的。毋宁说，智颉的佛学，是对现实社会苦难原因的哲学探索，是对末法时代人性堕落的深刻反省，是对解脱之道的孜孜追求。

四、智颉的著述

智颉作为天台宗的创立者，他的一生著述宏富。但据其弟子灌顶《别传》所说，“智颉弘法三十余年，不蓄章疏，安无碍辩，契理符文，挺生天智，世间所伏。有大机感，乃为著文。”他亲笔撰写的只是其中极小部分，其余都系门人（主要是灌顶）根据讲述整理而成。

又据《别传》记载，智颉去世后九年，已编集完成的著作有：

《净名经疏》，二十八卷；

《觉意三昧》，一卷；

《六妙门》，一卷；

《法界次第章门》，三卷；

《小止观》，一卷；

《法华三昧行法》，一卷；

《次第禅门》，三十卷；

《法华玄义》，十卷；

《圆顿止观》，十卷。

计共九部八十五卷。而在唐代释道宣《大唐内典录》（卷五）中，则记载为十九部八十七卷。具体如下：

《圆顿止观》，十卷（灌顶笔记）；

《禅波罗蜜门》，十卷（法慎私记）；

《维摩经疏》，三十卷；

《法华玄》，十卷（灌顶笔记）；

《法华疏》，十卷（灌顶笔记）；

《小止观》，二卷；

《六妙门》，一卷；

《觉意三昧》，一卷；

《法华三昧》，一卷；

《观心论》，一卷；

《三观义》，一卷；

《四教义》，一卷；

《四悉檀义》，一卷；

《如来寿量义》，一卷；

《法界次第章》，三卷；

《大方等行法》，一卷；

《般舟证相行法》，一卷；

《请观音行法》，一卷；

《南岳思禅师传》，一卷。

此时大约距智𫖮去世六十年左右，智𫖮弟子辈大多也已不在人世。但应该说，上述著作还是可信的。道宣是一位学风严谨的佛教史学家，他的述录必然经过仔细考查。将《大唐内典录》所录与《别传》所录加以对照，多出的十部主要是小部（单卷）论著，似乎属于弟子们根据智𫖮生前的讲说加以整理而成。其中《四悉檀义》、《般舟证相行法》、《南岳思禅师传》各一卷虽已不存，但属智顗著述无疑。如《四悉檀义》，在智顗所著《法华玄义》卷一之下中，就有对“四悉檀”的专题论述。

中唐以后，智顗著作的数量又有大幅度增加。如公元804年，日僧最澄泛海入唐求法，翌年带回大量天台典籍，其中智顗所著计三十一部一百二十三卷。这个数字，至宋代又有增加。志磐《佛祖统纪》之《山家教典志》上说，遵式在北宋天圣二年（1024）上表奏请入藏经论，其中有智顗的著作二十三部七十六卷。未入藏的智顗著作尚有六部三十三卷，加阙本十七部四十一卷，共计已达四十六部一百四十卷。这些数字显然被夸大了。由于宋初天台宗的复兴以及与其他宗派（如禅宗）斗争的需要，一些托名智顗著作的出现是不难理解的。

事实上，即使以现在被编入《大正藏》和《续藏经》的三十五部一百六十六卷来作分析，其中也有不少值得怀疑的地方。这三十五部为：

《法华文句》，二十卷；

《法华玄义》，二十卷；

《摩诃止观》，二十卷；

《观音玄义》，二卷；

《观音义疏》，二卷；

《金光明经玄义》，二卷；

《金光明经文句》，六卷；

《观无量寿佛经疏》，一卷；

《释禅波罗蜜次第法门》，十卷；

《修禅六妙法门》，一卷；
《修习止观坐禅法要》，一卷；
《金刚般若经疏》，一卷；
《请观音经疏》，一卷；
《仁王般若经疏》，五卷；
《维摩经玄疏》，六卷；
《维摩经疏》，二十八卷；
《阿弥陀经义纪》，一卷；
《菩萨戒经义疏》，二卷；
《法界次第初门》，六卷；
《四教义》，十二卷；
《四念处》，四卷；
《观心论》，一卷；
《净土十疑论》，一卷；
《方等三昧行法》，一卷；
《法华三昧忏仪》，一卷；
《释摩诃般若波罗蜜经觉意三昧》，一卷；
《禅门口诀》，一卷；
《禅门要略》，一卷；
《观心食法》，一卷；
《观心诵经法》，一卷；
《发愿文》，一卷；
《三观义》，二卷；
《五方便念佛法门》，一卷；
《禅门章》，一卷；
《普贤菩萨发愿文》，一卷。

其中，《法华文句》（在金陵讲说，由灌顶记录）、《法华玄义》（在荆州讲说，由灌顶记录）、《摩诃止观》（在荆州讲说，由灌顶记录）三部，号称“天台三大部”，是智顗的主要著作，也是天台宗的基本理论依据。《观音玄义》（对《观音经》所作的思想发挥；《观音经》，即《法华经》第二十五品《观世音菩萨普门品》的别称）、《观音义疏》（对《观音经》所作的文句解释）、《金光明经玄义》、《金光明经文句》以及《观无量寿佛经疏》（伪作），被合称为“天台五小部”。《释禅波罗蜜次第法门》（智顗讲说，法慎记录，三十卷，灌顶再治，改为十卷）、《修禅六妙法门》分别代表“渐次止观”和“不定止观”，加上《摩诃止观》所说的“圆顿止观”，是为智顗的“三种止观”，由这三种止观可以看出智顗止观学说的深化。《修习止观坐禅法要》又名《小止观》，或名《童蒙止观》，它是“大部之梗概，入道之枢机”（释元照序），初具《摩诃止观》的规模。《维摩经玄疏》（又名《净名玄疏》）是对《维摩诘经》所作的义疏，以明该经玄旨。《维摩经疏》（一名《净名经疏》，又名《维摩经文疏》）是对罗什所译《维摩诘所说经》三卷十四品经文的注释。此书后被湛然简约，成《维摩经略疏》十卷。《观心论》由智顗口授，弟子记录而成，时在最后离天台山之前。后来灌顶为该论作疏五卷，名《观心论疏》。——以上系对智顗重要著作的大致说明。

列于智顗名下的三十五部著作中，真正智顗亲笔撰写的有以下六种。

《修习止观坐禅法要》（为其俗兄陈针而作）；

《法华三昧忏仪》；

《法界次第初门》；

《六妙法门》(应陈朝尚书令毛喜之请而作);

《觉意三昧》;

《维摩经疏》(受命为晋王杨广撰,据智𫖮致晋王遗书及晋王答书所说,只写到《维摩经》的“佛道品”,后由灌顶续补而成)。

《别传》记载说:

> 奉敕撰《净名经疏》至“佛道品”,为二十八卷;《觉意三昧》一卷;《六妙门》一卷;《法界次第章门》三百科,始著六十科为三卷;《小止观》一卷;《法华三昧行法》一卷。

这是指智𫖮“有大机感,乃为著文”的亲笔著述。虽然有的篇章名称或卷数与现存的已有所变化,但基本上无大出入。如《法界次第章门》即现存《法界次第初门》,原三卷,现改为六卷;《法华三昧行法》即现存《法华三昧忏仪》。

另外,在这三十五部中,有八部属疑伪之作。它们是:

《观无量寿佛经疏》,此书疑抄袭隋人慧远之说;据日本学者望月信亨考证,疑为唐人伪作;

《净土十疑论》,文中引用玄奘所译《杂集论》,或怀疑为唐代湛然所作;

《阿弥陀经义记》,据宋代智圆研究,为日本僧人所撰;

《金刚般若经疏》,近代学者中有持怀疑者;

《四念处》,据《大唐内典录》卷五,列为灌顶所撰。

《五方便念佛法门》;

《禅门章》;

《普贤菩萨发愿文》。以上三种，怀疑也较大。

除了独立成卷的著述，在灌顶编集的《国清百录》中，还收录了不少智顗的遗文，其中比较重要的有：

《立法制》；

《敬礼法》；

《普礼法》；

《请观世音忏法》；

《金光明忏法》；

《方等忏法》；

《训知事人》；

《述蒋州僧书》；

《述匡山寺书》；

《让请义书》；

《重述还天台书》；

《答放徒流书》；

《发愿疏文》；

《遗书与晋王》；

《智者遗书与临海镇将军解拔国述放生池》等。

这些遗文，内容可概括为三个方面。一是健全天台僧团制度、确立一宗的礼仪忏法；二是向晋王等要求支持；三是提倡放生。故戒应《题百录后序》写道："观其始立制法以肃内众，中形书疏以动王臣，后论放生以安昆虫之类"。可见，这些遗文也是智顗著述的有机组成部分，反映了天台佛教思想的重要方面。智顗之后，天台佛教十分重视各类忏法礼仪以及放生活动；宋以后，随着各宗向净土的归向，天台宗更加强调各种礼仪规范的实行。

第三章　智𫖮佛教思想的渊源

一、慧文及其禅学思想

根据佛教史书记载，天台宗后世学者开列本宗早期的传法世系为：

龙树……慧文——慧思——智𫖮——灌顶——智威——慧威——玄朗——湛然……

这就是所谓"天台九祖"。

将印度佛教中观学派的创立者龙树菩萨列为天台初祖，自然显得勉强，不免带有"攀龙附凤"之嫌。但智𫖮之前的慧文、慧思以禅法传承，成为天台宗的先驱，则是可以确认的。据《摩诃止观》卷一之上，有这样的记述：

> 智者师事南岳。南岳德行不可思议,十年专诵,七载方等,九旬常坐,一时圆证,大小法门朗然洞发。南岳事慧文禅师,当齐高之世,独步河淮,法门非世所知,履地戴天,莫知高厚。文师用心,一依《释论》。论是龙树所说,《付法藏》中第十三师。智者《观心论》云:"归命龙树师",验知龙树是高祖师也。[①]

因为慧文、慧思、智顗三代禅师都很重视龙树的《大智度论》和《中论》,慧文还以《大智度论》为依,说明他们都曾受龙树中观学说影响,因此,"归命龙树师",从学说体系角度又是不无道理的。但从直接师承上讲,智顗的天台学说,源于慧文、慧思。

慧文,有关他的情况的资料很少,在道宣的《续高僧传》中,没有为他立传。因此,他的籍贯、生卒年月等,均已不得而知。我们只能从道宣的《慧思传》以及智顗、灌顶等人的著作中,大致了解慧文的面貌。如,他的宗教活动时期大约在北朝魏、齐之际(535～557),他一生没有著作流传下来。故后来的天台宗史书《佛祖统纪》说,慧文是东魏孝静帝、北齐文宣帝时的"行佛道者",又说他"道化行于北齐受禅之后"。还说:

> 二祖北齐尊者慧文,姓高氏。……在高齐之世,

---

① 这是《摩诃止观》的"缘起"部分,从语气上看,系灌顶所作。见《大正藏》卷四六。

聚徒千百，专业大乘；独步河淮，时无竞化；所入法门，非世可知。学者仰之，以为履地戴天，莫知高厚。师以心观，口授南岳。岳盛弘南方，而师之门人在北者，皆无闻焉。①

这是志磐在综合当时存在的各种史料和传说的基础上写成的。而在此前形成的天台宗传纪著述如唐代慧祥《弘赞法华传》、唐代僧详《法华传记》等，都没有提到慧文。所以，最有价值的还是道宣《慧思传》中对慧文的追记。其中写道：

时禅师慧文，聚徒数百，众法清肃，道俗高尚。乃往归依，从受正法。②

从这一记载看，慧文是在北方地区聚徒坐禅且有一定影响的禅师。又由灌顶《摩诃止观》的缘起部分所说“文师用心，一依《释论》”，可证他主要依《大智度论》立说，并指导禅修。因此，慧文一方面奉行北方普遍遵行的禅法，另一方面又有自己的禅学思想。

北方禅学一向较为兴盛。北魏迁都洛阳之前，嵩山已成为禅僧集居之处。太和十九年（495），孝文帝为佛陀禅师于嵩山建立少林寺。佛陀将其禅法传弟子道房，道房又传僧稠。僧稠后来也曾直接受学于佛陀，他为北魏孝明帝、孝武帝以及北齐文宣帝等所敬崇。这一系统的禅，属于北方长期流行

① ［宋］志磐：《佛祖统纪》卷六，见《大正藏》卷四九。
② 《续高僧传》卷一七。

的以“四念处”法为中心的禅。所谓“四念处”法，即：“身念处”，指观身不净；“受命处”，指观受是苦；“心念处”，指观心无常；“法念处”，指观法无我。修习层次清楚，对象明确。相传僧稠禅定之功极深，常以“七日为期”、“九日不起”，故佛陀曾对他说：“自葱岭以东，禅学之最，汝其人矣！”[①]于是，“高齐河北，独盛僧稠”[②]。与僧稠齐名的，有受到北周僧俗崇敬的僧实禅师，他是勒拿摩提的弟子，其禅法“偏以九次调心，故得定水清澄。”[③]“九次”，即九次第定，它从“初禅次第定”渐次深入，递进到最高的“灭受想次第定”。这是一种相当古老的传统小乘禅法，其苦行要求十分严格，禅定程序和章法更为细密。

与此同时，菩提达摩以四卷本《楞伽经》为禅要，在嵩洛一带展开“南天竺一乘宗”禅法的传授。据达摩弟子昙林《菩提达摩略辨大乘入道四行》说，达摩禅法的一大特色是“安心”，而“安心”的内容为“壁观”。所谓“壁观”，即心如壁立，并非面对墙壁而“观”。道宣《达摩传》也说，达摩的禅法强调“凝住壁观，无自无他，凡圣等一；坚住不移，不随他教；与道冥符，寂然无为。”[④]认为通过“壁观”，可以达到“与道冥符”即自身与真如佛性相契合的效果。道宣又说，达摩禅主张“理入”和“行入”并重，即把宗教理论的悟解与大乘禅法的实践相结合。达摩根据《楞伽经》如来藏佛性

① 《续高僧传》卷一六，《僧稠传》

② 《续高僧传》卷二〇，《习禅篇·论》。

③ 《续高僧传》卷一六，《僧实传》。

④ 《续高僧传》卷一六。

思想，认为众生本具佛性，与佛“同一真性”，因而由定发慧，便可证悟佛性。这一系统的禅后来由慧可传承下来，至唐代而形成慧能禅宗。

达摩禅与僧稠禅有着明显的区别，据道宣评述，其主要区别是：

> 观彼两宗，即乘之二轨也。稠怀念处，清范可崇；摩法虚宗，玄旨幽赜。可崇则情事易显，幽赜则理性难通。[①]

僧稠的禅法道理浅显，只要有虔诚的信仰和坚定的意志便可实行。达摩的禅法，除了虔诚的信仰和坚定的意志，还要有高度的直觉悟解能力，只有“上根利器”才可领受，对于一般信徒则显得“理性难通”。所以，相比之下，僧稠的禅法适应于当时北方佛教的实际需要，与普遍重视佛教实践的社会环境相一致。而“达摩所传者，顿同佛体，迥异诸门，故宗习者难得其旨。”[②] 其结果，达摩及其弟子慧可等受北方僧稠等禅系的排斥，也就在所难免。了解这一点，将有助于增进对慧文、慧思、智𫖮三代禅师禅学演变的认识。

据湛然《止观辅行传弘决》第一之一[③] 以及志磐《佛祖统纪》卷六的记载，说是在智𫖮之前，禅法相承共有八家，他们是：

---

① 《续高僧传》卷二〇，《习禅篇·论》。

② ［唐］宗密：《禅源诸诠集都序》，见《大正藏》卷四八。

③ 见《大正藏》卷四六。

第一，明禅师，多用七方便，恐是小乘七方便；

第二，最禅师，多用融心，性相相融，诸法无碍；

第三，嵩禅师，多用本心，三世本无来去，真性不动；

第四，就禅师，多用寂心；

第五，鉴禅师，多用了心，能观一如；

第六，慧禅师，多用踏心，内外中间心不可得，泯然清净，五处止心；

第七，文禅师，多用觉心，重观三昧，灭尽三昧，无间三昧，于一切法心无分别；

第八，思禅师，多用随自意三昧，安乐行。

以上第七文师即慧文，第八思师即慧思。除了慧文、慧思与智顗三代前后相承，其余六师大约都是同时代人，曾互相参证，未必亲传。道宣的《慧思传》说，慧思在慧文处悟“法华三昧”，又往鉴师、最师等处述己所证，皆蒙随喜。他的《智顗传》又说，智顗受学于慧思，慧思从道于就师，就师受法于最师。

上述八师的共同点是，在禅法上重视观心法门，即所谓“融心”、“本心”、“寂心”、“了心”、“踏心”、“觉心”等便是。这种禅法与僧稠系统小乘“四念处”法距离较大，但与达摩系统安心壁观大乘禅法比较接近。尤其是慧文“多用觉心”，更与达摩的“理入”说有相似之处。所谓“觉心”，指本觉妙心，即相当于佛性。因为一心之灵性，本来离却迷妄，本来觉悟，故而一切众生，本来是佛。多用觉心，就是要由定发慧，通过禅定修习，发现本觉之性。这一思想，相当于达摩禅通过凝住壁观而认识到凡圣等一、与道冥符。这也就是说，慧文的禅法同样具有宗教理论悟解与大乘禅学实践相结合的特点。只是,达摩依据的是四卷本《楞伽经》如来藏佛性思想,而慧文依据的是《大智度论》般若智慧学说。这两部经论虽然属于大乘佛学不同体系,但又是可以相通的。如来藏思想重视众生本具真如佛性,而般若学说强调智慧解脱;真如佛性是觉悟的根据,智慧解脱以觉悟为条件。

湛然《止观辅行传弘决》接着又说:"如此观之,虽云相承,法门改转。慧文以来,既依《大论》,则知是前,非所论也。"这表明,慧文的禅法因以《大智度论》为所依,所以又与其他诸师并不一致,有了自己的特色。由他所传授的观心法门,后来为智𫖮继承,并在临终前以《观心论》口授弟子。湛然后来评述道:"观心,乃是教行之枢机。"[①]从天台宗的立场看,这是有一定道理的;它标志着从慧文到智𫖮的一脉相承关系。后来,《佛祖统纪》将道宣《慧思传》所说"从受正法",改写为"师以心观,口授南岳"[②],即以"心观"口授替代"正法"之传,以突出天台宗"一心三观"的师承关系。虽然它没有多少史实依据,但从慧文"观心"法门角度看,也不能说毫无道理。

通过以上分析,可以看出,在禅师辈出的北朝,慧文虽非出类拔萃的人物,但他因禅学上的不同凡响,预示着将有广阔的前景。他与达摩相似,不仅遵行禅法实践,而且重视智慧解脱。这两个系统的禅学,最终演化为中国最有影响的两个佛教宗派。但是,在北朝时期,他们的禅学影响却远在僧稠系统之下。

---

① 《法华玄义释签》卷一三。

② 《佛祖统记》卷六。

道宣在他的《续高僧传》的《习禅篇·总论》中，对一般禅者单纯坐禅入定而不重智慧、忽视经典的现象，曾提出过如下批评意见：

> 顷世定士，多削义门。随闻道听，即而依学。未曾思择，扈背了经。每缘极旨，多亏声望。吐言来诮，往往繁焉。或复耽著世定，谓习真空；诵念西方，志图灭惑。肩颈挂珠，乱掐而称禅数；衲衣乞食，综计以为心道。又有依托堂殿，绕旋竭诚；邪仰安形，苟在曲计。执以为是，余学并非。冰想铿然，我倒谁识。斯并戒见二取，正使现行，封附不除，用增愚鲁。向若才割世网，始预法门，博听论经，明闲慧戒。然后归神摄虑，凭准圣言。动则随戒策修，静则不忘前智，固当人法两境，真俗四依。达智未知，宁存妄识？如斯习定，非智不禅，则衡岭、台崖扇其风也。

在他看来，隋唐时期禅僧的这类风气，渊源于北朝重禅定轻智慧的习惯。因此，纠正的方法应当是“归神摄虑，凭准圣言。动则随戒策修，静则不忘前智”。他指出，南岳慧思、天台智顗的定慧双修、止观并重，与北方地区普通僧侣的盲目坐禅不同，开了一代禅学新风。对此，汤用彤先生曾发表过以下精辟见解：“北朝末叶，衡岳慧思、天台智顗极言定慧之必双修，或亦意在纠正北朝一般禅僧之失欤！”[1] 天台止观学

① 《汉魏两晋南北朝佛教史》，第561页。

说的成熟，追溯其源，确实应归之于慧文的禅学。

二、慧思的止观实践

慧思（515～577），俗姓李，武津（今河南上蔡县境）人。他于十五岁（529）出家修道，“诵《法华经》及诸大乘，精进苦行。”[①] 年二十（534）时，受具足戒。此后一段时期内，他仍以持诵《法华经》和实践苦行为主。据道宣的《慧思传》说：

> （思）及禀具足，道志弥隆；迥栖幽静，常坐综业；日惟一食，不受别供；周旋迎送，都皆杜绝。诵《法华》等经三十余卷，数年之间，千遍便满。所止庵舍，野人所焚，遂显疠疾，求诚乞忏，仍即许焉。既受草室，持经如故。其人不久，所患平复。[②]

又据他自著的《立誓愿文》[③]，表明这种苦行实践乃是基于一种深刻的末法思想。这时期的慧思，俨然是一位严守戒律、注重苦行、认真实践的北方禅僧。他与当时北方禅者最大的区别，是以《法华经》为所依，通过对《法华经》的持诵，为

① 《南岳思大禅师立誓愿文》。

② 《续高僧传》卷一七，以下略称《慧思传》。

③ 《立誓愿文》一卷，因《续高僧传》未曾载录，故有人认为属于伪作。但该文在《大唐内典录》中已有著录，且文中所记慧思出家求道过程以及具体宗教活动内容，与《续高僧传》所载相符。所以，我们有理由认为该文是慧思的著作。

后来对“法华三昧”的开悟奠定基础。《立誓愿文》自述道:

> 至年二十,见世无常,众生多死,辄自思维:此身无常、苦、空,无有我人,不得自在,生灭败坏,众苦不息,甚可怖畏。世法如云,有为难信,其爱著者即为烦恼大火所烧,若弃舍者则至无为涅槃大乐。一切众生,迷失正道,永无出心。我为众生,及为我身,求解脱故,发菩提心,立大誓愿,欲求如来一切神通。若不自证,何能度人?先学已证,然后得行。

在他看来,当时北方社会的战乱环境和人生实况,与佛教的人生哲学完全相符,所以有必要偏于苦行实践,以作对治。

其后,慧思又因感梦而“勤务更深,克念翘专,无弃昏晓,坐诵相寻,用为恒业。由此苦行,得见三生所行道事。”(《慧思传》)所谓“坐诵相寻,用为恒业”,是指以坐禅和持诵《法华经》为日常功课。而在他阅读《妙胜定经》后,“叹禅功德,便尔发心修寻定支。”(《慧思传》)意思是说,从此而更加注重禅定修习。

以上是慧思在见到慧文之前的情况。在他见到慧文之后,因受慧文禅师影响,“性乐苦节,营僧为业,冬夏供养,不惮劳苦,昼夜摄心,理事筹度。”(《慧思传》)一方面保持着北方禅僧苦行坐禅的传统,另一方面“昼夜摄心,理事筹度”,即加入了“定慧相资”的内容,开始了对“观”的重视。但是,从道宣《慧思传》的记载看,慧思既接受了慧文的思想影响,却又不满足于慧文的禅法,而着意将它向前推进,作了重大的改造。

> 讫此两时，未有所证。又于来夏，束身长坐，系念在前。始三七日，发少静观，见一生来，善恶业相，因此惊嗟，倍复勇猛。遂动八触，发本初禅。自此禅障忽起，四肢缓弱，不胜行步，身不随心。即自观察：我今病者，皆从业生；业由心起，本无外境；反见心源，业非可得；身如云影，相有体空。如是观已，颠倒想灭，心性清净，所苦消除。又发空定，心境廓然。夏竟受岁，慨无所获，自伤昏沈，生为空过，深怀惭愧。放身倚壁，背未至间，霍尔开悟，《法华》三昧。大乘法门，一念明达。十六特胜，背舍阴入；便自通彻，不由他悟。（《慧思传》）

这就是说，“昼夜摄心，理事筹度”的止观修习，最初未能使慧思有所证入，他便转而作系念长坐的传统坐禅工夫。但是，这种传统坐禅却导致“禅障忽起”、“身不随心”。于是，他重新审察自己的禅学，回复到慧文传授的止观并修，只是他把“观心”更置于突出的位置。通过对“心”的观察思维，他认识到“业由心起，本无外境”；“反见心源，业非可得”。这是典型的大乘空宗思想，其背景是《般若经》和《大智度论》，直接继承自慧文，但已有所发展。在这一思想的前提下，慧思“又发空定，心境廓然”，随后又“霍尔开悟”。他的开悟，既受惠于慧文由定发慧的思想，又得之于他长期持诵《法华经》的利益。所谓发“空定”，是指进入观诸法实相的禅定，它既与《大智度论》般若中观思想一致，又与《法华经》的

“但念空无相无作”之说相通。所以说，慧思开悟的内容是“法华三昧”，“大乘法门”。在慧思看来，《法华经》要高于大品《般若经》；前者说的是“圆顿”教旨，而后者只是说到“次第”禅观。他后来曾指示智顗道：

> 汝向所疑，此乃《大品》次第意耳，未是《法华》圆顿旨也。吾昔夏中苦节思此，后夜一念顿发诸法。吾既身证，不劳致疑。(《慧思传》)

由此可见，慧思之于慧文，在佛教思想上有两方面的联系。就继承而言，慧思的禅观吸收了《大智度论》反映的龙树大乘中观学说；就发展而言，慧思最终悟得的是《法华经》诸法实相原理。

当慧思在慧文处证悟“法华三昧”后，他曾“往鉴、最等师，述己所证，皆蒙随喜。”(《慧思传》)这就是说，他的证悟，不仅为慧文所承认，而且为同时代的其他禅师所首肯，从而扩大了在教界的影响。从《立誓愿文》看，慧思的开悟，还与他曾广泛参访著名禅师、深入研习大乘经典有密切联系。如说：“遍历齐国诸大禅师，学摩诃衍。恒居林野，经行修禅”；“恒在河南习学大乘，亲觐供养诸大禅师，游行诸州，非一处住”。这一背景，使他接受到禅学各种流派的影响，思想上带有某种开拓的色彩。但是，从证悟的主体角度上说，慧思强调的是自悟，即所谓“霍尔开悟”，“不由他悟”；“若不自证，何能度人”。因此，他本人未曾强调与慧文的师承关系；在《立誓愿文》中，前半部分详细记述他自己从二十五岁至四十四岁的全部经历，却无一字提及慧文。正是由于慧思对自悟的强调，使得此后形成的天台宗特别注重智慧的开发，不苟同于同时代的一般禅系的枯坐冥想。同时，慧思本人虽无意于确立师承系统，但这并不表明可以否认慧文对他的重要影响，其中包括学说上的传承和法统上的联系。《慧思传》所说“乃往归依，从受正法”，清楚地说明了这一点。“乃往归依”，指师徒关系的存在；“从受正法”，指学问授受的事实。

慧思在开悟“法华三昧”后，逐渐完成他的思想体系和止观实践。其关键因素，在于地域上向南方的转移。

据《慧思传》记载，慧思受诸多禅师的认可后，“研练逾久，前观转增；名行远闻，四方钦德；学徒日盛，机悟实繁。”于是，“以大小乘中定慧等法，敷扬引喻，用摄自他。”结果，“众杂精粗，是非由起。怨嫉鸩毒，毒所不伤；异道兴谋，谋不为害。”这表明，由于他以大、小乘经论为依据，为徒众讲说禅学，从此招来是非乃至陷害。若按《立誓愿文》所说，因论议、讲说大乘经典，尤其是讲说大乘般若之学，他一再受北方“末法”僧徒的干扰，乃至经历了九死一生的危难，以此为理由，他“意决不欲向北，心欲南行。”年三十四(548)，他由河南兖州(辖今河南东北地区)“舍众渡向淮南山中”。年四十(554)，再次南移，入光州大苏山。

《慧思传》又说，慧思的原意，当时想直下武当、南岳，完成止观实修。但因“值梁孝元倾覆，国乱，前路梗塞”，故“权上大苏山。”这一地区属于“陈、齐边境”，因而“兵刃所冲，佛法云崩，五众离溃。其中英挺者，皆轻其生重其法，忽夕死庆朝闻，相从跨险而到者，填聚山林。思供以事资，施以理味。”可见，慧思的南下，给陈、齐边境地区的僧侣以新的希望，他便成为这一地区事实上的佛教领袖，具有很强的号召力。

在光州，慧思受大众之请，讲说《般若经》和《法华经》，“随文造尽，莫非幽赜。”智顗也就是在这个时候，不避战乱，前来师事慧思的，并且很快成为慧思众多弟子中的佼佼者。从上述情况看，慧思似乎已经摆脱了北方禅界徒众的干扰和迫害。这显然是地区性佛学的差异在发生作用。慧思能在光州顺利讲说《般若经》和《法华经》，并且又令智顗代讲金字《大品经》，正是实现他自己理想的重要步骤。当智顗代讲金字《大品经》，至“一心具万行”处表示疑惑时，慧思明确告诉他：《法华经》体现的圆顿之旨是自己亲身证得的，容不得怀疑。于是，智顗按照其师指示，受《法华》行法，更有所开拓。

慧思的光州弘法时期，是他一生佛教事业和禅学思想的转折点。在前后十四年（554～568）内，他不仅开创了将《般若经》的中观学说与《法华经》的实相理论结合的思想体系，而且严格实践止观，定慧双开；通过长期不懈的弘法实践，壮大了这一派禅学的队伍，扩展了这一禅系的社会影响。这些成果，为智顗创立天台宗提供了必要条件。

陈光大二年（568），因“弊于烽警，山侣栖遑，不安其地”，慧思乃率弟子四十余人径趣南岳。南岳为陈朝所辖之境，慧思至此，总算成就了多年心愿。《慧思传》记载他在南岳弘法所获得的成就，说：“陈世心学，莫不归宗；大乘经论，镇长讲悟。故使山门告集，日积高名。”不久，陈宣帝闻其弘法功德，敕命入京，迎住于栖玄寺。其时，“举朝瞩目，道俗倾仰”，他受到金陵上下的一致称誉。这一盛况，对于正在陈朝境内展开创宗立派活动的智顗来说，无疑是极有力的支持和鼓舞。及至他重返南岳之后,“每年陈主三信参劳。供填众积,荣盛莫加。”(《慧思传》)慧思在南岳弘法前后十年,始终受陈朝帝王的特殊礼遇。他以此为条件,“说法倍常”,止观双修,定慧并进,展开了对传统禅法的改造,丰富了传统禅法的实际内容,为智顗以止观为核心的天台学说及其实践的完成奠定了基础。

道宣《慧思传》又指出:

> 自江东佛法,弘重义门。……而思慨斯南服,定慧双开,昼谈义理,夜便思择。故所发言,无非致远,便验因定发慧。此旨不虚,南北禅宗,罕不承绪。

这就是说,随着慧思弘法活动在地域上的不断南移,他的禅学日趋完善,并受到僧俗两界的充分重视。慧思禅学的核心是“教禅并重”、“定慧双开”。这里所谓的“昼谈义理”,谈的是佛教理论;“夜便思择”,指具体的禅定、止观实践。两者的有机结合,构成慧思禅学的完整内容。这一事实说明,他在地域转移的过程中,不仅继承了北方佛教重视禅定实践的风格,而且注意吸收南方佛学的传统,提倡对佛教哲学的思索。显而易见,慧思以一个北方禅僧的身份来到南方,有效地进行了南北佛教的融合统一活动。这是他对当时佛教事业的一项重大贡献。智顗天台宗的建立,应该被视为这一进程的必然结果。

上述事实同样表明,慧思统一南北佛教学风的活动,也只有在实施地域转移的过程中才有可能。在经历了北方佛教的种种挫折之后，为了摆脱王权政治以及“末法”时代来自佛教内部的迫害，慧思坚定地把南朝作为自己佛教事业的寄托。他在《立誓愿文》中自述道：

> 从年二十至三十八，恒在河南习学大乘，亲觐供养诸大禅师，游行诸州非一处住。是时国敕，唤国内一切禅师入台供养。慧思自量愚无道德，不肯随敕，方便舍避，渡淮南入山。

与此“不肯随敕，方便舍避”形成鲜明对照的是，在他入南岳之后，却“敕承灵应，乃迎下都，止栖玄寺”，其时“举朝瞩目，道俗倾仰。”(《慧思传》)慧思之决意“托身陈国”[1]，厌离北齐，既有政治上的原因，也有佛学上的背景。

政治上，慧思视南朝为正统，不仅自己立意南下，而且命智颛效力于陈朝；佛学上，他与北方传统禅法水火不容，而倾向于南方自由的学风。强烈的末法观念以及社会现实，则促使他以南朝为政治依托，开展融合南北佛教的弘法活动。也正因为末法观念的刺激，使他在止观实践过程中始终具有强烈的苦行色彩。——以上这些，又通过师徒关系，一一为智颛所继承。

慧思佛教思想的经典背景，主要是《大品般若经》和《法华经》。他很重视在日课中受持读诵《大品般若经》，并多次讲说该经，此事在《立誓愿文》中一再提及。还曾发大誓愿，造金字《大品般若经》一部，竭诚供养。而读诵《法华

---

① ［唐］慧祥：《弘赞法华传》卷四，见《大正藏》卷五一。

经》也是他的常课。他不仅通过读诵《法华经》而自悟“法华三昧”，而且视《法华经》为圆顿教义，高于《大品般若经》，给于特殊的地位。

《大品般若经》全称《摩诃般若波罗蜜经》，是《大智度论》解释的对象，经论均由鸠摩罗什译出。慧思重视《大品般若经》与慧文以《大智度论》为依，两者理路一致，都是以般若为指归，以空观为原则。其结果，使他们在禅法上致力于引发智慧、穷究实相。

罗什所译《大品般若经》[①] 九十品，基本内容不外智慧（般若）、实相（空观）两大部分。自《序品》至第五《叹度品》为舍利弗般若，叙述佛使舍利弗谈论菩萨智慧；自第六《舌相品》至第二十六《无生品》为须菩提般若，叙述佛与须菩提谈论菩萨三解脱门；自第二十七《问住品》至第四十四《遍欢品》为信解般若，叙述佛与帝释谈论般若福德、又为弥勒讲说菩萨行；自第四十五《闻持品》至第六十六《累教品》为实相般若，叙述魔幻魔事和阿鞞跋致（不退转）相；第六十七《无尽品》至经末《嘱累品》为方便般若，叙述菩萨境、行、果，而以方便为指归。

《大品般若经》贯彻着大乘空宗一切皆空的思想，提出以“十八种观，令诸法空。”[②] 这“十八空”的归宿是所谓“自性空”，即认为一切现象本质是空，没有自性，即没有独立存在

① 《摩诃般若波罗蜜经》，见《大正藏》卷八。

② 十八种观，指十八空，它们是：内空、外空、内外空、空空、大空、第一义空、有为空、无为空、毕竟空、无始空、散空、性空、自相空、诸法空、不可得空、无法空、有法空、无法有法空。

的自体（实体）、主宰，无须外在的根据，也不必求诸内心的帮助。般若智慧的对象，便是对现象世界达到空一切、一切空的认识。

《般若经》的这种性空思想与稍后出现的《法华经》的实相学说，是前后一致的，或者说，《法华经》的实相说就是建立在般若的基础上的。《肇论·宗本义》说："本无、实相、法性、性空、缘会，一义耳。"① 实相与性空是一个意思。但是，般若性空之说比较强调万物本质的空性，虽也说"性空幻有"，给人的感觉未免偏于空。《法华经》的实相说虽源于般若，却并不停留在般若的"性空"上，而且也注意到"世间相"即现象的方面，最后归结于实相。慧思视《大品般若经》为次第义，而视《法华经》为圆顿义，对两部经典实际上作了高下品第的安排，其目的也就在于通过《法华经》的"开权显实"，即以种种方便达到对"诸法实相"的认识。而这种对《法华经》的特殊重视，则在智颉创立以该经为中心的天台止观学说中起过决定性影响。

对于《法华经》，慧思特别重视其中的《安乐行品》和《方便品》。他为《安乐行品》著《法华经安乐行义》一文，其文开宗明义赞颂《法华经》，云：

> 《法华经》者，大乘顿觉，无师自悟，疾成佛道，一切世间，难信法门。凡是一切新学菩萨，欲求大乘，超过一切诸菩萨，疾成佛道，须持戒、忍辱、精

① ［东晋］僧肇：《肇论》，见《大正藏》卷四五。

进，勤修禅定，专心勤学法华三昧。①

这实际上是他通过修习《法华经》而获得“无师自悟”的写照。因为他由《法华经》而悟“法华三昧”，所以，求学大乘，疾成佛道，也就离不开《法华经》。

在《安乐行义》中，慧思解释“法华三昧”的境界说：

> 初发心新学诸菩萨，应善观眼原，毕竟无生灭。耳鼻舌身意，其性从本来，不断亦非常，寂然无生灭。色性无空假，不没亦不出，性净等真如，毕竟无生灭。声香味触法，从本已来空，非明亦非暗，寂然无生灭。根尘既空寂，六识即无生。三六如如性，十八界无名。众生与如来，同共一法身。清净妙无比，称妙《法华经》。

《法华经》提倡“会三归一”，以三乘归于一乘，所以，凡得法华三昧者，则“一心一学，众果普备；一时具足，非次第入。”这一境界，体现了大乘空宗“八不中道”② 的中观思想，并归之于“众生与如来，同共一法身”的实相原理。而这实相也就是由定发慧、定慧双开的“慧”（智慧）的究竟境界。能够开发这种智慧的“定”，便是法华禅，也就是安乐行，或名无相行。所以《安乐行义》又说：

① ［陈］慧思：《法华经安乐行义》，见《大正藏》卷四六。

② 龙树《中论·观因缘品》云：“不生亦不灭，不常亦不断，不一亦不异，不来亦不出”。这“八不”是中观学派对世界和人生所作的概要说明。

> 无相行者，即是安乐行。一切诸法中，心相寂灭，毕竟不生，故名为无相行也。常在一切深妙禅定，行住坐卧，饮食语言，一切威仪，心常定故。……不依止欲界，不住色、无色，行如是禅定，是菩萨遍行。毕竟无心想，故名无相行。

无相行就是通过"深妙禅定"，获得特殊智慧，达到"心相寂灭"的实相认识。

因此，慧思重视《法华经·安乐行品》，是要贯彻他由定发慧、定慧双开的基本原则。作为志在融会南北佛学的著名禅师，他把禅法与实相原理予以结合，并通过权威性经典《法华经》加以发扬，对智颉中道实相理论指导下的止观学说体系的建立有重要意义。

慧思对《法华经·方便品》的重视，主要也是出于这一实相原理的考虑。《方便品》提出要以佛的知见做为一切智慧的标准，因为佛的知见能够穷尽"诸法实相"。这诸法实相的内容可归纳为"十如是"，慧思由此而建立"十如"实相说。后来智颉对此曾加以吸收，并说："今经(《法华经》)用十法摄一切法，所谓'如是相'等，南岳师读此文，皆云'如'，故呼为'十如'。"①

通过以上分析，可以看出，慧思的禅学系统，由于更加注重《法华经》的地位，所以在禅观上，将功夫用于"法华三昧"，而在教理上，则重点阐述"诸法实相"。这大致也就是后来智颉止观学说的雏型了。

① 智颉：《法华玄义》卷二上，见《大正藏》卷四六。

慧思在融会南北佛学的同时，还深受中、印两国广泛流行的长生不死、神仙方术等宗教思想影响，并从佛教立场出发，把它们纳入自己的体系。这一弘法方式的依据，也是《法华经》的《方便品》。该品云："如来但以一佛乘故，为众生说法，无有余乘……诸佛以方便力，于一佛乘分别说三。""（佛）知诸众生有种种欲，深心所着，随其本性，以种种因缘比喻、言辞方便力而为说法，如此皆为得一佛乘。"在"方便"的名义下，慧思及其弟子智𫖮都善于对佛教经义和其他学说作任意理解、发挥。史载慧思"善识人心，鉴照冥伏，讷于言过，方便诲引"（《慧思传》），正说明他受《方便品》思想影响，因而在禅观上大开方便之门。

相传印度佛教中观学派的创始人龙树精通长生养性方术，在《隋书·经籍志》中著录有《龙树菩萨药方》四卷、《龙树菩萨和香法》二卷、《龙树菩萨养性方》一卷，并把它们与道家以及道教的长生养性著作共列一卷。又据澄观记载：

> 案《西域记》，唐三藏初遇龙树宗师，欲从学法。师令服药，求得长生，方能穷究三藏。（玄奘）自思，本欲求经，恐仙术不成，辜我夙愿，遂不学此宗，乃学法相之宗。[1]

这一记载虽然出入太大，但反映了当时印度仍有神仙方术流行。

---

① ［唐］澄观：《大方广佛华严经随疏演义钞》卷一三，见《大正藏》卷三六。

古代中印两国的神仙思想，也为慧思所吸收和融合，组成他禅法的一部分。这在他的《立誓愿文》中有突出的反映。文中写道：

> 我今为此《摩诃般若》、《妙法莲华》二部金字大乘经故，欲于十方广说法故，三业无力不得自在，不能十方一时出现，调伏身心及化众生。今故入山，忏悔修禅，学五通仙，求无上道，愿先成就五通神仙，然后乃学第六神通，受持释迦十二部经及十方佛……是故先作长寿仙人，藉五通力学菩萨道。自非神仙，不得久住；为法学仙，不贪寿命。誓以此身，未来贤劫，见弥勒佛。

又写道：

> 我今入山修习苦行，忏悔破戒障道重罪。今身及先身是罪恶忏悔。为护法故，求长寿命。不愿生天及余趣，愿诸贤圣佐助我，得好芝草及神丹，疗治众疾除饥渴。常得经行修诸禅，愿得深山寂静处，足神丹药修此愿。藉外丹力修内丹，欲安众生先自安。己身有缚，能解他缚，无有是处。

慧思在这里反覆提到“神丹”、“外丹”、“内丹”、“芝草”，表示要成为“神仙”、“五通仙”、“长寿仙人”，显然吸取了中国道教和印度外道的思想内容，从而使他的禅学又表现为相当驳杂的形态。

综上所述，慧思的思想与慧文相比，有了一些新的发展变化。慧思时代，这一系统的禅学已出现南北学风合流的形势。只是由于当时南北对峙局面还存在，所以完成合流的时机尚未成熟。这一艰巨任务便落到了智𫖮身上。

慧思及其弟子智𫖮的南下，与达摩后裔们的南下有着微妙的类似性。前者的南下，最终建立天台宗；后者的南下，最终建立禅宗。可以认为，这种地域上的转移，确实是天台宗和禅宗形成的必要条件。

回顾慧思早期在北方修习的禅法，因受北方禅系的影响，其内容比较复杂，甚至大小乘兼备。如他所持的“十六特胜”，即属小乘禅法。所以他曾自谓“以大小乘中定慧等法，敷扬引喻，用摄自他。”但是，在“相有体空”、“心性清净”的理论背景以及注重禅定实践等方面，慧思则与达摩禅有相似之处。他们的禅法都有某种自力、自悟的要求和倾向。这使他们都难以在北方长期立足。慧思从慧文那里接受的《大智度论》般若空观思想，以及自己通过《法华经》研习而达到的诸法实相认识，使他更适宜于在南方地区的弘法活动。

学术流派产生于特定的社会环境，中国传统文化中有邹鲁文化与荆楚文化的明显区别。邹鲁文化的发育和完善是在北方地区。荆楚文化发生在江汉流域，对中原文化持批评态度。在思想方面，《楚辞》、《老子》及后来受《老子》影响的《庄子》，都带有楚文化的鲜明特征。东晋南朝玄学所讨论的问题多为老庄哲学中通常所见的；般若与玄学的结合，使江南佛学表现出自己独有的风采。早在天台宗形成前，三论学派已在金陵一带传播。三论学者素以善辩好争著称，他们的共同点，是用“二谛”、“中道”统摄全部佛教，即以彻底空观的认识论与实用原则的实践紧密结合。“三论”或“四论”（加《大智度论》）的思想基本相同，都是大乘中观学派的主要著作。“三论”之学在南朝的流行，乃是魏晋以后般若学在这一地区的变态和延续，是对这一地区传统文化和传统佛学的适应。慧思南下的决策和智颉金陵弘法的成功，说明他们对南北文化传统和佛学传统都有比较清楚的认识，从而能够有所选择，予以适应。

达摩一系的禅与慧文一系的禅虽非同源，所依经典也不尽相同，但在不少地方有相似之处。

达摩禅法传至道信、弘忍时，在以《楞伽经》为所依的基础上，加入了《般若经》。《楞伽经》说“如来藏”佛性，《般若经》论万物本质真空；如来藏之“有”与般若之“空”的结合，相当于“中道”观或“二谛”说。慧文所依为《大智度论》，慧思所依为《法华经》，至智颉而完成“三谛圆融”说。《大智度论》重点论述般若“性空”原理，《法华经》由开方便门而阐明“诸法实相”思想，“三谛圆融”说则是在二谛说基础上发展而成。

史传达摩一系禅法与当时北方流传的禅法格格不入，故而达摩遇毒，其弟子慧可、林法师遭人斫臂，乃至当地文学之士也“多不齿之”[①]。无论是上层统治者还是下层平民百姓，都没有表示出对达摩禅的兴趣和支持。其根本原因，在于达摩禅提倡的理悟与实践相结合的禅法难以改变北方地区已经深入人心的佛教传统，无法适应这一地区人们注重实际的思想方法。这一局面自三祖僧粲起开始有所改变。僧粲长期隐

① 《续高僧传》卷一六，《慧可传》。

居于皖公山（在今安徽潜山境内）、司空山（在今安徽岳西境内），并在独山（在今安徽六安西南）滞留过，据传还南下广东罗浮山数年。道信则初住江西吉州，复上庐山，继而住湖北黄梅。弘忍不仅受学于黄梅，而且传法于黄梅。这一地域上的转移，使达摩禅获得了生机，摆脱了被动局面。"东山法门"形成和弘传区域，属于古代楚文化发达区域，哲理的思维、自由的玄想成为这一区域文化的重要特征。东晋南朝，玄学本体论哲学十分繁荣发达，佛教般若学为配合玄学本体论，"空"与"无"之说相互印证发挥，使哲学本体论以及抽象的思维方式获得推广和发展，为时人和后人留下深刻久远的影响。

同样，慧思为了摆脱北方禅系的干扰，不断南下。他初住光州大苏山，大苏山所处地理位置已是淮河以南，与皖公山、司空山大约同一纬度，这里可以较多地接受南方佛教思想。就是在这里，他开始了"教禅并重"、"定慧双开"的佛教活动，并很快受到各阶层人士的欢迎。慧思走的这条道路，也就相当于后来道信、弘忍所走的道路。他们把禅学的重点都落实在引发智慧方面，都循着"重智轻悲"的方向展开。前引《佛祖统纪》所说慧思"盛弘南方"，而在北方的慧文弟子们则"皆无闻焉"，原因就在这里。

三、《法华经》及其诸法实相说

智𫖮所创立的天台宗又名法华宗，表明它是依《法华经》而成立的。称天台宗，是以地名宗；称法华宗，则是以经名宗。由此可知《法华经》在天台宗思想形成和发展中的重要地位。

《法华经》，全称《妙法莲华经》，是大乘佛教的一部重要经典。根据该经内容分析，多数学者指出，它早在公元一世纪前后即大乘佛教产生的初期已经形成。该经的《方便品》认为，小乘佛教虽然也是出于佛说，但那只是“方便善权”，属于佛的权宜之说，为引导小乘根机者而说，并非究竟之谈。因此，当小乘教徒在取得修行之果以后，尚须精进修行，获取大乘的“究竟果位”。所以，《法华经》以大量譬喻，说明由小乘而入大乘的必要性。在《法华经》看来，小乘只是“譬喻化城”，即方便假设的幻化之城，而不是修行的最终目的地。可见，《法华经》的产生，当是在小乘佛教发展为大乘佛教的初期。

但是，《法华经》如同其他许多大乘佛经一样，并非一次性完成，而是经历了一个过程的。它的最后完成，则大约要推迟到公元二世纪之初。该经《方便品》述及佛像制作时写道：

> 若人为佛故，建立诸形象。刻雕成众相，皆以成佛道。或以七宝成，鍮鉐赤白铜。白蜡及铅锡，铁木及与泥。或以胶漆布，严饰作佛像。如是诸人等，皆已成佛道。彩画作佛像，百福庄严相。自作若使人，皆已成佛道。

根据近代学者研究，佛像的出现是在大乘佛教形成之后，是大乘佛教神化佛陀的一个重要步骤。时间上看，大约从公元二世纪开始。因此，《法华经》上述偈颂反映的时代不会早于二世纪之初。

随着大乘佛教的发展，《法华经》的地位日益上升，受到教团内外人士的高度重视。在《大般涅槃经》、《优婆塞戒经》等佛教经典中已提到它的名字，《大智度论》等佛教论著里曾引用该文内容，世亲还为之撰写了《优婆提舍》（意为论议）。《法华经》的大量梵文抄本自近代以来陆续被发现，表明它曾广泛长期在印度、尼泊尔、中亚一带流传。这些抄本根据发现地区分类，可概括为尼泊尔本、基尔基特本（克什米尔本）、新疆地区本三类。而在中国内地，从它传入之始起，便迅速受到佛教界的欢迎。

《法华经》的汉译，据史料记载，前后共有六次，现存尚有三个译本。它们是：

《正法华经》十卷，西晋竺法护译；

《妙法莲华经》七卷，后秦鸠摩罗什译；

《添品妙法莲华经》七卷，隋阇那崛多译。

其中，罗什译本水平最高，影响也最大。天台宗所依据的，就是罗什所译七卷本。道宣《妙法莲华经弘传序》说："三经重沓，文旨互陈。时所宗尚，皆弘秦本。"① 罗什译本不仅为天台宗所依，而且也为其他各宗各派所重视。罗什弟子僧睿在《妙法莲华经后序》中记述译经缘起时写道：

经流此土，虽复垂及百年，译者昧其虚津，灵关莫之或启；谈者乖其准格，幽踪罕得而履。徒复

① 《妙法莲华经》，中央刻经院印行，1939年。以下《法华经》引文，均据该本。

> 搜研皓首,并未有窥其门者。秦司隶校尉左将军安城侯姚嵩,拟韵玄门,宅心世表,注诚斯典,信诣弥至。每思寻其文,深识译者之失。既遇鸠摩罗法师为之传写,指其大归,真若披重霄而高蹈,登昆仑而俯眄矣。于时听受领悟之僧八百余人,皆是诸方英秀,一时之杰也。是岁弘始八年。

这是说,罗什之前的《法华经》译本,大多文辞艰涩,难以使人领会,因而姚嵩请罗什予以重译并讲解经文内容。当时听罗什讲解并领悟的僧侣达八百余人。僧睿还在《喻疑》一文中记述罗什门下当年研习《法华经》的盛况说:

> 既蒙什公入关,开托真照,般若之明,复得辉光末俗,朗兹实化。寻出《法华》,开方便门,令一实究竟,广事津途,欣乐之家,景仰沐浴,真复不知老之将至。①

罗什译本之所以广为流传,深受欢迎,除了文义流畅,词意通达外,更重要的是由于它的思想内容能适应广大信徒的实际需要。仅南北朝时期,对该经进行注疏的就达七十余家;在《高僧传》所列举的讲经、诵经者中,以讲诵该经的人数最多。《法华经》与《般若经》、《大般涅槃经》在东晋南北朝时期鼎足而立,成为当时佛教思想的经典支柱。而自陈隋之际天台宗建立后,《法华经》的地位更是扶摇直上,在诸经中

① [梁]僧祐:《出三藏记集》卷五,见《大正藏》卷五五。

取得特殊地位。

罗什译《妙法莲华经》为七卷二十八品，在佛经中属中等篇幅。经文既无深奥繁琐的理论说教，又无艰涩难懂的故弄玄虚，而是以大量形象生动的譬喻和想象丰富的故事来说明大乘佛教的基本思想，宣传该经的独特教义。

《法华经》主要思想，可以归纳为以下几个方面：

第一，“会三归一”和“开权显实”。

“会三归一”的“三”指声闻乘、缘觉乘、佛乘这“三乘”，“一”指一佛乘（菩萨乘）。《方便品》说：

> 如来但以一佛乘故，为众生说法，无有余乘，若二若三。
>
> 诸佛如来言无虚妄，无有余乘，唯一佛乘。
>
> 诸佛方便力，于一佛乘，分别说三。

这就是说，佛的真实教法只有一乘，但为了引导众生，而有三乘之说。三乘之说乃是权宜之计，是为适应众生不同根机而作的“方便说”；只有一佛乘才是佛教的真实教义。《方便品》又说：

> （佛）知众生有种种欲，深心所着，随其本性，以种种因缘比喻、言辞方便力而为说法，如此皆为得一佛乘、一切种智。

现象世界是“五浊恶世”，“众生垢重，悭贪嫉妒”，佛为了对治众生不同程度的“不善根”，于是采取方便灵活的说法，使他们一一接受，引导到一乘佛教上来。所以，《法华经》不但给著名的大菩萨们授记（成佛的预言），而且也给众多的声闻者授记，包括那些已入涅槃的阿罗汉们。这样，由“会三归一”也就引出了“方便说”和“真实说”的“开权显实”思想，三乘是“权”即权宜方便之说，而一佛乘是“实”即真实不妄之说。

《法华经》上述思想，具有对佛教内部已有派别予以调和的用意。它站在大乘的立场上，对以往各种佛教思想进行分类，并作出相应评价，确定其在佛教中的地位。《序品》写道：

> 世尊演说正法，初善、中善、后善。其义深远，其语巧妙，纯一无杂，具足清白梵行之相。为求声闻者，说应四谛法，度生老病死，究竟涅槃；为求辟支佛者，说应十二因缘法；为诸菩萨，说应六波罗蜜，令得阿耨多罗三藐三菩提，成一切种智。

所谓“初善”、“中善”、“后善”，是指佛演说“正法”的次第；次第不同，因而有三乘之别。三乘同出诸佛之口，均有各自存在理由。但是，三乘要归于一乘，由方便而达到真实，“正直舍方便，但说无上道”（《方便品》），这“无上道”就是“阿耨多罗三藐三菩提”（意为无上正等正觉），即只有佛才具备的最高智慧。所以，三乘归于一乘，也就是令佛教徒们舍弃三乘之见，在理论上统一到佛的智慧上来，而在实践上同趋成佛之路。

一般认为，大乘佛教经典中，般若类是最早出现的。《般若经》所说诸法性空、无自性的思想，由部派佛学自然发展而来。《法华经》的思想，大体建立在般若的基础上而又有所发展变化。般若类经典夸大智慧的作用，认为佛也是智慧的产物，从而，般若被称为“诸佛之母”。《法华经》则以为，智慧为佛所独有，众生所得智慧，是“佛之知见”，从而，佛被称为“众生之父”。《方便品》说，佛以一大事因缘而出现于世，这一大事因缘就是令人“开”、“示”、“悟”、“入”佛之知见（即“佛慧”、“佛知见”）。在《法华经》中，把获得阿耨多罗三藐三菩提视为可以授记的标准，认为，在授记之后，还需长期修习方可成佛。这表明，《法华经》不仅重视佛的智慧的获得，而且强调修行实践的意义。

天台宗始终强调止观并重、定慧双修，就是根据《法华经》的上述这种思想。这说明《法华经》确实既出自于般若而又高出于般若；而天台宗以《法华经》为所依基本经典，也同样意味着本宗高于同时代的其他各种佛教学派。《法华经》曾以佛的名义宣称：

> 我所说经典，无量千万亿，已说、今说、当说，而于其中，此《法华经》最为难信难解。药王，此经是诸佛秘要之藏，不可分布，妄授与人。（《法师品》）

意思是说，《法华经》是一切佛经之最。所以，它所谓“会三归一”，是要以自己为核心，包容所有其他经典及其教义；而所谓“开权显实”，则是要按照自己的思想，去影响世间，普度众生，并用以调和佛教内部矛盾，消除各种分歧。天台宗之所以选择以《法华经》为根本所依，也就是要以自宗为核心，去衡量其他佛教派系，然后再予以调和。天台宗的这一思想，在智颢的判教学说中有突出表现。

智颢曾总结以往各家判教思想，把他们分为“南三北七”，共计十类。其中南方三家，基本上都是依据《法华经》“会三归一”思想区分的。比如第一家虎丘笈师，即按《法华经》所说三乘方便、一乘究竟，把释迦成道后十二年中所说各种经教判为“有相教”，而十二年后所说的《般若经》、《维摩经》、《法华经》则被判为“无相教”。又如第二家宗爱法师，则在上述“无相教”中分出《法华经》作为“同归教”，因为《法华》讲三乘归一乘，所以称之为“同归”。智颢在这些判教思想的基础上，确立以《法华经》为最高经典即一乘圆教的判教说。

天台宗对《法华经》的重视，还由于该经的“会三归一”说符合当时南北佛学融合的要求和趋势。既然经文已有明言，三乘归于一乘，那末，南北各种学派也应会归于一种学说，而会归后的学说必然要高于此前各派学说。天台止观学说的确立和天台宗的形成，符合佛教在中国发展的历史规律。对《法华经》的推崇，不仅有助于巩固佛教在新的社会条件下的地位，而且也相应提高了天台宗自身的声望和影响。

第二，“十如是”说和“诸法实相”论。

《法华经·方便品》说：

> 唯佛与佛乃能究尽诸法实相，所谓诸法如是相，如是性，如是体，如是力，如是作，如是因，如是缘，如是果，如是报，如是本末究竟等。

这就是著名的“十如是”说。这一说法，只出现在罗什所译《妙法莲华经》中，其他译本都无这段经文。“如是”意为“如实”。这就是说，一切现象，无论是世间还是出世间的，都可归纳为“如实”之相，这如实之相也就是“诸法实相”，即佛教所谓究极真理。而要探究诸法实相，可以从相、性、体、力、作、因、缘、果、报、本末究竟等十个方面入手。

佛教各派对“诸法实相”有不同的看法。如般若学者以诸法性空为诸法实相，涅槃学者以涅槃佛性为诸法实相，三论学者以八不中道为诸法实相；法相唯识宗以圆成实性为诸法实相，华严宗以一真法界为诸法实相。天台宗的创立者智𫖮则根据《法华经》所说，把诸法实相归结为“十如是”。他说：

> 相以据外，览而可别，名为相；性以据内，自分不改，名为性。主质名为体，功能为力，构造为作，习因为因，助因为缘，习果为果，报果为报。初因为本，后相为末，所归趣处，为究竟等。若作如义，初后皆空为等；若作性相义，初后相在为等；若作中义，初后皆实相为等。今不依此等三法具足为究竟等；夫究竟者，中乃究竟，即是实相为等也。[①]

相、性等十个方面，从中道的角度看，它们本身都是实相。在这一诸法实相说的基础上，天台宗建立起“圆融三谛”、“一

① 《法华玄义》卷二上。

念三千”等学说。

《法华经》“十如”实相说的提出，是对《般若经》的发展。因为它并不满足于般若学的泛泛论“空”，也不再停留于一般论说“色即是空”，而要在中道空观的指导下，进一步认识现实世界的一切方面。“十如是”归纳现实世界一切事物存在的状态为十大范畴，认为它们都是如实的、最真实的存在，而所谓最真实的存在，也就是实相。一切法都可归之于实相，便称之为“诸法实相”。

“十如”实相说既不脱离现实世界，又不承认现实世界的客观实在性，这使《法华经》在圆融世间与出世间的关系上取得领先地位。《方便品》说：

> 诸佛两足尊，知法常无性。佛种从缘起，是故说一乘。是法住法位，世间相常住。

意思是说，一切事物的本质是“无性”（即无自性，无实体，无主宰），它们都出自“如”，并以“如”为各自存在的“法位”。从这个意义上说，既然出世间的本体（法性、真如）常住不变，世间的事物（“世间相”）只是这种本体的具体表现而已，那末，现实世界的一切也应当是永恒常住的。

根据上述理论，《法华经》主张由现实生活入手，使众生不脱离世俗生活而能信入佛法，成就佛道。《如来寿量品》说：

> 以诸众生有种种性，种种欲，种种行，种种忆想分别故，欲令生诸善根，以若干因缘譬喻言辞，种种说法，所作佛事，未曾暂废。

所以，这样的“诸法实相”说，最终目的并不只是对世界一切现象作本体论的论证，将它们一一归之于真如实相，而且也在于引导众生投身于佛教实践，完成如实的修行。《法华经》的这种观念，与天台宗所提倡的止观并重十分合拍，它受天台宗人所重视也就理所当然。

智𫖮后来在《法华文句》中，对《法华经》“是法住法位，世间相常住”一句，曾作如下阐释：

> 是法住法位一行，颂理一也。众生正觉，一如无二，悉不出如，皆如法位也。世间相常住者，出世正觉，以如为位，亦以如为相，位相常住。世间众生，亦以如为位，亦以如为相，岂不常住？①

智𫖮的意思是说，世间与出世间都以“如”为位，都以“如”为相；既然出世间常住，世间也应常。他用《法华经》的这一观点论证自己的圆融思想，说：“圆融三谛，妙法也。此妙谛本有，文曰：是法住法位，世间相常住。”② 这表明，智𫖮有意识将《法华经》作为自己创立圆融学说的经典依据。事实上，在智𫖮的天台佛教哲学中，确实成功地以《法华经》“十如”实相说为基础，建立起圆融体系，把众生与佛、世间与出世间加以统一，给南北朝后期佛教注入新的内容。

当《法华经》在东晋南北朝广泛流行之时，另一部与此

---

① 智𫖮：《法华文句》卷四下，见《大正藏》卷三四。

② 《法华玄义》卷一上。

类似的大乘经典《维摩诘经》也风行于世。它们的思想都以般若为背景，运用中道正观原理，获取诸法实相。但是，天台学者没有以《维摩诘经》为依，而选择了《法华经》为自宗的根本。其主要原因在于，虽然它们都谈诸法实相，但《法华经》更注意圆融统一，更适应于天台宗形成的实际需要。

《法华经》通过开权显实即区别小乘而显示大乘，达到会三归一，使三乘统一。《维摩诘经》则致力于批评小乘的缺点，显示大乘的优越。这正如吕澂先生所说："《维摩》的中心思想是'弹偏斥小'、'叹大褒圆'，是从破小的看法上建立自己的观点的。所以它在'破'的方面多些，《法华》则在'立'的方面多些。"[①]《维摩诘经》的《观众生品》说，众生如幻，男女实无定相，诸佛菩萨所证得的智慧功德，"实无所得"，"但以世俗文字，假名得耳"。[②]《入不二法门品》又说，"乃至无有文字语言，是真入不二法门"，把"无文字语言"作为"入不二法门"的最高境界。这是《维摩诘经》基于般若思想，在破斥小乘基础上展开的对现实世界的否定。进而该经又根据诸法实相原理，将佛菩萨视为无自性的实相，从而把这种否定引向了极端。《阿闳佛品》说。

> 尔时世尊问维摩诘：汝欲见如来，为以何等观如来乎？维摩诘言：如自观身实相，观佛亦然。我观如来前际不来，后际不去，今则不住。

① 吕澂：《印度佛学源流略讲》，上海人民出版社 1979 年版，第 93 页。

② 《维摩诘经》，金陵刻经处本，清同治九年（1870）刻本。以下引文，均据该本。

维摩诘认为，如来“非有相，非无相；同真际，等法性”；因为“一切法如幻相”，所以如来也“不来不去，不出不入，一切言语道断。”（《阿閦佛品》）《维摩诘经》这种否定倾向后来为禅宗所接受，成为呵佛骂祖的重要思想渊源。

《法华经》在谈到“十如”实相时，特别强调说，“唯佛与佛乃能究尽诸法实相”。所以它要求众生达到对实相的认识，也就是与众生的成佛理想紧密联系在一起。为此，《法华经》中有关佛的观念，是从肯定的角度来渲染的。它并不认为佛只是信仰者个人的主观幻相，而是把佛当做永恒存在的实体。《如来寿量品》说，释迦牟尼佛告诸弟子：

> 一切世间天人及阿修罗，皆谓今释迦牟尼佛，出释氏宫，去伽耶城不远，坐于道场，得阿耨多罗三藐三菩提。然善男子，我实成佛以来，无量无边百千万亿那由他劫。
>
> 如是我成佛以来，甚大久远，寿命无量阿僧祇劫，常住不灭。

这就是说，诸佛都由凡人修习而得。释迦牟尼佛以及其他一切佛，都曾作为个别实在的人而存在过。只是一旦成佛，他们就变成不住不灭、变化无尽的佛身。《分别功德品》继续说：若“其有众生，闻佛寿命长远如是，乃至能生一念信解，所得功德，无有限量”，“能起如来无上之慧”，能发“无上道心”，得“无生忍智。”有偈云：

有善男女等，闻我说寿命，乃至一念信，其福过于彼。若人悉无有，一切诸疑悔，深心须臾信，其福为如此。

这里所说的“过于彼”，指超过般若之外的其他大乘五波罗蜜[①]所得的全部福德。

上述这种观念的出现，使“《法华经》中的佛身已经不具有什么哲理性了，而变成了供一般信徒纯信仰的对象。把佛彻底偶像化，并着力于宣传对佛的崇拜和信仰，以此补充教理的不足，就成了《法华经》的又一特点。”[②]《法华经》在这里向人们展示了一种独特的信仰主义。这种对佛的信仰，与前面所述诸法实相说形式上不能相容，但事实上又是一个整体，它们构成《法华经》的核心内容：教理与实践并重，理论与信仰相资。

《法华经》把获得“佛之知见”，究尽诸法实相当作成佛的途径，这对于具有相当文化素养、悟解能力较强的社会上层人物来说，并不难于接受，但对于缺乏文化教育、处于贫困境遇的广大民众而言，则无异于“阳春白雪”。大乘佛教的任务既然是要“普度众生”，就必须将自己的理想推向全社会，尤其是下层社会，以获得牢固的社会基础。因此，引导民众对佛的崇拜和信仰便成为《法华经》的另一侧面。并且，正

① “波罗蜜”，又作“波罗蜜多”，意为“度”、“济度”。大乘佛教提倡六波罗蜜，除般若外，尚有布施、持戒、忍辱、精进、禅定五种。

② 任继愈主编：《中国佛教史》第二卷，中国社会科学出版社1985年版，第430页。

是在这一基础上，《法华经》大力提倡“人人都能成佛”的思想。

在《常不轻菩萨品》中，有一个关于常不轻菩萨的故事，其中说到这位菩萨的独特修行：

> 凡有所见，若比丘、比丘尼、优婆塞、优婆夷，皆悉礼拜赞叹，而作是言：我深敬汝等，不敢轻慢。所以者何？汝等皆行菩萨道，当得作佛。而是比丘不专读诵经典，但行礼拜。乃至远见四众，亦复故往，礼拜赞叹，而作是言：我不敢轻于汝等，汝等皆当作佛。

这位常不轻菩萨既不念经，也不坐禅，专事礼拜众人，这是因为在他看来，众人将来都能成佛。这一观念已经显露出大乘涅槃佛性论关于一切众生都能成佛的思想萌芽。罗什弟子竺道生作《法华经疏》，受该经启发，在疏解《譬喻品》时说：“闻一切众生，皆当作佛。”又在疏解《见宝塔品》时说：“一切众生，莫不是佛，亦皆泥洹。”[1] 后来，他便孤明先发，大胆提出“一切众生悉有佛性”，“一阐提人也能成佛。”至昙无谶所译大本《涅槃经》传入南方，竺道生的观点获得普遍承认。我们有理由可以推断，竺道生的佛性论曾深受《法华经》的影响。而这种佛性论对后来天台宗的理论和实践都具有重要意义。

根据《法华经》教理与实践并重、理论与信仰相资的原

---

① ［东晋］道生：《法华经疏》，见《续藏经》乙编第二三套，第四册。

则，从天台宗的先驱者慧思起，已开始注意到止观并重、定慧双修，并有意识展开传法地域上的转移。至智颉创立天台宗，以《法华经》为依据，进行一宗的理论建设，全力推行止观不可偏废的主张，使《法华经》的上述原则得到贯彻和落实。与此同时，遵循《法华经》对佛菩萨崇拜和信仰的指示，天台学者还提倡念诵佛经、坐禅拜佛，并逐渐形成一整套严密的轨范仪礼。其结果，一方面它大大促进了天台佛教在世俗社会的影响，有利于佛教信仰在一般民众中的推广；另一方面，却又与《法华经》诸法实相原理存在着内在的矛盾。因为实相原理的运用，有可能导致对佛、菩萨的否定（如禅宗的呵佛骂祖、毁辱经教）。这一内在矛盾的克服，是通过智颉的圆融学说实现的。圆融的经典依据，便是《法华经》的“方便”说。

第三，“因缘譬喻”和“方便巧说”。

《法华经》曾在“方便”的名义下，演说三乘归于一乘的“会三归一”。不仅如此，它还借“方便巧说”，以大量“因缘譬喻言辞”，说明这样一个道理，即只要具备对佛的虔诚的信仰，便可获得佛的智慧，成就佛道。

《法华经》紧接《序品》之后，便是《方便品》。《方便品》开头说：

> 吾从成佛以来，种种因缘，种种譬喻，广演言教，无数方便引导众生，令离诸著。所以者何？如来方便知见波罗蜜，皆已具足。

在提出以方便言辞“开佛知见”、“示佛知见”、“悟佛知见”、

“入佛知见”这大乘佛教的基本原则之后,《方便品》又说,这种方便之说不仅适用于现在佛，而且也适用于过去佛、未来佛，是三世诸佛的共同法门：

> 舍利弗！过去诸佛以无量无数方便，种种因缘譬喻言辞,而为众生演说诸法,是法皆为一佛乘故,是诸众生从诸佛闻法,究竟皆得一切种智。舍利弗！未来诸佛当出于世，亦以无量无数方便，种种因缘譬喻言辞,而为众生演说诸法,是法皆为一佛乘故,是诸众生从诸佛闻法,究竟皆得一切种智。舍利弗！现在十方无量百千万亿佛土中诸佛世尊,多所饶益,安乐众生，是诸佛亦以无量无数方便，种种因缘譬喻言辞，而为众生演说诸法……

经中还列举大量譬喻，“更以异方便，助显第一义”，即除了“一心信解,受持佛语”,“受持读诵解义”佛经以及修习大乘布施、持戒、忍辱、精进、禅定、智慧“六度”外，凡对佛所作一切供养乃至精神上的敬仰，都有可能成为佛。如为佛建庙造塔，塑像绘画，并加以礼拜唱颂；如起塔供舍利，乃至童子游戏，聚沙为塔；如建立形象，雕刻佛像，乃至以指甲画像；如于塔庙间，以香花幡盖，敬心供养佛像；如使人作乐，击鼓吹号，歌唱颂扬佛德，等等，均可“渐渐积功德，具足大悲心，皆已成佛道”。

《方便品》继续说道：

> 若人散乱心，乃至以一华，供养于画像，渐见

无数佛。或有人礼拜，或复但合掌，乃至举一手，或复小低头，以此供养像，渐见无量佛，自成无上道，广度无数众，入无余涅槃，如薪尽火灭。若人散乱心，入于塔庙中，一称南无佛，皆已成佛道。

根据《法华经》的意思，通过方便法门使人们成就佛道，必须有一先决条件，那就是出自内心深处的对佛的“敬信”，对佛教的信念。《方便品》所谓“当信佛之所说，言不虚妄”；“一心信解，受持佛语”，就是要人们坚定对佛的信仰。通过这种信仰，首先从精神上摆脱现实世界的种种困扰，体验佛的伟大人格和光辉形象；然后在实践中不断磨炼，涤荡烦恼浊垢，完成佛道修行。《方便品》指出，“我今亦复如是，知诸众生有种种欲，深心所著，随其本性，以种种因缘譬喻言辞方便力，而为说法。”“诸佛出于五浊恶世，所谓劫浊、烦恼浊、众生浊、见浊、命浊。如是舍利弗，劫浊乱时，众生垢重，悭贪嫉妒，成就诸不善根故，诸佛以方便力，于一佛乘分别说三。”因此，生活于五浊恶世的众生，只有接受佛的方便“开示”，方可“悟入”佛的知见；若没有佛的种种方便，众生将永远堕于烦恼浊垢，无力自拔。

众生接受佛的方便开导，是向佛的靠拢；佛对众生的譬喻因缘，是慈悲接引。前者是自力，后者是他力，《法华经》指出的是一条自力和他力相结合而成佛的道路。

《法华经》“譬喻因缘”和“方便巧说”的社会意义，正如池田大作所揭示的：

其中以《法华经》为中心的大乘经典，将佛教

> 广泛弘传于社会，成为在家大乘菩萨求道实践的依据。他们各自一边在自己心中涌现内在的“佛”的生命渊源，一边不断向佛的境地接近。[1]

诸法实相原理下玄虚缥眇的佛，化为一般社会民众都能直接感受的形象，众生与佛的距离大大缩短了，修习成佛也就不再是个别出家人的事了。

天台宗的确立，与《法华经》的“方便巧说”有着极其密切的联系。天台学者借助方便法门，一方面自封本宗为“一乘”，其他各派学说都只是权宜方便，故而会归于本宗；另一方面对佛教经典和其他学说都以圆融方便为名，予以随意发挥，根据需要任意解释，以构造自身的宗教思想体系。以“悉檀”一词为例，该词本来是梵文 siddham 的音译，意思是“成就”、“吉祥”。但慧思、智𫖮从汉字入手，望文生义，加以发挥，解释说：“悉是此言，檀是梵语。悉之言遍，檀翻为施。佛以四法遍施众生，故言悉檀也。”[2] 类似的事例不一而足。

四、《大智度论》的实相涅槃说

天台宗的另一思想渊源是《大智度论》。《大智度论》一百卷，龙树所著，是用以解释《大品般若经》（即《摩诃般若波罗蜜经》）的。该论于姚秦弘始四年（402）至七年（405）

---

① ［日］池田大作：《我的佛教观》“序言”，四川人民出版社 1990 年版。

② 《法华玄义》卷一下。

由鸠摩罗什在长安逍遥园西明阁译出，是罗什最具代表性的译著。

除《大智度论》之外，罗什还译有中观学派的《中论》、《百论》、《十二门论》。这“四论”构成一个完整体系，各论之间又相互存在内在联系，由实相空观加以统领。罗什弟子僧睿在《中论序》中说：

> 法师皆裁而裨之，于经通之理尽矣。……《百论》治外以闲邪，斯文(《中论》)祛内以流滞，《大智释论》之渊博，《十二门观》之精诣。寻斯四者，真若日月入怀，无不朗然鉴彻矣！①

意思是说，《百论》用以折服佛家以外各派学说，排斥邪见；《中论》用以对治佛家内部各派学说，沟通歧异；《大智度论》具有内容渊博的特点；《十二门论》具有精诣的观法。研究这“四论”，便可透彻全部佛法。在《大智释论序》中，僧睿更标明罗什对该论的重视，说他“常仗兹论为渊镜，凭高致以明宗”②。

《大智度论》的内容，是在举出对法相的各种不同解释的基础上，将诸法归结为无相、实相。所谓“佛说诸法，皆先分别，后出实相。”③因为《大智度论》是龙树依佛经而作，其解释不能完全穷尽中观学派义理，于是由《中论》、《十二门

① 《出三藏记集》卷一一。
② 《出三藏记集》卷一〇。
③ 《大智度论》卷二四，见《大正藏》卷二五。

论》等以"折中"(中道原理)的思想进一步阐述。

《大智度论》的中心思想,可以归结为实相论。在实相论的基础上,进而确立实相涅槃学说。

小乘佛教以四谛、十二因缘等为实相,以灰身灭智为涅槃。大乘佛教一开始就反对这种看法,而把般若之智的发掘和运用视为根本。罗什译著中观学派基本理论著作,继承和发展大乘般若思想,对诸法性空原理作了系统解释和论证,完成大乘佛教的实相理论,并用以统一涅槃学说。

实相,相当于后来一般归纳大乘学说为境、行、果三类之中的境类。境是行、果的所依,是行、果的理论基础。中观学派认为,一切现象都只是虚幻不实的存在,它们的本质是空。而在现象界之外,则有一个称为"实相"的客体存在,它可以用般若之智予以证得。《大智度论》说:"实相者,于各各相中分别求,实不可得。"(卷三二)实相是与各别事物的自相不同的概念,它是在自相上显示的共性即空相。一切事物无实体可言,无须分析,当体即空。实相的内涵就是空,这种空可名之为性空、自性空、毕竟空。但它不是虚无,不是没有,不是不存在,而只是对独立实在性的否定,即无自性。自性,即指自己作、自己成、自己有,不从缘起(独立的)、无变化(永恒的);无自性,即无质的规定性,无独立的实体。《大智度论》把实相与"虚空、如、法性、实际、涅槃"(卷七〇)等概念并提,指出它并非客观的实体。

正因为诸法实相并非实体,所以它远离语言文字,超越正常思维活动。《大智度论》说:"诸法实相虽不可说"(卷七四),"无字即是诸法实相义"(卷八九),"一切法实性,皆过心、心所法,出名字语言道"(卷一〇〇),都是这一意思。既然实相决非世俗认识、正常思维所能证得，也就只有借助于般若智慧。证得实相的智慧，被称为“一切智”，它经由“慧眼”完成，《大智度论》所谓“慧眼知诸法实相”（卷七）。

般若学说形成之后，般若被大乘佛教视为“诸佛之母”。但中期般若的重点，在于探讨如何获得空观的智慧；至罗什译《大智度论》等中观派代表著作后，重点转向智慧的对象问题，即如何把握诸法实相。《大智度论》说：“三世诸佛，皆以诸法实相为师”（卷一〇），“得诸法实相，故名为佛”（卷八五）。众生修学的最终目的是成佛，而成佛的标准是获取诸法实相。因此，如何证得实相，成为众生成就佛道的根本问题。

据说，天台宗自其先驱者慧文起，已与《大智度论》结下不解之缘。前引《摩诃止观》灌顶所作缘起云：“文师用心，一依《释论》。论是龙树所说，《付法藏》中第十三师。智者《观心论》云：‘归命龙树师’，验知龙树是高祖师也。”天台宗人之所以立龙树为初祖，其主要原因就是自慧文起已接受《大智度论》（即《释论》）的影响。其后，慧思也十分重视《大智度论》的实相说，他通过对“心”的观察思维，悟得“业由心起，本无外境”；“反见心源，业非可得。”虽然慧思最终证得的是《法华经》诸法实相原理，但不能无视他早年对《大智度论》实相说的重视。

智顗在突出以《法华经》为所依经典的同时，也并未放弃对《大智度论》的重视。他“停瓦官八载，讲《大智度论》”；“立禅众于灵耀，开《释论》于太极。”（《别传》）智顗所完成的诸法实相理论，既受到《法华经》的影响，又得了《大智度论》的启发。智顗所创立的“一念三千”学说，也与

《大智度论》实相说有内在联系;"一念"之所以具足"三千大千世间",是因为这一念心和三千世间都归结于实相。在智𫖮看来,所谓成佛,就是证悟实相,这与《大智度论》思想原则相一致。

涅槃,是大、小乘佛教修习要达到的最终目标。小乘以灭烦恼、灭生死、离众相、大寂静为涅槃。大乘中观学派则以实相为涅槃,名"实相涅槃",就是以认识诸法实相为涅槃的内容。《大智度论》说:

> 法性者,法名涅槃,不可坏,不可戏论。法性名为本分种,如黄石中有金性,白石中有银性。如是,一切世间法中皆有涅槃性。(卷三二)
>
> 断诸忆想分别,灭诸缘,以无缘智不堕生数中,则得安稳,常住涅槃。(卷三〇)

法性,这里相等于实相;无缘智,即无分别智;生数,即世俗流转世界。意思是说,涅槃就存在于一切世间法之中,只要达到对一切世间法的实相本质的认识,就是进入涅槃精神境界。

这一"实相涅槃"说的意义在于,它调和了世间与涅槃的矛盾,撤除了此岸与彼岸的藩篱,为大乘佛教深入世俗社会、推动民间的佛教活动提供了理论依据。这种经过改造以后的涅槃观指出,世间与涅槃并无矛盾,只要认识世间一切现象毕竟空,就不必离开世间而另求涅槃;世间即是涅槃,涅槃即是世间。从而,涅槃也就成了哲学世界观问题,即认识转变的问题。智𫖮所创的天台宗,建立起一个庞大的宗教哲学体系，理论思维上达到相当高的水平，在很大程度上受益于《大智度论》的有关思想。天台宗的许多学说和命题，都与上述实相涅槃观有内在联系，并根据这一涅槃观，对现实世界和社会人生作出解释，进行干预。

大乘中观派在论说般若性空时，通常又以中道实相来加以表述，即以二谛（俗谛、真谛）相即来解释实相。一切现象，从俗谛看是有，从真谛看是空；既看到有（假有），又看到空（真空），同时又不着两边，便是中道。《大智度论》卷一八云：

> 若人入此三门，则知佛法义不相违背，能知是事即是般若波罗蜜力，于一切法无所罣碍。若不得般若波罗蜜法，入阿毗昙门则堕有中，若入空门则堕无中，若入昆勒门则堕有无中。

但中道实相说更集中体现于《中论》之中。《中论》著名的"三是偈"（"众因缘生法，我说即是空，亦为是假名，亦是中道义"）常被人们视作大乘中观派的根本思想，并为天台宗、三论宗学者所充分重视。实际上，这《中论》的"三是偈"与《大智度论》的中道实相论以及实相涅槃说完全一致。《中论》以中道为核心，其余三论也可全部归结于中道。

天台智顗等人以《大智度论》为重要理论依据，受其"渊博"广大的体系的启发，建立庞大而严密的天台哲学体系。其后吉藏所创三论宗，集中阐述关河三论（《中论》、《百论》、《十二门论》）思想，而不把《大智度论》列入，从而使该宗体系缺乏天台那样的宏大气势。另一方面，智顗等天台学者在对《大智度论》进行讲解演说的过程中，却并未忽视《中论》等其他三论的学说。这种哲学理论上的圆融和佛教经典上的融通，使该宗具有更强的适应能力。

实相涅槃说的建立，是大乘中观派的一大理论成就。它是以般若智慧为基础的。所以，《大智度论》在论及实相涅槃时，始终与般若智慧联系在一起。它说：

> 以般若波罗蜜利智慧力故，能破五众，通达令空，即是涅槃寂灭相。（卷八三）

《大智度论》认为，般若智慧有三种之分，它们是：一切智、道种智、一切种智，合称"三智"。它们的关系，大致是："一切智是声闻、辟支佛事，道智是诸菩萨事，一切种智是佛事。"（卷二七）指出，这三智虽可为"一心"于一时所得，但仍有先、中、后次第，即由道种智生一切智，由一切智生一切种智，由一切种智而灭一切"烦恼习"。一切智的任务，是达到对事物无分别的认识，即把握现象的空性本质。但是，就般若智慧而言，它的最终目的，是要把一切智所把握的有关现象空性本质的智慧，重新观察"世间诸法"，这是一切种智的任务。《大智度论》说："今以一切智慧门，入一切种，观一切法，是名一切种。"（卷一一）意思是说，般若智慧不能停留在一切智对事物本质空的认识，而应该更有所深入，所以说：

> 从寂灭出，住六情中，还念寂灭相，知世间诸法，皆是空，虚诳不坚实，是名般若。（卷八三）

这就意味着，般若的认识最终要将世间和出世间加以统一，而统一的基础，便是诸法实相。因此，般若智慧与二谛说、中道实相说完全可以构成完整的哲学体系，建立别具一格的中观学派的佛教认识论。

天台学者十分重视《大智度论》的三智说。从慧文起，他们对三智开始作各种不同的解释，通过方便解经，使《大智度论》的般若思想为己所用，以完成自己的宗教哲学。慧文曾经据该论关于三智“一心中得”的说法，配合假、空、中三谛，提出“一心三智”之说，认为三智都是佛智一心的表现，只是观照现象的侧重点有所不同。慧思、智𫖮在此基础上，结合《法华经》十如实相说，继续予以推广、发展，至智𫖮之时，终于完成了“圆融三谛”之说。

《大智度论》为天台学者所推崇的另一理由是，它不仅提出了实相涅槃说、般若三智论，而且还指出了佛教修行的基本方法，这就是禅定实践。《大智度论》第十七卷全部用以解释《大品般若经》初品中的“禅波罗蜜”，对禅定修习的意义给予充分评价。它说：

> 菩萨身虽远离众生，心常不舍。静处求定，获得实智慧，以度一切。譬如服药，将身权息众务，气力平健，则修业如故。菩萨宴寂亦复如是，以禅定力故，服智慧药，得神通力。
>
> 菩萨因此发大悲心，欲以常乐涅槃利益众生。此常乐涅槃从实智慧生，实智慧从一心禅定生。譬如燃灯，灯虽能照，在大风中不能为用，若置之密宇，

> 其用乃全。散心中智慧亦如是，若无禅定，静室虽有，智慧其用不全。得禅定则实智慧生。以是故，菩萨虽离众生，远在静处，求得禅定，以禅定清净故，智慧亦净。譬如油炷净故，其明亦净。以是故，欲得净智慧者，行此禅定。

这就是说，般若智慧的获得，必须通过禅定修习；唯有禅定，才能产生般若智慧。所谓“此常乐涅槃从实智慧生，实智慧从一心禅定生”，反映的是《大智度论》的基本思路和理论原则。根据这一思路和原则，如实修行，便可达到理想目的。禅定是获得智慧的先决条件，而智慧又是实现涅槃的关键，这样就构成了由禅定而般若智慧，再而实相涅槃这一完整的体系。这一体系既有强烈的理论色彩，又有明确的实践要求。

《大智度论》虽然以阐述般若空观、中道实相为重点，但它与一切佛教经论一样，最终要指出众生成佛（涅槃）的道路、方法。上述特点，也就相当于后来智顗等天台学者所提倡的止观双修、定慧兼运。天台学者之所以在以《法华经》为根本所依的同时，未曾放弃《大智度论》乃至《中论》等般若经论，这恐怕是重要原因。

第四章　智𫖮的止观学说体系

一、止观学说的建立

智𫖮的宗教理论体系可以分作两大部分。其一是“教”，其二是“观”。两者合起来，构成完整的天台教学系统。这里的“教”，指建立“教观统一”的判教说；“观”，则是建立独特的实相说和性具说。

但是，智𫖮从未脱离宗教实践的“止”来谈论抽象的哲学原理的“观”，而始终把“止观”作为一个不可分割的整体对待，即把禅定实践与宗教理论紧密结合，形成“止观学说”体系。

“止观”，系禅定和智慧的并称。“止”，梵文 śamatha，音译“三摩他”，意译又可作“止寂”或“禅定”；“观”，梵文 vipaśyanā，音译“毗婆舍那”，意为智慧。僧肇解释说：“系心于缘谓之止，分别深达谓之观。”[①] 意思是说，“止”是使所观察对象“住心于内”，不分散注意力；“观”是在“止”的基础上，集中观察和思维预定的对象，得出佛教的观点、智慧或功德。因此，止观就相当于小乘戒、定、慧“三学”中的定、慧二学，或相当于大乘“六度”中的禅定、般若二门。它指通过止息散心，观想简择而获得般若智慧。一般地说，它是佛教徒的一种修持方法，或可称之为“止观法门”。

止观双修或定慧并重，是印度佛教大小乘各流派普遍强调的修持方法。甚至早在《奥义书》中已有类似的思想，如《瑜伽真性奥义书》说：

> 是故，我今为汝说灭除过失之方。然倘非瑜伽，何由而决定有得解脱之智 识耶？
>
> 盖瑜伽而无智识，则其为解脱也，无力。是故欲得解脱者，必瑜伽与智识，坚定双修 。[②]

意思是说，通过瑜伽（调整呼吸，凝神观想）修行，可以获得智识（智慧），达到解脱。佛教经典根据佛陀指示精神，大多侧重提倡定慧并重，把禅定修习与理论思维紧密结合，以为非此无法获得解脱。《成实论》卷一八说：“止能遮结，观能断灭；止如捉草，观如镰刈；止如扫地，观如除粪；止如揩垢，观如水洗。”[③] 意思是说，修习“止”（禅定）只能暂时

---

① ［东晋］僧肇：《维摩诘经注》卷五，见《大正藏》卷三八。

② 徐梵澄译：《五十奥义书》，中国社会科学出版社1984年版，第894页。

③ 《成实论》，见《大正藏》卷三二。

压伏烦恼，不能从根本上断灭烦恼使之不再萌发，只有修习“观”（智慧）才能彻底去除烦恼。所以，“观”具有更为重要的直接意义。但是“观”又必须由“止”而实现。因此，“止”与“观”始终不能分离，应该同时修习。《大般涅槃经·师子吼菩萨品》说：

> 十住菩萨智慧力多，三昧力少，是故不得明见佛性。声闻、缘觉三昧力多，智慧力少，以是因缘不见佛性。诸佛世尊定慧等故，明见佛性了了无碍，如观掌中庵摩勒果。①

所谓“定慧等”，就是平等对待止观，双修并运。

止观的修持在中国早期佛教中已开始被注意到。后来由于般若学的传入和流行，禅定修习渐有与般若学说分离的趋势。修习禅观者偏于静坐调息歇心，重视般若者偏于理论思辨。至鸠摩罗什入关，通过大量译经，有意识将禅观修习与般若智慧统一，指出定慧双修的必由之路——虽然他本人的佛学重点是介绍大乘般若理论。但在罗什之后，由于南北分裂，“北方重禅法，南方重义理”，定慧双修、止观并重未能很好贯彻。

但是，南北朝后期，在止观被析为二途的同时，已孕育着统一回归的要求和趋势。

经过慧文、慧思以及达摩等几代人的努力，将禅定实践与佛教哲学理论加以系统化，即把止观从佛教徒的自我修证

---

① 《大般涅槃经》卷二七，见《大正藏》卷一二。

方法上升为完整的学说体系，已提到议事日程。智𫖮的杰出贡献，就是将慧文、慧思所开创的止观双修的思想和实践予以体系化，作为自宗的理论纲领，以指导天台宗人的止观修习。“文、思二师基本上都是禅师，他们走的是由定发慧的‘证悟’之路。到了智𫖮，学风为之一变，虽仍依一定的禅观行持，但基本上走的是‘解悟’之路，以闻思修而入，依浅定而发深解，多在哲学思辨上下工夫，表现出以高度的玄学思辨概括组织佛学传统思想的能力。”① 由于智𫖮的这一贡献，开创了中国佛教的一个新时代。

宋代释元照在为智𫖮所著《修习止观坐禅法要》一书所作序中写道：

> 曰止观，曰定慧，曰寂照，曰明静，皆同出而异名也。若夫穷万法之源底，考诸佛之修证，莫若止观。天台大师灵山亲承，承止观也；大苏妙悟，悟止观也；三昧所修，修止观也；纵辩而说，说止观也。故曰，说己心中所行法门。则知台教宗部虽繁，要归不出止观，舍止观不足以明天台道，不足以议天台教。故入道者不可不学，学者不可不修。②

凡智𫖮所承绪、妙悟、修习、辩说的内容，其核心就是止观。止观既是智𫖮佛学的起点，同时也是归宿。他把慧文、慧思以及自己这三代人所行的修心法门，上升为“纵辩而说”，以

① 王雷泉：《天台宗止观学说发展的历史过程》，见《法音》1985年第5期。
② 《修习止观坐禅法要》，见《大正藏》卷四六。

成熟的理论体系加以总结、论述。全部天台教理和实践，都可包容于智颛的止观学说之中，所以说"舍止观不足以明天台道，不足以议天台教"。

因此，从通常修持方法上讲，止观与定慧、寂照等含义相似，但在智颛的理论体系中，止观已超越了定慧、寂照，同时又包容了定慧、寂照。智颛《摩诃止观》对"止观"有许多解释，如说"法性寂然名止，寂而常照名观"；又说"既知无明即明，不复流动，故名为止；朗然大净，呼之为观"；又说"发菩提心即是观，邪僻心息即是止"；又说"般若只是观智，观智已摄一切法；止是王三昧，一切三昧，悉入其中"；又说"又能生出一切诸定，无不具足，故名为止；又能具足一切诸智，故名为观。"因此可以说，他对止观的解释根本没有固定的含义。同时，智颛讲止，有"三止"（体真止、随缘止、息二边止）之说；讲观，有"三观"（空观、假观、中道观）之说。这些，虽都包摄了"三学"中定、慧的含义，但已大大地扩充了它的内容，远非止观的原意了。

在《修习止观坐禅法要》中，智颛开卷便述说了止观的意义，把它视为一切佛法的根本。他说：

> 若夫泥洹之法，入乃多途，论其急要，不出止观二法。所以然者，止乃伏结之初门，观是断惑之正要；止则爱养心识之善资，观则策发神解之妙术；止是禅定之胜因，观是智慧之由藉……当知此之二法，如车之双轮，鸟之两翼，若偏修习，即堕邪倒。故经云：若偏修禅定福德，不学智慧，名之曰愚；偏学智慧，不修禅定福德，名之曰狂。狂、愚之过，虽小不同，邪

见轮转，盖无差别。若不均等，此则行乘圆备，何能疾登极果？故经云：声闻之人定力多故，不见佛性；十住菩萨智慧力多，虽见佛性而不明了；诸佛如来定慧力等，是故了了见于佛性。以此推之，止观岂非泥洹大果之要门，行人修行之胜路，众德圆满之指归，无上极果之正体也？

所谓“止是禅定之胜因，观是智慧之由藉”，实际已将定慧的修习视为止观体系的一个部分，或它的派生。在智𫖮看来，止观包容了佛教一切理论和修行，它们的并重和双修是通往涅槃的必由之路。正如灌顶所言，智𫖮的止观学说，“摄一切佛法，靡所不该”。①《摩诃止观》的出现，标志着该学说完全成熟。

二、三种止观

智𫖮关于止观学说的著作有四部，它们是：《释禅波罗蜜次第法门》、《修习止观坐禅法要》、《六妙法门》、《摩诃止观》。这四部著作反映了智𫖮止观学说从形成到成熟的三个发展阶段。这三个阶段是：渐次、不定、圆顿。灌顶对此曾有具体介绍，他说：

天台传南岳三种止观。一，渐次；二，不定；三，圆顿。皆是大乘，俱缘实相，同名止观。渐，则初

① 见《释禅波罗蜜次第法门》卷一上。

浅后深，如彼梯磴；不定，前后更互，如金刚宝置之日中；圆顿，初后不二，如通者腾空。为三根性说三法门，引三譬喻。①

意思是说，三种止观本质上没有区别，“皆是大乘，俱缘实相”,只是为三种不同根性的人分别宣说,所以姑立三种法门。灌顶这种说法带有神化智顗思想的意图,当然不能完全置信。事实上，他既对三种止观分别冠以“渐次”、“不定”、“圆顿”之名，也就已对它们作了层次上的划分。智顗一生于佛教尽心竭力，在理论和实践上都卓有成效，他的止观学说由建立到圆满是十分自然的。

渐次止观是指以《释禅波罗蜜次第法门》为代表的止观学说。《释禅波罗蜜次第法门》又名《次第禅门》，十卷，是智顗三十余岁时在金陵瓦官寺所讲,由大庄严寺法慎私记,后由灌顶删定。智顗在金陵八年期间，除了讲述《法华经》和《大智度论》，还全力推广和指导大乘禅法。慧思深知其弟子长处在佛教义理方面，而禅定功夫尚未纯熟，所以在令智顗去金陵前，有“此吾之义儿，恨其定力少耳”之感叹。为此，智顗在金陵之初，依其师父的嘱咐，重点宣说了禅法。而这禅法，又正是金陵地区南方义学僧众们所欠缺的。

《释禅波罗蜜次第法门》是智顗早期止观学说的代表。这部著作将所有涉及禅法的书作了系统整理，把各种禅法按由浅入深的顺序加以重新严密组织,是有关禅法的集大成著作。该书以“禅波罗蜜”统摄一切修行法门，把禅定置于一切佛

① 《摩诃止观》卷一上。

法的中心。智𫖮宣称，通过对禅波罗蜜的全面论述，“文则略收诸佛教法之始终，理则远通如来之秘藏。一切圆妙法界，若教若行，若事若理，始从凡夫，终至极圣，所有因果行位，悉在其中。若行人深达禅门意趣，则自然解了一切佛法。……若欲具足一切诸佛法藏，唯禅为最。如得珠玉，众宝皆获。”①因此，在定与慧的关系上，该书突出禅定修行及其意义，但由于全书以《大智度论》思想贯穿其间，又在一定程度上涉及了止观双修的理论原则。

《释禅波罗蜜次第法门》共分十章。它们是：第一修禅波罗蜜大意，第二释禅波罗蜜名，第三明禅波罗蜜门，第四辨禅波罗蜜诠次，第五简禅波罗蜜法心，第六分别禅波罗蜜前方便，第七释禅波罗蜜修证，第八显示禅波罗蜜果报，第九从禅波罗蜜起教，第十结会禅波罗蜜归趣。这十章的逻辑关系是：

> 若欲具足一切诸佛法藏，唯禅为最。如得珠玉，众宝皆获。是故发意修禅。既欲修习，应知名字。寻名取理，其义不虚，以释禅名。寻名求理，理则非门不通，次明禅门。禅定幽远，无由顿入，必须从浅至深，故应辨诠次。夫欲涉浅游深，复当善识禅中境智，是以次简法心。既明识法心，若欲习行，事须善巧，次分别方便。依法而行，必有所证，次释修证。若得内心相应，因成则感果，次显示果报。从因至果，自行既圆，便树立益物之功，次释教门。理

① 《释禅波罗蜜次第法门》卷一上。

教既已圆备法相，同归平等一实之道，次结会指归。以此十义相生，辩释禅波罗蜜，总摄一切众行法门。[1]

虽标示十章，但实际上最后三章并未完成。

第七修证章是智顗该书的重心。此修证由“专心修习，系念禅门”而得。根据由浅入深的顺序，智顗分修证为四个阶段，即：第一修证世间禅相，第二修证亦世间亦出世间禅相，第三修证出世间禅相，第四修证非世间非出世间禅相。这四个阶段包括了从欲界初心起至金刚三昧为止的所有禅法修证，智顗一一予以详细剖析论述。其中“世间禅相”又分为四禅、四无量心、四无色定三个阶段；“亦世间亦出世间禅相”又分六妙门、十六特胜、通明观三种修证；“出世间禅相”分为对治无漏和缘虑无漏两种修证，其中对治无漏又分别详说了九想、八念、十想、八背舍、八胜处、十一切处、六神通、十四变化、九次第定、师子奋迅三昧、超越三昧等十一种禅法。

智顗认为，以上所有禅法，可以归结为三种法门，三种法门“摄一切禅门”。它们是：“一、以息为禅门者。若因息摄心，则能通行心。”这息门为凡夫所修的“世间禅门”，其特点是“一、疾得禅定；二、易悟无常”。“二、以色为禅门者。如因不净观等摄心，则能通行心。”这色门是声闻、缘觉二乘所修的“出世间禅门”，其特点是“一、能断贪欲；二、易了虚假。”“三、以心为禅门者。若用智慧反观心性，则能

① 《释禅波罗蜜次第法门》卷一上。

通行心。”这心门是菩萨所修的“出世间上上禅门”，其特点是“一、能降一切烦恼；二，易悟空理。”① 可见，这三种法门也是按由浅入深的顺序展开的。所以，智𫖮在“辨禅波罗蜜诠次”章中说：“行者既知禅门之相，菩萨从初发心乃至佛果，修习禅定，从浅至深，次第阶级。”② 修习禅定必须“从浅至深，次第阶级”，所以名为《次第法门》。智𫖮来到金陵，试图以这种“次第法门”的禅法修习，对治当时南方僧众忽视禅定的偏颇。

应该看到，作为三种止观之一的渐次止观，《释禅波罗蜜次第法门》在强调禅定修行的同时，也已注意到智慧解脱的理论阐述。灌顶在具体介绍渐次止观时说：

> 渐，初亦知实相。实相难解，渐次易行。先修归戒，翻邪向正，止火血刀，达三善道；次修禅定，止欲散网，达色无色定道；次修无漏，止三界狱，达涅槃道；次修慈悲，止于自证，达菩萨道；后修实相，止二边偏，达常住道。是为初浅后深，渐次止观相。③

事实上，智𫖮在对“禅”进行释义的时候，就把它与“定”有所区别，以为“禅”本身已包含了“定”和“慧”，所以才能“一切皆摄”。他说：

---

① 《释禅波罗蜜次第法门》卷一上。
② 《释禅波罗蜜次第法门》卷一下。
③ 《摩诃止观》卷一上。

> 说禅则摄一切，若说余定则有所不摄，故禅名波罗蜜。复此，四禅中智定等，故说波罗蜜。未到地中间禅，智多而定少，四无色定多而智少，如车轮一强一弱，则不任载。①

《释禅波罗蜜次第法门》固然不能与智颉晚年之作《摩诃止观》相提并论，但它毕竟已形成了有关止观学说的初步规模，奠定了智颉在金陵佛教界的地位。周叔迦先生认为："所言次第禅者，初从数息乃至奋迅超越三昧等行行诸禅，始自五停心乃至十智等行慧诸禅，从浅至深，一一分别，依据纶绪而辨名相。为显般若故，辨诸法故，赴机缘故，随善乐故，为知般若生处故，严饰般若故，资益般若故，明助道故，为学无所畏故，为度众生故，为遍通诸经论故，为明中道故，次第禅门，有如是益。"② 他把《次第法门》中所包含的定慧关系作了比较确切的表述。一方面，定慧并重的原则已经受到重视，开始纳入智颉理论体系；另一方面，从慧文、慧思一脉相承的由定发慧的思想仍然坚持了下来。之所以要渐次修习禅定，是因为智慧尚需逐渐引发，还未达到"圆顿"的层次。

但是，在《释禅波罗蜜次第法门》中，已经出现了不定止观的因素。该书第七卷所说"六妙门"便是后来《六妙法门》的雏型。

《六妙法门》是智颉所说不定止观的代表著作，是智颉在

---

① 《释禅波罗蜜次第法门》卷一上。

② 《周叔迦佛学论著集》，中华书局1991年版，第1074页。

金陵瓦官寺受尚书令毛喜之请而作。所谓“六妙门”，是指按一数、二随、三止、四观、五还、六净这六门而修的安般禅法。所谓“不定”，指随顺各人根性，六门互修，渐顿迭进，取益为断。灌顶说：“不定者，无别阶位，约前渐后顿，更前更后，互浅互深，或事或理；或指世界为第一义，或指第一义为为人对治；或息观为止，或照止为观”。①

《六妙法门》一卷，分十章论述。它们是：第一历别对诸禅六妙门，主要阐明六妙门与禅波罗蜜诸法间的关系；第二次第相生六妙门，叙说这六门本身内部的关系；第三随便宜六妙门、第四随对治六妙门、第五相摄六妙门，这三章说明修习六妙门的意义；第七旋转六妙门、第八观心六妙门、第九圆观六妙门，这三章阐述如何修习六妙门；第十证相六妙门，以显示证悟的形相。

智𫖮在《六妙法门》中认为，“六妙门者，盖是内行之根本，三乘得道之要径。故释迦初诣道树，跏趺坐草，内思安般，一数、二随、三止、四观、五还、六净。因此万行开发，降魔成道。”这表明他给予六妙门以相当高的地位。他又认为，前九章所说“皆修因之相，义兼证果”，所以于第十章将九种六妙门所证之相另作分析，别为四类。第一至第六为凡夫二乘所行，其中第一至第二为“次第证”，其所证果为藏教。这次第证乃“次第相生，入道之阶也。”第三至第六为“互证”，其所证果为通教。因“此四种妙门修行方便，无定次第，故证亦复回互不定”，“于数息中，互发六门禅相，前后不定。”“所以有此互证诸禅者，意有二种：一者修诸禅时互修故，发

① 《摩诃止观》卷一上。

亦随互，……二者宿世业缘善根发，是故互发不定。”[①] 第七为菩萨所行，属“旋转证”，其所证果为别教，得旋陀罗尼。第八、第九为大根性人不由次第所行，属“圆顿证”，其所证果为圆教，得究竟成佛。

《六妙法门》的特色，在于对修习禅定的次序没有予以固定，根据修持者各自的根性及需求分别修习六门，证得不同的果。所谓“以不定意历十二禅、九想、八背，观练熏修，因缘六度，无碍旋转，纵横自在。”[②] 一方面，智𫖮以安般守意禅法等为内容，引导禅者由基本禅法的修习入手，以帮助南方佛教学者加强禅的基础训练。另一方面，智𫖮有意突出六妙门证相中的“圆顿证”，把《法华经》实相原理与禅法“内行之根本”结合，组织成新的止观学说。

智𫖮在谈到圆顿证时，曾将它别开三种证，凡初证、中证、究竟证，都一一显示《法华经》诸法实相之说。如说：“尔时能于一念心中，数不可说微尘世界诸佛菩萨声闻缘觉诸心行，及数无量法门”；“能一念心中，随顺法界所有事业”；“能一念心中，入百千三昧及一切三昧，虚妄及习俱止息”；“能一念心中，觉了一切法相，具足种种观智慧”；“能一念心中，通达诸法，了了分明，神通转变，调伏众生，反本还源”；“能一念心中，成熟如上所说事，而心无染著，不为诸法之所污染故；亦能净佛国土，令众生入三乘净道。”于一念心即可具足世间和出世间一切事相，这已相当于演说“一心三观”乃至“一念三千”的原理了。这显然受了《法华经》开

① 《六妙法门》，见《大正藏》卷四六。

② 《摩诃止观》卷一上。

权显实思想的启发，实践该经方便之说，以“不定”而达“实相”，以浅定而开深慧。形式上讲述了粗浅的禅定，实际上已导入实相智慧。所谓“若不以实相心修，皆名为粗；若开粗显妙者，阿那波那即是摩诃衍。”[1] 以《法华经》实相学说为根本，既是起点，又是归宿，那么即使是粗浅的安般禅法也能使修持者获取佛果。

《六妙法门》最后以《法华经》诸法实相说作结束，说：

> 云何名究竟圆证六妙门?后心菩萨入茶字门,得一念相应惠,妙觉现前,穷照法界,于六种法门究竟通达，功用普备、无所缺减，即是究竟圆满六妙门也。分别数、随、止、观、还、净诸法门证相，意不异前,但有圆极之殊。故《璎珞经》云：三贤十圣忍中行，唯佛一人能尽源。《法华经》言：唯佛与佛乃能究尽诸法实相。此约修行教道，作如是说。以理而为论,法界圆通,诸佛菩萨所证法门始终不二。……《法华经》言：如是本末究竟等。

毫无疑问，《六妙法门》所显示的不定止观，比《释禅波罗蜜次第法门》所显示的渐次止观要有所前进。

《修习止观坐禅法要》又名《小止观》，或名《童蒙止观》。据元照序文所说，该书乃是“大部之梗概，入道之枢机。”即属于《摩诃止观》的节本，所以是圆顿止观。

---

① 《法华玄义》卷四下。“阿那波那”，又作“安那般那”，略称“安般”，指入出息，属小乘禅法。

但从该书的章节结构上看，与《释禅波罗蜜次第法门》颇为相似。它在指出止观双修的意义之后，分列十章一一予以论述。这十章是：具缘第一、诃欲第二、弃盖第三、调和第四、方便第五、正修第六、善发第七、觉魔第八、治病第九、证果第十。前五章相当于《释禅波罗蜜次第法门》中第六章（卷二）外方便二十五法门（具五缘、诃五欲、弃五盖、调五事、行五法）；次四章相当于《释禅波罗蜜次第法门》中第六章（卷三、卷四）内方便五门（止门、验善恶根性、安心法、治病患、觉魔事）；后一章因《释禅波罗蜜次第法门》中未说果报，所以无对应章节。这在形式上也就可以说，《修习止观坐禅法要》基本上是《释禅波罗蜜次第法门》第六章的概要。

但实际上，元照的判断是正确的。

首先，《修习止观坐禅法要》的前五章也相当于《摩诃止观》的第六章（卷四）“方便”章所述“远方便”二十五法；而《修习止观坐禅法要》的次四章则相当于《摩诃止观》的第七章（卷五至卷一〇）“正修止观”章。因此可以说它是“大部之梗概”。

其次，《修习止观坐禅法要》正式提出止观学说，不仅书以“止观”命名，而且其内容强调止观双修、定慧并重，以为成佛的道路虽有多途，但最终都“不出止观二法”，即以止观并重的学说取代了早期以禅定为中心的定慧关系思想。该书在“证果第十”章中阐述了“体真止”、“方便随缘止”、“息二边分别止”三种“止”，又论说了与之相应的“从假入空观”、“从空入假观”、“中道第一义观”三种“观”；两者加以配合，便构成“三止三观”之说，与《摩诃止观》思想一致。

兹引智𫖮该书“三止三观”之说如下：

若行者如是修止观时，能了知一切诸法皆由心生，因缘虚假不实故空，以知空故，即不得一切诸法名字相，则体真止也。尔时上不见佛果可求，下不见众生可度，是名从假入空观。

若菩萨为一切众生，成就一切佛法，不应取著无为而自寂灭，尔时应修从空入假观。则当谛观心性虽空，缘对之时亦能出生一切诸法；犹如幻化虽无定实，亦有见闻觉知等相差别不同。行者如是观时，虽知一切诸法毕竟空寂，能于空中修种种行，如空中种树，亦能分别众生诸根、性、欲无量故，则说法无量。若能成就无碍辩才，则能利益六道众生。是名方便随缘止。

菩萨虽复成就这二种观，是名方便观门，非正观也。故经云：前二种为方便道。因是二空观，得入中道第一义观，双照二谛，心心寂灭，自然流入萨婆若海。

若菩萨欲于一念中具足一切佛法，应修习二边分别止，行于中道正观。云何修正观？若体心性非真非假，息缘真假之心，名之为正。谛观心性非空非假，而不坏空假之法。若能如是照了，则于心性通达中道，圆照二谛。若能于自心见中道二谛，则见一切诸法中道二谛，亦不取中道二谛，以决定性不可得故，是名中道正观。

上述思想已包含了《摩诃止观》的“一心三观”乃至“圆融三谛”等天台基本学说。由修体真止而得从假入空观，由修方便随缘止而得从空入假观，由修息二边分别止而得中道第一义观。

所谓“体真止”，意为止息一切攀缘妄想，证得真空之理；所谓“方便随缘止”，意为知空非空而分别药病，随顺世俗；所谓“息二边分别止”，是指因体真止偏于“真”、方便随缘止偏于“俗”，都未达到中道，所以要息真、俗二边，获取中道正观。《摩诃止观》卷三对“三止三观”有类似阐述，并指出：“此三止名虽未见经论，映望三观，随义立名。”意思是说这一学说并非出自经典，而是智颢自己的独创。而这一独创已初步形成于《修习止观坐禅法要》之中。智颢在该书中认为，“一念中具足一切佛法”，“心性通达中道，圆照二谛”，“于自心见中道二谛，则见一切诸法中道二谛”，就能达到“三止三观”的最高境界“中道正观”。这一“中道正观”的内容无疑已接近“一念三千”、“圆融三谛”。

其三，《修习止观坐禅法要》的第六章将“正修止观”分为“坐禅止观”和“历缘对境止观”两大类，其内容也已包含了《摩诃止观》所说“四种三昧”的外在形式和“正观十境”、“十乘观法”的具体内容。其中“坐禅止观”强调“端身常坐”、“学道者坐为胜”，又其中“历缘修止观”提倡修持行、住、坐、卧、作、语六种止观，已有后来《摩诃止观》修习“四种三昧”的意思；而其中“对境修止观”所言修持“六尘境”即眼见色、耳闻声、鼻嗅香、舌受味、身受触、意知法，则已具备十境、十乘的雏型。

最后，该书突出以《法华经》诸法实相论为指导修习止观，并以“均齐定慧”、“并修止观”导入中道实相。指出：

> 虽得入定，而无观慧，是为痴定，不能断结。或观慧微少，即不能发起真慧，断诸结使，发诸法门。尔时应当修观破析，则定慧均等，能使断结使，证诸法门。行者于坐禅时因修观故而心豁然开悟，智慧分明。而定心微少，心则动散，如风中灯，照物不了，不能出离生死。尔时应当复修于止，以修止故，则得定心，如密室中灯，即能破暗，照物分明。

意思是说，定慧必须均齐，止观必须并修，若偏于其中任何一边，都不能达到对中道实相的认识。所以他在该书中又指出：

> 今推教所明，终不离止观二法。所以者何？如《法华经》云，殷勤称叹诸佛智慧则观义，此即约观以明果也。《涅槃经》广辩百句解脱以释大涅槃者，涅槃则止义，是约止以明果也。故云，大般涅槃名常寂定，定者即是止义。《法华经》中虽约观明果，则摄于止，故云乃至究竟涅槃，常寂灭相，终归于空。《涅槃》中虽约止明果，则摄于观，故以三德为大涅槃。此二大经虽复文言出没不同，莫不皆约止观二门辨其究竟，并据定慧两法以明极果。

因此，定慧双修、止观并重的学说是与《法华经》的诸法实相思想紧密联系在一起的，是在《法华经》原理指导下重新组织起来的学说体系，并与《涅槃经》的经义统一，意在以止观学说指导人们实修，获取究竟涅槃果报。

总之，《修习止观坐禅法要》确是“大部之梗概”，即包含了《摩诃止观》的主要思想。

与文义繁富的《摩诃止观》相比，《修习止观坐禅法要》有自己的特点，即它简明扼要，清晰易解，因而以初学者为主要对象。智顗在该书中指出：

> 止观岂非泥洹大果之要门，行人修行之胜路，众德圆满之指归，无上极果之正体也？若如是知者，止观法门实非浅。故欲接引始学之流辈，开蒙冥而进道，说易行难，岂可广论深妙？
>
> 今略举此十意，以明修止观者，此是初心学坐之急要。若能善取其意而修习之，可以安心免难，发定生解，证于无漏之圣果也。

可见，该书为了“接引始学之流辈”，所以没有作详细的论述发挥，但其内容已含蕴了《摩诃止观》的主要思想，成为“众德圆满之指归，无上极果之正体”。

《摩诃止观》是圆顿止观的代表。

所谓“圆顿”，意为圆融顿极，始终不二，即从初发心时起，便契入绝待的中道实相。《摩诃止观》集中论述的，便是与中道实相密切关联的这种圆顿止观。它是智顗五十七岁时在荆州玉泉寺向僧众讲述的内容，是智顗晚年最为成熟的止观著作，也是架构天台宗哲学思想的主要著作。

《摩诃止观》共列十章，它们是：一大意，二释名，三体相，四摄法，五偏圆，六方便，七正修，八果报，九起教，十旨归。第一“大意”章是全部十章的大要，而且兼说发心、修行、感果、裂网、归处五大内容，故被称“五略”。把这第一章的“五略”和全十章的“广说”合起来，便是历来公认的该书“五略十广”之说。前五章相当于“五略”中的发心，第六、第七章相当于“五略”中的修行，第八、第九、第十章分别相当于“五略”中的感果、裂网、归处。但最后三章仅存章目而无具体内容。《摩诃止观》的这种情况与《释禅波罗蜜次第法门》类似。

两书前后相距二十五年，但最后三章都未完成，这意味着什么呢？从道理上说，不外乎两个方面的原因。一是表明智𫖮的止观学说原计划比实际完成的要更加完整、圆满，意味着“他的止观学说尚未成熟，最后部分终于无法定稿”[①]；说明“智𫖮‘为他损已’，‘说心中所行法门’的止观学说尚有待发展。”[②] 二是正当智𫖮在荆州讲述《摩诃止观》时，一再受晋王杨广的干扰，邀请他去扬州，致使他中断讲述，未能完成最后三章。此后由于他被迫东下扬州，受命为杨广撰《净名经疏》(也未完成)，晚年则处境维艰，更无暇补上这最后三章。但以上两种解释都缺乏具体资料佐证，姑且同时保存，使之互相补充。无论如何，《摩诃止观》由于没有写完最后三章，为后人研究智𫖮止观学说体系造成缺憾。从章目上可以想见，智𫖮试图通过结论性的最后三章论述，构筑更为完整的止观理论体系，在宗教哲学理论上将更有所深化。

① 谈壮飞：《智𫖮》。

② 王雷泉：《天台宗止观学说发展的历史过程》。

现在我们所见到的《摩诃止观》，其重心则体现于第七“正修”章中。“第七正修止观者，前六重依修多罗以开妙解，今依妙解以立正行。”[①] 该章系统阐述了修习止观应该具备的条件以及修习止观的具体方法，全面分析了修习止观时可能出现的各种心理变化以及对治手段。比如，它吸收和综合有关经论中的各种禅观方法，把它们分成常坐、常行、半行半坐、非行非坐“四种三昧”。虽然四种三昧各从身、口、意三个方面叙述修习止观的方法，但重点放在修心上，所谓“明欲观一念自生之心，取其理证，应须依四种三昧方轨而修。”[②] 四种三昧修行只是禅者藉以观心调息的外在形式，观心才是止观修习的根本内容。所以第七章又立“十乘观法”和“十种观境”。十乘观法是能观之法，十种观境为所观之境。梁肃《天台止观统例》中说：“十章者，恢演始末，通道之关也。五略者，举其宏纲，截流之津也。十境者，发动之机，立观之谛也。十乘者，妙用所修，发行之门也。止于正观而终于见境者，义备故也。”《摩诃止观》通过五略十广的建构和十乘观法、十种观境的论述，把止观学说的主要内容涵盖以尽。

《摩诃止观》视止观学说为佛学的核心，把它发展为思辨性很强的宗教哲学，组织成指导止观实修的理论体系。智顗认为，止观学说可以包容佛学中的解脱论、般若学和法身观，他说：“止即是断，断通解脱；观即是智，智通般若；止观等者，名为舍相，舍相即是通于法身。”[③] 又认为，止观与佛教

① 《摩诃止观》卷五上。
② ［隋］灌顶：《观心论疏》卷三，见《大正藏》卷四六。
③ 《摩诃止观》卷三上。

修行的目的即证悟法性相联系："法性空寂名止，寂而常照名观。虽言初后，无二无别，是名圆顿止观。"① 之所以称之为"圆顿止观"，是因为这种止观与法性"无二无别"。而"法性"也就是"中道实相"：

> 圆顿者，初缘实相，造境即中，无不真实。系缘法界，一念法界，一色一香，无非中道。己界及佛界、众生界亦然。阴入皆如，无苦可舍。无明尘劳即是菩提，无集可断。边邪皆中正，无道可修。生死即涅槃，无灭可证。无苦无集，故无世间；无道无灭，故无出世间。纯一实相，实相外更无别法。②

圆顿止观，在发心之初已契入实相，而它的终了也是实相，"纯一实相，实相外更无别法"。这样，智𫖮把他的圆顿止观与佛教大乘哲学中道实相理论融为一体，从而使止观超越了一般禅学范畴，成为一种哲学思辨体系。

在《摩诃止观》中，智𫖮发展《修习止观坐禅法要》的"三止三观"说，把止观的重心放在"观"上，并以观心为观的主要内容。他说："止有三种：一体真止，二方便随缘止，三息二边分别止"；"观有三：从假入空名二谛观，从空入假名平等观；二观为方便道，得入中道，双照二谛，心心寂灭，

① 《摩诃止观》卷一上。
② 《摩诃止观》卷一上。

自然流入萨婆若海，名中道第一义谛观。”[1] 又说：

> 当安心止观，善巧回转，方便修习，或止或观。若观一念禅定，二边寂灭，名体真止；照法性净，无障无碍，名即空观。又观禅心即空即假，双照双谛而不动真际，名随缘止；通达药病，称适当会，名即假观。又深观禅心，禅心即空即假即中，无二边别，名无分别止；达于实相如来藏第一义谛，无二无别，即名中观。三止三观在一念心，不前不后，非一非异。[2]

这三止三观因“不前不后，非一非异”，故名圆顿止观。但从根本上说，由无分别止而达实相如来藏第一义谛的中观，才是终极目的。

三观在智顗止观学说中显然比三止具有更高的地位，所谓“此三止名虽未见经论，映望三观，随义立名”，[3] 这是把三止置于陪衬的地位，依随三观而立名，三观尤其是其中的中道正观才是圆顿止观的核心。智顗强调“深观禅心”、“三止三观在一念心”，则有意突出观心的意义。通过观心，导入中道实相的认识，从而“一心三观”、“一念三千”等哲学理论也就随之确立。因此，毫无疑问，由于智顗重视“观”，着意于以解导行，突出思想观念的指导地位，从而使他的止观

① 《摩诃止观》卷三上。

② 《摩诃止观》卷九下。

③ 《摩诃止观》卷三上。

学说更趋成熟，并不断沿着哲学思辨的路径发展，达到一个新的高度。

止观本是一种宗教实践方法，智顗的止观学说不仅将它上升为方法论，而且更通过《摩诃止观》的阐述使之成为哲学思辨体系。这一思辨体系以观心论中的观不思议境为中心展开，通过一系列抽象论辩，达到"一念三千"、"三谛圆融"的认识，完成由现实的此岸世界到解脱的彼岸世界的转化。

智顗在《摩诃止观》第二"释名"章中，立四种止观名，即：一相待，二绝待，三会异，四通三德。其中论"绝待止观"云：

> 今言绝待止观者，绝横竖诸待，绝诸思议，绝诸烦恼、诸业、诸果，绝诸教、观、证等。悉皆不生，故名为止。观冥如境，境既寂灭清静，尚无清静，何得有观？止观尚无，何得待不止观说于止观，待于止观说于止观，待止不止说非止非不止？故知止不止皆不可得，非止非不止也不可得。
>
> 绝待止观，亦名不思议止观，亦名无生止观，亦名一大事止观。……不因愚乱，名止观。无可待对，独一法界。①

他认为，绝待止观也就是不思议止观。这种止观是超越相互对待、各自分别的直觉，达到的是无主客、能所、境界之分

① 《摩诃止观》卷三上。

的实相境界。它不属于理性思维范围，所以是不思议止观。所谓“独一法界”，便是指实相境界。这境界并非由对待、思议等而来，相反完全出自对心性的直觉和观想。所以智顗说：“实相之性即非止非不止义。又此一念能穿五住，达于实相。实相非观，亦非不观。如此等义，但在一念心中，不动真际而有种种差别。”“圆顿止观相者，以止缘于谛，则一谛而三谛；以谛系于止，则一止而三止。譬如三相在一念心，虽三念心而有三相，止谛亦如是。所止之法虽一而三，能止之心虽三而一也。以观观于境，则一境而三境；以境发于观，则一观而三观。”① 三止三观都归源于一心，为一心所摄；一念之心，直接达于实相。圆顿止观归根结底也就成了对心的直觉，知性思维在其中不起任何作用。“但在一念心中，不动真际而有种种差别”，唯有“真际”（实相）是真实，种种“差别”都是虚妄的。

由此可见，《摩诃止观》所阐述的圆顿止观，实际上已远远超出了方法论的范畴。它融本体论（实相论）、认识论（一心三观、一念三千）和方法论（止观实践）为一体，是一个完整的哲学思想体系。当然这一体系与世俗哲学不同，是纯粹的宗教哲学，它从实相出发，最终又归结为实相，即所谓“初缘实相”，“纯一实相，实相外更无别法。”这里，我们不妨借用柳田圣山先生对《摩诃止观》的分析和评价，作一简要概括：

智顗的宗教与哲学则是中国人把空之哲学与实

---

① 《摩诃止观》卷三上。

> 践组合为本土宗教的最初的卓越成果。尤其是《摩诃止观》，以这种空义为基础，把自古以来的多种佛教瞑想法体系化，揭示出从具体实践进入深邃境界的途径，这对尔后中国佛教各宗的发展，特别具有划时代的意义。
>
> 智𫖮《摩诃止观》的体系，一方面如前所述，把深邃的般若波罗蜜哲学作为瞑想法的基础，这种瞑想法历来被中国人视为是奇迹；再一方面，又纠正了知识分子对般若思想的空泛理解与误解，根据具体秩序的实践，趋向主体化。他的佛教，最能指出极端坐禅的愚昧，又最能反映纸上谈兵的空洞哲学；他的目标，是禅与哲学的完全统一。①

《摩诃止观》是智𫖮晚年的哲学巨著，反映了智𫖮佛教哲学的成熟和禅法实践的圆满。他以哲学指导禅学，又以禅学实证哲学，达到“禅与哲学的完全统一”。因此，《摩诃止观》无论在哲学领域，还是在禅法领域，都是重要的里程碑，对隋唐佛教各宗的展开具有指导意义。

三、天台止观与《大乘起信论》

学术界通常认为，智𫖮的止观学说与《大乘起信论》无关，天台宗的早期思想与《大乘起信论》没有联系。如吕澂先生曾说：“天台本来是不重视《起信》的，在智𫖮活动的时

① ［日］柳田圣山：《禅与中国》，三联书店1988年版，第96页。

期，主要以他的《法华玄义》、《法华文句》和《摩诃止观》三大部为学说的核心，在三大部里完全没有引到《起信》之说就是证明。”“天台宗对《起信》的研究是从荆溪湛然开始的。《起信》原为贤首宗所尊崇，湛然为了重兴天台，与贤首宗清凉竞争，因而参考到它，特别是‘真如不变随缘’的观点，在他的著述中占有重要地位。由此开端，天台宗才用《起信》的说法。”① 笔者认为，完全忽视早期天台思想与《起信论》的关系，这种看法是可以商榷的。

据吕澂先生考证，《起信论》著书的最早年限，不能早于菩提流支卒译的一年，即公元535年。而当时学者著书引用《起信论》的，应以慧远的《大乘义章》为较早。因此，《起信论》制作的最晚年限不能晚于慧远逝世之年，即公元592年。② 杜继文先生在此基础上进一步考证指出：“《起信论》的面世，只能在548年到588年的四十多年内。”③ 根据这一成书年代，要说慧思的《大乘止观法门》已经吸收了《起信论》的观点，似乎不太可能。但该书的内容确实公认与《起信论》十分相似。这可以有两种解释。一是此书自慧思完成后，经后人的修改，将已经流行的《起信论》思想纳入其中。二是在慧思完成《大乘止观法门》后，《起信论》的作者在大量吸收《大乘止观法门》的基础上，撰成《大乘起信论》。

慧思时代，南北佛学分歧明显，所以他已着手会通南北佛学的工作。《大乘止观法门》以“止观”命名，便是这一目

① 《中国佛学源流略讲》，第265页。

② 《吕澂佛学论著选集》，齐鲁书社1991年版，第一卷，第356页。

③ 《大乘起信论全译》，巴蜀书社1992年版，第6页。

的。其中诠释“止观”一语，云：

> 所言止者，谓知一切诸法，从本以来，性非自有，不生不灭。但以虚妄因缘故，非有而有。然彼有法，有即非有。唯是一心，体无分别。作是观者，能令妄念不流，故名为止。所言观者，虽知本不生，今不灭，而以心性缘起，不无虚妄世用，犹如幻梦，非有而有，故名为观。①

这样诠释止和观，已具有将它们视为既区分又联系的一对范畴的意义。虽然它只是从“法门”的实践角度提出指导意见，但是已为智顗的哲学体系作了准备。

《大乘起信论》的产生，大约与慧思的止观实践以及作《大乘止观法门》同一时代，其社会条件和佛学背景也基本相同。在这数十年间，不仅各种佛学流派在南北兴起和发展，而且开始出现融汇贯通的趋势。《大乘止观法门》提倡止观并重，《大乘起信论》则“反映了新的佛教思潮，它同儒家性善说联结起来，构成一个理论和践行并重的唯心主义体系，影响了隋唐一代思潮。”② 因此，这两部著作的出现，都与当时佛学思潮不相违背，它们共同适应了时代佛学的需要，完成着历史的任务。只是，《大乘止观法门》出自禅者之手，其理论构思尚不甚严密；《大乘起信论》则虽无法确定出自何人之手，

---

① ［陈］慧思：《大乘止观法门》卷一，见《大正藏》卷四六。

② 任继愈主编：《中国佛教史》，中国社会科学出版社 1988 年版，第三卷，第 315 页。

但其义学色彩甚重，理论体系完整，从而影响也就远在《大乘止观法门》之上。隋唐主要佛教宗派天台宗、禅宗、华严宗都受《起信论》思想的影响也就不足为奇。甚至有人认为，《起信论》一书，堪称中国佛教的哲学大纲，这也不算过分。

《大乘起信论》在哲学理论上对佛教各宗派的影响，主要是它的"如来藏缘起"说；而在宗教实践上造成对各宗影响的，则主要是它的"止观"学说。吕澂先生认为，《起信论》的内容，"可以说是一种讲止观的教程"。既是这样，它也就必然与天台止观的理论和实践发生内在的联系。他又说，《起信论》"所依据的《楞伽经》，就有当时慧可一系用来建立'楞伽宗'，成为后来禅宗的先河。它所推崇的'一行三昧'，又是后来禅家道信一系用来开辟'东山法门'的。还有所谓'如来藏为身本，真心即摩诃衍'，'如来藏一念不了而有生死'，这些都是《起信论》内看得出的思想，却又是当时一大家慧思禅师凭借来成立'法华三昧'之说，而为天台宗的本源的。从这一些见出《起信》同那时代习禅者极有关系，而可以想像到它制作的背景是怎样。"① 天台宗和禅宗都与早期禅者的禅法实践相联系，受止观并修的理论影响。这里所说慧思借《起信论》而成立"法华三昧"，《起信论》实为天台宗的本源，事实上又否定了那种天台早期学者不重视《起信论》的说法。

《大乘起信论》的一大特点，是将大乘菩萨所修"六度"改为"五门"，即把"禅定"和"般若"两波罗蜜合并为"止观门"，由此突出止观双修。旧本（梁真谛译本）《起信论》说：

① 《大乘起信论考证》，见《吕澂佛学论著选集》第一卷，第357页。

"修行有五门，能成此信。云何为五？一者施门，二者戒门，三者忍门，四者进门，五者止观门。"又说："云何修行止观门？所言止者，谓止一切境界相，随顺奢摩他观义故。所言观者，谓分别因缘生灭相，随顺毗钵舍那观义故。云何随顺？以此二义渐渐修习，不相舍离，双现前故。"① 这里强调的是止观"不相舍离，双现前故"，必须并重双修。因为，"若人唯修于止，则心沈没，或起懈怠，不乐众善，远离大悲，是故修观"。

《起信论》又指出，凡在行住坐卧之中，都要做到"止观俱行"，不能须臾分离，否则便无法悟入菩提道即获得解脱。

> 若行若住，若卧若起，皆应止观俱行。……若修止者，对治凡夫住著世间，能舍二乘怯弱之见；若修观者，对治二乘不起大悲狭劣心过，远离凡夫不修善根。以此义故，是止观二门共相助成，不相舍离。若止观不具，则无能入菩提之道。

《起信论》如此重视止观并修，表明它有意识要以止观来统摄全部佛教修持。这一事实，反映了它与天台宗先驱者们所倡止观法门之间内在的本质联系。

按照道宣的介绍，慧思的禅法特点是"昼夜摄心，理事筹度"。所谓"摄心"，就是止；所谓"筹度"，就是观。慧思在修持过程中曾遇到各种"禅障"即禅病，这在《起信论》中也有系统的总结。慧思曾提出对治禅病的方法，说："即自观

① 《大乘起信论》，见《大正藏》卷三二。

察，我今病者，皆从业生。业由心起，本无外境；反见心源，业非可得；身如云影，相有体无。如是观已，颠倒想灭，心性清净，所苦消除。”[1] 而《起信论》在倡导“一行三昧”的同时，也列举种种禅病，并认为各种禅病都属“邪网”、“业障”，是“世间三昧”的表现。此外，慧思提倡“方等忏悔”，主张常坐苦行，这在《起信论》中也有反映。

虽然至今我们难以确定慧思倡行止观双修与《起信论》强调“止观俱行”孰先孰后，究竟是慧思受《起信论》影响，还是《起信论》受慧思影响，但就智顗的止观学说而言，受《起信论》思想启发似已不容怀疑。

《大乘起信论》的出现，不是孤立的事件。它是南北朝佛教走向融汇统一的产物，并由此而影响此后全部中国佛教哲学理论的展开。智顗继承慧思止观双修传统，为完成南北佛学的统一，建立止观学说体系，不能不在哲学理论上借助《起信论》。《修习止观坐禅法要》在说到止观修习时，明确指出要以《起信论》所说的“正念”来克服驰散之心，说：

> 《起信论》云：“若心驰散，即当摄来住于正念。是正念者，当知唯心，无外境界。即复此心，亦无自相，念念不可得。”谓初心修学，未便得住，抑之令住，往往发狂。如学射法，久习方中矣。

但智顗受《起信论》的影响，主要落实在止观学说体系的形成上。如杜继文先生认为：“《起信论》将‘六度’改为‘五

---

① 《续高僧传》卷一七，《慧思传》。

门’，把禅定与般若合并为‘止观门’，用大量篇幅突出论述，可以说是以‘止观’统摄佛教全部修持的尝试。这可能是受天台宗先驱者们的影响，但成为智𫖮倡导‘止观双修’的自觉行动，则与《起信论》反映的这一思潮有重要关系。”①《起信论》以止观为核心，试图以它统摄全部佛教修持；智𫖮哲学体系直接标示止观学说，实现了这种尝试。它们之间的承继关系可以说一目了然。

《大乘起信论》的思想体系，由一心、二门、三大、四信、五行构成。一心，指众生心，也就是指真如、如来藏；二门，指心真如门和心生灭门；三大，指众生心或真如的体大、相大、用大；四信，指信根本真如、信佛、信法、信僧；五行指修持布施、持戒、忍辱、精进、止观五种德行。这个体系，包含了哲学本体论、宇宙发生论、认识论、信仰论和方法论，与智𫖮天台止观的一念三千说、性具实相说、止观并重说中体现的有关思想基本上是一致的。

心真如门，又名不生不灭门，是从宇宙万有的本体方面来说的；心生灭门，是从宇宙万有的现象方面说的。前者侧重哲学本体论，后者侧重宇宙发生论。《起信论》认为，真如有不变和随缘两种含义。所谓“不变”，即不变自性绝相，意思是说，真如之体自性本来清净，不生不灭，绝对平等，无差别之相；所谓“随缘”，即不守自性随缘，意思是说，真如随无明而起生灭变化，显示无限差别现象。《起信论》确立这“一心二门”，表明它有意识将对立的本体世界与现象世界、涅槃与缘起、真如与生死最大限度地加以圆融。

① 《大乘起信论全译》，第31页。

智顗的止观体系,虽然没有一心二门之说,但它以“一念三千”、“圆融三谛”等学说有效地调和统一了本体与现象、出世间与世间、涅槃与生死(详见后论)。天台理论强调“一念心”的本体论意义,与《起信论》提倡的真如(如来藏)缘起说,在架构理论体系的思想方法上是相似的。“圆融三谛”虽然说的是空、假、中三谛,但实质仍不出空、假二谛,这与《起信论》调和真如本体和现象世界的思想方法没有大的区别。

《起信论》认为,由于一心具真如和生灭二门,所以能摄“一切世间法、出世间法”。它说:“心真如者,即是一法界大总相法门体,所谓心性不生不灭,一切诸法唯依妄念而有差别”;“心生灭者,依如来藏故有生灭心。”这一思想调和了佛教出世理想和中国传统入世主张,十分适合大乘佛教在中国的传播。天台智顗以一念三千、圆融三谛的哲学论证本体与现象的统一、佛教认识与世俗认识的会同,与《起信论》具有相似的目的和意义。智顗哲学强调《法华经》的大乘理想,注意发挥其中“会三归一”思想,因此在理论体系上必然体现出对社会需要的适应以及对南北佛学融合趋势的促成。智顗的哲学通常认为是本体论的哲学,所以他对抽象思维和建立体系有着浓厚的兴趣,这体现了大乘佛教的一个重要特点;同时,智顗又十分重视对现象界的分析,以引导众生于世间求取涅槃,这表明他以严肃态度对待大乘佛教的一个重大课题。这两个方面缺一不可,与《起信论》的基本原理统一。

诚然,对于《大乘起信论》,中国佛教界重点是从止观和念佛的实践方面予以接受的。智顗对《起信论》有关止观理论的吸取,不仅完成了自己的学说体系,而且对止观的实践方法给予了特殊重视,四种三昧、十乘观法、二十五方便等等都是具体的止观实践方法。在《摩诃止观》等著作中，智顗对这些实践方法进行了详尽的分析。而四种三昧中的常坐三昧和常行三昧，又都与念佛实践有关。《起信论》关于念佛，有如下的意见："谓以专意念佛因缘，随愿得生它方佛土，常见于佛，永离恶道"。认为念佛是为众生所设的"初学法门"，只是建立"正信"的一种"方便"。智顗的念佛虽然并非出自《起信论》，而是依据《文殊说般若经》，但其思想方法显然也接受了《起信论》的影响。[①] 智顗也并未视念佛为目的，而只是当作实践的方便。

《大乘起信论》之所以为中国佛学界所重视，成为最具影响的佛学论著，原因在于，第一是它属于国人自己的著作，正如梁启超先生所说："本论是否吻合佛意勿论，是否能阐宇宙唯一的真理更勿论"，只是以其"出于我先民之手，吾之欢喜踊跃乃不可言喻。"[②] 第二，更重要的是它体现了中国佛教的基本精神，这一基本精神与传统的中国文化、哲学思想沟通。它反映了古代哲人在承认现实的基础上，对理想境界的执着追求。现实与理想既是矛盾的、对立的，但又是统一的；理想的实现不能超越现实，而应从现实开始。《起信论》表述了这一意思，智顗的哲学也表达了这一意思。

---

① 柳田圣山先生认为，"当智顗根据这部经典(《文殊说般若经》)在四种三昧中先组织他的一行三昧时，所提出的并非《文殊说般若经》的一行三昧，或者智顗自己的主张。当时是其他经典与该书都已广为众人注目，这些经典与论书，也是讲述同样的一行三昧。例如有名的《大乘起信论》，就堪称这个时代最重要的一部佛教概论，其中所举的实际修行法正是止观与念佛。"见《禅与中国》，第 99 页。

② 《大乘起信论考序》。

第五章 “圆融三谛”学说

一、“次第三观”的确立

智顗“圆顿止观”的理论基础是实相说。体认或契合实相的认识，属于佛智，也就是般若。因此，如何通过止观，获得佛智，把握实相，就成了天台止观学说的出发点。智顗继承慧文、慧思有关论述，确立自己的“一心三观”说，并在此基础上，创立“圆融三谛”说，进而又据性具学说而完成“一念三千”之说。通过上述学说，智顗从不同角度完善了他的止观体系。

据《佛祖统纪》卷六所载，慧文在读到《大品般若经》关于三种智慧的文字时，联系《大智度论》的有关解释，认为三种智慧可以由一心中得；又联系《中论》的“三是偈”，以“三谛”配合“三智”，从而首创“一心三观”说。

《大品般若经》的原文是：

菩萨摩诃萨,欲具足道慧,当习行般若波罗蜜;欲以道慧具足道种慧,当习行般若波罗蜜;欲以道种慧具足一切智,当习行般若波罗蜜;欲以一切智具足一切种智,当习行般若波罗蜜;欲以一切种智断烦恼习,当习行般若波罗蜜。①

这里所说的三种智慧是指道种智、一切智、一切种智。从经文上看,三种智慧应有先后和层次上的差别,故《大智度论》的有关释文提出了相应的见解,说:

问曰:一心中得一切智、一切种智,断烦恼习,今云何言以一切智具足得一切种智,以一切种智断烦恼习?答曰:实一切智一时得,此中为令人信般若波罗蜜故,次第差别说。欲令众生得清净心,是故如是说。复此,虽一心中得,亦有初、中、后次第。如一心有三相:生因缘住,住因缘灭。又如心、心数法,不相应诸行,及身业、口业。以道智具足一切智,以一切智具足一切种智,以一切种智断烦恼及习,亦如是。②

认为三种智虽可“一时得”、“一心中得”,但仍存在着初、中、后的次第差别。因为存在差别,所以开始时需要点滴积累,至最

① 《摩诃般若波罗蜜经》卷一。
② 《大智度论》卷二七。

后而达到圆满，一齐具足，即所谓“一心中得”。这好比生、住、灭三种相状虽一时而具于一心，但仍有先后之别。其次第是：由道种智生一切智，由一切智生一切种智，由一切种智而灭一切烦恼习。所以《大智度论》又指出：“一切智是声闻、辟支佛事，道智是诸菩萨事，一切种智是佛事。”①智慧差别不等，故所证之果也不统一，这是经论所说。

可是，《佛祖统纪》的记载是：

> 师依此文，以修心观。《论》中三智，实在一心中得。且果既一心而得，因岂前后而获？故此观成时，证一心三智，双亡双照，即入初住无生忍位。②

意思是说，慧文在修“心观”时，依《大智度论》关于三种智慧可于一心中得的说法，证得“一心三智”。这是有意识强调《大智度论》关于三智一时得、一心中得的思想，而完全忽视了《大智度论》中关于三智存在高低层次差别的思想，显示出天台先驱者在“方便”口号下曲解经典的一贯传统。慧文后来又由“一心三智”而进一步立“一心三观”说，并传授给弟子慧思。

《佛祖统纪》又说：

> 师又因读《中论》，至“四谛品”偈云：因缘所

① 《大智度论》卷二七。
② 《佛祖统纪》卷六。

生法，我说即是空，亦为是假名，亦名中道义。恍然大悟，顿了诸法无非因缘所生。而此因缘，有不定有，空不定空。空有不二，名为中道。①

意思是说，慧文在证得“一心三智”之后，又“恍然大悟”。悟的是一心同时观察《中论》所说的“三谛”。《中论》“三是偈”中，“我说即是空”的“空”是真谛，“亦为是假名”的“假”是俗谛，“亦名中道义”的“中”是中道谛。三谛之中，真谛讲一切现象的通相，俗谛讲各别行相，中道谛讲一切现象的通相与别相的辩证统一，这些正好相当于三种智慧的境界。这样，原先的“一心三智”也就成了“一心三观”。因为它不仅与《大智度论》，而且又与《中论》相联系，所以“一心三观”自然地与龙树拉上了法统关系。“一心三观”所观察的空、假、中三谛，是一切因缘法的实相。它所强调的是，不论佛智还是实相，都需要一心顿得，而不是以“多心”分别成就。将这一道理应用于止观实践，便可实现于一心中同时观察空、假、中，三者统一无碍。

“三观”一语出自《菩萨璎珞本业经》中的“圣贤学观品”，云：“从假入空名二谛观，从空入假名平等观，二观为方便，得入中道第一义谛观。”②“三智”之语出自《大品般若经》，“三谛”之语则出自龙树《中论》。三个概念都与空、假、中相联系，最终归结到《中论》的三谛说。慧文是否确如《佛祖统纪》所说，由《大智度论》、《中论》的启发而证得

① 《佛祖统纪》卷六。

② 《菩萨璎珞本业经》，见《大正藏》卷三四。

“一心三智”，并进而建立“一心三观”，现已无法考查。《佛祖统纪》为南宋时天台宗沙门志磐所著，有关慧文立“一心三观”之说不知依据何在，其疑点已为众多学者指出。但是，“一心三观”后来事实上已成了天台宗的重要教学内容，为智顗所继承和发挥。这也就意味着，这很可能是后人根据智顗的学说加以推测所得。为了证明本宗学说的源远流长，天台宗学者有必要将它追溯到慧文，乃至追溯到印度中观学派创始人龙树。

据说，慧文曾将“一心三观”的禅观方法传授给了慧思，慧思在此基础上，联系《法华经》“十如是”之说，发展出诸法“十如”实相说，从而为智顗的“一心三观”说和“圆融三谛”说奠定了理论基础。

慧思因感慨当时南北佛学各有所偏，于是作定慧双开的实修，“昼谈义理，夜便思择”。智慧的究竟境界不外乎实相，对实相的体认是般若的基本目的和首要任务。由于对般若智慧的重视，使慧思的禅法自然地结合到诸法实相理论。在他由光州大苏山至南岳衡山辗转二十余年的过程中，曾根据《法华经》和《大品般若经》的教义，全力提倡诸法实相说。《法华经》的“方便品”说：“唯佛与佛乃能究尽诸法实相”，这可以作为一切智、一切种智的内容。正因为只有佛才能穷尽诸法实相，所以经中特别提出要以佛的知见来做一切智慧的标准。这“诸法实相”的内容，便是“十如是”：“唯佛与佛乃能究尽诸法实相。所谓如是相，如是性，如是体，如是力，如是作，如是因，如是缘，如是果，如是报，如是本末究竟等”。①

对于这“十如是”，罗什弟子道生曾在《法华经疏》中作过解释，认为，“相”指诸法的外貌，“性”指诸法的内容，“体”为诸法内外相合，“力”指诸法所具的功能，“作”指有所作为，“因”指能发生他法，“缘”指对因的辅助，“果”为能遂所期，“报”为穷尽历数，“本”指善法的开始，“末”指佛法的终极，“究竟”指透彻佛法的根本。道生这种解释，具有直观和机械的性质，并未赋予特殊的“玄义”。慧思是研诵《法华经》的大家，对经中所表达的“诸法实相”思想有更深刻的认识，因而有可能对“十如是”作出新的解释，发挥其中的“玄义”。

在慧思看来，经文在“相”、“性”等前面都置有“如是”二字，有其特定的含义，即表示它们的圆满实在。“如”，意为真如、如实，指诸法的本性，即真谛（空）。一切法都归结为实相，但实相所表现的具体现象可计为十种，所以名“十如是”。“十如是”是《法华经》所示的实相说，由此可以建立“十如实相”说。这一“十如实相”说后来为智𫖮接受，在确立他的“一心三观”说和“三谛圆融”说中发挥了作用。智𫖮曾回顾说：“南岳师读此文，皆云如，故呼为十如也”。②

“十如实相”说的建立，一方面有助于进一步突出《法华经》的地位，另一方面则巩固了天台宗借以成立的哲学基础，

---

① 《法华经》卷一。《法华经》共三译，这“十如是”只出现在罗什所译的八卷本中。

② 《法华玄义》卷二上。

使止观法门发生重大变革。依照大乘佛学的思路，把握“三谛”实相，属于“一切智”的任务，是把不真实性当作现实世界的共性。这种主张与当时的三论宗思想接近，都没有超出龙树中观学派的范围。相对而言，“十如实相”则是“一切种智”把握的对象，要求从性相、体用、因果等特殊性和特殊关系中认识世界。这种说法有可能把止观的重心转向对现实的真实关系的考虑，促使天台宗教义向世俗化的道路展开。但该宗的实际创立者智顗，并没有沿着这一方向走多远，而很快转到了宗教哲学的严密构思中。

智顗论“一心三观”，有其独特的个性，反映了他在哲学思辨方面具有远胜于其师的能力和水平。智顗根据《法华经》“方便通经”的原则和《中论》有关“中道实相”的原理，将止观学说中的“观”门分作两个层次，即所谓“次第三观”和“一心三观”，以为“次第三观”是“可思议”的，而“一心三观”则是“不可思议”的。但与此同时，他又认为，这“次第三观”只是一种“方便渐次”，其实质与“一心三观”并无区别。它们的不同，主要表现在“逗机”方面，前者逗引钝根人，后者适应利根者。他说：

> 既有论心，即有方便、正观之义。譬如虚空，亦有阴阳两时。心亦如是，虽无偏圆，亦论渐顿。若作次第观心者，即是方便渐次意也。若观心具有性德三谛，性德三观，及一切法，无前无后，无有次第，一念具足；十法界法，千种性相，因缘生法，即空即假即中，千种三谛，无量无边法，一心悉具足，此即不次第观也。

虽说可有“次第观”与“不次第观”、“方便”与“正观”之别，但若从“心源本净，无为无数，非一非二”的本质高度说，则“岂可次第、不次第，偏、圆观耶？”[1]

“次第三观”作为方便权说，出自智𫖮对《璎珞本业经》与《大品般若经》的结合运用。智𫖮说：

> 今对境明观，亦为二意：一、次第三观；二、一心三观。次第者，如《璎珞》云：从假入空名二谛观，从空入假名平等观，二观为方便得入中道第一义谛。此之三观，即是《大品》所明三智。一、一切智，知一切内法内名，一切能知能解，一切外法外名，能知能解，但不能用，以一切道起一切种，故名一切智；二、道种智，能知一切道种差别，则分别假名无谬，故名道种智；三、一切种智，能于一种智知一切道，知一切种，一相寂灭相，种种行类，能知能解，名一切种智。通而为论观，智是其异名；别而往目，因时名观，果时名智。[2]

智𫖮在这里首先确立了三个基本概念：三智、三观、三谛。这三个概念分别表示认识主体、认识活动、认识对象：“所照为三谛，所发为三观，观成为三智”。[3] 他认为，从认识和认识

① 《观音玄义》卷下。见《大正藏》卷三四。
② 《观音玄义》卷下。《摩诃止观》卷三上、《法华玄义》卷三下略同。
③ 《摩诃止观》卷五上。

方法上说,三智应于一心中得,三观应于一心中发,三谛应于一心中照,三者不可割裂,也无次第可言。因为认识的出发点是实相,而其终极也是实相。但从方便权宜角度考虑,为引导普通根机者,有必要作次第剖析,不妨从认识方面将最高境界的实现看作是一个由浅入深的过程。进而他又将认识主体(智)、认识活动(观)、认识对象(谛)各作三个层次的分类,以表现“次第三观”的确切含义。

在智颉的《维摩经文疏》中,则对“三观”另有分类和解释,他从别教和圆教的判教角度将“三观”分作“别相三观”、“通相三观”和“一心三观”三类。其中别相三观判为别教,通相三观和一心三观则判为圆教。别教的别相三观相当于次第三观,而圆教的一心三观突出“圆顿”的非次第性,以为“一空一切空”,不假、不中谓之空;“一假一切假”,不空、不中谓之假;“一中一切中”,不空、不假谓之中。①

总之,为了方便逗机以及保证自己体系的逻辑的严密性,智颉确实有意识地将“一心三观”区别为“次第三观”和“一心三观”两种。这也是他对慧思“一心三观”说发展的一个重要方面。②

“次第三观”分作三个“次第”展开。

第一,从假入空观。又名“二谛观”。即首先通过由假入空,破除世俗认识。

智颉认为,现象世界并非真实存在,众生因无明而对此

① 《维摩经文疏》卷二一,见《续藏经》第二八套第二册。

② 在《三观义》卷上,他又曾将“一心三观”分为“别相三观”和“一心三观”两种。

产生执着;名言概念只是“假名”,并非真实之体,只为引导众生进入空观而权且施设。《三观义》卷上云:

> 所观之假者,有二种假,摄一切法。一者爱假,二者见假。爱假者即是爱论,见假者即是见论。此二种皆是戏论。破于慧眼,障见真实,爱论即是魔业,见论即是外道业。故此经云:天魔者乐生死,外道者乐诸见。所谓因此爱见,起九十八使,使三业作善不善,则轮转六道受生死苦。故此经云:无明有爱,则我病生。又曰:何谓病本?所谓取我。若知爱、见由无明生,则一切三界皆从心起故。《华严经》云:三界无别法,唯是一心造。而此诸法,皆名假者,无明爱见,所起之法,皆由三假之所成也。三假者,一因成假,二相续假,三相待假。此三虚设,故云假也。……问曰:三乘从三假入空,若为分别?答曰:有人言,声闻多用因成假,缘觉多用相续假,菩萨多用相待假。今谓三藏所明,三假相别,随便入理。若摩诃衍所明,三假皆如幻化,三乘观此,同入空也。①

这是“从假入空观”的起点。这一起点,在于指出客观世界和世俗认识的虚幻不实,因而需要由假入空。三界万法系一心所造,故名为假。假的种类有两,一为爱假,二为见假;又假的形式有三,一为因成,二为相续,三为相待。爱假由魔

① 《三观义》卷上,见《续藏经》二编第四套第一册。

业而起，认世界为有，执着外物，故乐生死；见假由外道业而起，视认识为真实，执着错误认识，故乐诸见。因成假，指一切有为法乃因缘所成；相续假，指众生心识念念相续，前念既灭，后念复生；相待假，指一切诸法各有对待。爱、见皆因无明而生，因此，从假入空的关键是破除无明，认识到“三假皆如幻化”，然后才能实现“三乘观此，同入空也。”这是从认识对象方面来说的。

《三观义》卷上又云：

> 观门不同者，即是析、体二种观门也。如声闻经所明析假入生、法二空者，此如空实手之拳指也。摩诃衍体假入生、法二空者，如空镜像之拳指也。析假入空，名为拙度。体假入空，名为巧度。

观法有分析、当体两种。空有生空、法空（即我法二空，或人法二空）。分析观假入空指小乘所属，名为拙度。当体观假入空指大乘所属，名为巧度。两者都可由假入空，只是方法有别。这是从认识方法上来说的。

《三观义》卷上又云：

> 正明入空观智者，亦两意。一者明析假入空，二明体假入空也。一析假入空者，即为二意。一析见假入空，二析爱假入空，并是三藏拙度门也。……摩诃衍体假入空观者，入空观门乃有多途，今约无生观门，明体假入空也。就此观门，亦为两别，一明体见假以入空，二明体爱假以入空。先明体见假

以入空者，体因缘所生，见法皆如幻梦，因成、续、待，但有名字，名字即空，非灭故空，空即是真谛，真谛即是涅槃，是为体见假入空观也。……体爱假入空者，分别爱假，如前说。今明修道，体三界爱假，皆如梦幻，三假即空，四句检生，并不可得，是名体三界爱假以入空，空即是真智增长，诸法不生，而般若生者，断三界结也。

从假入空的智慧有两种，即析假入空智和体假入空智，其中又各分出见假、爱假两种。析假入空智系小乘所属，因这种智而入空名为“拙度”。体假入空智为大乘所属，因这种智而入空名为“巧度”。这是从认识主体的角度来说的。

智𫖮所说“从假入空观”，虽说假、观、智三者都有“析”、“体”之分，但其重心在“体”，因为体假入空是大乘所属。从般若智慧的高度观察客观世界以及世俗认识，当体即空，无须分析。一切事物都如梦如幻，无论是因成假还是相续假、相待假，都“但有名字”，而“名字即空，非灭故空”。从逗机的目的看，析假入空虽属拙度，但还是不能放弃。这样，智𫖮在“次第三观”内部又作了次第安排，分析十分细微而烦琐。

“从假入空观”在《摩诃止观》中又名“二谛观”。《摩诃止观》卷三上曰：

所言二谛者，观假为入空之诠，空由诠会，能所合论，故言二谛观。又会空之日，非但见空，亦复识假，如云除发障，上显下明。由真假显，得是

> 二谛观。今由假会真，何意非二谛观？又俗是所破，真是所用。若从所破，应言俗谛观；若从所用，应言真谛观。破用合论，故言二谛观。

这里所说“二谛”，有学者认为并非三谛中的空谛和假谛，而是从认识上的能、所两方面来说的。笔者以为并不尽然。因为智𫖮说“观假为入空之诠，空由诠会，能所合论”，所以，能、所指的是“观假”和“入空”，并非“假”和“空”。假和空无疑指的是假谛和空谛。假谛是所破，从“观”的角度说，观假便是俗谛观；空谛是所用，从“观”的角度说，入空便是真谛观。从假入空，这是“由假会真”，所以名二谛观。

《摩诃止观》卷三上又说：“《地持》明二法性。一事法性，性差别故。二实法性，性真实故。即二谛之异名。既俱得称法性，何意不得俱称谛？”这就是说，事法性是俗谛，实法性是真谛。根据经论所说，两者既然都名法性，所以都应称谛。又，进一步说，既然假和空都是谛，那么，从假入空也就有多种途径，并非唯一破假之途。故智𫖮接着说：“问：从假入空，必须破假而入空耶？答：通途应有四句：不破入，破入，破不入，不破不入，乃至三十六句。”因此，“二谛观”中的二谛，应是三谛论中的二谛。

从三谛论的角度说，这二谛观又可名之为“空观”，其所得之智慧名为“一切智”，因为它的结果是“见空”、“会空”、“会真”。但是，一旦实现空观之时，也就转入了第二次第的“假观”，所以说“会空之日，非但见空，亦复识假”。假观的内容是“由真显假”。

第二，从空入假观。又名“平等观”。即通过由空入假，重返现实,深化对现象世界的认识。

智颤认为,认识到世界本质是空,这是不够的,还应该进入第二阶段“从空入假”的认识。他在《三观义》卷上说:“从空入假观者,亦为三意。一明入假之意,二明入假之观,三明观成化物。”试分别剖析此“三意”。

所谓“明入假之意”,是说明为何要从空入假。智颤指出:

明入假之意者,此观正为观俗谛,破尘沙无知。若二乘不为化物,不须此观。菩萨弘誓,必须此观。所言从空入假者,若滞于空,堕二乘地。如《大品》经云:我以佛眼观十方世界恒沙菩萨,学菩萨道,少得入菩萨位,多堕二乘。是故教道菩萨,从空入假,用道种智,入菩萨位。若不滞空,如空中种树,分别药病,化众生也。①

意思是说,从空入假是大乘区别于二乘的重要标志。二乘只有空观而未达到假观,所以易“滞于空”。大乘菩萨建立从空入假观,目的是要“化物”,是要“化众生”。

从理论上说,从假入空观可以使人们达到对现象世界的抽象、一般的认识,这是重要的一步,但它不是认识的结束。从空入假观则意味着认识的深化,即把对世界的抽象、一般的认识还原为对现实世界的具体的、个别的认识。这相当于否定之后的肯定,具有辩证的色彩。这种肯定,已经超越世俗的认识,但它能有效解释世俗认识,以便干预现实生活。

① 《三观义》卷上。

从实践上说，从假入空，属于小乘自利的范畴，决非佛法的究竟；只有自利利他，才是大乘菩萨的精神，实现佛的终极关怀。而要“化物”、“化众生”，必须从彼岸返回此岸，由空谛回到假谛。所以说“此观正为观俗谛，破尘沙无知。”菩萨的广大慈悲体现于利益众生、使尘沙无知同样获得对现实世界的正确认识。

从化物的角度说，从空入假观又名假观，其所得之智慧名“道种智”。《摩诃止观》卷三上对此也有类似的论述，说：“当知此观，为化众生。知真非真，方便出假，故言从空；分别药病，而无差谬，故言入假。”意思是说，所谓“从空”，指在证得万物性空之理后，为了化导众生，还应方便出假，返回现象世界；所谓“入假”，指以万物性空的佛理为背景，肯定一一具体事物，针对不同性质的错误认识，分别予以应机对治。

对此，智颉以譬喻加以说明：

> 如盲初得眼开，见空见色，虽见于色，不能分别种种卉木、根茎枝叶、药毒种类。从假入空，随智之时，亦见二谛，而不能用假。若人眼开后，能见空见色，即识种类，洞解因缘，粗细药食，皆识皆用，利益于他。此譬从空入假，亦具真俗，正用于假，为化众生。故名为入假。①

从假入空，好比盲者刚才恢复视觉，无力分辨眼前一切事物；

---

① 《摩诃止观》卷三上。

所谓"不能用假",即指脱离具体、滞于抽象的空理。从空入假,则好比视觉彻底恢复后,能分辨一切事物、作用一切事物。由假入空,只具真谛;由空入假,则同具真俗二谛。由假入空,在认识上即由具体到抽象、特殊到一般;由空入假,在认识上重又由抽象到具体、一般到特殊。形式上是简单的转换,内容上已有层次之别。从空入假是在空观指导下的假观,是在抽象、一般原理下对具体、特殊事物的认识。

所谓"明入假之观",是指出如何修习假观。智顗认为,修习假观也须避免"入见假"、"入爱假"的各种"执诤之病"。他说:

> 明修入假观者,入假有二种。一者入见假一切法,二者入爱假一切法。一明入见假一切法者,菩萨住深禅定,知空非空,观假见假,有四种。从此四见,出无量见。一自生见,二他生见,三共生见,四无因生见。此四见各有执诤之病也。复此,执有二种。一执外人邪因缘、无因缘四生之见,……二执佛法正因缘,生自、他、共、无因四生之见。……佛有四种之说,皆是四悉檀方便赴缘利物而说,诸众生颠倒不了,或执外人邪说四边,而生见著;或执佛法经论四边,而生见著。①

意思是说,有关世间万事的产生,可以有各种不同的看法。有外道(包括儒家、道家等)的"邪因缘、无因缘"四生之见,

① 《三观义》卷上。

也有佛教的"正因缘"四生之见。外道之见的错误无庸置疑，故不应执着。佛、菩萨之见当然正确无误，但那也只是"四悉檀方便赴缘利物而说"，因而也不宜执着。在上述意义上说，"或执外人邪说四边，而生见著；或执佛法经论四边，而生见著"，都属于"众生颠倒"。假观既要避免"入见假"的各种执着，也要避免"入爱假"的各种执着。因为一切事物毕竟虚幻不实，本质是空。

所谓"明观成化物"，指出完成从空入假观修习的意义。智顗说：

> 明观成化物者，菩萨从空入假修证，即是观因缘，亦名为假名；生不生无量四谛，亦名道种智，亦名法眼。过二乘地，用道种智，入菩萨位。……深知爱、见、苦、集之病无量，道、灭之药亦复无量。皆如梦幻。用四悉檀赴其根缘，随病授药。复此，菩萨为度如是无量众生，故游戏神通，净佛国土，成就众生入假，修无量愿行。①

从空入假观作为菩萨的修行，一方面要遵循佛的方便逗机原理，为众生随病授药；另一方面又要引导众生通过假观，获取道种智，同入菩萨位。

智顗把从空入假观又名之为平等观，是针对第一次第的二谛观而言的。他说：

① 《三观义》卷上。

平等者，望前称平等也。前观破假病，不用假法，但用真法，破一不破一，未为平等。后观破空病，还用假法，破用既均，异时相望，故言平等也。①

世间一切事物(法)虚幻不实(假)，故名“假法”；人们往往执着假法，故名“假病”。事物本性是空，空是“真法”。二谛观以空观破假法，是为“破一不破一”，不能平等对待二谛。事实上，若执着于空，同样会形成“空病”；对治空病，则需用假观。以空观否定假病，又用假观否定空病，是为“破用既均”，因此称为“平等观”。平等观是在“次第三观”的第二次第时实现的，表现为观法上的深化，已经不再停留于一般性的否定上。这一“平等观”包含着丰富的辩证法因素。

第三，中道第一义观。这是“次第三观”的最后一观，也是最关键的一观。与前面空观、假观两种各有所偏的次第观相比较，属于次第三观中最全面、最完整、最高层次的认识阶段，故又名“中观”。《法华文句》卷一上说：“观心释者，从假入空观，即偏破生死；从空入假观，即偏破涅槃；中道正观，无复前后云云。”又说：“观心者，空观是般若，假观是解脱，中观是法身”。

智𫖮《三观义》卷上述此中道观，说：“中道第一义观者，即为三意。一明所观境，二明修观心，三明证成。”他也是从认识对象、认识主体、认识活动三个方面来展开论证的。

具体说：

① 《摩诃止观》卷三上。

一明所观境者，前二观是方便，虽有照二谛之智，未破无明，不见中道。真俗别照，即是智障。

意思是说，空观和假观都只是“方便”，并不是究竟，它们或偏于“真”，或偏于“俗”，对真俗二谛予以分别观察体认，未能达到中道的认识。“三观”的真正对象是“中道”，最高方法也是“中道”。因为事物的本质既非假，亦非空，真、俗二谛只是方便施设；世界的本质是“中道”，对中道的认识唯有采用中道的方法。

又说：

二修观智者，若修此观，还用前二观为方便也。总前二观，则双亡双照之方便也。双亡方便者，初观知俗非俗，即是俗空；次观知真非真，即是真空。亡俗非俗，亡真非真；非俗非真，即是中道。因是二空观，入中道第一义谛。虽观中道，而不见者，皆是无明之所障也，当观实相，修三三昧。①

中观的修习，需要建立在空观和假观的基础上，空观和假观虽然不是究竟，但作为实现中道的方便，不能没有。以空观和假观为基础，就能达到“双亡双照”，成就一切种智，完成对世界的圆满认识。“双亡”是指对初观所见“俗空”和次观所见“真空”的扬弃；“双照”是对“非俗非真”中道实相的观照（证悟）。

---

① 《三观义》卷上。

《三观义》卷上又说：

> 三明证成者，若观无明，见中道者，即是入不二法门，住不思议解脱也。故此经《入不二法门品》云：若知无明实性即是明，明亦不可得，为入不二门。若入中道，即能双照二谛，自然流入萨婆若海。

中道第一义观的认识活动，其特点是双照真俗二谛，入于平等不二法门。这里所说“此经”指《维摩诘经》，所引部分的原文是：“电天菩萨曰：明无明为二，无明实性即是明，明亦不可取，离一切数，于其中平等无二者，是为入不二法门。”①意思是说，“明”与“无明”名义上分而为二，但“无明”的真实之性即“明”，所以两者本质上平等无二；“无明”不可取，“明”同样不可取，这相当于双亡真俗。中观是指在双亡真俗基础上产生一切种智，以一切种智双照空、假二谛。

《摩诃止观》卷三上有关中道第一义观，曾作较为简明的概括，云：

> 中道第一义观者，前观假空，是空生死；后观空空，是空涅槃；双遮二边，是名二空观。为方便道，得会中道。故言心心寂灭，流入萨婆若海。又初观用空，后观用假，是为双存方便，入中道时，能双照二谛。故经言：心若在定，能知世间生灭法相。前之两观，为二种方便，意在此也。……次第三观，二

① 《维摩诘经》卷中。

乘及通菩萨有初观分，此属定多慧少，不见佛性。别教菩萨有第二观分，此属慧多定少，亦不见佛性。二观为方便，得入第三观，则见佛性。

意思是说，既扬弃空观，又扬弃假观，名为“二空观”。此处“二空观”，即中道观，它是对空观和假观的扬弃。空观和假观是“方便道”，在入中道之前，应以空观和假观为基础；入中观之后，空观和假观便无存在的必要，方便道由中道所取代。建立两种方便道的目的，是要通过对“世间生灭法相”的辨析，引导人们证得中道。智颉进而从定慧双修的角度指出，“四教”中，藏、通二教只有空观，属于“定多慧少”；别教只有假观，属于慧多定少。这意味着，唯有法华圆教定慧相等，入于中道。

智颉把“次第三观”与四教判释联系起来考察，表明他要通过“次第三观”确立圆教的最高地位。在他看来，不仅次第三观与定慧的修养有关，就是四教判释也离不开定慧的水平。次第三观有层次之别。空观成一切智，属于藏教和通教这一层次；之所以说“定多慧少”，是因为空观以定力获得世界本质为空的认识，偏于“空”的一面。假观成道种智，属于别教这一层次；之所以说“慧多定少”，是因为假观以道种智重新认识世界万物，虽说与空观相比，有“平等”的意义，但未免偏于“有”的一面。中观成一切种智，为圆教这一最高层次的佛教所属。中观建立于空观和假观的基础上，所以既洞彻一切事物的普遍原理、抽象本质（空），又见到一切事物的各自差别、具体形象(假)，获得对世界的最圆满认识。

智颉在《四教义》中曾明确指出，“四教”由“次第三观”而起：

> 问曰：四教从何而起？答曰：今明四教，还从前所明三观而起，为成三观。初从假入空观，具有析体、拙巧二种入空不同，从析假入空，故有藏教起；从体假入空，故有通教起。若约第二从空入假之中，即有别教起。约第三一心中道正观，即有圆教起。①

将“次第三观”与四教一一对应，从而确立起圆教的特殊地位。

从认识论上说，“次第三观”集中论述了具体与抽象、个别与一般、特殊与普遍、现象与本质之间的关系，体现了智𫖮在辩证思维方法的运用方面已经达到了相当的高度。通过“次第三观”理论，智𫖮把对现象世界的本质认识与性空原理下具体事物的各别认识予以统一，指出这种统一是在认识的不断深化中实现的。他强调说，没有空观和假观，也就没有中观；但空观和假观又只是“方便”，它们必须被扬弃，上升到中观。中观既是辩证思维的结果，又是理性认识的目的。中观理论的确立已为“一心三观”学说奠定了基础。当然，无庸置疑，“次第三观”的立论背景是“真空假有”，视现象世界为虚幻假相，其本体并无真实的着落之处。所以，这样的思维和认识，归根结底不能正确解释社会人生，也无助于对现实的批判和改造，因为其本质不外乎神秘的直觉体验。

① 《四教义》卷一，见《大正藏》卷四六。

二、“一心三观”及其要义

智颉论观心，核心是发扬其师慧思的“一心三观”说。

通常，智颉将“三观”分作“次第三观”和“一心三观”两类，[①] 视前者为可思议的三观，后者则为不可思议的三观。可思议者为方便之说，不可思议者为真实之说。一方面，从形式上看，次第三观与一心三观有层次之别，次第三观尚不是究竟，三观的宗旨和实质是要落实“一心三观”，与天台哲学的整个体系统一起来；另一方面，一心三观以次第三观为背景建立，而次第三观中的中道第一义观又是以空观和假观为基础确立，中道第一义观的内容实际已经体现了一心三观的基本精神。这一精神便是对本体和现象的圆融思维方式和神秘直觉体悟。

智颉所立“一心三观”，是指不经次第而于一心中刹那间同时观察思维空、假、中三谛（三种实相），所谓“一空一切空”，“不假”、“不中”谓之空；“一假一切假”，“不空”、“不中”谓之假；“一中一切中”，“不空”、“不假”谓之中。空、假、中三者于一心中交融不分，故能同时观照，观假即观空、中，观空即观假、中，观中即观假、空。

智颉认为，次第三观是为钝根之人而说的，使他们循序渐进，完成对世界的圆满认识，而“一心三观者，正是圆教

---

① 在大部分论著中，智颉都作如此分类。但在他入灭前完成的《维摩经文疏》卷二一中，却分作三类：别相三观、通相三观、一心三观。

利根菩萨之所修习。”[1]一心三观无须循序渐进，不存在阶级次第。《法华文句》说：“观心释者，观心先空、次假、后中，次第观心也；观心即空、即假、即中者，圆妙观心也。”又说：“观心释者，观因缘所生心，先空、次假、后中，皆偏觉也；观心即空、即假、即中，是圆觉也。”[2]一心三观相对于次第三观来说，是一种“圆妙观心”、“圆觉”。

智𫖮关于“一心三观”学说的论述，集中反映在《三观义》和《维摩经文疏》两部著作中。现根据《三观义》等所说，予以具体剖析。

智𫖮认为，“一心三观者，此观是深行利根菩萨之所修习。所以者何？不思议因缘之理，基深微妙，其观慧门，难解难入。”这就意味着，一心三观是佛教止观修行的最高层次，也是天台止观法门的至极状态。接着，智𫖮从三个方面展开论证，它们是：“一明所观之境，二明能观之观，三证成。”从思维和认识角度说，“所观之境”是“所”，指认识对象，“能观之观”是“能”，指认识主体，“证成”则指“能”“所”相合时的状态和达到的境界。

关于“所观之境”，《三观义》卷上云：

> 所观之境者，即是一念无明因缘，具十法界、三谛之境也。十法界者……即六是凡夫、四是圣人。所言法界者，法名自体，界以性别为义。此十种法体，因果不同，事性隔别，不相混滥，故言十法界。此

① 《维摩经玄疏》卷二，见《大正藏》卷三八。

② 《法华文句》卷一上。

法界皆是十二因缘之所成，故言因缘所生法也。十二因缘并依无明，无明之理体非异念，故言一念具足十法界也。

意思是说，一心三观所观之境，是由一念无明而生起的十二因缘，而十二因缘也就是十种法界、空假中三谛。其理论的逻辑是："十二因缘并依无明，无明之理体非异念，故言一念具足十法界"。

若说九法界由十二因缘所成还说得过去，可是，佛法界清净寂灭，属非生死之法，怎么也由十二因缘而成呢？对此，智顗以佛经为据，于《三观义》中回答道：

《大品》经云：若有能深观十二因缘，即是坐道场。此经云：缘起是道场，无明乃至老死皆无尽故。又《涅槃经》云：十二因缘名为佛性，见佛性故，住大涅槃。依此而推，十二因缘何得非佛法界也？

就是说，十二因缘是无明业感缘起，是佛的教说，它体现了佛性，因而凡能深入观察思维十二因缘，也就达到佛的同一境界（"坐道场"）。根据这一理论，既然十法界中包含了佛法界，而佛法界又体现为超越空、假两边的中道原理，那么，一念无明之心也就在具足十二因缘同时，具足了空、假、中三谛。这时的一念无明之心，实际无异于菩提心。所以，智顗又说：

问曰：一念十二因缘，具十法界，何得以为一

> 心三观之境？答曰：以一念十二因缘，即空、即假、即中，三谛之理不纵不横，不一不异。十法界虽复无量，不碍一念无明之心；一念无明之心含十法界，无有迫妨。（《三观义》）

但是，无论怎样解释，要将一心三观的对象十二因缘、十法界、三谛完全等同起来，总有牵强附会之感。智顗有鉴于此，不得不打出“不思议”这一宗教信仰的王牌。他说：

> 问曰：一人具十法界，次第经无量劫，云何止在一念无明心内，不相妨碍耶？答曰：此经明不思议，须弥入芥子，不相妨碍。无情之物尚得如此，况心神微妙，一念具足一切三世诸心诸法，何足致疑？
>
> 问曰：诸大乘经皆明不思议，其意难见，云何了别？答曰：佛法不思议道理，唯可仰信，岂可情求？若苟抱深迷，当以近譬。《法华经·安乐行品》，明持经之人，若于梦中，但见妙事，所谓梦见从初值佛发菩提心，乃至成道转法轮，经千万亿劫，度无量众生。是则少时眠心，有无量梦事，无量梦事而不碍一念眠心。一念眠心能含无量劫事，无明一念具一切法，不相妨碍，亦复如是。（《三观义》）

“须弥入芥子”、“芥子纳须弥”，如同“一根针尖上能站多少天使”，乃是典型的神学问题。许多世俗认识不能回答的问题，宗教神学都可以用“不思议”一言以蔽之。智顗认为，佛法的不思议道理，“唯可仰信，岂可情求”，这种说法表现出他在宗教感情支配下的蛮横武断。所以,他以梦中能见无量劫事来譬喻一念心具一切法,这不仅是对生理现象的无知,而且更是宗教信仰的需要。迷悟的标准决定于宗教信仰,不思议的道理当然也就成为思维和认识的最高层次了。他说:“如摩醯首罗面上三目,虽是三目,而是一面。观境亦如是,观三即一,发一即三,不可思议。不权不实,不优不劣,不前不后,不并不列,不大不小”。①

但是,在对“一心三观”的论述过程中,尤其是在对认识主体与认识对象相互关系的论述过程中,智顗还是为后人提供了某些可以借鉴的理论思维方法。故次述“能观之观”。

何谓“能观之观”?智顗说:

> 能观之观者,若观此一念无明之心非空、非假,一切诸法非空、非假,亦不得非空、非假,而能照此中道之空、假,即是照一切法性、法界之空、假也。知假非假,即是入真;知空非空,即是入俗。照中道,见二谛,即一心三观之相也。称理之观,不得诸法,不知不见,不断痴爱,起诸明脱;亦不缚不脱,无能无所,真缘俱泯,离诸戏论,言语法灭,清净心一,如水澄清,珠相自现,是为得一心三观之相。(《三观义》)

“能观”者即一心,所谓“心对一切法,即有能知法之用”②;

---

① 《摩诃止观》卷三上。

② 《法界次第初门》卷上之上,见《大正藏》卷四六。

“对境觉知，异乎木石名为心”①。所观者有二：一为“一念无明之心”，二为“一切诸法”。以能观之心观所观之心，是一心的自我观照。这一观照的结果，是确认“一念无明之心”即空、即假，非空、非假，显示其本质为一中道实相。一心所观照的一切诸法同样即空、即假，非空、非假，本质也是中道实相。这就是说，一心三观有两个基本原则：一是作为“观”的主体必须是中道实相；二是作为“观”的对象也仍然是中道实相。所以，一心三观是以彻底的中道实相原理为背景实现的。这也就是说，不仅所观之境是不思议，而且能观之心也是不思议；一心三观是不思议之心观照不思议之境。

智顗所谓“心”的不思议性，包含以下几方面内容：

第一，认为世界上一切事物和现象都不过是“一心”的产物，因此都无实体可言。如他说：

> 《释论》云：三界无别法，唯是一心作。心能地狱，心能天堂；心能凡夫，心能贤圣。②
>
> 《华严》云：心如工画师，造种种五阴。一切世界中，莫不从心造。③
>
> 《毗婆沙》云：心能为一切法作名字。若无心，则无一切名字。当知世、出世名字，悉从心起。④

---

① 《摩诃止观》卷二上。
② 《法华玄义》卷一上。
③ 《摩诃止观》卷五上。
④ 《摩诃止观》卷三下。

智𫖮的佛教哲学不同于一般形态的唯心主义哲学，它是以超越主体与客体、精神与物质的姿态而出现的。其特点在于把真实的客观世界当作主体意识虚妄分别的产物。所谓“心造万物”，并非指精神如同造物主一样创造了物质世界，而是指主体在自身意识活动中为自已幻化出相应的对象世界。由“心”所造成的万物并非真实存在，而只是“一切名字”。离开“心”，“一切名字”不复存在，一切事物（包括世间、出世间的一切现象）也同时不复存在。由此可见，由于“心”的这一不可思议性，“一心三观”也就失去了通常意义上的主体对客体的认识，而只剩下主体意识的自我观照的价值。

第二，认为心的本质是实相，从而使“一心三观”在实相的基础上达到主体意识与虚幻假相的冥合。智𫖮说：

> 空观观心，但有名字，即闻持陀罗尼；假观观心，无量心、心、心数法皆是法门，即行持陀罗尼；中观观心，心即实相，即是义持陀罗尼。假观观心，具十法界法，即法无碍辩；中观观心，十法界皆入实相，即义无碍辩；空观观心，十法界但有名字语言，即辞无碍辩。观一心即三心，三心即一心，一界一切界，旋转无碍，即乐说无碍辩。[①]
>
> 心如幻焰，但有名字，名之为心。适言其有，不见色质；适言其无，复其虑想；不可以有无思度故，故名心为妙。……心本无名，亦无无名。心名不生，

① 《法华文句》卷二上。

亦复不灭。心即实相。[1]

假观观心，具十法界无量数法；空观观心，十法界只是名字语言，并无实体；中观观心，心是实相，十法界均入实相。根本上说，“心”只是名词概念，只是实相，故而不生不灭，故而能“观一心即三心，三心即一心”。这里的“一心”为实相之心，“三心”乃空、假、中三谛，实际也就是实相之“心”与实相之“境”的冥合。所以说，“若观此一念无明之心，非空非假，一切诸法亦非空非假，而能知心空假，是则一心三观，圆照三谛之理”。[2]

第三，认为“一念无明之心”即“菩提心”，即“法性”，所以“心佛众生，三无差别”。智𫖮说：

一念心起，即空、即假、即中者，若根若尘，并是法界，并是毕竟空，并是如来藏，并是中道。云何即空？并从缘生。缘生即无主，无主即空。云何即假？无主而生即是假。云何即中？不出法性，并皆即中。当知一念即空、即假、即中，并毕竟空，并如来藏，并实相，非三而立，三而不三。……此一念心不纵不横，不可思议。非但己尔，佛及众生，亦复如是。《华严》云：心、佛及众生，是三无差别。当知己心具一切佛法矣。

根尘一念心起，根即八万四千法藏；尘亦尔，一

① 《法华玄义》卷一上。

② 《维摩经玄疏》卷二。

> 念心起，亦八万四千法藏。……一尘有三尘，一心有三心。一一尘有八万四千尘劳门，一一心亦如是。贪嗔痴即是菩提，烦恼亦即是菩提。①

一念之心和一切根尘并从缘生（因缘而生起），缘生即空（本质），缘生亦即假（现象）；不执空假两边，缘生即中（中道实相）。龙树《中论》的“三是偈”主要揭示世界的本质。智顗在这里则进一步用它来说明“心”的本质。一念之心既不可思议，即空、即假、即中，也就与众生、佛无所差别。这就是说，“心佛众生，三无差别”，是以中道实相为背景而确立的。众生身处轮回之中，为烦恼尘垢所障，所发之心属于“一念无明之心”。佛已摆脱轮回，超越三界烦恼，其心已证得最高智慧，是为法性。但一心既为中道实相，也就与众生、佛平等不二；众生与佛同时也在一念心上统一起来。又因一心具空、假、中“三心”，一一心即有“八万四千尘劳门”、“八万四千法藏”，则一念无明之心等同菩提之心，等同如来藏法性。所以智顗又说：“此一念能穿五住，达于实相。实相非观，亦非不观。如此义，但在一念心中。不动真际，而有种种差别。”② 又说：“决谓无明，即是法性。如此计者，非是悟心，但发观解。如暗见尘杌，决谓尘杌。即当移观，观于法性。”③ 这就是说，从“一心三观”的认识论角度说，无明就是法性，所以“一念无明法性心”得以成立。这时，观心

① 《摩诃止观》卷一下。
② 《摩诃止观》卷三上。
③ 《摩诃止观》卷六下。

与观法性并无区别。

但是，智顗同时又指出，从非“一心三观”的认识论角度看，众生的“一念无明心”与真如法性毕竟存在着相互对待和依存的关系。他说：

> 问：无明即法性，法性即无明。无明破时，法性破不？法性显时，无明显不？答：然。理实无名，对无明称法性。法性显，则无明转变为明；无明破，则无无明，对谁复论法性耶？
>
> 无明法性心，一心一切心，如彼昏睡；达无明即法性，一切心一心，如彼醒悟。①

因为有对待，所以要一“破”一“显”。在未破无明、未显法性前，众生处于“昏睡”状态；一旦破除无明、显示法性，两者的对待不复存在，依存关系荡然无存，“无明即法性”，众生进入“醒悟”的佛的境界。

智顗立“心佛众生，三无差别”和“一念无明法性心”，具有两个方面的目的和意图。

第一，指出佛教徒破除无明、显示法性，“还源反本”的必要性，具有宗教的实践意义。

由于心、佛、众生原无差别，又由于无明即是法性，所以在理论上肯定了众生即佛，众生成佛，从而给众生以希望和光明。但也由于无明与法性存在着对待，从对待到平等有一个“破”和“显”的过程；破的是主体意识的“无明”和

① 《摩诃止观》卷六下。

昏昧，显的是客体精神的法性和涅槃，这意味着众生之心当下并非法性、众生当下并非即佛。智𫖮在这里指出的是理想与现实的差距，但理想是可以通过宗教实践而实现的。

如何由现实而达到理想？如何实现无明即是法性？智𫖮认为，“心”是关键。“心佛众生，三无差别”的原理表明，“心”是由众生向佛转化的桥梁。一切都取决于心的由无明向法性的转变。湛然在阐述天台教义时曾指出，该宗教义的基石是“观心为经，诸法为纬”①。正因为心是关键，所以“观心为经”也就成为当然。质言之，智𫖮及其天台宗传人普遍重视对“心”的研究探讨，而且在宗教实践中强调精神领域的修养，也可以从这里找到源头。

智𫖮认为，通过精神修习的止观功夫（止是以禅定力破无明，观是以智慧力观照法性），可以实现“还源反本”即从自心无明回到自心法性。他说：

> 唯信此心但是法性。起是法性起，灭是法性灭。体其实不起灭，妄谓起灭。只指妄想，悉是法性。以法性系法性，以法性念法性。常是法性，无不法性时。体达既成，不得妄想，亦不得法性。还源反本，法界俱寂，是名为止。如此止时，上来一切流转皆止。观者观察无明之心，上等于法性，本来皆空；下等一切妄想善恶，皆如虚空，无二无别。②

① ［唐］湛然：《止观义例》卷上，见《大正藏》卷四六。

② 《摩诃止观》卷五上。

当众生还源反本，回到自心法性时，便体验得身心解脱，得大自在。所以湛然又曾指出：“心色一体，无前无后，皆是法界。修观次第，必先内心。内心若净，以此净心，历一切法，任运滔合。”[①]心色一体是还源反本后达到的境界，在这一境界中，主体与客体融通无碍。

但是，“虽说色心两名，其实只一念无明法性十法界，即是不可思议一心具一切因缘所生法。”从根本上说，只有一心，“色心不二，不二而二，为化众生，假名说二耳。此之观慧，只观众生一念无明心，此心即是法性。”[②]所以若论修习，“必先内心”。这样，智觊通过自己的神学理论，实际上把现实生活中的个人与自然界、社会界相分离，在排除全部客体独立存在的条件下，以及在脱离主体感觉活动和理性思维的情况下，以非理性的意识活动为内容，探讨人的内心世界和精神现象，以达到世界万物（包括认识主体心）本质实相的认识。[③]“心”之所以也是“不可思议”，是因为它作为观察思维的主体却并不按照正常的思维方法和程序去考虑客体、对象。

第二，指出“一心三观”在佛教认识中的地位，即认为人们的认识必须上升到“一心三观”。

佛教的修行，照天台教义所说，是要实现对实相的认识和体悟，思维方式和认识方法的转变在其中起决定性作用。但在非一心三观的认识方法下，心与佛以及众生、无明之心与

① 《止观义例》卷上。

② 《四念处》卷四，见《大正藏》卷四六。

③ 参考王雷泉：《天台宗止观学说述评》，见《中国社会科学》，1987年第1期。

法性之心、心与色之间都存在着对待，要完成对待的消融，需要逐步地、分阶段地进行，如次第三观那样。只有一心三观才是认识的至极，它从“心佛众生，三无差别”、“一念无明法性心”的理论出发，能于一念心中完成空、假、中三谛的认识，体悟到“无明即法性”这一不思议境界，实现不思议解脱。次第三观为钝根者设，是方便，是逗机，非究竟。一心三观为利根者设，是究竟的认识。一心三观依据的是纯粹中道实相原理，无论是它的出发点还是它的归结处，都是中道实相。理想与现实的距离，通过一心三观而克服；在一心三观的至极认识高度，理想与现实本来不存在距离，距离因众生的无明而生起。

现在我们回头再看《三观义》所述“一心三观”中的“能观之观”。其中说到“称理之观，不得诸法”，这就是指中道实相原理下的三观。这一三观，“照中道，见二谛”，获得的境界是“无能无所，真缘俱泯”。所谓“无能无所”，即指消融了主体与客体等的一切对待，实现了以真如法性为基础的平等统一；所谓“真缘俱泯”，即指在消融对待的情况下，心与色、精神与物质、真如与万法的矛盾差别也都不复存在。同时，一心三观又“离诸戏论，言语法灭”，否认语言、概念在其中的作用。

可以看出，“一心三观”的建立，在认识论上有以下几个特色：

一是首先假设有主、客体的存在，而这种假设也是不得已的方便，因为认识不可能没有主体和对象。但实际上又否认这种主、客体的真实存在，因为它们都归之于实相。实相既是认识的出发点，又是认识的归宿处。真理只有一个，即诸法实相。这种认识无非是虚幻世界中精神与精神的复合。

二是表现为超越理性思维的直觉。世界万物既是中道实相，所以对世界万物的认识可以还源为对“心”的观照，这种观照不必借助语言、概念，无须理性思维。直觉相当于神秘体悟，所以，一心三观的认识论与天台的宗教实践是相通的。

三是突出认识主体和观照对象的圆融统一性。智顗认为，观照对象具空、假、中三谛，三谛统一无碍；认识主体与之相应，同具空、假、中三谛，三谛统一无碍。他说：“譬如三相在一念心，虽一念心而有三相。……以观观于境，则一境而三境；以境发于观，则一观而三观。”[①] 在观照对象和认识主体各自统一无碍的基础上，一念之心才能立即、全部、绝对地把握宇宙真理。“不思议”和“不次第”的条件是绝对的圆融统一、无对待。这一特点是为突出圆教的地位而表现出来的。

次第三观非圆教所属，只有一心三观才体现为圆教的性格特征。智顗说：“一心三观如象，运圆教大乘；次第三观如马，运别教大乘；即空析空观如牛，运通教等大乘；析法观自行如鹿羊等，运二乘之法。”[②] 又认为，圆教的一心三观，其意义是要使众生于一念心中契入实相，究竟解脱。他说：

圆教者，此正显中道，遮于二边，非空、非假，非内、非外。观十法界众生，如镜中像水中月，不

① 《摩诃止观》卷三上。

② 《法华文句》卷六上。

在内、不在外，不可谓有、不可谓无，毕竟非实。而三谛之理宛然具足，无前无后，在一心中，即一而论三，即三而论一。观智既尔，谛理亦然，一谛而三谛，三谛即一谛。《大品》云：有菩萨从初发心即坐道场、转法轮、度众生，即于初心具观三谛、一切佛法、无缘慈悲，于一心中具修万行、诸波罗蜜。……又云：今当为汝说最实事，即是圆教之谛，三观在一心。①

就是说，众生若行圆教的一心三观，便相当于菩萨从初发心即坐道场、转法轮、度众生。

若从顿渐的角度说，次第三观是"方便渐次"，一心三观则是"圆顿"之观。宣说次第三观的渐次，是为了显示一心三观的圆顿，所谓"若不假渐次分别，圆顿何由可解?"圆顿之观乃是如实修行中道正观，他说：

若作次第观心者，即是方便渐次意也。若观心具有性德三谛、性德三观及一切法，无前无后，无有次第，一念具足；十法界法，千种性相，因缘生法，即空即假即中，千种三谛，无量无边法，一心悉具足，此即不次第观也。②

因此，一心三观是"最实事"，能令众生于一念间顿见佛性，

① 《观音玄义》卷上。
② 《观音玄义》卷下。

顿登佛地。

《三观义》论述“一心三观”的第三部分是“明证成”，即指以不可思议之心观照不可思议之境的结果。这一结果，便是获得“三智五眼”。智𫖮写道：

> 证成者，若证一心三观，即是一心三智、五眼也。如觉时知梦不实，无量梦事皆依眠心，三义宛然，皆不可得，朗然大悟，无所依稀，即是初心一念相应慧，是悟佛菩提智也。……问曰：如佛说，三种智其实一心中得，云何言欲以道慧具足道种慧，乃至一切种智，当学般若波罗蜜？答曰：是三种智其实一心中得，今欲分别为人说，令易解故，作此次第耳。复此，三智虽一心，而用智有异。譬如三相虽在一心，而相不同。今论谓三相譬一心三谛之理，谓相不同，一心三智照此三谛，亦不滥也。若非求一心三观，善巧修习相应，岂得一心证三智也！①

若依别教的次第三观修习空、假、中三观，可依次得一切智、道种智、一切种智；若依圆教的一心三观修习，则可于一心中同时得三智，名“一心三智”。这原是慧文的思想，智𫖮对它作了继承和发挥。值得注意的是，若据慧文教义，先有一心三智的建立，后推导出一心三观之说。若据《佛祖统纪》卷六的意思是，“三智”是“因”，而“三观”是“果”，故先有因，后有果。但是智𫖮的一心三观则有意否认这种因果。一

① 《三观义》卷上。

方面，他指出“若证一心三观，即是一心三智、五眼”，意为三智是证成所得。另一方面，他又认为：“若非求一心三观，善巧修习相应，岂得一心证三智？”意为一心三智的证得是为了达到一心三观的认识，所以又说“一心三智照此三谛”，三智于此时已反客为主，成为三观之因，能所关系中的主体。

事实上，根据智顗圆教一心三观的精神，不仅三谛、三观、三智均于一心中得，不前不后，无次第之分，而且一心三谛、一心三观、一心三智也不前不后，无次第之分。一心三观又名圆融三观，便是揭示这种不可思议的绝对圆融统一，没有分别对待，凡有前后次第、因果能所，都只是方便之说。因此，智顗的一心三观是彻底的、究竟的圆融学说。

但是，智顗又认为，究竟的圆融并不排斥方便的次第，方便的次第有助于究竟的圆融。这是一种辩证的观点。即以一心三智而言，“三种智其实一心中得，今欲分别为人说，令易解故，作此次第”；同时“三智虽一心，而用智有异。”三智有一切智、道种智、一切种智之分，但归结起来，都是佛智一心的表现。佛智即佛菩提智，即一切种智，三智统一于佛智，所以说：“初心一念相应慧，是悟佛菩提智”。《摩诃止观》卷三上云：“佛智照空，如二乘所见，名一切智；佛智照假，如菩萨所见，名道种智；佛智照空、假、中，皆见实相，名一切种智。故言三智一心中得。”这就是三智一心而用智有异。在《法华玄义》中，智顗对一心三智的上述辩证观念又有如下表述：

圆三智者，有漏即是因缘生法，即空即假即中，无漏亦即假即中，非漏非无漏亦即空即假。一法即三法，三法即一法；一智即三智，三智即一智；智即是境，境即是智，融通无碍。如此三智，岂同于前？《释论》云：三智一心中得，无前无后，为向人说，令易解故。作三智名说耳，即是此意。①

《华严》不共二乘，但约菩萨三智次第得，亦非正实；不次第得者，是正实也。若方等中四人得三智，三人为虚，一人为实。《大品》三慧说三智属三人，前二不深求，浅而非实，后一人深求，一心三智，是故是实。……但一实相智，决了声闻法；但说无上道，纯是一实体也。②

这就是说，一智与三智可以融通无碍，这叫“圆三智”。圆三智的究竟是以佛智统一三智。本质为一佛智，但为方便，需作三智之“名”。次第三智“非正实”，而一心三智方为“正实”。这种思想方法，显然出自《法华经》“会三归一”的观念。可以说，“会三归一”的观点贯穿于智𫖮的整个哲学体系中，如三乘与佛乘、三谛与中道、三观与中观、三智与佛智等关系的辩证论述，成为天台哲学的核心内容。

智𫖮又认为，“五眼”是与“三智”同时为“一心三观”所证成，而五眼与三智之间又有着对应的关系。这种关系便是《三观义》卷上所说的：

对眼智者，智即三智，眼即五眼。三观能知因

① 《法华玄义》卷三下。

② 《法华玄义》卷八上。

> 缘三谛之理，即是三智；能见因缘三谛之理，即是五眼。若解三观，三智、五眼两科大义，宛然明了。若分别为论，三观为因，三智、五眼为果。通而为论，三观即是三智、五眼之异名耳。

三智是从“能知”的角度说的，而五眼是从“能见”的角度说的，合起来才称得上佛的“知见”。从着意“分别”的角度说，三观是“因”，三智、五眼是“果”，但这种分别只是方便施设。所以从融会贯通的角度说，三观、三智、五眼仅为名义上的区分，实际无能所、因果之别。这好比是佛、般若、涅槃这三者的关系：“如《大智论》偈云：若如法观佛，般若及涅槃，是三则一相，其实无有异。”①佛和佛所具的智慧，以及佛所证的涅槃境界，从根本上说是不能分别的，因为它们都归之于一实相。三观、三智、五眼也是一样，从一心三观的意义上说，可归之于中观、佛智、佛眼，而这三者属佛的“三则一相”。

但若权宜分别而论，三观、三智与五眼有层次之分。智顗说：

> 问曰：三观对三智，其数相应。三观对五眼，数岂相当？答曰：若观粗细因缘，即是肉眼、天眼之境；若见三谛之理，即是慧眼、法眼、佛眼也。……初观因缘粗细之法，若见粗细之色，即是肉、天二眼；入空见真，即是慧眼。第二观从空入假，见俗

---

① 《三观义》卷上。

分明,即是法眼。第三观深观中道二谛,即是佛眼也。①

这就是说,三观中空观所得智为一切智,所得眼为慧眼;假观则得道种智、法眼;中观则得一切种智、佛眼。肉眼和天眼尚不在三观之内所得。

至此,一心三观把三谛、三智、五眼以及所观、能观、观成等与三观一一相应,构成天台圆教的圆融统一哲学体系。智𫖮说:

一心三谛,圆因具足。了了分明见者,照实为了了,照权为分明。三智一心中,五眼具足圆照,名为了了见佛性也。见论圆证,修证圆因。……了了分明知。于一一根即空即假即中。三观一心,名无减修;证慧眼、法眼、佛眼,一心中得,名了了见。②

眼即是智,智即是眼。眼故论见,智故论知。知即是见,见即是知。佛眼具五眼,佛智具三智,王三昧、一切三昧悉入其中。……佛智照空,如二乘所见,名一切智;佛智照假,如菩萨所见,名道种智;佛智照空假中,皆见实相,名一切种智。故言三智一心中得,故知一心三止,所成三眼,见不思

① 《三观义》卷上。
② 《摩诃止观》卷七下。

议三谛。[1]

三智是知，三眼是见；三智为佛智所具，三眼为佛眼所具；三智同于佛智，三眼同于佛眼。所以三智之知合三眼之见，名“佛之知见”。三智和三眼的对象是三谛，三智知三谛，三眼见三谛。三谛是境，空、假、中统一于实相，又归之于一心。一心既为能观，又为所观，能所兼备，不可思议；其三观及三观所得三智、三见也不可思议，能所圆融、因果统一。

可见，智颉“一心三观”的根本意图，是要证明世界一切事物和现象（包括物质和精神）在“一心”基础上的圆融统一，指出众生在圆融哲学背景下圆证、圆修的必要性。“一心”是天台哲学的核心范畴，也是天台宗教实践的起点。所以智颉说：“若解一心一切心，一切心一心”，便能“遍历一切，皆是不可思议境”。[2] 又说，修习佛道的法门有许多，但“虽种种说，只一心三观”，“只约无明一念心，此心具三谛；体达一观，此观具三观。”[3] 由一心而达三观，由三观而证得中道实相；认识问题解决了，实践也就有了保证。

智颉还在《摩诃止观》中说，“一心三观”是为了论述圆教的不思议圆融统一而提出的，所以它需要破除人们思想中的各种“通塞”观念，以真正契入中道实相。

通塞分横、竖两类，“横者具约三法：苦、集为塞，道、灭为通；无明十二因缘为塞，无明灭为通；六蔽覆心为塞，六

① 《摩诃止观》卷三上。
② 《摩诃止观》卷五上。
③ 《摩诃止观》卷六下。

度为通。竖通塞者，见思分段生死为塞，从假入空观为通；无知方便生死为塞，从空入假观为通；无明因缘生死等为塞，中道正观为通。”① 横通塞以是否认识佛教基本原理和实践三学、六度为标准，竖通塞则以是否认识次第三观并实践次第三观为标准。

要破除通塞之对立，则必须有赖于一心三观，“若一心三观法相，即破竖中之通塞；三观一心，破横中之通塞”。原因何在？“良以一心能即空、假、中者，一切山河石壁、众魔群道，皆如虚空，一心三观游之无碍，终不去下陵高、避山从谷，触处诸塞，皆通无碍。”真正的“通”即是平等，无高下，无对待，就是一心三观获得的境界。同时，“通”是对于“塞”而言的，属于对待之词，一旦由塞转化为通，通的对立面不复存在，通也不复存在：“通本对塞，既触处如空，则无复有塞。无塞则无通。”② 无通塞对待之时，便进入“宝所”即佛的境界。

从一心三观的角度说，世界本来并不存在通塞的对待，因为有世俗认识的存在，所以才有横竖之“塞”，种种“塞”其实只是假设；而因为有“塞”，所以也就有它的对待“通”，“通”实际也是假设。次第三观以方便次第破除“塞”，完成“通”；一心三观则以究竟方式破除“塞”，完成“通”。破除“塞”之后的“通”是超越对待的“通”，正如中道实相是超越空有对待之上的“空”。无对待的“通”能圆融通塞，中道实相可圆融空假；通即圆融，即实相。

① 《摩诃止观》卷七下。

② 《摩诃止观》卷七上。

智颉设立次第三观,意在确认四教的分别,并有意突出圆教地位;一心三观的建立,则专意于标榜圆教的特殊地位。

站在圆融统一的立场上,智颉一方面推崇一心三观理论,视之为由凡转圣的关键;另一方面又指出,一心三观只是全部止观学说体系的组成部分,它不能取代止观。一心三观的侧重是在“观”,所以在修一心三观时还应当修“止”。他说:

> 问曰:今用观入道,何须修止?答曰:如《大涅槃经》云:毗婆舍那能破烦恼,何故复修奢摩他耶?佛答言:若有修禅定,则能破惑。今作譬显,如灯虽有破暗之能,若不处之密室,则照物不了。故须修止也。①

这就是说,理论上,一心三观能使众生冥合实相,获取解脱,但在实践中,仍然不能脱离止。“观”好比是破暗之灯,但如果没有“止”(处之密室),也就失去意义,不能起作用。所以说,“止观修习者,既已发菩提心,即须行菩萨道。止即修定,观即修慧。定慧二足,行步平正,真行菩萨道也”。②

事实上,据智颉解释,在一心三观中已经包含了“止”的修习。他说:

> 故言三智一心中得。故知一心三止,所成三眼,见不思议三谛。此见从止得,故受眼名。一心三观

① 《三观义》卷下。

② 《三观义》卷下。

> 所成三智，知不思议三境。此智从观得，故受智名。境之与谛左右异耳。见之与知，眼目殊称，不应别说。今将境来显智，令三观易明；用谛来目眼，使三止可解。虽作三说，实是不可思议一法耳。用此一法眼智，得圆顿止观体也。[①]

一心三观所“证成”的三智、五眼，其中三智属知，五眼属见。三智之知由观而得，五眼中三眼之见则从止而得。见与知既不可分裂，故止观也不相脱离，即一心三观实际上并不排斥止。将五眼与三智都视为一心三观的产物，说明一心三观中既有观又有止，所以说，“若明不次第止观眼、智者，如前所说，止即是观，观即是止，无二无别。”[②] 由此可见，一心三观确实是极尽圆融统一的学说，这一学说可以看成是止观哲学体系的核心部分。

在确立“一心三观”的基础上，“圆融三谛”学说得以完成。

三、“圆融三谛”实相说

“圆融三谛”是在“一心三观”的基础上成立的，它是智𫖮止观学说体系完全成熟的标志。

为了确立“圆融三谛”说，智𫖮首先提出他的万法“三轨”说。

智𫖮认为，从相互联系的观点来看，一切法都可以说具

---

① 《摩诃止观》卷三上。

② 《摩诃止观》卷三上。

有“三轨”。“三轨”，即三种轨范，它们是：真性轨，指事物的本质、真如实相；观照轨，指显示真理的智慧作用、认识主体和认识能力；资成轨，指助成观照的各种作用。显然，这“三轨”说具有更多的臆造成分，是为他的体系服务的。

智顗在解释《妙法莲华经》经题之“妙”字时，曾提出十种妙，其中有“三法妙”者，即指“三轨”。他说：

> 言三法者，即三轨也。轨名轨范，还是三法可轨范耳。……三轨者，一真性轨，二观照轨，三资成轨。名虽说有三，只是一大乘法也。①

他认为，藏、通、别、圆“四教”各有“三轨”，其中以圆教的三轨为究竟。他说：

> 圆教三法者，以真性轨为乘体。不伪名真，不改名性，即正因常住，诸佛所师。……观照者，只点真性，寂而常照，便是观照，即是第一义空。资成者，只点真性，法界含藏诸行，无量众具，即如来藏。三法不一异，如点如意珠，中论光论宝，光宝不与珠一，不与珠异，不纵不横。三法亦如是，亦一亦非一，亦非一非非一，不可思议之三法也。若迷此三法，即成三障。一者界内界外尘沙，障如来藏；二者通别见思，障第一义空；三者根本无明，障第一义理。若即尘沙障，达无量法门者，即资成轨

① 《法华玄义》卷五下。

得显；若即见思障，达第一义空者，观照轨得显；若即无明障，达第一义谛者，真性轨得显。真性轨得显，名为法身；观照得显，名为般若；资成得显，名为解脱。①

这就是说，圆教的“三轨”，名义上虽有区别，但实际上相互融通，所以说“三法不一异”，“亦一亦非一，亦非一非非一”。真性轨的第一义理、观照轨的第一义空、资成轨的如来藏，三轨的对象和归宿(“点”)都是“真性”，不相妨碍。对此本来圆融的三轨，若生起迷惑，便造成三种障碍，不能达到事物“真性”的认识；但若反身而诚，看到三障与三法内在的相即，就能显示圆融无碍的三轨。同时，三轨虽然圆融，但各自又有侧重，即真性轨指向法身（本体），观照轨指向般若（认识），资成轨指向解脱（境界）。这样，圆教的“三轨”说便成就了《法华经》三乘归一大乘的最高原理。

接着，智𫖮又将“三轨”说与“十如”实相说联系起来，使“三轨”的圆融具有实相说的理论基础，他说：

十种相性，只是三轨。如是体即真性轨；如是性，性以据内，即是观照轨；如是相者，相以据外，即是福德，是资成轨。力者，是了因，是观照轨；作者，是万行精勤，即是资成；因者，是习因，属观照；缘者，是报因，属资成；果者，是习果，属观照；报者，是习报，属资成；本末等者，空等即观照，假

① 《法华玄义》卷五下。

> 等即资成，中等即真性。直就一界十如论于三轨。①

三轨的本质是实相，是实相的三种表现形式。如是体是真性轨，如是性是观照轨，如是相是资成轨。从三谛的角度说，中道第一义谛是真性轨，空谛是观照轨，假谛是资成轨。三谛和三轨一一相对应，所以能以“十如论于三轨”。

他又说：

> 本末等者，性德三轨冥伏，不纵不横；修德三轨彰显，不纵不横。冥伏如等数等妙等，彰显如等数等妙等，故言等也。亦是空等、假等、中等。②

三轨无论从性德方面还是修德方面来说，都不纵不横，平等不二，它们所相对应的空、假、中三谛也平等不二。

智顗将三轨与三谛配合的思想，出自他的止观学说。在智顗看来，止观要求认识主体（观照）必须处于虚寂的状态（空），并借助（资成）佛教所说义理（假），去认识特殊事物的“真性”。这种“真性”是“假”与“空”的统一，所以叫做“中”。这样，“中”就变成了最高真理的“实相”，联结三谛的枢纽，从而调和了有与空、世间与出世间的矛盾。

智顗说：“一佛乘即具三法，亦名第一义谛，亦名第一义空，亦名如来藏。此三不定三，三而论一；一不定一，一而

---

① 《法华玄义》卷五下。

② 《法华玄义》卷五下。

论三，不可思议”。[①] 三轨相即，不可思议，三轨的对象三谛也相即，不可思议。在观法上，三谛不是一种先后次第的关系，而是并存于同一对象上的不同侧面，这样来观察思维三谛，便名“圆融三谛”。也就是说，“圆融三谛”必须以圆教的“三轨”为前提，吕澂先生分析智顗“三轨”说与“圆融三谛”说的关系，说：“三轨分别配合成空、假、中。他不是泛泛讲空，而是从各法的别相上说。一切法都有其在认识上所执着的别相（即自性），如色以质碍为自性，色空就是空去这种自性；受以领纳为自性，受空就是空其领纳的自性。同时以假（资成）为契机，而认识法的本质（真性），这就是中。空假中三者并非次第关系，而是同时存在，互不妨碍，所以叫做‘圆融三谛’。”[②] 因此，智顗的圆融三谛说在理论上要比龙树的二谛论完善、周密得多。

在智顗看来，龙树的中观学派侧重谈空，似有所偏。他说：

> 元夫如来初出，便欲说实。为不堪者，先以无常遣倒，次用空净荡著，次用历别起心，然后方明常乐我净。龙树作论，申佛此意，以不可得空洗荡封著，习应一切法空，是名与般若相应。此空岂不空于无明？无明若空，种子安在？净诸法已，点空说法。[③]

“点空说法”以三谛中的空谛为基础，缺乏圆融的特色。圆教

① 《法华玄义》卷五下。
② 《中国佛学源流略讲》，第164页。
③ 《法华玄义》卷五下。

则以圆融三谛为特色，“点实相为第一义空”、“点实相为如来藏”、“点实相为空藏”，始终以实相为对象和归宿。他说：

> 圆教点实相为第一义空，名空为纵；第一义空即是实相，实相不纵，此空岂纵？点实相为如来藏，名之为横；如来藏即实相，实相不横，此藏岂横？故不可以纵思，不可以横思，故名不可思议法，即是妙也。只点空藏为实相，空纵藏横，实相哪不纵横？只点空为如来藏，空既不横，藏那得横？点如来藏为空，藏既不纵，空那得纵？点实相为空藏，实相非纵非横，空藏亦非纵非横，宛转相即，不可思议，故名为妙。①

因为实相“非纵非横”，所以点实相而为第一义空、如来藏、空藏也“非纵非横”，圆融相即。这就是说，点实相而成的圆融三谛远胜于点空说法而成的隔历三谛。

圆融三谛以实相为理论基础，强调一心所观三谛的无次第性、无前后性，因为三谛本来圆融相即。圆融三谛是圆教的特殊认识，别教等都无法达到这样的认识，它们往往作次第、前后之别，“以资成资于观照，观照开于真性”；“资成在前，观照居次，真性在后。”② 这是一种隔历的分别认识，即把假、空、中视为认识的三个层次，对中道实相第一义谛的认识置于对假谛、空谛的认识之后。因此，智顗提出：“正显

① 《法华玄义》卷五下。

② 《法华玄义》卷五下。

体者，即一实相印也。三轨之中取真性轨，十法界中取佛法界，佛界十如是中取如是体，四种十二因缘中取不思议不生不灭，十二支中取苦道即是法身，四种四谛中取无作四谛，于无作中唯取灭谛，七种二谛中取五种二谛，五二谛中唯取真谛，五三谛中取五中道第一义谛，诸一谛中取中道一实谛，诸无谛中取中道无谛也。”① 若从实相出发，即可显示事物的本质和真理性，认识上无先后次第之分。这里所说“实相”，即天台核心原理“中道实相”；所谓“真性轨”、“佛法界”直至“无作四谛”、“中道第一义谛”等，只是“中道实相”的不同表述。

智觊的“中道”，是据《中论》“三是偈”发挥的空、假、中三谛“相即”的“中道”，是对龙树中观学派的发展，防止了“点空说法”之偏。这样的“中道实相”必然导致“三谛圆融”。他说：

> 即中即假即空，不一不异，无三无一。二乘但一即，别教但二即，圆具三即。三即真实相也。《释论》云：何等是实相？谓菩萨入于一相，知无量相；知无量相，又入一相。二乘但入一相，不能知无量相。别教虽入一相，又入无量相，不能更入一相。利根菩萨即空故入一相，即假故知无量相，即中故更入一相。如此菩萨深求智度大海，一心即三，是真实相体也。②

---

① 《法华玄义》卷八上。
② 《法华玄义》卷八上。

圆教与二乘、别教的区别在于：二乘但一即（即空），故但入一相而不能知无量相；别教但二即（即空、即假），故虽入一相，又知无量相，却不能更入一相。圆教即圆具三即（即空、即假、即中），故既入一相（空），又知无量相（假），更入一相（中）。空、假、中三谛相即，无先后次第，是名真实相体即中道实相。所以，智𫖮又说：

> 实相之体只是一法，佛说种种名。亦名妙有、真善、妙色、实际、毕竟空、如如、涅槃、虚空、佛性、如来藏、中实理心、非有非无、中道、第一义谛、微妙寂灭等，无量异名，悉是实相之别号。实相亦是诸名之异号耳。①

中道实相是大乘佛学的根本，契入中道实相是菩萨修行的目的。世界的真理只有一个，那就是中道实相，但它有许多的表述方式（名称概念）。一旦完成对实相的认识（直觉），宇宙的真理便把握无遗，一切名词概念（包括空、假、中三谛施设）均无存在必要。智𫖮说：

> 《大经》云：一实谛者，则无有二。无有二故，名一实谛。又一实谛，名无虚伪。又一实谛，无有颠倒。又一实谛，非魔所说。又一实谛，名常乐我净。常乐我净，无空假中之异。异则为二，二故非

① 《法华玄义》卷八下。

一实谛。一实谛即空即假即中，无异无二，故名一实谛。若有三异，则为虚伪；虚伪之法，不名一实谛。无三异故，即一实谛。若异，即是颠倒未破，非一实谛。无三异故，无颠倒；无颠倒故，名一实谛。异者不名一乘；三法不异，具足圆满，名为一乘。①

所谓“一实谛”，即指中道实相。中道实相作为宇宙唯一最高真理，包容了空、假、中三种真理，它圆满具足。因此，一实谛已经圆融了三谛；若三谛有异，便成颠倒的认识、虚伪的分别，达不到最高真理。最高真理中道实相的实现，必然是在消融三谛隔历分别、颠倒相异的基础上完成的。

圆教的三谛圆融，意在突出《法华经》的特殊地位，确立天台宗以实相为最高唯一真实存在的真理观。智顗视《法华经》为纯圆之教，该经所说的“诸法实相”在与《中论》所说三谛相即中道原理结合运用中，可以自然地确立起“中道实相”真理论。智顗认为，他的“圆融三谛”学说既得益于《法华经》圆融说，又得益于《中论》中道观。他说：

圆教名者，圆以不偏为义。此教明不思议因缘。二谛中道，事理具足，不偏不别，但化最上利根之人，故名圆教也。……所言圆者，义乃多途，略说有八：一教圆，二理圆，三智圆，四断圆，五行圆，六位圆，七因圆，八果圆。教圆者，正说中道，故言

① 《法华玄义》卷八下。

不偏也。理圆者，中道即一切法，理不偏也……①

《法华》圆教，“二谛中道，事理具足，不偏不别”，处处圆融自然；二谛统一于中道，中道包容了二谛，合而成为三谛，三谛同归中道实相。

在《摩诃止观》中，智顗又认为，对由《中论》“三是偈”引申出来的空、假、中三谛的理解上，藏、通、别、圆四教之间存在着很大的差别。藏、通二教虽都认识到一切皆空，但三藏教是通过细密分析才认识空谛的，严格说只是“析空”或“方空”，而未达到“即空”；通教虽承认一切事物当体即空，但也没有“即假、即中”的认识。别教、圆教都达到即空、即假、即中，但别教是“观别理”，对三谛中每一谛都“次第修，次第证”，而不能从一谛看到其他二谛；只有圆教是“妙理顿说”，达到三谛“圆融无碍”的认识。三谛虽三而一，虽一而三，是为三谛相即的中道实相。“若谓即空即假即中者，虽三而一，虽一而三，不相妨碍。三种皆空者，言思道断故；三种皆假者，但有名字故；三种皆中者，即是实相故。但以空为名，即具假、中，悟空即悟假、中，余亦如是。”②

这样，通过《法华经》所说“诸法实相”与《中论》所说“中道实相”的紧密配合论证，“圆融三谛”也就有了充分的立论依据。

智顗把由“圆融三谛”所得的结果名之为“一实谛”，这

① 《四教义》卷一。

② 《摩诃止观》卷一下。

“一实谛”便是唯一最高真理。他说：

圆教但明一实谛。《大经》云：实是一谛，方便说三。今亦例此，实是一谛，方便说三。《法华》云：更以异方便，助显第一义耳。①

无论是说一谛，还是说二谛、三谛，归根结底都是“方便”，只有“一实谛”才是“究竟”。

智𫖮“圆融三谛”的学说是他全部止观体系的组成部分。它产生于止观，同时又服务于止观。

“圆融三谛”作为“一心三观”的发展，与“一心三观”有着密不可分的联系。智𫖮说：

若法性无明，合有一切法、阴界入等，即是俗谛；一切界入，是一法界，即是真谛；非一非一切，即是中道第一义谛。如是遍历一切法，无非不思议三谛云云。若一法一切法，即是因缘所生法，是为假名，假观也；若一切法即一法，我说即是空，空观也；若非一非一切者，即是中道观。一空一切空，无假、中而不空，总空观也；一假一切假，无空、中而不假，总假观也；一中一切中，无空、假而不中，总中观也。即《中论》所说不可思议一心三观。历一切法亦如是。若因缘所生一切法者，即方便随情道种权智；若一切法一法，我说即是空，即随智一

① 《摩诃止观》卷三下。

> 切智；若非一非一切，亦名中道义者，即非权非实一切种智。例上，一权一切权，一实一切实，一切非权非实，遍历一切，是不思议三智也。①

三谛、三观、三智虽有名义上的差别，但都为一心所摄；一念心既圆融三观、三智，又圆融三谛。因此说：“所照为三谛，所发为三观，观成为三智”。作为认识主体的“心”与认识对象的“三谛”是统一的，一心同时具足三观、三智之时，也就具足了三谛，这就是“一心三谛”。故他又说：“一念心中具足三谛”。②

智顗同样认为，“一心三谛”是“圆教止观”的特色，不为他教所具。他说：

> 从初三藏析法止观已上，别教止观去边入中已还，皆名为偏。故《大经》云：自此之前，我等皆名邪见人也。唯此圆教止观，一心三谛，随自意语，独当圆称也。③

所以，智顗论一心三谛时，通常总与一心三观、一心三智紧密结合，以显示它是圆教止观的重要组成部分。他说：

> 若无生门千万重叠，只是无明一念因缘所生法，

---

① 《摩诃止观》卷五上。
② 《摩诃止观》卷二下。
③ 《摩诃止观》卷三下。

> 即空、即假、即中，不思议三谛。一心三谛、一切种智、佛眼等法耳。无生门既尔，诸余横门亦复如是。虽种种说，只一心三观。故无横无竖，但一心修止观。……只约无明一念心，此心具三谛；体达一观，此观具三观。[1]

> 三谛具足，只在一心。分别相貌，如次第说；若论道理，只在一心，即空即假即中。如一刹那而有三相，三相不同，生住灭异。一心三观亦如是。生喻假有，灭喻空无，住喻非空非有。三谛不同，而只一念。如生住灭异，只一刹那，三观、三智、三止、三眼，例则可知。[2]

三谛、三观、三智只是从不同侧面体现“心”的作用。止观的核心是观心，认识的主体、出发、对象、结果都可归之于一心。从一心出发，而有一心三谛、一心三观、一心三智，构成止观体系的“观”的主体。无明一念心中包容、具足了一切，一切都因一心而圆融统一。智𫖮说：“只心是一切法，一切法是心”。[3] 又说：“观于心性，三谛之理不可思议。此观明净，名为开；虽不可思议，而能分别空、假、中心，宛然无滥，名为示；空、假、中心，即三而一，即一而三，名为悟；空、假、中心，非空假中而齐空假中，名为入。是为一心三观，

① 《摩诃止观》卷六下。

② 《摩诃止观》卷六下。

③ 《摩诃止观》卷五上。

而分开示悟入之殊也。"[1]悟入一心三谛或一心三观，都取决于一念心。

根据智顗所述，圆融统一于一念心的三观、三智、三谛之间的关系，应是以三观为理论基础，三智为思想指导，三谛为理论归宿的相互依存、促成的关系。他说：

> 空观入通佛慧，假观入别佛慧，中观入圆佛慧。空观到一切智彼岸，假观到道种智彼岸，中观到一切种智彼岸。空观闻于真谛，假观闻于俗谛，中观普闻中道第一义谛，亦普闻三谛。空观度四住百千众生，假观度尘沙百千众生，中观度无明百千众生。[2]

三观与三智、三谛的一一对应，既意味着一心三谛是圆教止观的组成部分，又意味着一心三观在其中的特殊地位。

如果说一心三观涉及的主要是认识论问题，那么，一心三谛则侧重表达的是真理观。真理观是认识论的内容之一，所以一心三谛实际上离不开一心三观。智顗说：

> 圆教者，此正是中道，遮于二边；非空非假，非内非外。观十法界众生，如镜中像、水中月；不在内，不在外；不可谓有，不可谓无。毕竟非实，而三谛之理宛然具足。无前无后，在一心中；即一而论三，

① 《法华玄义》卷四上。

② 《法华文句》卷二上。

即三而论一。观智既尔，谛理亦然。一谛即三谛，三谛即一谛。《大品》云：有菩萨从初发心即坐道场，转法轮，度众生；即于初心具观三谛、一切佛法、无缘慈悲，于一心中具修万行、诸波罗蜜。……又云：今当为汝说最实事，即是圆教一实之谛，三观在一心中也。①

一心三观获得对事物中道的认识，一心三谛则达到对真理（一实谛）的悟入。这就是说，对真理的悟入必须透过观门而实现："若能勤行，五悔方便，助开观门，一心三谛，豁然开明。如临净镜，遍了诸色，于一念中，圆解成就"。②

但一心三谛又毕竟是一心三观要实现的目标，所以一心三观又不能替代一心三谛；一心三智则成为联系两者之际的桥梁。智𫖮说：

三观摄一切诸法者，三观即是三智，三智即是般若，般若摄一切诸法，即是三观摄一切法也。……三观摄一切理者，一从假入空观摄真谛，二从空入假观摄俗谛，三中道观摄中道第一义谛。三观摄三谛之理，理无不周，三谛之外，更无别理。……不思议三观，见不思议三谛之理。不断见思，尘沙无明之惑与三谛之理相应；一心三观之智不碍烦恼，烦恼不障一心三观之智。智不断惑，与理谛相应，即是

① 《观音玄义》卷下。
② 《摩诃止观》卷七下。

不断烦恼而入涅槃。①

次第三观得次第三智,故摄次第三谛,这是别教的认识论和真理观。不思议三观(一心三观)得不思议三智(一心三智),故摄不思议三谛之理(一心三谛之理),这是圆教的认识论和真理观。智顗《摩诃止观》所谓"所照为三谛,所发为三观,观成为三智",在程序上是颠倒的。正确的程序应该是:所发为三观,观成为三智,所照为三谛。只有这样,才谈得上"三观摄一切诸法"、"三观摄三谛之理"。但从圆融的立场上说,三观、三智、三谛均出自一念心,且同时具足,所以又不必作先后程序之别。

如同"一心三观"本质即圆融三观,"一心三谛"的本质即圆融三谛。只是在表述上,智顗更喜欢以"一心三观"说圆融三观,又以"一心三谛"说圆融三谛。

从中道实相说的角度看,空、假、中三谛只是实相的三种表现;世界的本质纯一实相,实相之外无任何别相。实相是唯一最高的实在,所谓"纯一实相,实相外更无别法",一切"皆与实相不相违背"。② 实相的空、假、中三种形态归根结底只是方便假设。次第认识空、假、中三谛,是从不同角度把握实相。圆融三谛要求主体("心")的认识活动不分前后次第,同时认识空、假、中三谛,顿即契入中道实相。所以说,"三谛具足,只在一心。分别相貌,如次第说;若论道理,只在一心,即空、即假、即中"。三观俱在一心,三谛亦俱在

① 《三观义》卷下。

② 《法华玄义》卷一上。

一心，主体的意识活动与主体的认识对象之间圆融无碍。

圆融三谛作为认识论，不仅其认识对象是纯一实相，而且其认识主体也是实相。智𫖮说：“心如幻焰，但有名字，名之为心。适言其有，不见色质；适言其无，复起虑想。不可以有无思度故，故名心为妙。……心本无名，亦无无名。心名不生，亦复不灭。心即实相。”[①] 所以，圆融的实质是实相与实相的复合。这一宗教认识方法与世俗认识毫无共同之处。三谛在一念心中，也就是主体对宇宙本质的直觉和本觉。智𫖮说：“实相之性即非止非不止义。又此一念能穿五住，达于实相，实相非观，亦非不观，如此等义，但在一念心中，不动真际而有种种差别。”[②] 一念之所以能达于实相，是一念本身即是实相，平等无差别。不动真际，指一念具足实相；种种差别，指实相不碍三谛。因此，圆融三谛的认识方法在纳入止观体系时，十分强调“观念念心”。智𫖮借《法华经》的譬喻说：“大乘止观亦如是。观念念心，无非法性实相，是名等一大车。于一一心即空即假即中，是名各赐大车。彻三谛之源，名为高。收十法界，名为广。无量道品，名众宝庄校。”[③] 观念念心的结果，是将现象与本质、主体与客体全部统一于“法性实相”，将空、假、中三谛统一于“一实谛”。如此，则当体全是实相，触处皆成中道。

智𫖮认为，圆融三谛是《法华经》的重要宗旨，体现了《法华经》的基本原理，是该经与其他大乘经典相互区分的主

① 《法华玄义》卷一上。

② 《摩诃止观》卷三上。

③ 《摩诃止观》卷七下。

要标志。他说：

> 分别者，但法有粗妙。若隔历三谛，粗法也；圆融三谛，妙法也。……所以初教建立融不融，小根并不闻；次教建立不融，大根都不用；次教俱建立，以融斥不融，令小根耻不融，慕于融；次教俱建立，令小根寄融向不融，令大根从不融向于融。虽种种建立施设，众生但随他意语，非佛本怀，故言不务速说也。今经正直舍不融，但说于融，令一座席，同一道味。乃畅如来出世本怀故，建立此经，名之为妙。①

圆融三谛体现《法华经》的妙法，《法华经》也因圆融三谛而确立大乘经典的最高地位。他说：

> 诸经或于俗谛自在，或于真谛自在，或于中道自在，但是历别自在，非大自在。今经三谛圆融，最得自在，譬大梵王。余经拔众生出生死，如五佛子于凡夫第一；或拔众生出涅槃，如菩萨居无学上。今经拔出众生，过方便教菩萨上，即成法王，最为第一。②

三谛圆融作为认识的至极，也是大乘佛教追求的目标。它并

---

① 《法华玄义》卷一上。
② 《法华玄义》卷一上。

不要求人们远离现实而获得自由，而是引导人们于现实生活中得大自在，进入涅槃境界。这就是所谓“圆三谛者，非但中道具足佛法，真俗亦然。三谛圆融，一三三一，如止观中说。”① 在这种大自在境界上，“即一而三，即三而一；一空一切空，一假一切假，一中一切中。”② 认识由迷到悟的转变可以于“顿”中实现。

圆融三谛作为真理观，在确立中道实相这一绝对真理的同时，并不排斥空、假、中三种相对真理的存在。倘若次第认识三谛，便是部分、相对地把握真理；只有非次第认识三谛，才能全部、绝对地把握真理。相对真理作为方便施设，是为了引导人们直觉、顿悟绝对真理。因为绝对真理就在相对真理之中。智顗认为，差别、相待的三谛乃至一切事物都不过是无差别、绝对的一实谛的显现，三谛乃至一切事物在中道实相这一最高真理支配下相互包容、渗透，圆融统一。所以，对宇宙真理的认识，不应该次第进行，逐步完成，而必须圆融顿入，冥合无余。智顗说：“圆顿者，初缘实相，造境即中，无不真实。系缘法界，一念法界，一色一香，无非中道。”③ 圆融三谛虽不废次第三谛，但它是天台宗根本的真理观，既是人们认识的出发，又是人们认识的归宿。又说：“系缘是止，一念是观”，“法性寂然名止，寂而常照名观”。在止观的意识活动中，主体所认识的对象，因圆融三谛而一一真

① 《法华玄义》卷二下。

② 《法华玄义》卷四下。

③ 《摩诃止观》卷一上。

实，无不反映着本质，“纯一实相，实相外更无别法”[①]。圆融三谛要求人们从认识绝对真理入手，一次性完全把握绝对真理，从而否认了认识的阶段性，贬低了相对真理的意义。

智颉于《摩诃止观》卷一下说：

> 若谓即空、即假、即中者，虽三而一，虽一而三，不相妨碍。三种皆空者，言思道断故。三种皆假者，但有名字故。三种皆中者，即是实相故。
>
> 一念心起即空即假即中者，若根若尘并是法界，并是毕竟空，并是如来藏，并是中道。云何即空？并从缘生，缘生即无主，无主即空。云何即假？无主而生即是假。云何即中？不出法性，并皆即中。当知一念即空即假即中，并毕竟空，并如来藏，并实相。非三而三，三而不三；非合非散，而合而散；非非合，非非散；不可一异，而一异。

这也就是说，在中道实相原理的基础上，圆融三谛指出空、假、中三种相对真理相即无碍，它们与一实谛绝对真理也相即无碍。根据这一思想，可以完成现象与本质、现实与理想的最为圆满的融合统一。既然法法圆具三谛，尘尘即空即假即中，那末，只要体悟到圆融三谛不可思议之理趣的境界，就可以在差别诸相宛然杂陈的现象世界，达到对宇宙真理的绝对把握。换句话说，在圆融三谛真理观的指导下，众生的成佛不仅是可能的，而且享有充分的自由选择的权利。凡夫与佛菩

① 《摩诃止观》卷一上。

萨并不存在严格的界限，凡夫成佛的关键是在“观念念心”，实现认识的转变。观念念心只要求消除主体的感觉活动和理性思维，通过神秘的直观，与中道实相冥合，而不必着意摆脱或隔绝世俗社会的现实生活。

智𫖮提出，语言文字、名词概念以及理性思维都属于方便权说，工夫皆在言外的观心活动中，所谓“简非识是，体权识实”；重要的是透过文字语句的方便，去领悟“大中大、上中上、圆中圆、满中满、实中实、真中真、了义中了义、玄中玄、妙中妙、不可思议中不可思议”[①] 的宇宙真理。智𫖮的这种认识，与后来的禅宗大师相似，都有轻视理性思维的倾向。

智𫖮的“圆融三谛”学说，在理论思维方法上，主要是对龙树《中论》二谛说的发展。《中论·观四谛品》确立“俗谛”和“真谛”两种相对的实在的认识。俗谛指世间的一般认识（假设的真理），真谛指殊胜的认识（佛教的真理）。龙树认为，俗谛和真谛是对立的，但又是统一的。为了使人们证得真谛，就得“为真谛而说俗谛”，即以俗谛为阶梯，由俗入真，“不废假名，而说实相”。因此，俗谛在一定意义上具有真实性。同时，在证得真谛后仍存在俗谛，这是为了由真化俗。真谛若不依随俗谛，便无以说明世间现象，无以化导众生。《中论》云：

世俗谛者，一切法性空而世间颠倒故，生虚妄法，于世间是实。诸贤圣真知颠倒性故，知一切法

---

① 《摩诃止观》卷一下。

> 皆空无生，于圣人是第一义谛，名为实。诸佛依是二谛而为众生说法。若人不能如实分别二谛，则于甚深佛法不知实义。若谓一切法不生是第一义谛，不须第二俗谛者，是亦不然。何以故？若不依俗谛，不得第一义；不得第一义，则不得涅槃。

如果将二谛联系起来观察现象，是名"中观"，此中观即中道第一义谛。由此而成立三谛。根据"三是偈"所说，从俗谛来看，一切现象是"有"；从真谛来看，一切现象是"空"。统一起来，辩证地看，既看到有（假有、幻有），又看到空（真空、性空）；既不偏于俗，也不偏于真，这才是中道。

智顗讲"圆融三谛"，则比龙树之学具有更丰富的辩证色彩，更注重理想与现实相即统一。

智顗的圆融三谛，因为是在"一心三观"的基础上发展起来的，所以它所强调的是空、假、中三谛在"一念心"中的圆融统一。空、假、中与一实谛（中道实相）相对而存在；三谛是三种相对真理（二谛说认为，空、假是相对真理，中道是绝对真理），一实谛才是绝对真理。龙树二谛说有将真、俗二谛予以对立的含义，在此对立之上，安置一个"中道"第一义谛，三者的关系是隔历的，而非圆融的。圆融三谛虽然有贬低相对真理的倾向，并把一实谛视为追求和印证的绝对真理，但是它没有将绝对真理和相对真理予以对立，一实谛的确立似乎还包含着绝对真理寓于相对真理之中的意义。

从理论上说，圆融三谛既与相对主义无缘，又不可能陷入独断论。它不仅承认真、俗二谛与中道第一义谛是相对而统一的，而且进一步将真、俗、中三谛与一实谛视为相对而统一的。从思想方法上说，龙树的中观学派虽有较强的辩证思维色彩，但毕竟偏于破，倾向空，而智𫖮的三谛圆融说揭示了在实相原理下三谛圆融统一，不偏于任何一谛，肯定三谛各有存在的意义。这是因为圆融三谛不仅受到《中论》“二谛”说的影响，而且也受到《法华经》“会三归一”说、“诸法实相”说的影响。“会三归一”指出由方便而达真实的思想方法，“诸法实相”提倡世界本质与世间万物现象之间的融通无碍，这些理论都足以支持“圆融三谛”真理观的确立。《法华经·五百弟子受记品》说：“世尊甚奇特，所为希有，随顺世间若干种姓，以方便智慧而为说法。”又该经《法师品》云：“诸所说法，随其义趣，皆与实相不相违背。”就是说，由方便而引导众生接受相对真理，由真实而完成对绝对真理的证悟，方便和真实缺一不可。

《法华经》这一方便与真实的统一原理以及对诸法实相的充分肯定，于中国传统思想有较强的适应性，尤其在知识阶层中容易引起共鸣。中国传统思想重视现实人生，但也不乏对理想境界的追求。儒家提倡立足于现实而寄托于理想，魏晋玄学则有言意之辨并主张“得意忘象”。大乘佛学中的“实相涅槃”说表达的是一种与现实世界不相脱离的精神境界，在中国传播过程中，便出现僧肇的“立处即真”说。僧肇《不真空论》所谓“不动真际为诸法立处，非离真而立处，立处即真也”[①]，既是对大乘佛学“不坏假名而说诸法实相”思维方式的继承，又是对传统思想关于现实蕴含理想、理想出自现实这一观念的发展。所以，智𫖮有理由说，“不动真际而有

① ［东晋］僧肇：《肇论》，见《大正藏》卷四五。

种种差别”，理想和现实都存在于“一念心中”。又说：“若随理三假，一切世间皆如幻化；即事而真，无有一事而非真者，更待何物为不真耶？”①

不用说，“圆融三谛”因为远离社会实践，在非正常世俗认识范围内展开有关现象与本质、现实与理想、相对真理与绝对真理关系的讨论，在本质上它只是一种经院哲学。

智顗通过“圆融三谛”学说，虽然看到了认识的相对性和片面性，指出了理性思维的局限性，但他由此而将绝对真理的把握寄托于非理性的直觉、神秘的证悟（精神复合），仍然宥于印度佛教的基本思维模式。印度佛教基于出世间的宗教目的，突出宣扬佛的境界与世俗认识的区别，从而引导人们以超越理性思维的方式去直接把握最高真理。智顗为了证悟中道实相，在承认空、假、中三谛的相对实在性的同时，把“圆融”（直觉的代名词）视为根本手段。

① 《法华玄义》卷二上。

第六章 “一念三千”的性具实相说

一、“一念三千”学说

“一念三千”是智顗晚年时成熟的思想，是他“观心”学说发展的终结，代表天台哲学的最高成就。湛然曾指出：

> 大师于《觉意三昧》、《观心食法》及《诵经法》、《小止观》等诸心观文，但以自、他等观推于三假，并未云一念三千具足。乃至《观心论》中亦只以三十六问责于四心，亦不涉于一念三千。唯《四念处》中略云观心十界而已。故至《止观》，正明观法，并以三千而为指南，乃是终穷究竟极说。①

① 《止观辅行传弘决》卷五之三。

这就是说，智顗前后所创观法有多种，但只有“一念三千”学说才是“终穷究竟极说”，而它主要又表现在《摩诃止观》一书中。

“一念三千”是“一念心具三千世界”的略称。“一念”，即为“一念心”、“一心”，指心念活动的最短时刻；“三千”，即“三千世间”，此三千并非实指，而是总括宇宙万有、整个世界。

“一念三千”建立于《法华经》“十如”实相说、《华严经》“十法界”说以及《大智度论》“三种世间”说的基础上，是智顗晚年“性具实相”说的重要组成部分。

按照“一心三观”、“一心三谛”的思维方式，“一念三千”也是在实相原理指导下，通过“一念”与“三千世间”的圆融而建立起来的。现分别考察智顗的这两个概念。若按智顗所说，“一念”是不思议境，“三千世间”是可思议境，故应“先明思议境，令不思议境易显”①。但为论述方便，我们还是从关键的“一念”说起。

从逻辑意义上说，“一念三千”具有能所的对应关系，即“一念”是能、“三千”是所。但“一念三千”作为“观心”哲学思辨体系的组成部分，其“一念”并非单纯的意识活动的主体，而同时成为观照的对境。“一念”之所以是不可思议境，是因为它在确立自身能“观”的主体地位时，同时自我转化为所“观”的客体。故“一念”兼有能观和所观的两重功能，“三千”是“一念”的对象，同时又是“一念”自身。

智顗于《摩诃止观》卷五上论述“正修止观”时说，止观修习应依次观想“阴界入”等十境，而在观每一境时又应

① 《摩诃止观》卷五上。

按“观不思议境”等十个层次进行。在这里，“观阴界入境”实际也就是观心。所谓“阴界入”，指五阴（色、受、想、行、识）、十八界（六根、六境、六识）、十二入（六根、六境），包括了一切物质的和精神的现象，相当于“三千诸法”。它们具足于一心，或系因一心而起。智𫖮说：

> 若依《华严》云：心如工画师，画种种五阴。界内界外、一切世间中，莫不从心造。……界内外一切阴入皆由心起。佛告比丘：一法摄一切法，所谓心是。《论》云：一切世间中，但有名与色，若欲如实观，但当观名色。心是惑本，其义如是。若欲观察，须伐其根。如炙病得穴。今当去丈就尺，去尺就寸，置色等四阴，但观识阴。识阴者，心是也。①

按《华严经》说，因为心造一切法、摄一切法，所以修习止观首要任务是观心。此心即“五阴”中的识阴、“六识”中的意识。同时，智𫖮又认为，此心也就是凡夫平常的“虑知之心”，又称之为“自生心”②，或“一念无明心”③。这意味着，凡夫之心的本质即是一念，也即是三千诸法。

智𫖮正是把上述同时具有能、所两重功能和内容的“心”作为观想的对境，故名之为“不可思议境”。他举例说，

---

① 《摩诃止观》卷五上。

② 《观心论》，见《大正藏》卷四六。

③ 《四念处》。

大小乘都有“心生一切法”的说法，或说有说无，或说假说中道，皆为“因果法”，各各相别，“逦迤浅深”，而不相即，这些都应称之为“思议之境”。而“一念三千”之“一念”心，则纵横无碍，圆融相即，故名“不可思议境”。他说：

> 若从心生一切法者，此则是纵；若心一时合一切法，此即是横。纵亦不可，横亦不可，只心是一切法，一切法是心故。非纵非横，非一非异，玄妙深绝，非识所识，非言所言，所以称为不可思议境。①

智颉所说“心是一切法，一切法是心”，是天台论心的关键，也是“一念三千”的关键。它体现的是“心”与“万法”相即的思想，从而摆脱了佛教传统的各类缘起论和心物相合的认识论的规范（实际上也还超越了《华严》“心造一切法”的观念）。在智颉看来，世间并不存在心物的能所之别，一念心的能所之分也只是一种假设。心就是一切，一切也就是心。所以，所谓“心生一切法”之类的缘起说，归根结底也是假设，因为它不属于“一念三千”的“不可思议境”。

因此，智颉关于“不可思议境”的“心”，并非通常哲学意义上的心，也非万物之源的精神本体；这里的“心”，只是实相，只是一切法的实相。实相的表现，则在人们平时的“一念”之中。所谓“一念”，虽指心的刹那活动，但从实相论推导，此一念心其实既非时间，也非空间；一念便是一切，不可思议，不可理喻。故智颉说：

---

① 《摩诃止观》卷五上。

> 若解一心一切心，一切心一心，非一非一切；一阴一切阴，一切阴一阴，非一非一切；一入一切入，一切入一入，非一非一切；一界一切界，一切界一界，非一非一切；一众生一切众生，一切众生一众生，非一非一切；一国土一切国土，一切国土一国土，非一非一切；一相一切相，一切相一相，非一非一切；乃至一究竟一切究竟，一切究竟一究竟，非一非一切。遍历一切，皆是不可思议境。[①]

一念三千、一即一切，在这里表现为与尔后华严宗的“法界缘起”说和禅宗的“唯心顿现”论相区别的独特世界观。根据这一理论，世界万物本来具足于一心，无须另外寻找本原；世界万物本来等同于一心，一心与万物并无体用的关系。千差万别的事物及其现象，都是真如实相的显现，与一念心在实相原理下相即相融；现象与本体完全统一，没有差别隔阂。

其次说到“一念”在逻辑上的对象“三千”。“三千”，即三千世间、三千诸法，指宇宙万有、整个世界。这三千世间相对于“一念”的不思议境而言，属于可思议境。它由十如是、十法界、三种世间配合而成。

“十如是”说源于罗什译八卷本《法华经·方便品》。原文前面已引。《法华经》的意思是说，一切事物都具有现象、性质、实体、功能、活动、主因、辅因、直接后果、间接后果、本末究竟平等这十种性质或关系，它们是区别一切事物

---

① 《摩诃止观》卷五上。

的别相。这十类普遍而稳定的性质或关系，也是一切诸法的实相。因此，“十如是”要说明的基本观念是，诸法实相乃是包含多样性的统一，它与诸法的别相并非隔历或对立。

智颛对《法华经》的“十如是”给予了充分的重视和高度的评价。他认为，《法华经》的这段经文可以“翻转三读”，即用三种不同方法加以读出。他说：

依义读文，凡有三转。一云是相如、是性如乃至是报如。二云如是相、如是性乃至如是报。三云相如是、性如是乃至报如是。若皆称如者，如名不异，即空义也。若作如是相、如是性者，点空相性，名字施设，逦迤不同，即假义也。若作相如是者，如于中道实相之是，即中义也。分别令易解，故明空假中；得意为言，空即假中。约如明空，一空一切空；点如明相，一假一切假；就是论中，一中一切中。非一二三而一二三，不纵不横名为实相。唯佛与佛究竟此法，是十法摄一切法。①

三种读法分别显示空、假、中三谛，三谛又同时归于一实相。智颛又说，所谓“究竟”，就是指实相，“十如是”便是从不同角度说明实相。他说：

相以据外，览而可别，名为相；性以据内，自分不改，名为性；主质名为体；功能为力；构造为

① 《法华玄义》卷二上。

作；习因为因；助因为缘；习果为果；报果为报；初相为本；后报为末；所归趣处为究竟等。若作如义，初后皆空为等；若作性相义，初后相在为等；若作中义，初后皆实相为等。今不依此等二法具足为究竟等，夫究竟者，中乃究竟，即是实相为等也。①

"究竟"即中道，即"初后皆实相为等"。实相可作空、假、中三义解，又可表现为十种别相，所以，从止观实践的角度看，"十如"纳于"一念"，"一念"即是实相。

在《法华文句》一书中，智𫖮从方便权宜的角度，对"十如"实相说中的"唯佛与佛乃能穷尽诸法实相"一句，作了独特的解释。他说：

佛界非本非末，而言本末，本即佛相，末即佛报，是自行权也。佛界非等非不等，而言究竟等，指于实相，故标章云实相也，是自行之实也。即实而权，故言本末；即权而实，故言为等，此是如来自行权实，最为无上。②

又说：

若佛心中所观，十界十如，皆无上相。乃至无上果报，唯是一佛法界，如海总万流，若千车共一

① 《法华玄义》卷二上。

② 《法华文句》卷三下。

> 辙，此即自行权实。若随他意，则有九法界、十如相性等，即是化他权实。化虽复有实，皆束为权；自行虽复有权，皆束为实。此即自行、化他权实。随他则开，随自则合；横竖周照，开合自在。①

既有“自行”、“化他”两种权实，所谓“唯佛与佛乃能穷尽诸法实相”也就可以重新予以理解。所以智顗说：

> 法虽无量，数不出十。一一界中，虽复多派，不出十如。如地狱界，当地自具相性本末，亦具畜生界相、性、本、末，乃至具佛法界相、性、本、末，无有缺减。
>
> 如是相者，一切众生皆有实相，本自有之，乃是如来藏之相貌也。如是性，即是性德智慧第一义空也。如是体，即是中道法性之理也。是为三德通十法界，位位皆有。若研此三德，入于十信位，则名如是力、如是作；入四十一地，名如是因、如是缘；若至佛地，名如是果、如是报。初三名本，后三名末，初后同是三德，故言究竟等。②

这就是说，由于一切众生皆具实相，具如来藏之相貌，与佛究竟平等；即使处于地狱界，亦具畜生界相、性、本、末，乃至具佛法界相、性、本、末，所以不仅佛能穷尽诸法实相，说

---

① 《法华文句》卷三下。
② 《法华文句》卷三下。

到底，一切众生亦应穷尽诸法实相。

“十如”实相说不仅从十个不同角度（别相）说明实相，而且指出这十个不同角度之间的相互融合统一，在每一“如是”中包含了其他几“如是”。因此，穷尽诸法的止观实践不仅可以一一做起，而且可以于一念中完成。一一分别把握十如，是为权；于一念中彻底把握，是为实。智𫖮论“十如是”，就是要开权显实，令众生同于佛，于一念中契入诸法实相。

在《法华文句》中，智𫖮又从“十法界”、“佛界”、“离合”、“位次”四个方面，分别以权实为“十如是”作释，并指出：

> 十界相性，权实开合，差别若干。以平等大慧如实观之，究竟皆等。若迷此境，即有六界相性，名为世谛。若解此境，即有二乘相性，名为真谛。达此非迷非解，即有菩萨佛界性相中道第一义谛。若以此慧等于俗谛，俗谛非迷；等于真谛，真谛非解。非解非迷，双非迷解，但名平等。若双照者，权即是实，实即是权。虽二而不二，亦名究竟等也。[①]

性相等“十如”，虽有差别若干，但以平等智慧如实而观察，则“究竟皆等”，同一实相，无所差别。前者是权，后者是实。又，十界相性中，六界为世谛，二乘为真谛，菩萨佛界为第一中道义谛；虽有分别三谛，但实则平等，还归同一实相。权即是实，实即是权，如此则凡圣均可穷尽诸法实相，“十如

① 《法华文句》卷三下。

是”为众生成佛点明了理论依据；所谓“本末究竟等”不仅涵盖了从初相至末报的九“如是”，而且指出了一切事物在实相原理下的绝对平等，无有高下。这是智𫖮“一念三千”说的基本理论背景。

根据上述理论，智𫖮批评了时人在“十如”说上的不同看法。他说：

> 世间人可笑，以其偏闻判圆经。《涅槃》明佛知众生有佛性，判为极常；《法华》明佛知一切法如是性，判为无常。岂可以少知为常，多知为无常？又《法华》云：佛知一切法，皆是一种性。此语亦少，何故判为无常？又有师判《法华》“十如是”，前五如属凡，是权；后五属圣，为实。依汝所判，则凡无实，永不得成圣；圣无权，非正遍知。此乃专辄之说，诬佛谩凡耳。又《涅槃》明一切众生悉有佛性，而言是常；《净名》云一切众生即菩提相，判是无常。若佛性、菩提相异者，可一常一无常；若不异者，此判大谬。如占者见王相王性，俱得登极，佛性、菩提相何故不同？①

《涅槃经》讲众生佛性，《法华经》说诸法实相，都属终极真理，而且《法华经》诸法实相论中已包含了众生佛性思想。《法华经》中的“十如是”说，有人判其前五如是凡，后五如是圣，则是有意将凡圣、权实分离，以证明凡者无实，永不

① 《摩诃止观》卷五上。

成圣。智𫖮从权实相即、究竟平等的角度指出，这种看法不仅是对凡夫的蔑视，而且也是对佛的诬罔。因为《法华经》说，“佛知一切法，皆是一种性”，凡夫即具圣者之性，众生皆可成佛；同时，圣者若无权宜随机之说，也非究竟的真理。智𫖮这样诠释《法华经》的“十如是”，目的就在于将“唯佛与佛乃能究尽诸法实相”改造成“一切众生也能究尽诸法实相”，使凡夫等同圣者，同登彼岸。这里不仅蕴含着对传统佛教的批判因素，而且也具有对不平等的社会现象的否定意义。

“十法界”，又名“十界”，出自《华严经》。法界，意为诸法的分界；因为诸法各有自体而分界不同，故名。十法界，则是将迷和悟（无明和法性）两种趋势的盛衰消长分作十个层次，它们是：地狱、饿鬼、畜生、修罗、人、天、声闻、缘觉、菩萨、佛。其中，前六界合称为“六凡”，属六道轮回的迷妄法界；后四界合称为“四圣”，属圣者的觉悟法界。

智𫖮对“十法界”的解释和发挥，包括两个方面，即“十界互具”说和“一念十界”说。

传统佛教认为，十法界各有质的规定性，彼此隔绝，互不融通。智𫖮则反对此说，并予以新的解释。他说：

> 十法界者三义：十数是能依，法界是所依，能所合称，故言十法界；又此十法，各各因、各各果，不相混滥，故言十法界；又此十法，一一当体是法界，故言十法界。十法界通称阴入界，其实不同。三途是有漏恶阴界入，三善是有漏善阴界入，二乘是无漏阴界入，菩萨是亦漏亦无漏阴界入，佛是非有

漏非无漏阴界入。[1]

一方面，十法界各有因果，所以“不相混滥”。从因果相异上分类，既可分为六凡、四圣两类，又可分为三途（三恶道）、三善、二乘、菩萨、佛五类，它们各有自己的因，各得自己的果。但是，另一方面，智顗又指出，这十种法界“一一当体是法界”，并且通名“阴入界”，意味着它们之间有着密切的联系。所谓“阴入界”，即“阴界入”，前面已经论及，指一切物质和精神现象，其本质系无明法性心。智顗曾说：“谓五阴、十二入、十八界也。阴者，阴盖善法，此就因得名；又，阴是积聚，生死重沓，此就果得名。入者，涉入，亦名输门。界名界别，亦名性分。……如是种种，源从心出。”又说：“大乘亦明心生一切法，谓十法界也。”[2]阴界入由心而造，十法界由心而起；在“心”的至高原则下，十法界不仅可以融通，而且可以相互转化。智顗由此而立“十界互具”说。

十界互具，意即十种法界互相包含，互相渗透，互相转化，如地狱界蕴含和具备佛界等其他九界，而佛界也蕴含和具备地狱界等其他九界。智顗把这称之为圆教之“妙”。他说：

> 一法界具九法界，名体广；九法界即佛法界，名位高；十法界即空、即假、即中，名用长。即一而论三，即三而论一，非各异，亦非横亦非一，故称妙也。[3]

---

① 《摩诃止观》卷五上。

② 《摩诃止观》卷五上。

③ 《法华玄义》卷二上。

无论从“体”或“位”或“用”诸方面看，十界都有“互具”的功效，而且体、位、用三者间也非一非异。所以他又说：“于一法界通达十法界。六即位者，亦是体广，亦是位高，亦是用长。”①这也就是《法华经》所说的“妙法”。

智觊认为，“十界互具”是圆教所具备的真实教法，它高出于其他各教之说。他说，这是圆教十法界与别教十法界的重要区别。别教论十界权实，属于可思议的，即以九界为妄法，佛界为真实，这是相待而非圆融的认识。圆教则认为，虽然通常说九界为权，佛界为实，但实际上十界各具权实，而权实的本质不异，属同一本体，所以可以说“十界真实”。这是绝待圆融的认识，属不可思议境界。

十界所属同一本体，即中道实相。实相可以“十如是”表现，所以“十界真实”也应“以十如是约十法界”，明权中之实、实中之权。智觊说：

> 今明权实者，以十如是约十法界，谓六道、四圣也。皆称法界者，其意有三。十数皆依法界，法界外更无复法，能、所合称，故言十法界也。二，此十种法分齐不同，因果隔别，凡圣有异，故加之以界也。三，此十皆即法界，摄一切法，一切法趣地狱，是趣不过，当体即理，更无所依，故名法界，乃至佛法界亦复如是。若十数依法界者，能依从所依，即入空界也；十界界隔者，即假界也；十数皆法界

① 《法华玄义》卷二上。

者，即中界也。欲令易解如此分别，得意为言，空即假、中，无一二三，如前云云。此一法界具十如是，十法界具百如是；又一法界具九法界，则有百法界千如是。束为五差：一恶、二善、三二乘、四菩萨、五佛。判为二法：前四是权法，后一是实法。细论各具权实，且依两义。然此权实不可思议，乃是三世诸佛二智之境。以此为境，何法不收？此境发智，何智不发？……当知众生之法不可思议，虽实而权，虽权而实，实权相即，不相妨碍。不可以牛羊眼观视众生，不可以凡夫心评量众生。智如如来，乃能评量。何以故？众生法妙故。①

在智颢看来，“十如是”是区别一切法的别相，“十法界”则是区别众生的别相。以十如是约十法界，十法界中任何一类众生，都必然具有自身的性、相、体、用等十如是的因素；十如是的任何一类性能，也必然会贯彻在十法界中。十如是虽有性、相、体、用等别，但都属一实相所显示；每一如虽各有权实分齐，但理体未曾有异。十法界虽因果隔别，凡圣有异，但一一法界“当体即理”。从不同角度认识十法界，可以有空、假、中之别；空、假、中是权，中道实相是实。权即是实，实即是权；无一二三，即一二三。以十如约十法界，一如是具十法界，一法界具十如是；既一法界具十如是，则百法界具千如是。

以上推论之所以被允许，关键仍在“实相”原理的作用。

---

① 《法华玄义》卷二上。

“实相”原理不仅确立了“十如”学说，而且也决定了“十界”学说，并且进而成为百界千如、一念三千的理论基础。因此，智𫖮又说：

实相之境，非佛、天、人所作，本自有之，非适今也，故最居初。迷理故起惑，解理故生智。①

实相即为一切法的理体，众生与佛的差别只在迷悟毫厘之间；十界同属一实相，理体一本无异，故于一念中顿具十界百如，乃至百界千如。这也好比“水不上升，月不下降，一月一时普现众水。”② 诸佛与众生虽属不同法界，形似相隔，但无妨它们在实相原理下的统一圆融，实则相即。

上述思想及其意义，智𫖮在《摩诃止观》中有更明确的说明。他说：

当知法界外更无复有法，而为次第也。烦恼即法界。如《无行经》云：贪欲即是道。《净名》云：行于非道，通达佛道。佛道既通，无复次第也。……是一一法皆即法界，是为不次第法界也。③

这就是说，法界摄尽宇宙一切之法，从根本上说，法界无次第之分，唯有一理体法界；但从权宜方便上说，则有十种法

① 《法华玄义》卷二上。
② 《法华玄义》卷二上。
③ 《摩诃止观》卷五上。

界。所以，从止观角度看，一念心便具足十法界，无次第之分。“法者，眼、耳、鼻、舌、阴界入等，皆是寂静门，亦是法界”①，无论烦恼或是病患、业相、魔事，禅、见、慢，二乘、菩萨、乃至佛，都是法界。一一法皆即法界，因此，凡夫与圣者、地狱与佛未曾有别。这也就是圆教教观所示的不二法门。智顗说：“唯圆教教观，实相法门，能遍十法界、千性相，三谛一时圆通。圆通中道，双照二谛。……是为入不二法门。”② 此不二法门，即不思议非次第止观。入不二法门，知世界理体唯一实相，十法界即一法界，众生即佛。这也就是“十界互具”说的解脱论意义。

与“十界互具”有直接联系的是“一念十界”说。

所谓“一念十界”，指一念心具足十法界。智顗认为，上自佛界，下至地狱界，十法界均系一心所作，其理体平等，无有差别，故一念心起，即具足十界，契入十界平等之理。他说：

> 凡地一念之心，具十法界、十种相性，为三法之始。何者？十种相性只是三轨。……今但明凡心一念即皆具十法界，一一界悉有烦恼性相、恶业性相、苦道性相。若有无明烦恼性相，即是智慧观照性相。何者？以迷明故起无明，若解无明即是于明。《大经》云：无明转即变为明。《净名》云：无明即是明。当知不离无明而有于明，如冰是水，如水是

① 《摩诃止观》卷五上。

② 《观音玄义》卷下。

> 冰。又凡夫心一念即具十界，悉有恶业性相，只恶性相即善性相，由恶有善，离恶无善。……凡夫一念，皆有十界识、名色等。[①]

因为法界理体平等，所以无明即是智慧，烦恼即是觉悟，恶业即是善业，所有这些全在凡心一念之中。又因十界互具，“一法界通达十法界”，所以，“一念心起，十界中必属一界。若属一界，即具百界千法。”[②] 一念十界，也就是一念百界千法，一念具足宇宙万法。

智顗强调说，“一念十界”属于不可思议止观范畴，它的成立同样以“实相”学说为背景。《摩诃止观》云：

> 云何具十法界耶？答：不可思议，无相而相，观智宛然。他解须弥容芥，芥容须弥；火出莲花，人能渡海，就希有事，解不思议。今解无心无念，无能行，无能到，不思议理，理则胜事。问：十法界互相有，为因为果？答：俱相有，而果隔难显，因通易知。如慈童女以地狱界发佛心，如未得记菩萨轻得记者。若不生悔，无出罪期。……问：一念具十法界，为作念具，为任运具？答：法性自尔，非作所成；如一微尘，具十方分。[③]

① 《法华玄义》卷五下。
② 《法华玄义》卷二上。
③ 《摩诃止观》卷五上。

须弥纳芥子，芥子纳须弥，体现的是中道实相原理；一法界具十法界，一念心具十法界，同样体现中道实相原理。如实而论，既无心，也无念，也无十界之别。所以说，一念具十法界，乃是“法性自尔，非所作成；如一微尘，具十方分。”一切均归于不思议理体，实相无相，既无微尘，也无十方。之所以立“一念十界”，是要说明心与宇宙实相的融通。宇宙实相为一理体，宇宙万物乃一切事相，理事本来统一无碍；心为无明法性的统一，无明指向宇宙万有，法性与宇宙实相复合。心之一念既可具一界，也可具十界乃至百界。心量广大，能包容一切，这本身就是不可思议。但止观角度的不可思议，其核心更在“一念”，一念十界，意在于十界无层次高下之别，无前后次第之别。一念即地狱，一念即佛；佛即地狱，地狱即佛。

前引《观音玄义》卷下说，若次第观心，则属“方便、渐次”；若非次第观心，一念具足三谛、三观、十法界、无量诸法 。这就是说，一念十界从属于一心三观。次第三观为别教方便、渐次，一心三观为圆教究竟、顿入；若一念一界，入次第三观，若一念十界，则入一心三观。《观音玄义》卷下又说：

> 今观十法界众生假名，一一界各有十种性相、本末究竟等。十法界交互，即有百法界、千种性如，冥伏在心，虽不现前，宛然具足。譬如人面，备休否相，庸人不知，相师善识。今众生性相，一心具足，亦复如是。凡人多颠倒，少不颠倒，理具情迷；圣人知觉，即识如彼相师，知此千种性相，皆是因缘生

法。

百界千如，宛然具足于一心。只因理具情迷，才有凡人的颠倒；一念而觉知此百界千如“皆是因缘生法”，顿入圣者境界。这种说法，实际又回到了止观修习上，即具体落实到如何“观心”上。

智𫖮继续论证说，一念十界相当于圆教的观心。通过圆顿观心，可契入中道实相不可思议之理。他说：

> 观十法界性相，一切善恶，悉皆虚空。十法界假名，假名皆空；十法界色、受、想、行、识，行、识皆空；十法界处、所，处、所皆空。无我、无我所，皆不可得。如幻如化，无有真实。常寂灭相，终归于空。众生云何强计为实？良以众生不觉不知，为苦为恼，不得无为寂灭之乐。……若缘十法界性相等差别假名，此假则非假。十法界如幻如化，空则非空。非假故，不缘十法界性相；非空故，不缘十法界之真。既遮此二边，无住无著，名为中道；亦无中可缘，毕竟清净。如是观时，虽不缘于空、假，任运双照二边，起无缘慈悲，拔二死之苦，兴中道之乐。①

意思是说，十法界都是假名，本质为空。所以，为证得“非假”、“非空”之“中道”，就得既“不缘十法界性相”，又

① 《观音玄义》卷下。

"不缘十法界之真"。这样的圆顿观心,便获得一念十界,任运双照的效果。而在通过观心修习,证得中道实相后,又可"一念法界,系缘法界",此时的"法界"已与中道实相同义。智颉说:

> 八番圆人益者,此是修三谛一实之理。一念法界,系缘法界。若历缘对境,举足下足,无非道场,其心念念与诸波罗蜜相应。修四三昧,观十种境,可发关宜,圣人赴对应之,豁然开悟。①

举足下足,无非道场的境界,应是在达到一念十界,一念百界千如的认识之后实现的。观心证得实相,自觉到十法界即一法界,即与一念平等无差别,此后方能自由任运。

由于"一念十界"在逻辑上具有能、所的对应意义,所以它不仅是一个哲学命题,而且也是指导实践的原理;对它的证明,只有通过具体的止观修习(如引文所说"四种三昧,观十种境"即是)。对此,智颉提出了"性德"与"修得"两个互为联系的概念。他说:

> 本者,性德法也;末法,修得法也;究竟等者,揽修得即等有性德,揽性德即具有修得。初后相在,故言等也。地狱界十性相既如此,余九亦然。问:当界有十性相可然,云何交互相有?余界交互已难可信,云何地狱有佛性相本末耶?答:《大经》云:夫

① 《法华玄义》卷六下。

> 有心者皆当得三菩提。……虽在地狱，佛性之理究竟不失。故知地狱界即有佛性，佛相者即是性德之相也。[①]

又说：

> 本即性德，末即修得。等者，修得相貌在性德中，性德中亦具修得相貌，故言究竟等也。《大经》云：雪山之中，有妙药王，亦有毒草。地狱一界，尚具佛果、性相十法，何况余界耶？地狱互有九界，余界互有亦如是。菩萨深观十法界众生，千种性相具在一心。远讨根源，照其性德之恶、性德之善，尚自冷然，何况不照修得善恶耶？[②]

“性德”指向宇宙本质的实相原理，意为任何一法界都具足其他九种法界，十界互具，百界千如，所以地狱界具足佛界的性相本末，所谓“虽在地狱，佛性之理究竟不失。”但性德终是一种理想境界，在未证悟实相原理之前，地狱界并非佛界，现实众生仍有十界的差别对待。所以，现实众生要进入理想境界，不能放弃具体的止观修习。“修得”指向于具体事相中的止观功夫，以期与性德十界相合。修得与性德是相互依存的概念，两者之间具有辩证的关系，只有完全契合之时，方可称之为“究竟等”：“等者，修得相貌在性德中，性德中亦

① 《观音玄义》卷下。
② 《观音玄义》卷下。

具修得相貌，故言究竟等也”。虽有《大涅槃经》等所言“有心者皆当得三菩提”，若无修习，三菩提毕竟不能得；而“一念十界”因有能所之别，若欲将理想变为现实，也不能脱离止观修习。

智顗曾一再指出：“一念心起，十界中必属一界。若属一界，即具百界千法。”[①] 同时又指出：“一一界皆有九界十如。若照自位九界十如，皆名为权；照其自位佛界十如，名之为实。一中具无量，无量中具一，所以名不可思议。”[②] 虽说一念心起，十界中必属一界，但是，由于九界与佛界有权、实之别，所以，要使一念即契入佛界十如之实，需要展开以观心为核心的止观修习。《摩诃止观》卷八下曰：

> 修止观者……观一念起即具十界，名十方。十方是依报，十界是正报。若无依报，亦无正报。既有正报，即有性相本末等百法，亦名百方。如是等法即一念业，故名一业一切业。

智顗把一念十界与“业”、“报”相联系，就是要说明止观修习对于众生证悟佛界的实际意义。

可以看出，智顗的“一念十界”是对“十界互具”进一步所作的本体论论证，而“性德”、“修得”之说则是对“一念十界”的补充说明。这种说明的意义，显示智顗全部学说建立于止观并重的牢固基础上；但是，更重要的是要指出众

---

① 《法华玄义》卷二上。

② 《法华文句》卷三下。

生“平等”的本质，而这种“平等”集中表现在成佛的权利上。

《法华经》提倡十界众生皆可成佛之说，显示实相平等之理。智颉以“一念十界”学说着意发挥这一思想，通过对十界权实的辩证论述，指出十界理体平等，以及众生之心具足十界、不与佛界相异的原则。智颉所确立的这一天台宗的原则，成为佛教中国化过程中特色鲜明的部分，也是中国佛教颇有价值的内容。

“一念十界”从本体论的高度揭示了众生平等，并且指出，这种平等不只是一种理想境界，而且也应该适用于现实世间。“一念十界”，此一念即九界、即佛界，或九界、或佛界，在未修习止观、悟得实相涅槃之前，众生并不存在权利之差别。这种众生在成佛问题上平等权利的要求，客观上反映了社会民众的普遍心声。它包含着对严格的等级制度和封建特权的否定意义。

“一念十界”又以系统的哲学理论形式，发展了竺道生的有关思想，把“顿悟”说纳入圆教不可思议的观心体验，并把“一阐提人也能成佛”说纳入一念心具足地狱界至佛界的体系。天台智颉的实相学说和法界平等原理出现在禅宗六祖慧能之前，但其内容已经接近于慧能的智慧解脱理念。他们的区别在于，智颉始终将自己的全部学说纳入止观体系，在指出智慧解脱道路的同时，强调修习止观的意义，而慧能则偏离“东山法门”的轨道，倾向于忽视修习而唯论智慧。所以智颉的“一念十界”具有更强的理论意义和实践价值。

根据“一念十界”理论，现实人类成佛的神圣权利不应受地位高下、贫富贵贱的影响。与此同时，现实人类来世在十法界中的位置，也必须由他们自身的止观修习来确定，与个人的社会地位、贫富贵贱无关。

“一念十界”学说是智𫖮从真正的大乘菩萨的立场上提出的，体现了菩萨的大慈大悲精神。虽然这一学说本质上是经院哲学，但它客观上反映了当时社会的实际状况和民众的强烈愿望。天台哲学中的积极部分与智𫖮的生平经历有着某种内在的联系，曲折地反映着智𫖮的政治理想和社会要求。

最后关于三种世间。三种世间，意即三种世界。据《大智度论》卷七十所说，“世”，具有隔别之义；“间”，具有间差之义。三种世间是指：一、众生世间。指由五阴（五蕴）和合所构成的一切众生（有情），为能居之正报，故又名正报世间。因五阴各具善恶、有漏无漏等性质，故不同性质的五阴和合，可构成六凡四圣（十界）中的有情个体。众生世间也可名之为有情世间。二、国土世间。指各类有情所依的环境（国土），如地狱界依赤铁住，人界依地住，是为所居之依报，故又名依报世间。又因其属非有情，故又名器世间。三、五阴世间。又作五蕴世间，指色、受、想、行、识五阴。五阴是一切诸法的根本，是主客观世界的总和，属有情、无情的共同所依。智𫖮《摩诃止观》卷五上重述“三种世间”云：

以十种阴界不同故，故名五阴世间也。揽五阴通称众生，众生不同，揽三途阴罪苦众生，揽人天阴受乐众生，揽无漏阴真圣众生，揽慈悲阴大士众生，揽常住阴尊极众生。……十界众生，宁得不异？故名众生世间也。十种所居，通称国土世间者，地狱依赤铁住；畜生依地、水、空住；修罗依海畔海底住；人依地住；天依宫殿住；六度菩萨同人依地住；通教菩萨惑未尽同人天依住，断惑尽者依方便土住；别、圆菩萨惑未尽者同人天方便等住，断惑尽者依实报土住；如来依常寂光土住。……土土不同，故名国土世间也。

智𫖮对三种世间并未作新的解释，却有意识与他的“十如是”、“十法界”理论密切结合，从而完成独特的“一念三千”学说。

“一念三千”如何成立？智𫖮说：

世者为三：一、五阴世间，二、众生世间，三、国土世间。既有实法，即有假人，假实正成即有依报，故名三种世间也。世是隔别，即十法界之世，亦是十种五阴、十种假名、十种依报；隔别不同，故名为世也。间是间差，三十种世间差别，不相谬乱，故名为间。各各有因，各各有果，故名为法。各各有界畔分齐，故名为界。今就一法界复有十法，所谓如是相、性、究竟等，十界即有百法；十界相互，则有千法。……故明十种法界、三十种世间，即是所观之境也。此境复为二，所谓自、他。他者谓众生佛，自者即心而具。如《华严》云：心如工画师，造种种五阴；一切世间中，莫不由心造。问：他、自哪得各具十法界？答：观身实相，观佛亦然。《华严》云：心然佛亦然。心佛及众生，是三无差别。[1]

世间虽有三种，但每一世间都与十法界相联系，所以成“三十种世间差别”。智𫖮认为，这十种法界和三十种世间，属于“所观之境”，而所观之境的实质在于“即心而具”。这就是说，对三种世间，如果纳入不可思议止观“观心”的领域，它就因实相原理的作用，而构成三十种世间。因为根据《华严经》所说，“一切世间中，莫不由心造”，“心佛及众生，是三无差别”，所以“此三十种世间，悉从心造”。[2] 如果把三种世间与“十如”实相结合，同样可以构成三十种世间。总之，三十种世间或属十界与三世间的组合，或属十如与三世间的组合，都是实相学说、不可思议观心理论在发生作用；而三十种世间的成立，则又是智𫖮“一念三千”说的前提。

所以智𫖮又说：

夫一心具十法界，一法界又具十法界、百法界。一界具三十种世间，百法界即具三千种世间。此三千在一念心，若无心而已，介尔有心，即具三千。亦不言一心在前，一切法在后；亦不言一切法在前，一心在后。[3]

---

① 《观音玄义》卷上。
② 《摩诃止观》卷五上。
③ 《摩诃止观》卷五上。

因为十法界互具，所以十法界成百法界，而每一法界具三十种世间，百法界便具三千种世间。这三千种世间，为一心所具，故名“一念三千”。

另一种表述方法为：

> 此一法界具十如是，十法界具百如是。又一法界具九法界，则有百法界千如是。①

意思是说，由于十法界互具，故成百法界；而一法界又各具十如是，故有百法界千如是。三种世间与千如是发生关系，便得三千世间。

智𫖮认为，这三千世间（三千诸法）虽然纷然杂陈，但归根结底，只在一念心中。“一念心起，于十界中必属一界。若属一界，即具百界千法。于一念中，悉皆备足。”② 这三千世间本具心中，它与心的关系是，“若无心而已，介尔有心，即具三千”。既非“从一心生一切法”，也非“心一时含一切法”，而是“只心是一切法，一切法是心”。③ 所以既不能说一心在前，一切法在后，也不能说一切法在前，一心在后。在空间上，一切法与心平等；在时间上，一切法与心也平等。

可以看出，智𫖮“一念三千”学说的建立，充分依赖于“十如是”说、“十法界”说和“三种世间”说。这些学说的背景都可归之于实相原理，所以，“一念三千”的三千世间

---

① 《法华玄义》卷二上。
② 《法华玄义》卷二上。
③ 《摩诃止观》卷五上。

(三千诸法，指全部宇宙万有；三千是约数，非实指)，其本质也只是一实相。实相可以表现为纵横交错、处于普遍联系之中的三千诸法，这属于客体世界部分；与此相应的是属于主体部分的“一念”。从世俗角度看，“一念”与“三千”存在着鸿沟，绝无平等之理，智顗则从绝对平等的实相原理出发，提倡一念之心即具三千，三千只在一念心中。

一念与三千之所以相即，除了三千诸法归于实相，还有一念之心也属实相，此一念心名之为“法性”、“性”。主体与客体的平等统一，也就是法性与实相的相即，因此，“一念三千”学说又名“性具实相”学说。由名义可知，该学说以实相论为最高原理，以探究世界的本质以及人与世界关系的本质为究竟。

二、“性具实相”述评

一念三千的性具实相说，是智顗晚年发展成熟的哲学，也是天台佛教哲学的核心。

所谓“性具”，又名理具、体具、本具，意为性理之中本来圆具。性，指法界性、法性、真如；具，具足、具有之义。智顗的“性具”学说，实际包括两个部分：一是性具实相说，它表现于一念三千之中；二是性具善恶说，此说下文详述。

一念三千之所以被称为性具实相说，是因为它在逻辑形式上存在着主体和客体的对立，即“一念”属主体，指向“性具”，而“三千”属客体，指向“实相”。但在实际上，两者没有对立关系，只有圆融统一，所以直接名之为“性具”说或“实相”说都未尝不可。

一念三千既是性具学说，所以在一般场合，它也可称之为性具三千、理具三千、体具三千、本具三千。

根据一念三千所说，世间和出世间的一切法，既各有自性（所谓“界”，即有分界、各别的意思），又互相依赖、互相渗透，形成一个全体，不生不灭，“法界本然”，普遍存在于众生的一切心念之中。现实世界和众生之所以千差万别，在于众生作业的不同；作业的不同，使本具的三千诸法有隐有显，呈现为差别不齐的果报。这种本具的三千诸法，如果从理想和本质的角度去看，便是“实相”，或名为“法性”。这三千诸法的实相或法性，与众生一念心的法性、实相应是统一的。智顗说：“观念念心，无非法性、实相”[①]，所谓“一念三千”，也就是“法性一心”本有三千。这就是“性具”，意思是法性本具三千诸法。“性”在这里可以直接等同于“法性”，它不仅指“一念心”，而且也指“三千”。但从逻辑意义上说，“性”主要是指“一念心”，“性具”可以理解为“一念之心本具三千诸法”，因为“一念心”属主体部分。

“性具”说在理论上的意义，首先是要证明世界的统一性；一切事物形式上都处于差别的存在状态，但在实相原理下都统一无碍。这种统一无碍，不仅指三千诸法相互之间，而且也指“一念”与“三千”即主体与客体之间。

一念三千的“一念”，实际上指一念心，即指心的一念，心是一念三千的主体。为什么一念与三千统一无碍？根本原因是基于对“心”的本质的理解。心的本质是什么？智顗明确表示，心就是无明与法性的统一，所以，一念即心，即

---

① 《摩诃止观》卷七下。

"一念无明法性心"。心既是无明,又是法性,原本对立的无明、法性,在智颉的性具学说中统一无碍。无明即是法性,法性即是无明;无明具三千诸法,即法性具三千诸法。三千诸法因无明而呈差别,三千诸法又因法性而得圆融。

不仅"一心三观"、"圆融三谛"立足于"一念无明法性心",而且"一念三千"也导源于"一念无明法性心"。一念三千的核心思想是"心是一切法,一切法是心",这心便是一念心,也便是无明法性。性具学说的关键仍在"一念无明法性心"。三千诸法兼有染、净,无明与三千染法联系,法性与三千净法联系。但从性具学说看,心之一念即具三千染、净诸法,三千染、净诸法包容、统一于当前的一念之心。性具学说所要突出的是,一念之心与三千诸法逻辑上的主、客体关系,在本质意义上不复存在,在理想境界上圆融统一。

因此,严格说来,性具实相学说并非一般意义上的本体论哲学,也非通常所说的宇宙发生论,智颉强调说,心与万物的关系不是"生"或"含",而是一种"本具"、"相即"的关系。他说,"若从心生一切法者,此则是纵;若心一时含一切法,此即是横。纵亦不可,横亦不可"。又说,"此三千在一念。若无心而已,介尔有心,即具三千"。一心与万物不纵不横、无前无后,所以可以说是"一心一切心,一切心一心","一相一切相,一切相一相",乃至"一究竟一切究竟,一切究竟一究竟"。[①] 不仅三千诸法之间完全统一无碍,而且一念心与三千诸法之间也完全统一无碍;三千诸法之间平等无差别,一念心与三千诸法也平等无差别。一念三千是性具

① 《摩诃止观》卷五上。

三千，既不能将三千诸法归结为心，也不能将心归结为一切法；既非由心统摄一切法，也非由心生造一切法。心与万法在一念三千中并非本体与现象的关系；万法本具于一心，一之法具足法性，不存在宇宙化生问题。

通过性具学说，智颉向人们显示一个圆满的理想世界。这一理想世界，不存在万物的差别对待，超越了主体与客体的对立、精神与物质的矛盾；一即一切，非一非一切，所有一切都处于圆融和谐的状态。既无大小高下之分，也无前后久暂之别，全部矛盾差别都消融于心的一念之中。智颉把这理想世界说成是“玄妙深绝，非识所识，非言所言”①；“言语道断，心行处灭”②，属于“不可思议境”。

智颉最终把他的理想世界看作是一种不可思议的境界，这也就意味着，他的性具学说，与世俗哲学有着根本的区别，也很难运用一般的哲学概念和范畴加以比较。智颉通过一念三千说所追求的平等无差别境界以及主客圆融统一的理想，不能用文字语言、概念分析、逻辑推理等理性方法予以证明，而只能在类似“一心三观”的“观念念心”中获取。所谓“言语道断，心行处灭”，意为最高真理玄妙深绝，非语言文字所能表述，也非正常思维所能达到。旧译《华严经》卷五云：“远离取相真实观，得自在力决定见，言语道断行处灭”。意思是说，要获得最为真实的认识，就应该摆脱语言文字、不作思虑分别，依靠非理性的直观。智颉的性具学说，要求人们在“言语道断，心行处灭”中证取不可思议之境，其思想

① 《摩诃止观》卷五上。

② 《摩诃止观》卷五下。

方法与“一心三观”学说并无不同，只是更有所发展罢了。智顗认为，不思议之境是观心的产物；一念三千所获得的不思议境，实际也属观心范畴。观心不在正常思维方法和思维程序之内，而只是非理性的直观。可以说，一念三千是智顗观心的至极，如上所引湛然之说。语言文字和思虑分别只涉及世俗认识领域，“观念念心”的观心法必须绝言绝思。智顗说：

> 文云：止止不须说，我法妙难思。止止不须说，即是绝言；我法妙难思，即是绝思。又云：是法不可示，言辞相绝灭。亦是绝叹之文。不可以待示，不可以绝示；灭待灭绝，故言绝灭。又云：一切诸法，常绝灭相，终归于空。此空亦空，则无复待绝。①

一念三千之妙，即在于它绝言、绝思，非言语思虑所及。因为言语和思虑都属对待，性具实相不属对待，甚至否认绝对。

佛教根本议题是关于众生解脱、如何解脱。因此，归根结底，佛教理论的中心是解脱论，中国佛教宗派哲学的核心实际上也是解脱论；所谓本体论、认识论等，都围绕解脱论展开，为解脱论服务。解脱论中往往包含了本体论、认识论，但它本身并不直接等同于本体论、认识论。一念三千的实相说，是从止观修行者的立场上提出的观心的解脱方法论；一念三千的境界，只是观心者在观念念心过程中内心所形成的世界幻象。智顗以《法华经》和《大智度论》为主要经论依据，发挥大乘般若中观思想，通过性具学说，论证修行者观

---

① 《法华玄义》卷二上。

心的至极便是内心幻象与客观世界并无本质区别。这一观心是以内心境象为对境的不思议活动而实现的，也是修行者觉悟解脱的根本途径。

因此，从止观观心的层面上考察，一念三千的实相说，尽管表达了心与万法相即、主体与客体互具圆融的思维方式，但是作为主体的心和客体的三千在形式上仍然存在。而且，观念念心，心所本具的三千，既然是内心的幻象，则也可以说是主体在自身意识活动中为自己设置的客体世界。同时，既然说“若无心而已，介尔有心，即具三千”，则表明心之一念在一念三千中起着主导和关键的作用。三千世界之有无，决定于心的有无。这样，作为客体的三千诸法，消融于主体之中；心中本具三千诸法，三千诸法既非由心所生，也非在心之外。三千诸法并非真实的客观世界，所以它不再属于认识对象，一念三千的主客体关系不能说明它具备了一般意义上的哲学认识论。止观观心，就是要通过对一念心的圆顿观察思维，直觉万法平等原理，证悟主客体未尝分裂，本来圆融统一。质言之，这种统一是以主体吞没客体，一心取代万法为前提的，所以一念三千的观心理论，最终目的仍在突出心的地位和作用，证明它在个体解脱中的意义。

一念三千的性具说是智顗的独创，体现了他对佛教哲学的高于时人的独特见解。除了吸收改造《法华经》诸法实相说、《大智度论》中道实相论，智顗还批判了当时地论师和摄论师的缘起理论。在上述基础上，智顗建立起既不同于世俗哲学，又有别于南北朝佛教哲学的新的理论体系。

智顗认为，地论师主张诸法依持法性（真心）而生起，而摄论师主张诸法依持阿赖耶识（妄心）而生起，他们都以缘起说来说明宇宙万物的生成，这就有堕入外道关于诸法自生或他生的缺陷。因此，他经过思考，以为只有“性具实相”才能真正说明世界的本质和解脱的理由。这就是说，诸法并非依持缘起而存在，诸法之法性本来圆满，自然而然，本具于一念之中；一切诸法，一切真心、妄心，都统一于“一念无明法性”之中。

智顗《摩诃止观》卷五上云：

问：心起必托缘，为心具三千法？为缘具？为共具？为离具？若心具者，心起不用缘；若缘具者，缘具不关心；若共具者，未共各无，共时安有？若离具者，既离心离缘，那忽心具？四句尚不得，云何具三千法耶？

答：地人云：一切解惑、真妄，依持法性，法性持真妄，真妄依法性也。《摄大乘》云：法性不为惑所染，不为真所净，故法性非依持；言依持者，阿黎耶是也，无没无明盛，持一切种子。若从地师，则心具一切法；若从摄师，则缘具一切法，此两师各据一边。若法性生一切法者，法性非心非缘，非心故而心生一切法者，非缘故亦应缘生一切法，何得独言法性是真妄依持耶？若言法性非依持，黎耶是依持，离法性外别有黎耶依持则不关法性，何得独言黎耶是依持？又违经。经言非内非外，亦非中间，亦不常自有。又违龙树。龙树云：诸法不自生，亦不从他生，不共不无因。

这就是说，一念三千，森然具备，一切诸法既非自生，也非他生，无须依持，不论缘起。一念三千之所以名为性具，是因为“在种种世间，种种界交互涉入而存在着的实际里，一切法的当体和所有性能自然都会圆满具足的。”① 只因法性圆满具足，各种依持之说也就失去了意义。虽然智顗多次引述《华严经》“心造一切法”之说，但那都是论证的需要；就性具实相的理论体系而言，他是不同意这种观点的。智顗认为，天台宗不仅讲三谛圆融，而且讲一念三千，即不仅论证了法与法之间的空、假、中三谛圆融，而且探讨了心与法之间的统一无碍，把世界本质的圆融论证推向至极，超出了南北朝佛教各派的缘起理论。这应该说是事实。晚于天台宗而形成的华严宗和法相唯识宗，或坚持真如法性缘起，或提倡阿赖耶识缘起，都只是重复了当年智顗所批评和否定的内容。

智顗如此否定“依持”，意义何在呢？

笔者认为，智顗以“性具”说否定“依持”说，除了表现哲学体系上的特色，还有该时代的独特社会意义。

智顗佛教哲学的核心或最大特点，可以用“圆融”一词概括。圆融并非混同、调和，圆融是智顗对世界所作的哲学认识。一念三千与三谛圆融之间有着密不可分的联系，它是在三谛圆融基础上的发展，意在将圆融哲学推广到天地宇宙和社会人生等一切领域。

三谛圆融主要从一一法上分析事物的本质，并由此推及宇宙本质实相原理。随举一法，既是空，又是假，又是中，三谛相即，是名圆融。但三谛圆融是从《中论》“三是偈”发端

---

① 吕澂：《中国佛学源流略讲》，第 331 页。

的，即首先承认“缘生”，从事物因缘而生分析起，达到中道实相的认识。因为一一法均由因缘（条件）而生，所以说无自性，又所以说是空。一一法虽空，但有显现的相貌，此相貌是假。空、假都未超出法性，所以是中。“一念三千”则直接由万物的本质来说明世界的最高原理。它反对依持说，不谈缘起法，意味着不满足于三谛圆融，试图更有所发展。这一发展，不仅肯定了一一法之间的平等，而且还突出了在“一念心”这一前提下的诸法平等。智顗认为，一念具三千，一念即三千，这就是世界的真实本质。三千诸法无高下、无大小、无粗细，各具染净、各具善恶，平等一如，无差别之相。三千诸法既非自生，也非他生，法性本然。一念心是绝对的，三千诸法也是绝对的，只有相互联系，没有任何对待。

智顗通过一念三千实相说所提倡的诸法平等思想，可以说是天台止观的中心教义。从这一教义，固然可以引申出为现存秩序作辩护的结论，即承认一切现实的存在具有天然的合理性，人们没有理由干预或改变这种事实。但是，根据这一教义，同样可以作出这样的推论：一念心所具的三千诸法既然一一自足法性，平等一如，那么，不仅反映众生差别的十法界只是一念心的幻象，而且就是一一众生之间的差别也并无存在的依据。因此，性具实相，在佛教理论上指出的是众生共具的绝对平等的成佛权利，在现实人生中提倡的是所有人本应具备的平等社会地位。这实际是对“一念十界”说所作的进一步的哲学论证。

智顗生当战乱之时，统治者为一己之利而残害无辜，百姓深受倒悬之苦。就这一社会背景而言，智顗一念三千的性具实相说，可以说是为广大民众而确立的佛教哲学。事实上，大乘佛教所说的慈悲，内容之一是改善现实中苦难众生的社会地位。在智顗的佛学体系中，也包含着济世利生等方面的具体内容。

从道德修养和佛教实践方面来说，一念三千的性具实相说也为所有人提供了平等的权利和机会。

一念虽与三千相即，但毕竟在止观实践上为人们设置了实践的主体。若无心则罢；介尔有心，便具三千。可见这三千诸法最终与“介尔有心”相联系，即受到心的一念支配，为心的一念所决定。心的一念或一念之心实际上成为佛教实践的主体。一念三千的哲学指出，三千世界的理想境界是绝对无待的，但现实世界则是相对有待的环境；一念十界、十界互具也是绝对无待、理想的境界，但现实众生则处于相对有待的十种法界。现实众生不能脱离心之一念，而心之一念既具十界、三千的理想境界，又同时得落实于十界、三千之一。至于个体的一念心从现实践履的角度看，究竟落实于何种法界、何种世间，则属于主体能动性问题。

这样，智顗以辩证思维的方法，区分了实相领域的理想境界和实践领域的现实世界，提出了通过实践领域的止观修习，摆脱现实差别对待世界，进入平等无待的理想境界的途径。回过头来说，止观修习的主体和对象都是一念心，受一念三千学说的支配，差别万千的现实世界与平等一如的理想境界只有一念之别。真假、善恶、美丑本具于“一念无明法性心”中，于一念之际可以因互具而转化，这对一切众生都是一样的；一念之善并非专为高贵者所具，一念之恶也并非专为低贱者所具。在一念心中，无明与法性并存，无明与法性因相即而转化，但转化的前提是现实世界中个体的止观修习。

智𫖮上述有关众生一念心与三千世界，以及一念心与圣凡界别关系的思想，可以说是后来慧能提倡顿悟学说的重要理论依据。慧能认为：

> 故知一切万法，尽在自身中。何不从于自心，顿现真如本性！
>
> 前念迷即凡，后念悟即佛。①

这就是说，自心与真如（法性）并无分离对待的关系，所以，凡圣和迷悟只是在一念之际。自心包含着无明和法性，无明和法性统一于自心。慧能强调顿悟，主张在心的迷悟上用功夫，与当年智𫖮提倡以"一念三千"指导观心修习十分相似。对慧能以一念心为迷悟的关键的思想，宗密曾指出：

> 妙用烦恼，功过虽殊，在悟在迷，此心不异。欲求佛道，须悟此心。②

自心即迷即悟，迷悟均在自心，所以众生即凡即圣，于十界之内平等无待。但现实众生存在着凡圣之别、十界对待，转迷成悟的关键在心。慧能声称"自心佛性"、"自心自性真佛"，要求人们"识心见性"、"明心见性"，或即受智𫖮"一

① ［唐］慧能：《坛经》（敦煌本），见《大正藏》卷四八。

② ［唐］宗密：《中华传心地禅门师资承袭图》，见《续藏经》乙编第一五套。

念无明法性心”启发而作。无明和法性统一于一念之心，则自心和佛原本一体不二，这在思想方法上是一致的。

但是，慧能并未接受智顗以“一念三千”的性具实相说来解释世界本质的思想，而仍以传统的“心生万法”的佛教观念来突出心的本原性，宣传“心生一切法生，心灭一切法灭”[1]。这表明，慧能为了夸大心的主观功能和心在实践中的主体地位，放弃了当时在心物关系论述中最有辩证意义和理论价值的智顗学说。虽然心的主体性在慧能那里获得空前的地位，但因他否认了“一念三千”的哲学意义，所以慧能在哲学上不可能有所建树，毋宁说是对智顗辩证思维的倒退。慧能因过于重视心而忽视物，使他的禅学和实践都带有极大的片面性，显得粗糙、独断。反之，智顗的一念三千，站在心物平等无待的立场上，在整体论证上具有高度的哲学思辨价值。

从智顗对地论师、摄论师的批评中，以及从我们对智顗与慧能的比较中，可以认为，智顗的“一念三千”性具实相说，确实堪称当时佛教哲学的高峰。这一学说，与智顗整个止观体系所倡导的圆融不偏宗旨相一致，而把心与物的统一放在最突出的位置。

心与物的关系如何？宇宙万物因何而有、如何而生、如何而亡？这是自远古以来始终困扰哲学家的重大课题。因此而有印度佛教的各类缘起说、中国先秦老庄的道家学说，乃至魏晋南北朝的玄学有无论、佛教各派师说。“一念三千”说既有对上述各家哲学的吸收，但更多的则是否定。在智顗看

---

① 敦煌本《坛经》。

来，在他之前的所有哲学，都有严重偏见，缺乏世界统一性的观念，或说万物自生、他生，或说心物二元，或执心物均为实有，或执心物均为虚幻，把原本和谐、统一的世界人为地隔历、对待，因而不能达到圆满的认识，当然也无法获得解脱。智顗为解决上述困惑，试图摆脱前人心物对立的思维模式，代之以圆融统一的哲学思维展开对世界本质的如实认识。他指出，整个宇宙是一实相，一念之心和三千世间的每一事物本质也是纯一实相，在最高真理之下，一念之心与三千世间不存在对待，完全是平等统一的关系。至实的宇宙无所谓矛盾差别，不存在二元对立；心物的对立和二元化，只是人们在未觉悟前对现象世界的幻觉。

由此可见，智顗"一念三千"的性具实相说，表达了人类对世界本质深化认识的要求，体现了天台哲学超越世俗哲学和佛教各派哲学的尝试。性具学说把传统心物二元对立的哲学改造为一元统一的哲学，这使问题简单化了；但是，性具学说的全部论证反映了智顗不囿于传统思维模式，充分展开辩证思维的严肃态度，这又使讨论深化了。无论从思想方法还是哲学结论上看，一念三千都说明了天台哲学的历史进步。

在隋唐时代，略可与天台"性具"哲学相抗衡的，则是华严"性起"学说。但性起学说的成立要晚于性具学说，其内容包含了性具学说中已探讨过的理事圆融以及早已为智顗所批评过的依持论或缘起论。

华严宗用来解释宇宙和人生发生的理论，名"法界缘起"或"性起缘起"。所谓"法界"，定义为"总相"（共性、一般）和诸法之"因"，具体指一切众生本有的"无二真心"

或“如来藏自性清净心”。据说这种清净心，由于忽然起念引生阿赖耶识，从而生起世界万有、善恶染净；人的成佛或是堕落，也都依据这一真心而定，这是“法界”作为诸法之“因”的本体意义。但这样的“心体”并非孤立的存在，它还贯彻在一切事物和一切行为中，成为个别现象的共同本质，被称为“心性”或“法性”，这是“法界”作为诸法“总相”的共性意义。所谓“性起”，也就是称性（法性、佛性）而起。

华严宗创始人法藏在《起信论义记》里说：“如来藏随缘（起念）成阿赖耶识，此则理彻于事也；亦许依他缘起无性同如，此则事彻于理也。”[①] 他把当作世界本体和事物本质的如来藏概括为“理”，把代表现象世界个别事物的阿赖耶识概括为“事”，然后用“理事”这对抽象范畴发挥他的主张。法藏关于华严宗理事圆融、体用一致的学说，认为：

> 能遍之理，性无分限；所遍之事，分位差别。一一事中，理皆全遍，非是分遍。何以故？以彼真理，不可分故。
>
> 能遍之事，是有分限；所遍之理，要无分限。此有分限之事于无分限之理，全同，非分同。何以故？以事无体，还同理故。[②]

不可分割的真理本体通彻于每一有分限的事物之中，每一具体事物都摄尽真如本质。理事的这种圆融无碍关系，就是

① ［唐］法藏：《起信论义记》，见《大正藏》卷四四。
② ［唐］法藏：《华严发菩提心章》，见《大正藏》卷四五。

“一即一切，一切即一”。同一本体显现为纷然杂陈的各种事物，是为“一即一切”；千差万殊的具体事物属于共同本质，是为“一切即一”。他又说：

> 事虽宛然，恒无所有，是故用即体也，如会百川以归于海。理虽一味，恒自随缘，是故体即用也，如举大海以明百川。由理事互融，故体用自在。若相入，则用开差别；若相即，乃体恒一味。恒一恒二，是为体用也。①

意思是说，理事之间、体用之间既相入又相即，相入则用起开示差别，相即则体显恒常一味，理事圆融，体用自在。或曰：“以诸界为体，缘起为用，体用全收，圆通一际”；“理全收事，全举事而为理；事非别事，物具理而为事。”②

华严宗所说的理事圆融，在天台智颉的止观学说体系中，已经通过一念三千的性具实相说，作过具体表述。智颉说：

> 若非理无以立事，非事不能显理，事有显理之功，是故殷勤称叹方便。理教者，总前理事，皆名为理，例如真俗，俱称为谛。③
>
> 悟者障除体显，法界行明，事理融通，更无二趣。入者事理既融，自在无碍，自在流注任运，从

---

① ［唐］法藏：《华严经义海百门》，见《大正藏》卷四五。

② ［唐］法藏：《华严策林》，见《大正藏》卷四五。

③ 《法华文句》卷三下。

阿到荼入萨婆若海。[1]

又说：

若随理三假，一切世间皆如幻化，即事而真，无有一事而非真者，更待何物为不真耶？望彼三藏，绝还不绝，即事而真，乃是绝待。[2]

圆教二谛者，直说不思议二谛也。真即是俗，俗即是真，如如意珠，珠以譬真，用以譬俗，即珠是用，即用是珠，不二而二，分真俗耳。[3]

可见，华严宗虽然以理事圆融哲学著称于世，但是它并非自宗的独创。智𫖮的一念三千学说，已经包含了理事圆融、体用一致、真俗相即的思想。华严宗常说“一即一切，一切即一”，在表达形式上明显受了天台宗“一念三千”说的影响。

虽然都说理事圆融，但是仍有理论背景和思想内容上的区别。智𫖮所说，完全基于性具原理，多从三谛圆融、十界互具的角度立论。他所说的即事而真、真俗相即，出自中道实相学说，归纳为三谛圆融。智𫖮论三谛，强调三谛相即，空即假、中；假即空、中，中即空、假，所谓即空即假即中。所以他的理事圆融实际上是真俗相即的另一表述方式，最终要纳入三谛圆融、一念三千体系。智𫖮反对性起思想，而主张

① 《法华文句》卷四上。
② 《法华玄义》卷二上。
③ 《法华玄义》卷二下。

以性具来说明世界的真实相，所以特别强调“相即”，一念三千学说要说的也就是“一即一切，一切即一”。性具实相表述的核心思想，就是一念心与宇宙万法的“相即”关系，而不是其他学说所表达的依持、相生等关系。在这一意义上，天台宗更有理由说“一即一切，一切即一”，智颉常说“一色一香，无非中道”，就是从性具学说高度对“一”与“一切”关系的概括。《摩诃止观》卷五上云：

> 一性虽少而不无，无明虽多而不有。何者？指一为多多非多，指多为一一非少。……若法性无明含有一切法，阴界入等，即是俗谛。一切界入是一法界，即是真谛。非一非一切，即是中道第一义谛。

从中道实相、三谛圆融的角度，天台宗不仅讲“一即一切，一切即一”，而且还有“非一非三”、“非一非一切”的否定表述。智颉《摩诃止观》卷五上又云：

> 一空一切空，无假、中而不空，总空观也；一假一切假，无空、中而不假，总假观也；一中一切中，无空、假而不中，总中观也。……若非一非一切，亦名中道义者。

以“非一非一切”补充“一即一切”，使一念三千学说具有更为强烈的辩证色彩。

华严宗以性起理论为背景，从自性清净心出发，谈诸法的相即相入，圆融无碍。法藏在论理事圆融时，首先设定有一个完整的、不可分割的理体，由这一理体而随缘现起一切事物；因理体的完整性，使随缘而起的每一事物都具足理的全体。在此基础上，推导出诸法与理体的融通，乃至诸法一味，事事平等。法藏这种思想，侧重于木休论的思辨，在理事关系上似乎带有一念三千的痕迹，但实际上是对一念三千的倒退。智颤之所以提出一念三千，正是要超越传统佛教哲学的本体论论证；他反对依持说、缘起说，包含着对万法之本原、世界之本体的否定。法藏未能在智颤批评的基础上深入，相反继承了南北朝佛学讨论的传统；虽然他对理事关系分析的深入和繁密远在南北朝佛学水平之上，但与智颤哲学相比，仍有一定的差距。

第七章 “性具善恶”学说

一、“性具善恶”的内容和特色

智𫖮性具学说的另一部分内容是“性具善恶”说。而这一“性具善恶”说的特色，则是在“性恶”说上。

按照大乘佛教的一般观点，性或理（相当于法性、真如、佛性）是纯粹至善至净、超越善恶对立的精神世界。如果说它“善”，这种“善”并非含有与“恶”对立的意义。所以，大乘佛教通常不说“性善”，更不说“性恶”。智𫖮提倡的“性具善恶”说，与当年竺道生首唱“顿悟成佛”说、“一阐提人皆有佛性”说，同样具有振聋发聩的作用，并给佛教的中国化写上了重要的一页。

性具善恶说是智𫖮的一大创造，后来成为天台哲学的一大特色。但这一学说的源头可见之于慧思的《大乘止观法门》中。慧思在该书中，曾借“不空如来藏”概念，说到“性具染净”。他说：

不空如来藏者，就中有二种差别：一明具染净二法，以明不空；二明藏体一异，以释实有。[1]

如来藏，指一切众生藏有本来清净的如来法身，亦即佛性。据世亲《佛性论·如来藏品》解释，因世间一切众生皆为如来之性即真如所摄，故可说“一切众生是如来藏”；又因如来之性为烦恼尘垢所障，隐覆不显，“众生不见，故名为藏”；又因真如虽在众生烦恼尘垢之中，但含有如来一切功德，所以名“如来藏”。如来藏既具有本体的意义，又是众生成佛的依据。如来藏若脱离一切烦恼尘垢，名“空如来藏”；如来藏若具足恒沙不思议佛法，则名“不空如来藏”。《胜鬘经》说：“如来法身不离烦恼藏，名如来藏。”又说：“空如来藏，若离、若脱、若异一切烦恼藏”；“不空如来藏，过于恒沙不离、不脱、不异不思议佛法。”[2] 慧思认为，“不空如来藏”之所以“不空”，是指如来藏具染、净二法。如来藏的本质为真如、如来性，所以如来藏具染、净二法，也就是性具染净。

从性具净法方面说，包括“具足无漏性功德法”和“具足出障净德法”。前者指不空如来藏之体，后者则指其用。慧思说：

第一具无漏性功德者，即此净心虽平等一味，体无差别，而复具有过恒沙数无漏性功德法。所谓自

① 《大乘止观法门》卷一。

② 《胜鬘经》，见《大正藏》卷一二。

> 性有大智慧光明义故，真实识知义故，常乐我净义故。如是等无量无边性净之法，唯是一心具有，如《起信论》广明也。净心具有此性净法，故名不空。第二具出障净德者，即此净心体具性净功德，故能摄持净业熏习之力；由熏力故，德用显现。①

慧思强调指出："体是一心，心体具此德故，名为不空，不就其心体义明不空也。"就是说，心是如来藏，心是真如法性，属于体，名心体；不空，是从心体所具的性净功德上说的。所以他说，"何以故？以心体平等，非空不空故。"又因一切众生均为如来藏所摄，所以"诸佛心、菩萨心、众生心是一"，众生具有同等的成佛权利和条件。②为此，慧思概括性具净法说：

> 若众生无佛性者，设使修道，亦不成佛。以是义故，净心之体，本具因行果德性也。以此性故，起因果之德。是故此德唯以一心为体，一心具此净德，故以此心为不空如来藏也。③

心体既为如来藏佛性，故具足一切性净功德，在此意义上，性具净法之说不难理解。难以理解的则是性具染法之说。

慧思就性具染法，有如下表述：

① 《大乘止观法门》卷一。
② 见《大乘止观法门》卷一。
③ 《大乘止观法门》卷一。

具足染法者，就中复有二种差别：一明具足染性，二明具足染事。初明具足染性者，此心虽复平等离相，而复具足一切染法之性，能生生死，能作生死。是故经云：心性是一，云何能生种种果报？即是能生生死。又复经言：即是法身流转五道，说名众生，即是能作生死也。[1]

意思是说，既然存在着六道流转、生死轮回，就表明心性具足染法。倒过来说，若心性不具染法，则无生死可作。

那么，性具染法与转凡成圣的关系如何？慧思接着说：

问曰：若心体本具染性者，即不可转凡成圣。答曰：心体若唯具染性者，不可得转凡成圣。既并具染、净二性，何为不得转凡成圣耶？问曰：凡圣之用，既不得并起，染、净之性，何得双有耶？答曰：一一众生心体，一一诸佛心体，本具二性，而无差别之相，一味平等，古今不坏。但以染业熏染性故，即生死之相显矣；净业熏净心故，即涅槃之用现矣。然此一一众生心体依熏作生死时，而不妨体有净性之能；一一诸佛心体依熏作涅槃时，而不妨体有染性之用。依是义故，一一众生，一一诸佛，悉具染、净二性。法界法尔，未曾不有，但以熏力起用，先后不俱。是以染熏故，称曰转凡；净业起故，说为成

① 《大乘止观法门》卷一。

> 圣。然其心体二性，实无成坏。是故就性说故，染、净并具；依熏论故，凡、圣不俱。①

性若只具染法，当然谈不上转凡成圣；之所以转凡成圣，是由于性同时还具净法。转凡成圣与染性无关，却受净性的作用。众生与佛心体平等，即都具染、净二性，众生依赖净业对净性的熏习，得以转凡成圣，而在成圣之后，染性未曾消失。反之，众生依染业对染性的熏习，得以生死轮回，而在轮回之中，净性也未曾消失。

慧思这种说法，比较完善地回答了众生现实界与理想界差别的原因，指出了众生成佛的内在依据。这就是说，既然众生生死之相是由染业熏习染性而导致，诸佛涅槃之用是由净业熏习净性而造成，那么，众生若想脱离生死轮回之苦，进入涅槃常乐我净境界，就应当远离染事而广修净业。这是从加强主体修行的角度作的解释。

如果从止观观心的角度考察，因为众生心体如来藏具足染净二性，染净二性是为“无差别之差别”，世间染法与出世间净法本具于一心。慧思说：

> 问曰：不空如来藏者，为一一众生各有一如来藏，为一切众生、一切诸佛唯共一如来藏耶？答曰：一切众生、一切诸佛唯共一如来藏也。问曰：所言藏体具包染净者，为俱时具、为始终具耶？答曰：所言如来藏具染净者，有其二种：一者性染性净，二

---

① 《大乘止观法门》卷一。

> 者事染事净。如上已明也。若据性染性净，即无始已来俱时具有；若据事染事净，即有二种差别：一者一一时中俱具染净二事，二者始终方具染净二事。此义云何？谓如来藏体具足一切众生之性，各各差别不同，即是无差别之差别也。然此一一众生性中，从本已来复具无量无边之性，所谓六道四生、苦乐好丑、寿命形量、愚痴智慧等，一切世间染法及三乘因果等一切出世净法。如是等无量差别法性，一一众生性中，悉具不少也。以是义故，如来之藏从本已来俱时具有染净二性。以具染性故，能现一切众生等染事，故以此藏为在障本住法身，亦名佛性。复具净性故，能现一切诸佛等净德，故以此藏为出障法身，亦名性净法身，亦名性净涅槃也。①

慧思所谓“一切众生、一切诸佛唯共一如来藏”，实际上并未排斥“一一众生各有一如来藏”，只是侧重不同。“唯共一如来藏”，正是要强调众生与诸佛在性具染净方面的平等原理，从而突出止观法门“证甚深法性之体，起法界无碍之用”。而这里“唯共一如来藏”与“各有一如来藏”的结合，可以说是尔后华严宗“理事圆融”、“事事无碍”哲学的先声，并为程朱“理一分殊”学说提供了重要思想资料。

事实上，早在慧思《大乘止观法门》卷二中，已经提出了与唐代法藏“理事圆融”、“事事无碍”说相似的思想。慧思说：

① 《大乘止观法门》卷二。

> 是故举一众生一毛孔性，即摄一切众生所有世间法性，及摄一切诸佛所有出世间法性。如举一毛孔性，即摄一切法性；举其余一切世间、一一法性亦复如是，即摄一切法性。如举世间一一法性，即摄一切法性；举一切出世间所有一一法性，亦复如是，即摄一切法性。又复如举一毛孔事，即摄一切世出世事；如举一毛孔事，即摄一切事；举其余世间出世间中一切所有，随一一事，亦复如是，即摄一切世出世事。何以故？谓以一切世间出世间事，即以彼世间出世间性为体故。是故世间出世间性体融相摄，故世间出世间事亦即圆融相摄无碍也。是故经言：心、佛及众生，是三无差别。

世间、世间事是染，出世间、出世间事是净，染净都以法性为体，一切染净法性均为一毛孔法性所摄。所以，无论世间或出世间的染净之性、染净之事，都“圆融相摄无碍”。这里所谓的“法性”，即指“如来藏”。如来藏本具染净二性，故而有世间与出世间的相摄圆融。心、佛、众生，三者之所以无差别，是因为三者都本具如来藏，都本具染净二性。要获得这种认识，必须亲自验证如来藏，这便是慧思所倡止观法门的任务。

智𫖮的“性具善恶”说，是在慧思“性具染净”说基础上建立起来的。虽然染净与善恶有相通之处（尤其从修习角度看），但实际上两者差别很大。染净是印度佛学概念，而善恶则与中国传统哲学概念相联系。

“性具善恶”说集中反映在智顗晚年所著的《观音玄义》一书中。智顗说：

问：缘、了既具性德善，亦有性德恶否？答：具。问：阐提与佛断何等善恶？答：阐提断修善尽，但性善在；佛断修恶尽，但性恶在。问：性德善恶，何不可断？答：性之善恶，但是善恶之法门。性不可改，历三世无谁能毁，复不可断坏。譬如魔虽烧经，何能令性善法门尽？纵令佛烧恶谱，亦不能令恶法门尽。如秦焚典坑儒，岂能令善恶断尽耶？[①]

意思是说，众生与佛既同具染、净二性，也必然同具善、恶二性；性具善恶不仅适用于众生，也同样适用于佛。一阐提虽断“修善”，但仍具“性善”；佛虽断“修恶”，但本具“性恶”。因此，在性具善恶上，众生与佛平等一致，无有高下。就性而言，其所本具善恶，是永远不会改变的，因为它是众生的本质。

阐提与佛的区别不在性具方面，而在修习方面。智顗说：

问：阐提不断性善，还能令修善起；佛不断性恶，还令修恶起耶？答：阐提既不断性善，以不断故，还为善所染；修善得起，广治诸恶。佛虽不断性恶，而能达于恶，以达恶故，于恶自在；故不为恶所染，修恶不得起，故佛永无复恶。以自在故，广

① 《观音玄义》卷上。

> 用诸恶法门，化度众生。终日用之，终日不染，不染故不起，哪得以阐提为例耶？若阐提能达此善恶，则不复名为一阐提也。[1]

就是说，阐提虽具性恶，但同时不断性善，如能修善，也可成佛。这是就理想方面而言的。事实上，阐提之所以未能成佛，是因为阐提“断修善尽”。佛虽具性善，但同时不断性恶。佛能通达于恶，于恶自在无碍，所以不为恶染，不起修恶，从而不会退转。并且，佛还因于恶自在无碍而“用恶”来化度众生。在这一意义上，阐提与佛的根本区别可以概括为：“阐提断修善而不断性善，佛断修恶而不断性恶”。为此，智顗进而说明：

> 今明阐提不断性德之善，遇缘善发；佛亦不断性恶，机缘所激，慈力所熏，入阿鼻同一切恶事化众生。以有性恶，故名不断；无复修恶，故名不常。阐提亦尔，性善不断，还生善根。如来性恶不断，还能起恶，虽起于恶，而是解心无染，通达恶际，即是实际，能以五逆相而得解脱，亦不缚不脱，行于非道而通达佛道。阐提染而不达，与此为异也。[2]

这里指出了性具善恶说的思想核心及其实际意义。

这一思想核心是什么呢？就是由“阐提不断性善，如来

---

① 《观音玄义》卷上。

② 《观音玄义》卷上。

不断性恶”所体现出来的“心佛众生，三无差别”的平等原理。虽然在现象界表现为种种差别，但在本质上绝对平等。“阐提不断性善”思想，早在竺道生“一阐提人皆有佛性”说中得到反映，而“如来不断性恶”思想，则完全是智𫖮的独创。所以，性具善恶说的真正特色，便是“性恶”说。换句话说，性具善恶说的思想核心，主要是通过“性恶”说的阐述，来说明众生与佛在佛性上的平等原理。

宋代天台学者知礼曾对性恶说予以特殊的推崇。他说：

> 问：九界望佛，皆名为恶。此等诸界，性本具否？答：只一具字，弥显今宗。以性具善，诸师亦知；具恶缘了，他皆莫测。……名言既略，学者易寻。若知善恶皆是性具，性无不融，则十界、百界，一千、三千。①

意思是说，性恶学说是天台宗与其他宗派相区别的根本标志；十界互具、一念三千都与性恶学说相联系。因为光说性善，不说性恶，就不能得出十界互具的结论，当然也谈不上一念三千。

对此，元代天台宗僧侣怀则解释道：

> 只一具字，弥显今宗。以性具善，他师亦知；具恶缘了，他皆莫测。是知今家性具之功，功在性恶。若无性恶，必须破九界修恶，显佛界性善，是为缘

① ［宋］知礼：《观音玄义记》卷二，见《大正藏》卷三四。

理断九。……[1]

“缘理断九”是指别教所说的方便，并非圆教的真实说法。圆教因主张性具善恶，所以十界互具，无须破九界修恶而显佛界性善。怀则又说：

故知善恶不出十界。十界性融，互具成百界。界十如则成千如，假名一千、五阴一千、国土一千。如此三千现前，一念修恶之心，本来具足，非造作而成，非相生而然，非相含而然。一念不在前，三千不在后；一念不少，三千不多。[2]

这也就意味着，不仅性具实相说，而且性具善恶说，都是十界互具、一念三千的立论依据。换句话说，天台宗的全部止观学说也都可归之于性具原理。怀则的上述解释符合智顗的思想原貌。

怀则同样予性恶说以高度评价，认为：

诸宗既不知性具恶法，若论九界，唯云性起。纵有说云圆家以性具为宗者，只知性具善也，不知性具恶。故虽云烦恼即菩提，生死即涅槃，鼠唧鸟空，有言无旨，必须翻九界修恶，证佛界性善，以至直指人心，见性成佛，即心是佛等，乃指真心成佛，非

① ［元］怀则：《天台传佛心印记》，见《大正藏》卷四六。

② 《天台传佛心印记》。

指妄心。[①]

意思是说，即使其他宗派也说性具，但它们只讲“性具善”而不讲“性具恶”；性恶说仅为台家所独有，它高于其他各家所说。根据性善说，虽也能达到“烦恼即菩提，生死即涅槃”的认识，但必须通过“翻九界修恶，证佛界性善”的修习活动。天台圆教的“烦恼即菩提，生死即涅槃”，则是在性具善恶原理指导下，通过一念三千的止观观心，于当下实现的。因此，性具善恶说不仅指出真心成佛，而且也指出妄心成佛。如果从发扬天台宗特色的角度看，“性恶即佛性异名”。

性具善恶说的提出，不仅丰富了佛教的佛性学说，而且从理论上进一步证明了“心佛众生，三无差别”的观点。

从三谛圆融的角度看，空、假、中三谛相即相融，本具于一心；一念心起，即具空、假、中三谛。智颤认为，二乘及通教菩萨虽见空，然不见不空，而不见不空，即不能见佛性；别教菩萨虽见空，且能从空入假，但不能由假入中，也不能见佛性；圆教菩萨不但见空，且能从空入假，更能由假入中，即空、即假、即中，达到中道认识。根据这一原理，对“性”也应作三谛圆融的认识；净、染或善、恶只是相互对立的方面，说性具善恶也非至极。性论的至极是中道佛性，性具善恶要归结于中道佛性原则下的善恶相即平等。中道佛性指出在中道实相基础上的善恶相即，即善、即恶、即中，善恶中道都是佛性，都为佛性本具。十界为何互具？三千为何具于一念？原因就在善恶相即。

① 《天台传佛心印记》。

智顗说：

> 今但明凡心一念即皆具十法界，一一界悉有烦恼性相、恶业性相、苦道性相。若有无明烦恼性相，即是智慧观照性相。何者？以迷明故起无明，若解无明，即是于明。《大经》云：无明转，即变为明。《净名》云：无明即是明。当知不离无明而有于明，如冰是水，如水是冰。又，凡夫心一念即具十界，悉有恶业性相，只恶性相即善性相。由恶有善，离恶无善；翻于诸恶，即善资成。如竹中有火性，未即是火事，故有而不烧，遇缘事成，即能烧物。恶即善性，未即是事，遇缘成事，即能翻恶。如竹有火，火出还烧竹；恶中有善，善成还破恶。故即恶性相是善性相也。[①]

无明即明，性染即性净，性恶即性善，这种相即可以比做冰和水的统一无碍。善恶虽有对立的方面，但更重要的是统一的方面。九界之恶与佛界之善虽有界位之别，但本质是统一的；由善恶的相即，便可推及十界的互具。十界互具、一念三千的结果，承认“烦恼即菩提，生死即涅槃”。从中道实相角度说，“善恶之性，性本自空”[②]。无论十界互具、一念三千，还是性具善恶，都是性具学说的组成部分，而性具学说的核心，则是性具实相。在性具实相说确立的基础上，才能产生

① 《法华玄义》卷五下。
② 《法华文句》卷一下。

性具善恶说。

在《摩诃止观》中，智顗从性具实相角度论述善恶相即、众生与佛平等，说：

> 善顺实相名为道，背实相名非道。若达诸恶非恶皆是实相，即行于非道通达佛道。若于佛道生著，不消甘露，道成非道。如此论善恶，其义则通。……若诸恶中一向是恶，不得修道者，如此诸人，永作凡夫。以恶中有道故，虽行众蔽，而得成圣。故知恶不妨道，又道不妨恶。①

意思是说，若能达到善恶相即、都是实相的认识，就是行于非道，也能通达佛道。由于善恶都属性具，所以性恶不妨佛道，而佛道也不妨性恶。在《法华玄义》中，智顗又说：

> 若大乘观心者，观恶心非恶心，亦即恶而善，亦即非恶非善；观善心非善心，亦即善而恶，亦非善非恶。观一心即三心，以此三心，历一切心，历一切法，何心何法而不一三。一切法趣此心，一切心趣此法。②

一心即三心，善、恶、非善非恶三性均为一心本具。心为一实相，善、恶、非善非恶是实相心的三种表现，三者必然相

① 《摩诃止观》卷二下。
② 《法华玄义》卷八上。

融相即。

二、性具善恶与止观修习

天台理论的特点，在于与止观实修的紧密联系，性具善恶说的建立，根本用意就是要以此引导众生，从平等的性具原理出发，在止观实修中，体验“烦恼即菩提，生死即涅槃”这一染净相即、善恶相即的众生本质或宇宙本质。

智顗在《摩诃止观》中写道：

> 菩萨深达中道实相，非违非顺，于违起悲，于顺起慈。若深达者，只是一念心，非违非顺，无三差别。亦是一念慈悲，非前非后，故名真正菩提心也。安心业空，则善顺而恶息；恶息故名止，善顺故名观。安心业假，恶息善顺；安心业中，恶息善顺。顺故名观，息故名止。……三世推检，横竖搜求，善恶诸业，俱不可得，毕竟清净。而言善恶业者，但以世间文字假名分别，不可闻名而谓为实。所以者何？本求理实，不求虚名；虚名无性，虽强分别，如指虚空。①

众生或宇宙的最高原理是中道实相，证得中道实相之时，便无所谓违逆顺从、性善性恶、善业恶业。从名义上说，止观的含义是息恶顺善，但从中道实相原理上看，善恶仅是假名，

① 《摩诃止观》卷八下。

三谛本来圆融。因此，止观最终要达到的是“烦恼即菩提，生死即涅槃”的不思议境界。

智𫖮说：

> 《无行经》云：贪欲即是道，恚痴亦如是；如是三法中，具一切佛法。若人离贪欲，而更求菩提，譬如天与地，贪欲即菩提。《净名》云：行于非道，通达佛道。一切众生即菩提相不可复得，即涅槃相不可复灭。为增上慢说离淫、怒、痴，名为解脱；无增上慢者说淫、怒、痴性，即是解脱。一切尘劳是如来种，山海色味无二无别，即观诸恶不可思议理也。①

大乘佛教为与小乘相区别，标榜“普度众生”，因而提倡“世间即出世间”。《法华经》、《维摩经》的宗旨，就是要论证佛法不脱离世间、众生于世间获得解脱这一思想。“烦恼即菩提，生死即涅槃”之说，可以说是《维摩经》的中心思想。智𫖮的性具善恶说，应用传统哲学概念，概括并发展了上述思想。从“如来不断性恶，阐提不断性善”出发，现实生活中的淫、怒、痴与理想境界的菩提、涅槃统一无碍。

智𫖮又用莲子作譬喻，说：

> 一切众生，自性清净，亦复如是。不为客尘所染，生死重积，而心性不住不动、不生不灭，即是

---

① 《摩诃止观》卷二下。

佛界。如是相，《净名》曰：一切众生即菩提相，即其义也。譬如莲子，虽复乌皮淤泥之中，白肉不改。……故言烦恼即菩提。①

莲子生于淤泥，净土起于秽土，其原因就在于性具善恶。众生自性清净，而为客尘所染，是指如来藏。如来藏自性清净，是为众生成佛的依据；阐提未能成佛，因为他虽不断性善，但断修善尽。莲子虽处淤泥之中，却白肉不改，这是用如来藏来说明烦恼即菩提。如来藏具有所摄、隐覆、能摄三层含义。所摄，指一切众生悉为如来智、如来境所摄；隐覆，指如来之性隐没于众生烦恼性中；能摄，指真如佛性虽在众生烦恼之中，但含有如来一切功德。这就是说，如来藏包含着自性清净心和烦恼污染心；两种心本质上不可分离，都为佛性所具。自性清净心相当于法性，烦恼污染性相当于无明，从止观理论上说，"烦恼即菩提"便是"一念无明法性心"的表现。因此，性具善恶学说，最终要落实到对"一念无明法性心"的实践。

《摩诃止观》详细论述了无明即法性、一念无明法性相即，以及破无明而明法性等问题，从止观观心角度揭示性具善恶的实际意义。

智顗把"烦恼即菩提，生死即涅槃"纳入止观的"不思议境"，认为由此可以不断无明而证得法性。他说：

次明不思议境者，一念空见，具十法界，即是

① 《法华玄义》卷七下。

> 法性。法性更非远物，即是空见心。《净名》云：诸佛解脱，当于众生心行中求，当于六十二见中求。三法不异故，宛转相指，一切众生即是菩提，不可复得，即圆净解脱；五阴即是涅槃，不可复灭，即方便净解脱；众生如即佛如，是性净解脱。……三种解脱不得相离，不纵不横，不可思议，圆满具足，空见中求，是名不可思议境。此境无明法性宛然具足。①

“空见”，指那种以为诸法皆无、因果皆空的错误认识；法性即是空见心，相当于一念无明法性心。“三法”，指心、佛、众生；心佛众生三无差别，三种解脱不纵不横，可于无明中求得。而在证得不可思议境时，无明法性仍宛然具足，这是因为性具善恶，善恶之性不会断灭。

就烦恼、无明的本质而言，由中道实相观察，即空、即假、即中，故不住调伏、不住不调伏，所谓“烦恼即空，故不住不调伏；烦恼即假，故不住调伏；烦恼即中，故不住亦调伏亦不调伏；双照烦恼故，不住非调伏非不调伏”②。智颤以与上述类似的“四句”，进一步说明烦恼与涅槃的关系，说：

> 广说有三十六句，须先立四句。谓不断烦恼不入涅槃，断烦恼入涅槃，亦断亦不断亦入亦不入，非断非不断非入非不入。初句谓凡夫，次谓无学人，三

① 《摩诃止观》卷一〇下。

② 《摩诃止观》卷八上。

谓学人，四谓理是。①

四句中最理想的当然是第四句，由这一句又衍生出四句，即："非断非不断非出非不出，非断非不断出，非断非不断不出，非断非不断亦出亦不出。"② 最后一句指"体法入空菩萨"，"无所不该"。根本四句的第四句属"非空非有门"，第四句中的第四句当然也属"非空非有门"，这是大乘中观学最高的境界。智顗将这一"非空非有"的境界用来说明烦恼与涅槃的关系，"是名四分烦恼具足一切佛法，亦名行于非道通达佛道，亦名烦恼是菩提，亦名不断烦恼而入涅槃。"③ 对于这种烦恼与菩提、涅槃圆融无碍的关系，智顗有如下表述：

> 譬如未得神通之人，若在牢狱，必须穿墙破壁，方得解脱。若是神通之人，处在牢狱，虽不穿墙破壁，而出入无碍也。④

所说"神通之人"即指已达"不断烦恼而入涅槃"的大乘菩萨。大乘菩萨立于"非空非有"高度，基于"不可思议境"，"于生死而有勇，于涅槃而不味。勇于生死，无生而生，不为生法所污，如花在泥，如医疗病。不味涅槃，知空不空，不为空法所证，如鸟飞空，不住于空。不断烦恼而入涅槃，不

---

① 《摩诃止观》卷八上。
② 《摩诃止观》卷八上。
③ 《摩诃止观》卷八上。
④ 《维摩经玄疏》，见《大正藏》卷三八。

断五欲而净诸根，即是不住调伏不住不调伏意。”① 这是按止观学说中的圆顿止观所说，此说的哲学基础仍是由中道实相论发展而来的性具学说。

智𫖮站在菩萨圆顿止观的立场上，以独创的性具哲学断言，既然如来不断性恶，阐提不断性善，所以烦恼即是菩提，无明即是法性，乃至阐提即是佛，所谓：

> 圆顿者，初缘实相，造境即中，无不真实。系缘法界，一念法界，一色一香，无非中道。己界及众生界、佛界亦然。阴入皆如，无苦可舍；无明尘劳即菩提，无集可证；边邪皆中正，无道可修；生死即涅槃，无灭可证。②

这一思想可以说概括了《摩诃止观》的宗旨。何为止观？按智𫖮绝待止观（即不思议止观）之义理解，非言说之道，非心识之境，灭绝绝灭之故，名绝待止；断除颠倒妄想，名绝待观。这种止观，超越一切对待，属于亡言绝虑的境界。《摩诃止观》卷五下说：“本末双寂，毕竟清净，是名为止。又说无明即法性，不二不异。法性本来清净，不起不灭；无明惑心亦复清净，谁起谁灭？”无明和法性一样，都处于寂灭状态，所以圆顿止观强调众生一念心即十界互具、三谛圆融、三千本具；同样，一念心起，便性具善恶、众生即佛。

上述分析表明，智𫖮论性具善恶，最终将它纳入止观体

① 《摩诃止观》卷八上。

② 《摩诃止观》卷一上。

系，成为止观学说体系的一个重要组成部分。无论性具实相，还是性具善恶，都要以众生成佛为根本目的，实现这一目的，毕竟是止观的任务，而止观中的圆顿止观则是最有效最切实的方法。

但是，应该看到，仅以圆顿止观来说明性具善恶，那是不够的。性具善恶不仅指出“如来不断性恶，阐提不断性善”，因而于一念无明法性心中证得烦恼即菩提、生死即涅槃；而且指出“阐提断修善尽”而“如来断修恶尽”，因而现实世界存在着十界差别。如来断修恶尽而不断性恶，故能以大乘之悲愿，广开方便法门，“以自在故，广用诸恶法门，化度众生。终日用之，终日不染”[①]；众生则应循如来所示方便，展开具体止观实修，用以修善而断恶、去无明而明法性、断烦恼而入涅槃。一是“究竟”，一是“方便”，两者并非对立，而是统一无碍；究竟不碍方便，方便无妨究竟，一切止观修习，都是为了证得菩提涅槃。

智顗在《摩诃止观》卷一上对止观又有一说，所谓“既知无明即明，不复流动，故名为止；朗然大净，故名为观。既闻名得体，体即摄法，摄于偏圆，以偏圆解，起于方便。方便既立，正观即成。”这就是说，止观首先要使无明“不复流动”，意即破除无明、消除烦恼。一切法都有偏、圆之别，偏是方便，圆是究竟，由有方便，才能达于正观。

根据对止观的上述解释，性具善恶应用到对方便修习的指导中，众生有断恶修善、去无明显法性的义务。换言之，性具善恶并非鼓励众生放弃止观修习。恰恰相反，智顗对修习

---

① 《观音玄义》卷上。

止观以特殊重视。

智顗《摩诃止观》论“破法遍”时说，正观的前提是破除众生心念的种种执着，如自生、他生、共生、无因生等偏见，认识自身心念及宇宙万法并无“由自、由他、由共、由无因缘”四性。他说：“见思即是无明，无明即是法性。见思破即是无明破，无明破即是见法性，入实相空。”① 所谓“见思”，是指见执（错误观点、认识）、思执（种种烦恼惑业）。破见思相当于三观中的由假入空，所以是正观的前提。见思也是无明，无明破方能显法性，所以也是明法性的前提。智顗又说：

> 唯有无明，回转未息。今达心本源，无明寂静，名止息止；安心此理，名停止止。常住之理，非止非不止，对无常动，故言为止。②

无明回转未息，需要破除、断灭，使之反本还源，回到寂静，此寂静之源便是法性。换句话说，也就是“约法性破无明”。

“约法性破无明”是对“无明即是法性”的补充和完善。智顗说：

> 决谓无明即是法性，如此计者，非是悟心，但发观解，如暗见尘机，决谓尘机。即当移观，观于

① 《摩诃止观》卷六下。
② 《摩诃止观》卷六下。

法性。……决定谓此中道观智，能破无明。[①]

在智顗看来，“无明即是法性”，属于“发观解”即思维真理而解了其意，并非悟心，即不是止观的究竟。所谓“移观于法性”，是指通过“为当无明心灭、法性心生，为当不灭、法性心生，为当亦灭亦不灭、法性心生，为当非灭非不灭、法性心生”的观察思维，获得“中道观智”，从而“能破无明”。止观的究竟，是要破无明，明法性。无明与法性除了统一的关系，还有对立的关系。

对无明与法性的这种对立统一关系，智顗作了如下的表述：

> 问：无明即法性，法性即无明，无明破时法性破不？法性显时无明显不？答：然。理实无名。对无明称法性，法性显则无明转变为明；无明破则无无明，对谁复论法性耶？问：无明即法性，无复无明，与谁相即？答：如为不识冰人，指水是冰，指冰是水；但有名字，宁复有二物相即耶？如一珠向月生水，向日生火，不向则无水火；一物未曾二，而有水火之珠耳。[②]

这就是说，无明相对法性而言，法性也相对无明而言；由无明的存在，才有法性的概念，无明一旦破除，法性也不复存

① 《摩诃止观》卷六下。
② 《摩诃止观》卷六下。

在。因此，“无明即法性，法性即无明”是有前提的，不是无条件的。从修习角度说，这句话建立于破无明、明法性的基础上。所以，破无明是全部止观的关键；也只有破无明，才能理解“性具善恶”、“烦恼即菩提”。也就是说，“无明即法性”毕竟是觉悟的境界；而在现实众生方面，无明并非法性，所以众生要通过修习而成佛。同样，性具善恶本质上也是佛的境界，意为佛性本具善恶，于佛性中善恶之性相即；而在现实众生方面，虽从大乘立场上看，众生即佛，众生之性即佛性，故也可说性具善恶，但众生毕竟未及善恶之性相即的境界。在众生，性之善恶仍是对立统一的存在，善是对于恶而言，只有修断恶尽，才能达于至善，进入佛的境界。进一步说，究竟上说，在圆顿止观的不思议境上，不仅无明和恶，就是法性和善，都归于中道实相。水与冰，既是两个概念，两种不同形态，则不能说“相即”，但两者又有共同的本质，所以又可说“相即”；从水转化为冰，或从冰转化为水，需要有个过程，这个过程相当于止观修习的转无明为法性。一珠虽能生水火两物，而一珠未曾变，这相当于性具善恶，善恶为性所本具；因向月而生水，因向日而生火，也是一个转化过程，这个过程相当于止观修习的断修恶而复性善。

为了说明性具善恶、破无明而显法性，智顗创立“六即”说，用以指导止观修习。这六即是：理即、名字即、观行即、相似即、分真即、究竟即。“此六即者，始凡终圣；始凡故除疑怯，终圣故除慢大。”① 六即指菩萨修行所经历的六个阶位。其起点为“理即”，意为原则上众生都有成佛的可能；

---

① 《摩诃止观》卷一下。

其终点是“究竟即”，意为断除无明、获得究竟果位。“六即”既指出了心、佛、众生三无差别的中道实相原理，同时又说明了止观修行的必要性。

智顗阐释“理即”义，说：

> 理即者，一念心即如来藏理。如故，即空；藏故，即假；理故，即中。三智一心中具，不可思议，如上说。三谛一谛，非三非一，一色一香，一切法，一切心，亦复如是，是名理即是菩提心，亦是理即止观。即寂名止，即照名观。①

这一理即，首先从理论上肯定众生即佛。众生一念心的当体即空、即假、即中，所以不仅一心三智，而且一心三谛、三谛圆融。如来藏理在凡不减，在圣不增；如来不断性恶，阐提不断性善。一色一香，无非中道；心佛众生，三无差别，差别的只是事相而已。众生因有成佛可能，所以才有修习的必要，继之而修名字即、观行即、相似即、分真即。

智顗说：“名字即者，理虽即是，日用不知，以未闻三谛，全不识佛法，如牛羊眼不解方隅。”一旦“或从知识，或从经卷，闻上所说一实菩提，于名字中通达解了，知一切法皆是佛法。是为名字即菩提，亦是名字止观。”② 众生虽不能亲闻佛说，但对经典闻信解了，也能从名言概念而得一实菩提。智顗又说：“观行即是者，若但闻名口说，如虫食木，偶得成字。

① 《摩诃止观》卷一下。

② 《摩诃止观》卷一下。

是虫不知，是字非字；既不通达，宁是菩提？必须心观明了，理慧相应，所行如所言，所言如所行。”① 意为修习不能停留于名字即位，既得圆解，尚须圆修，从性起修，以修合性，达到“心观明了，理慧相应”。他又说：“相似即是菩提者，以其逾观逾明，逾止逾寂。……如六根清净中说，圆伏无明名止，似中道慧名观。”② 相似位是在观行位基础上的修习位次，意为因止观愈趋明静，而得六根清净，断除见、思等惑，制伏无明烦恼，相似于真证中道慧。分真即又名分证即，“因相似观力入铜轮位，初破无明见佛性，开宝藏显真如，名发心住，乃至等觉。无明微薄，智慧转著，如从初日至十四日，月光垂圆，暗垂尽。若人应以佛身得度者，即八相成道；应以九法界身得度者，以普门示现。”③ 这一分真位，指由一心三观，任运现前，而初到宝所，分证中道。在经过以上修行阶位后，进入“究竟即”位，智𫖮说：“究竟即菩提者，等觉一转入于妙觉，智光圆满不复可增，名菩提果；大涅槃断更无可断，名果果；等觉不通唯佛能通，过荼无道可说，故名究竟菩提，亦名究竟止观。”④ 意为断尽一切无明，显现圆满法性，证得究竟诸法实相之位。究竟位上，获三世诸佛妙觉极果。

智𫖮认为，“六即”虽有六位之分别，但体性不二，彼此相即，如理位即是名字位，乃至即是究竟位。这是圆教止观

① 《摩诃止观》卷一下。
② 《摩诃止观》卷一下。
③ 《摩诃止观》卷一下。
④ 《摩诃止观》卷一下。

的特色。他说："问：何意约圆说六即？答：圆观诸法，皆云六即，故以圆意约一切法，悉用六即判位。"① 这表明，"六即"说在智颉的圆融思想体系中占有重要位置。所谓一切法都以六即判位，也就是六即说可以运用于圆教的一切领域。六即不仅显示法门的深浅，说明修行的次第，使众生不生上慢心；而且指出体性平等不二，使众生于修行时不生退屈之心。他说：

> 若欲免贫穷，当勤三观；欲免上慢，当闻六即世间。相常住，理即也；于诸过去佛若有闻一句，名字即也；深信随喜，观行即也；六根清净，相似即也；安住十智中，分证即也；唯佛与佛究尽实相，究竟即也。②

由于六位相即，所以在修行的每一位次上都互具其他五位的内容和结果。这不仅反映出每一局部修行所具有的整体意义，而且使全部修行有一种必然的相续性和连贯性。反过来说，由于确定了修行的阶段性，以及每一阶段修行在由理即至究竟即过程中的位置，意味着修行不仅不能因圆融相即思想而放弃，相反更为重要。所以智颉说："六即位者，亦是体广，亦是位高，亦是用长。"③ 由此可以说，六即学说在智颉的止观体系中，似乎具有举足轻重的意义。根据这一学说，性具善

---

① 《摩诃止观》卷一下。
② 《法华玄义》卷一上。
③ 《法华玄义》卷二上。

恶与为善去恶、烦恼即菩提与断烦恼证菩提、无明即法性与破无明显法性、止观理论与止观修习等等的矛盾对立，都可以得到圆融统一。

“六即”说对于“性具善恶”说具有强有力的支持作用。“性具善恶”说既指出了众生和佛同具善恶之性，又说明了众生为成佛而展开修习的必要性。“六即”说则在上述两点之外，更提出了修习的具体途径，落实了由凡到圣、由众生到佛的具体阶位。一切众生不仅有成佛的可能，更有为成佛而进行修行的必要。这种可能性与必要性是统一的，它表明佛教的理想境界与众生的现实状态有着密切的内在联系。众生即是佛（“理即佛”），但是否真正成佛（“究竟即佛”），要由主体的修行决定，主体并不因相即互具的理论而丧失其积极主动的意义。不能简单地把智顗的圆融哲学看成是消极的、调和的。一念即佛与止观修习之间也是一种圆融关系，相即不碍修习，修习无妨相即，理想境界的实现最终要由止观修习决定，要通过主体的能动性决定。

止观学说体系的意义之一，是要阐明主体的地位和意义；众生不应该消极地等待成佛，而必须以积极姿态展开修行，保证主体在精神上的自由。理想境界是相对于众生而言的，没有众生便无理想境界，智顗在描述理想境界的同时，更注意如何改善现实众生的处境，引导众生向佛的境界进取。性具善恶说同样具有这层意义。

中道实相是印度大乘佛教概念，“善恶”则是典型的中国传统哲学概念。智顗在完成性具善恶说的过程中，以传统的哲学概念，结合大乘佛教思维方式，对“心、佛、众生，三无差别”之说，作了有力的哲学论证。这一哲学论证，具有明显的实际意义。

智颉时代，大乘佛教的各派哲学已普遍传入中国，中国佛教学者已开始展开吸收、融合、改造的工作。在此基础上，各家学派纷纷建立。智颉的佛学成就和慈悲胸怀促使他担当起了新的重任。因为南北朝的学派，基本上囿于印度佛教一经一论的分析研究，没有脱离印度佛教的哲学概念和思想模式，所以学派的思想影响受到制约，其生命力受到来自政治、经济、文化等各方面的挑战。智颉不仅具有深厚的大乘佛学功底，而且对儒、道等传统哲学也有坚实基础，他不会满足于南北朝的学派之争和对印度佛教的一般理解。性具哲学就是以否定南北朝佛教学派"依持"、"缘起"学说为前提建立的；"性具"概念本身即意味着对印度佛学的突破，确立天台佛学的个性。

性具善恶哲学既调和了传统哲学与佛教哲学概念上的差异，又综合了民族思维方式与印度思维方式上的不一，实现了多层次、多方位的圆融统一。从而，天台佛学不仅在哲学思辨方面远远高于南北朝各家学派，而且在实际意义方面也大大超出同时代各派学说。由于性具善恶说以通俗的善恶概念来解释佛性，使佛性的神秘性逐渐消失，平等原理一旦为人们所接受，平等的要求也就变得实际起来。这一学说的推广，无疑有助于提高民族的自信，增强民众的自力、自强的情感。

智颉时代，民众普遍经历了因国家分裂和军阀混战而造成的无边苦难，不仅儒家的说教已失去权威，就是佛教各派因其注重经论的研究和名相的辨析而削弱了功能。性具学说以对中、印不同民族学说和思维的高度综合、再塑的能力，不仅为该时代的民族提供了众生平等、众生与佛不二的理论指导，而且也为他们的成佛实践提供了有效方法。

根据性具善恶说，智𫖮重点申述了众生与佛在本质上的平等。众生性具善恶，佛也性具善恶，所以在本质上无丝毫差别，这就肯定了众生所具的同等的成佛权利，而佛虽然断修恶尽，但性恶仍在。这是真正意义上的“佛法平等，无有高下”。

智𫖮说：

> 乐间得论十法界机，阿鼻无乐间则无事善，云何具十?然阿鼻有性善不断故。又近世虽无事善，远劫或有。恶强善弱，冥伏未发；若遇因缘，发亦何定?是故阿鼻得具十机，即判粗妙：九界机为粗，佛界机为妙。①

地狱虽然是十界之至恶，佛虽然是十界之至善，但因性具善恶，地狱通于九界，其中包括佛界。这就意味着：地狱必有升为佛界之机，阐提必有成佛之时。他又说：

> 经云：若我遇众生，尽教以佛道。若众生无佛性者，教以佛道，过则属佛。若众生皆有佛性，迷惑不受教，过属众生。一切有心，皆当作佛；阐提不断心，犹有反覆，作佛何难?!②

① 《法华玄义》卷六上。

② 《法华玄义》卷六下。

众生若无佛性，则佛应教以成佛之道，但事实上众生性具善恶，阐提不断性善，成佛只是众生阐提自身的事。

智颉的性具善恶学说，是从人的本质问题着手，展开佛学对中国传统思想适应和改造的重要尝试。

性具善恶，一方面出自如来藏性具染净之说，带有佛学的印迹；另一方面，既然谈论善恶（尤其是性恶说），也就不再是单纯的佛性论问题，而与世俗哲学的人性论发生密切的关系。前引《观音玄义》卷上说："今明阐提不断性德之善，遇缘善发。佛亦不断性恶，机缘所激，慈力所熏，入阿鼻同一恶事化众生；以有性恶，故名不断。"这一思想可以说是在佛性论基础上，对中国历史上出现的各种人性理论予以综合加工后提出的。

先秦孟子倡性善论，荀子与之相反，倡性恶论。西汉董仲舒则把众人之性分为上、中、下（善、中、恶）三等，这一分类与后来天台宗分性为善、无记、恶三种是一致的。但是，董氏"性三品"说否认众生平等，严格规定三等性与三等人的一一对应和不可变易，这既与"涂之人"皆可为圣贤的传统观念有矛盾，也不符合佛教"一阐提人"也能成佛的理想。于是杨雄提出了"性善恶混"的人性理论，他说："人之性也善恶混。修其善则为善人，修其恶则为恶人。"① 认为人性中既有善也有恶，而为善为恶的关键在于修善还是修恶。这一理论给了一切人以成圣贤的平等权利和充分机会。智颉的性具善恶学说显然吸取了这一观点的合理部分，指出：

---

① ［西汉］杨雄：《法言·修身》。

人心复何定？为善则善识，为恶即恶识，不为善恶即无记识。此三识何容顿同水火？只背善为恶，背恶为善，背善恶为无记：只是一人三心耳。[1]

这种学说既吸收了世俗哲学人性论，同时又比传统人性论远为精致，能够更有效地解释社会的善恶现象和个人的善恶行为，从而更容易为僧俗两界所接受。

为了论证“性具善恶”，智𫖮曾据北本《大般涅槃经》第二十八卷所论佛性义，建立“三因佛性”说，而这三因佛性说也与中国传统的人性理论及其修养有紧密的联系。

所谓“三因佛性”，是从三个不同方面对性具善恶作出的说明，意为众生本具三因佛性，性具善恶的原因就在其中，成佛的依据也在其中。它们是：正因佛性、了因佛性、缘因佛性。正因佛性指诸法实相之理体，是众生成佛的正因；了因佛性指般若观照之智，此智能显发诸法实相；缘因佛性指一切功德善行，因其能资助了因、开发正因，故名缘。智𫖮说：“法性实相即是正因佛性，般若观照即是了因佛性，五度功德资发般若即是缘因佛性。”[2]他又认为，正因佛性“常乐我净，不动不坏”[3]，既非染净，也非善恶。具染净、善恶的是了因佛性、缘因佛性，所以《观音玄义》卷上写道：“问：缘、了既有性德善，亦有性德恶否？答：具。”这就是说，依据三因

① 《法华玄义》卷五下。

② 《法华玄义》卷一〇上。

③ 《法华玄义》卷七下。

佛性，性具善恶是指了因和缘因，而正因则无善恶。《摩诃止观》卷九下也写道："若通观十二缘真如实理，是正因佛性；观十二因缘智慧，是了因佛性；观十二缘心具足诸行，是缘因佛性。若别观者，无明、爱、取即了因佛性，行、有即缘因佛性，识等七支即正因佛性。"既然善恶与了因、缘因相联系，止观修行也就有了针对性，容易具体化。

缘、了既具性德善，又具性德恶，这相当于传统人性论的善恶混说，修养的宗旨就在于为善去恶，或所谓断修恶尽而显现性德善。如根据后来怀则对智颚三因佛性的解释，修行的目的和要点就更容易把握。怀则说：

> 《法华》云：诸法实相，不出权实。诸法是同体权中善恶缘、了，实相是同体实中善恶正因。九界十如即恶缘因，佛界十如即善缘因。……《涅槃经》中，阐提善人，二人俱有性善性恶，名为善恶缘因。三因既妙，言缘必具了、正，言了必具正、缘，言正必具缘、了。一必具三，三即是一。毋得守语害圆，诬罔圣意。若尔，九界三因，性染了因，性恶缘因，染恶不二是恶正因，岂唯局修。佛界三因，性善缘因，性净了因，善净不二即善正因。[1]

《法华经》所说"诸法实相"有同体权实之别，诸法是权，实相是实；诸法与三因佛性中缘、了性具善恶联系，实相则与三因佛性中正因性具善恶相关。十法界中，九界是权，佛界

① 《天台传佛心印记》。

是实。按《涅槃经》所说，阐提与善人都性具善恶，这善恶是指缘因佛性；与之相对应，染净则是指了因佛性；而染净、善恶不二则指正因佛性。[①]把性善性恶归之于缘因佛性，意味着功德善行在改变众生现状过程中的重要意义，也意味着与为善去恶的传统人性论以及修养方法论的靠拢。功德善行能资助了因般若观照，又能开发正因法性实相，因而，众生成佛的基点就应该落实于现实环境中的具体修行，这种修行类似于儒家所主张的积功积德、成圣成贤。

由于智顗把佛教的佛性思想与传统哲学的人性理论结合运用，大谈众生之性善恶本具，并以修习善恶来解释人的各种社会表现，这在本质上已经接触到了人性论中性与情的关系问题。而这一内容后来一直是天台宗的重要教义，唐代湛然，北宋知礼、遵式等人也都阐述性恶思想。湛然说：“佛本不断性恶法故。性恶若断，普现色身，从何而立？”[②]知礼也说：“由性恶故，方论即理之毒也。能消伏用者，所消之毒既即理性，能消之用岂不即理？斯乃理慧理定，为能消能伏也。复应了知理消伏用，体是性恶，方得初心即修中观。故荆溪云：忽都未闻性恶之名，安能信有性德之行？”[③]遵式也说：“对修研性，意显性常。善恶二途，不出十界。修恶之极，莫若阐提；修善之穷，岂过诸佛？二人论性，善恶俱存。性善

① 参见赖永海：《性具与性起——天台、华严二宗佛性思想比较研究》，《世界宗教研究》，1987年第2期。
② 《止观义例》卷上。
③ ［南宋］宗晓：《四明尊者教行录》卷二，见《大正藏》卷四六。

且对阐提，性恶且论诸佛。”①

由于天台性具学说比较圆满地回答了人性的本质以及现实人生善恶的原因，所以为儒家学者所重视。唐代学者李翱受梁肃《天台止观统例》的启发和影响，作《复性书》三卷，提倡“复性”学说。梁肃曾受学于天台宗荆溪湛然，所以《统例》的思想包含了天台性具善恶学说有关内容，主张破无明而显法性。李翱《复性书》的“性善情恶”说认为，“情有善不善，而性无不善焉”，而且“百姓之性与圣人之性弗差也”。因为性善，所以凡人都能成为圣贤；因为情有善恶，所以并非凡人都能成为圣贤。理想境界与现实人生的区别就在于性善情恶。这一学说相当于智顗“三因佛性”说。李翱因坚持儒家立场，只说性善，不说性恶，但他既认为“圣人者岂无情耶？”圣人与凡人同具情之恶，只不过圣人虽有情而“未尝有情”，则实际已认同了性具善恶。他的性善类似于三因佛性中的正因，而情恶则类似于三因佛性中的了因、缘因。李翱所谓“复性”，指回复为昏惑之情所障蔽的明净善性，这显然受天台“断烦恼而入涅槃”、“约法性破无明”、“断修恶尽而明性善”思想的影响和启发。

李翱的“复性”说，与韩愈的“道统”说相配合，成为唐代兴复儒学的重要组成部分。

① [北宋] 遵式：《摩诃止观义题》，《天竺别集》卷下，见《续藏经》二编第六套第二册。

第八章　止观实践法门

一、四种三昧

智𫖮创立的天台佛教，不仅有完整的哲学理论体系，而且有系统的宗教实践内容，以保证所有信奉天台佛教者因实修止观而觉悟。在他看来，一心三观、圆融三谛、一念三千、性具善恶等学说，既是止观实修的理论概括，同时又能指导止观实修。但学说体系本身并不能取代实际修习，要完成天台佛教的觉悟，必须如实展开止观修习。脱离止观修习，天台佛学体系就将失去它的宗教意义。他提出的宗教实践方法，相对于哲学理论体系，既具体又易行，表现出天台佛教不仅有“极高明”的一面，而且又有“道中庸”的另一面。

智𫖮所说天台止观实践的具体内容，主要包括四种三昧、十乘观法、二十五方便等法门。其中，四种三昧被列入《摩诃止观》“五略”之二“修大行”中，视之为天台止观修行的要点。说：“云何行大行？虽复发心，望路不动，永无达期。

劝牢强精进，行四种三昧”；“众生有大精进勇猛，佛说一行一切行，则四三昧”；“方便正观，只是四三昧耳。”[①] 发菩提心是诸行之本，但它不能取代修行；修行的根本，在于四种三昧。

何谓“四种三昧”？《摩诃止观》卷二上有详细说明：

> 劝进四种三昧，入菩萨位。说是止观者，夫欲登妙位非行不阶，善解钻摇，醍醐可获。《法华》云：又见佛子修种种行，以求佛道。行法众多，略言其四：一常坐，二常行，三半行半坐，四非行非坐。通称三昧者，调直定也。《大论》云：善心一处住不动，是名三昧。法界是一处，正观能住不动；四行为缘，观心藉缘调直，故称三昧也。

意思是说，四种三昧是在《法华经》和《大智度论》的学说基础上提出的，具有充分的经典理论依据。因此，通过这种修行，定然能求取佛道，“入菩萨位”。三昧，梵文 Samādhi 的音译，也作“三摩地”。意译为“定”、“正定”或“等持”。指排除一切杂念，使心平静，专注一境，精神高度集中。四种三昧虽各有特点，但都通达佛道，实现正观解脱。

第一常坐三昧。又名“一行三昧”。智顗《摩诃止观》卷二上说，该三昧具体依据《文殊说般若经》和《文殊问般若经》。梁代曼陀罗仙所译《文殊说般若经》卷下，有如下论述：

---

① 《摩诃止观》卷一上。

法界一相，系缘法界，是名一行三昧。欲入一行三昧，当先闻般若波罗蜜。如说修学，然后能入一行三昧。如法界缘不退不坏，不思议无碍无相。

欲入一行三昧，应处空闲，舍诸乱意，不取相貌，系心一佛，专称名字。随佛方所，端身正向，能于一佛，念念相续，即是念中能见过去、未来、现在诸佛。何以故？念一佛功德无量无边，亦与无量诸佛功德无二。不思量佛法等无分别，皆乘一如成最正觉，悉且无量功德，无量辩才。如是入一行三昧者，尽知恒沙诸佛法界无差别相。①

大意是说，在实践一行三昧之前，“如说修学”，即按经典所说，先须研习般若波罗蜜，以领悟法界无碍无相之理。以一相（“一行”即“一相”，指法界一相，无有差别）为三昧的境界，即以法界为所系缘；法界无所不包，平等不二，无差别相，不退不坏。所谓“应处空闲，舍诸乱意，不取相貌，系心一佛，专称名字”，是指坐禅念佛的功夫，这种念佛既是唯心念佛，又是实相念佛。一行三昧的核心，就是唯心念佛和实相念佛的结合。

智𫖮《摩诃止观》论一行三昧的修行方法，与上述经文所说一致。他说：

端坐正念，蠲除恶觉，舍诸乱想，莫杂思惟，不取相貌，但专系缘法界，一念法界。系缘是止，一

① 《文殊说般若经》，见《大正藏》卷八。

念是观。

若于法门未了，当亲近解般若者。如闻修学，能入一行三昧，面见诸佛，上菩萨位。

方法者，身论开遮，口论说默，意论止观。身开常坐，遮行住卧。或可处众，独则弥善。居一静室，或空闲地，离诸喧闹，安一绳床，旁无余座。九十日为一期，结跏正坐，项脊端直，不动不摇，不萎不倚。……随一佛方面，端坐正向，时刻相续，无须臾废。所开者专坐，所遮者勿犯。不欺佛，不负心，不诳众生。口说默者，若坐疲极，或疾病所困，或睡盖所覆，内外障侵，夺正念心，不能遣却，当专称一佛名字，惭愧忏悔，以命自归，与称十方佛名，功德正等。①

所以，智颉的常坐三昧，可归之于一种念佛法门。这种念佛的特点是，端坐正向一佛，心意专注一佛。由于它以般若为思想背景，又以实相为指导原则，所以不仅属于唯心念佛，而且还是实相念佛。“身论开遮，口论说默”是常坐三昧的坐禅和念佛形式，“意论止观”才是它的本质。而意论止观，指的就是在坐禅和念佛基础上，达到与佛一如的境界，证得法界实相之理。因为“佛即法界。若以法界证法界，即是诤论。无证无得，观众生相如诸佛相，众生界量如诸佛界量。诸佛界量不可思议，众生界量也不可思议。”② 常坐三昧的实践要点

① 《摩诃止观》卷二上。
② 《摩诃止观》卷二上。

是"端坐正念"，其对象不外乎法界，"系缘法界，一念法界"。智𫖮把它纳入止观体系，成为止观修习的组成部分："系缘是止，一念是观"。端坐相当于"止"，正念相当于"观"；观即正观、理观。理观的核心就是证得法界实相，故知众生与一切诸佛平等无二，无差别相；念一佛而见一切佛。"信一切法皆是佛法，无前无后，无复际畔，无知者，无说者。……此法界亦名菩提，亦名不可思议境界，亦名般若，亦名不生不灭。如是等一切法与法界无二无别。"① 可见，智𫖮的常坐三昧既属念佛法门，但非同一般的念佛法门，它有自己的特色。

这一特色，就是有意识将禅坐与般若学说、实相原理紧密结合。由坐禅而引发智慧，这是一般的见解。智𫖮则试图以他所创立的止观学说为指导，以实相原理为背景，结合平实易行的端坐实践，体验众生与佛平等一如境界。《法华玄义》卷三下说："如《文殊问经》，明菩萨修一行三昧。当于静室结跏趺坐，系缘法界。一念法界，一切无明颠倒，永寂如空。此之一行即是一切无碍人，一道出生死。"《次第禅门》卷一下也说："菩萨修法华、一行等三昧，观平等法界。"般若性空、诸法实相思想无疑是常坐三昧的根本原理。这使它既区别于以往的坐禅，尤其是北方佛教徒的单纯坐禅，又不同于后来禅宗的彻底否定坐禅。因此，常坐三昧无论在禅学思想还是禅法实践上，都具有自己的价值。

第二常行三昧。又名"般舟三昧"。据智𫖮《摩诃止观》卷二上说，该三昧的经典依据是《般舟三昧经》。般舟三昧，

① 《摩诃止观》卷二上。

为梵文 pratyutpannasam ādhi 的音译简略，又名“佛立三昧”、“诸佛现前三昧”。因为修习这种三昧，可以使十方诸佛出现于眼前。智顗说：“此法出《般舟三昧经》，翻为佛立。佛立三义：一佛威力，二三昧力，三行者本功德力。能于定中见十方现在佛在其前立，如明眼人清夜观星，见十方佛亦如是多，故名佛立三昧。”此说甚合《般舟三昧经》原意。该经卷上说：

> 第一法行，是三昧名现在佛悉在前立三昧。
>
> 于三昧中立者，有三事：持佛威神力，持佛三昧力，持本功德力。用是三事故，得见佛。①

所谓“般舟三昧”，也就是“现在佛悉在前立三昧”。之所以能得见十方诸佛，有赖于佛的威神力和修持者的功德力，是为外力和内力相合的结果。这是值得注意的。

智顗立常行三昧，重心就是在实践该经的这种外力与内力，即他力与自力结合的思想。《摩诃止观》记其修行方法，说：

> 严饰道场，备诸供具，香肴甘果，盥沐其身，左右出入，改换衣服。唯专行旋，九十日为一期。……须要期誓愿：使我筋骨枯朽，学是三昧不得，终不休息。
>
> 九十日身常行，无休息；九十日口常唱阿弥陀佛名，无休息；九十日心常念阿弥陀佛，无休息。或

① 《般舟三昧经》卷上，见《大正藏》卷一三。

唱念俱运，或先念后唱，或先唱后念，唱念相继无休息时。若唱弥陀，即是唱十方佛功德等。但专以弥陀为法门主。举要言之：步步、声声、念念，唯在阿弥陀佛。[①]

常行三昧也以九十日为期，但与常坐三昧有很大区别。常坐三昧的念佛是唯心念佛和实相念佛的结合，而常行三昧的念佛则是观想念佛和称名念佛的结合；同时，常行三昧又突出以念阿弥陀佛为主要内容。这一念佛法门，既不同于慧远的观想念佛，又不同于净土宗的称名念佛，属于智𫖮的创造，但它为天台宗的后继者们提倡台净合一开了先河。

东晋慧远曾集道俗一百二十余人建斋立誓，共期往生西方净土。后世净土宗据此而推他为始祖，显然与事实不相符合。以慧远为首的庐山僧团虽普遍重视念佛，并编有《念佛三昧诗集》，但慧远的念佛，只是一种观想念佛，它体现为慧远禅法、般若学、净土思想三者结合的信仰特征。慧远在《念佛三昧诗集》的序文中说，念佛三昧是往生弥陀净土的基本途径，它通过在禅定中观想佛的形相和功德而实现。在各种三昧中，以念佛三昧为最。

又诸三昧，其名甚众，功高易进，念佛为先。何者？穷玄极寂，尊号如来，体神合变，应不以方。故令入斯定者，昧然忘知，即所缘以成鉴。鉴明则内照

---

① 《摩诃止观》卷二上。

交映而万象生焉，非耳目之所暨而闻见行焉。[1]

慧远要通过念佛三昧的实践，止息思念，超脱烦恼，归极净土。这种念佛三昧，并无口称佛名的成分，却十分重视禅与般若智慧的结合运用。

智顗的常行三昧，继承了慧远的观想念佛内容。他说："意论止观者，念西方阿弥陀佛，去此十万亿佛刹，在宝地宝池宝树宝堂，众菩萨中央坐，说经。三月常念佛。云何念？念三十二相。从足下千幅轮相，一一逆缘念诸相，乃至无见顶。亦应从顶相顺缘，乃至千幅轮，令我亦逮是相。""自念一切所有法皆如梦。当如是念佛，数数念，莫得休息。用是念，当生阿弥陀佛国，是名如相念。"[2]观想对象既有佛的形相，又有佛土的庄严景象。智顗此说也可在《般舟三昧经》中找到根据：

> 若沙门白衣，所闻西方阿弥陀佛刹，当念彼方佛，不得缺戒，一心念若一昼夜，若七日七夜，过七日以后，见阿弥陀佛。于觉不见，于梦中见之。
>
> 佛言，是菩萨用是念佛故，当得生阿弥陀佛国，常当念如是佛身，有三十二相悉具足，光明彻照，端正无比。

但智顗在慧远等人观想念佛的基础上，又加入了称名念佛一项。他所说"口常唱阿弥陀佛名"，即指称名念佛；所说"心

---

① 《念佛三昧诗集序》，见《广弘明集》卷三九。

② 《摩诃止观》卷二上。

常念阿弥陀佛”，则指观想念佛（唯心念佛）。两种念佛同时并举，不可偏废，所谓“或唱念俱运，或先念后唱，或先唱后念”，且“步步声声念念，唯在阿弥陀佛”。事实上，在疑为智𫖮所著的《五方便念佛门》中，曾直接提倡称名念佛而往生西方净土，说：“叙开念佛五门。第一，称名往生念佛三昧门”，“诸佛以众生乐称诸佛名、生彼国者，则示以称名往生门。”①在疑为他著的《净土十疑论》中，更明确表示对他力易行道的兴趣，希望乘阿弥陀佛的愿力往生西方净土。

常行三昧之说与净土宗先驱昙鸾的净土思想有某些相似之处。

昙鸾（476～542）早年曾到过南方，受江南思潮影响。回洛阳后，依菩提流支所授《观无量寿经》，专修西方净土。他认为，由于世风混浊，依靠自力很难解脱，所以还应借助于佛的愿力。在他所著的《往生论注》、《略论安乐净土义》中，大力提倡念佛往生安乐国土的思想，说：“若念佛名字，若念佛相好，若念佛光明，若念佛神力，若念佛功德，若念佛智慧，若念佛本愿，……即是生安乐时。”②这种思想，旨在观想念佛和称名念佛并行，而以观想为主。上举七种念佛，除“念佛名字”属称名念佛外，其余都属观想念佛，包括观佛相好，观佛功德等。《观无量寿经》除了宣说口称阿弥陀佛即可往生极乐，还讲了十六种“观”，其中前九种均系对阿弥陀佛及西方净土功德的观想。昙鸾所谓“念佛相好”等，当由这一经义演绎而成。虽然昙鸾也曾说到“持名念佛，即得往生”，但这

① 《五方便念佛门》，见《大正藏》卷四七。

② ［北魏］昙鸾：《略论安乐净土义》，见《大正藏》卷四七。

在他还不是主要的。

慧远之后的很长一段时期内，佛教的净土法门基本上还是以观想念佛为主。由于昙鸾长期在汾州（治所在今山西汾阳）玄中寺传播佛教，因此当时北方以汾州、并州（治所在今山西太原）等地为中心，涌现出了大量净土信仰者。

北方净土信仰的兴起，与末法思潮有关，而末法思潮又与北魏太武帝灭佛相联系。从佛教徒的角度看，太武帝灭佛事件是末法时期到来的显著标志。而在末法时期，因去圣愈远，世道日浊，众生业障深重，若专依自力，则亿万人修道也难有一人得道，故在依靠自力的同时，另须依靠他力。昙鸾将观想念佛和称名念佛结合运用，某种程度上反映了当时佛教思想及其实践的一种趋势。同时代的昙曜则从另一方面对末法作出反应。他在太武帝死去后，加紧开凿石窟，传抄经典，塑造佛像，又"译《付法藏传》并《净土经》，流通后贤，意存无绝"①。

南北朝后期，净土信仰进一步在各地得到流传，同时对净土经典的研究也开始加强。如（净影）慧远、灵祐、吉藏、法常等各家先后为《无量寿经》、《观无量寿经》作疏，道基、智俨等宗师也各自著书讨论佛的身土问题，地论、摄论等学派则对净土信仰中的有关问题展开过热烈讨论，从而促进了净土思想的流传和净土宗的形成。因此，世传智顗曾著《观无量寿佛经疏》、《阿弥陀经义记》，从佛教史和思想史角度说，并非没有道理。同时，智顗在常行三昧中提倡称名念佛，显然也与他内心深处的末法观念有联系。提出常行三昧的用意，就

① 《续高僧传》卷一，《昙曜传》。

是要在特定的历史条件和社会环境下，以称名念佛的简便修行补充智慧解脱，以他力往生配合自力觉悟。

昙鸾因立足于北方，他的称名念佛为道绰、善导等人发展，终于形成很大规模的净土宗。智𫖮因立足于南方，其门人未能全力发扬他的称名念佛；虽然常行三昧与昙鸾的净土思想有不少相似之处，但历史的结论差别甚大。更重要的是，常行三昧毕竟只是智𫖮全部止观体系的一个局部，它根本无法取代智慧解脱这一根本途径。诚然，由于智𫖮倡导常行三昧，主张弥陀净土信仰，对后世天台宗的台净合一思想和实践客观上造成影响。宋代天台学者没有在止观学说方面予以发展，但在净土信仰及其实践方面作了弘扬，这很难说是智𫖮当年的本意吧。

第三半行半坐三昧。分为"方等三昧"和"法华三昧"两种。两者分别以《大方等陀罗尼经》和《法华经》为经典依据。《摩诃止观》卷二上说："此出二经。《方等》云：旋百二十匝，却坐思惟。《法华》云：其人若行若立读诵是经，若坐思惟是经，我乘六牙白象，现其人前。"因为两者都采用半行半坐的方法，所以都称"半行半坐三昧"。

方等三昧。《大方等陀罗尼经》卷一说："七日长斋，日三时洗浴，著净洁衣，坐佛形象，作五色盖，诵此章句，百二十遍，绕百二匝。如是作已，却坐思惟。思惟讫已，复更论此章句，如是七日。"[①]文中所谓"诵此章句百二十遍"，是指"摩诃袒特陀罗尼"（梵文 Mah ātantradh ārani 的音译）。持诵此陀罗尼，当以十二梦王（神将）为证；若能见十二梦王之

① 《大方等陀罗尼经》卷一，见《大正藏》卷二一。

一，即可说此陀罗尼。而十二梦王并发誓愿，若有受持诵读《陀罗尼经》者，必现于其梦，加以护持。智颉《摩诃止观》发挥经中有关思想，对修行方法作出具体规定：

> 《方等》至尊，不可聊尔。若欲修习，神明为证。先求梦王，若得见一，是许忏悔。于闲静处，庄严道场。香泥涂地，及室内外。作圆坛彩画，悬五色幡。烧海岸香，然灯敷高座。请二十四尊像，多亦无妨。设肴馔，尽心力。须新净衣鞋屐，无新浣故。出入著脱，无令参杂。七日长斋，日三时洗浴。初日供养僧，随意多少。别请一明了内外律者为师。受二十四戒及陀罗尼咒。对师说罪。要用月八日十五日，当以七日为一期，决不可减。

又规定：

> 烧香运念，三业供养。供养讫，礼前所请三宝。礼竟，以志诚心悲泣雨泪。陈悔罪咎竟，起旋百二十匝，一旋一咒，不迟不疾，不高不下。旋咒竟，礼十佛、方等、十法王子。如是作已，却坐思惟。思惟讫，更起旋咒。旋咒竟，更却坐思惟。周而复始，终竟七日。①

全部过程十分烦杂，包括选择道场、严饰道场、沐浴长斋等

① 《摩诃止观》卷二上。

项目，但其重点则是在“受二十四戒及陀罗尼咒”，反覆旋咒思惟、行坐交替。旋咒内容即陀罗尼，思惟对象即为“摩诃袒特陀罗尼”。智颉说，通过七日为期周而复始的旋咒思惟，可以达到涅槃寂灭境界。因为，所谓“摩诃袒特陀罗尼”，意为“大秘要遮恶持恶”，而“秘要，只是实相中道正空”。

可见，方等三昧基本上是一种以持咒为要旨的密教修行法。前面所述常坐、常行两种三昧，均以念佛为重点内容，唯此方等三昧依密教经典而立密教念咒之法。为此，智颉还著有《方等三昧行法》一卷，从具六缘、识遮障、禁法、内律要诀、修行、受戒等六个方面，详细阐述该三昧的修行方法。

考察智颉这一种三昧法，也出自慧思。道宣《慧思传》记慧思临终前告其弟子说：“若有十人，不惜身命，常修法华、般舟、念佛三昧，方等忏悔，常坐苦行者，随有所须，吾自供给，必相利益。如无此人，吾当远去。”所谓“方等忏悔”，即指方等三昧之忏法，意为于修行方等三昧时，诚心忏悔六根之罪障。遵式《方等三昧行法序》中有“南岳师躬行七载”方等忏悔之语。由慧思发端、智颉继承并发展的方等三昧，后来成为天台宗忏法的一大特色。故遵式之《序》又说：“方等至尊，禁法严密，苟不克由圣范，事出师心”，“理洞其微，位净六根，言符先佛。大师咨询有在，况发总持，垂此典谟，足可绳准。”[①]可知智颉立方等三昧，意在清净六根，忏悔恶业，这同样与他的末法观念有着密不可分的联系。作为四种三昧之一，它同样反映了当时佛教的实际状况。智颉临终前，有一段与慧思相似的嘱咐：“吾常说四种三昧是汝明导，教汝舍重

① 《方等三昧行法》，见《大正藏》卷四六。

担，教汝降三毒，教汝治六大，教汝解业缚，教汝破魔军，教汝调禅味，教汝折幔幢，教汝远邪济，教汝出无为坑，教汝离大悲难。”①他的念佛、念咒，很大程度上出于悲愍众生的考虑，是对佛教现状所作严肃反思的结果。他在《方等三昧行法》中说：“现生所犯业障尤重，若不加其功行，灭罪无由。是以世尊哀愍，文殊致问，浊恶世时，救于七众，地狱衰恼，故立别相忏悔。”《摩诃止观》卷二上说，“今咒此因缘，即是咒于三道而论忏悔。事忏忏苦道业道，理忏忏烦恼道。”故其“行法”的核心，也就是忏悔的具体方法。

法华三昧。该三昧以《法华经》为经典依据。《法华经·妙音菩萨品》说：

> 尔时一切净光庄严国中，有一菩萨，名曰妙音，久已植众德本，供养亲近无量百千万亿诸佛，而悉成就甚深智慧，得妙幢相三昧、法华三昧……说是妙音菩萨来往品时，四万二千天子，得无生法忍；华德菩萨，得法华三昧。

又《法华经·妙庄严王本事品》说：

> 彼时妙庄严王后宫八万四千人，皆悉堪任受持是《法华经》。净眼菩萨，于法华三昧久已通达。

但《法华经》只说法华三昧的功德，而没有指出它的具体内

① 《天台智者大师别传》。

容。法华三昧的具体化，当始于慧思。慧思在所著《法华经安乐行义》中说：“《法华经》者，大乘顿觉，无师自悟，疾成佛道。一切世间，难信法门。凡是一切新学菩萨，欲求大乘，超过一切诸菩萨，疾成佛道，须持戒，忍辱精进，勤修禅定，专心勤学法华三昧。”并将法华三昧说成是“法华安乐行”两种行法（无相行、有相行）中的“无相行”。道宣《慧思传》说，慧思早年在慧文处，即已证得法华三昧：“法华三昧，大乘法门，一念明达。”此后他便将法华三昧作为传授弟子的重要法门。智顗在光州大苏山慧思处首先受持的便是法华三昧行法。道宣《智顗传》说：“顗乃于此山行法华三昧，始经三夕，诵至《药王品》，心缘苦行，至是真精进句，解悟便发。”灌顶《别传》记当时慧思的感叹之语：“非尔弗证，非我莫识。所入定者，法华三昧前方便也；所发持也，初旋陀罗尼也。”可知法华三昧为师徒两人所共同重视。

智顗立法华三昧，在慧思的基础上，更有所发展。其《摩诃止观》卷二上详述该三昧的行法，立十种行仪，说：

> 身开为十：一严净道场，二净身，三三业供养，四请佛，五礼佛，六六根忏悔，七绕旋，八诵经，九坐禅，十证相。

又据《法华三昧忏仪》所说，当以三七日为期，行道诵经，或行或立或坐，思惟谛观中道实相为理。并于六时（晨朝、日中、日没、初夜、中夜、后夜）之中修行五悔（忏悔、劝请、随喜、回向、发愿）。所谓“法华三昧”，实指取《法华经》的精神，观诸法实相之理的三昧修行。故智顗据慧思“有相安乐行、无相安乐行”之说，提出分别依《法华经》“普贤菩萨劝发品”和“安乐行品”的“有相行”和“无相行”。其有相行，指以散心念诵《法华经》，不入禅定，无论行、立、坐，皆一心念诵《法华》文字，并于六时忏悔六根罪障；其无相行，则指入于甚深禅定，以智慧观照六根，悟入实相三谛之正空。

智顗的法华三昧，也特重忏法，故为此著有《法华三昧忏仪》。就《忏仪》的内容看，同样与他的末法观念有联系。故他开宗明义指出，此《忏仪》是为适应“如来灭后，后五百岁浊世”的佛教四众而作。又称，修行者当“自忆此身以来及过去世所有恶业，生重惭愧，礼佛忏悔，行道诵经，坐禅观行”。认为“重罪不灭，三昧何由可发。”于浊恶之世的忏悔破恶，无疑反映了天台佛教的时代特色。由于法华三昧特重忏法，故该三昧又可名“法华忏法”。

智顗之后，天台学者仍然十分重视法华三昧。唐代湛然曾作《法华三昧行事运想补助仪》一卷。宋代知礼一生以修持法华三昧为常课，认为法华三昧是证悟实相的止观修习，为此而著《修忏要旨》。

非行非坐三昧。《大品般若经》称之为“觉意三昧”。《大智度论》卷四七解释说：“觉意三昧者，得是三昧，令诸三昧，变成无漏，与七觉相应，譬如石汁一斤，能变千斤铜为金”。慧思称“觉意三昧”为“随自意三昧”，并特意为此撰《随自意三昧》一卷。意为于一切时中，一切事上，念起即觉，意起即修三昧。实指除以上三种三昧外的一切三昧，既不限于行、住、坐、卧，也不限于时间长短。

智顗《摩诃止观》卷二上说，非行非坐三昧，“实通行、坐及一切事”，但因其他三种三昧都以行、坐命名，为成四句，故有此名。因此这种三昧原则上是比较自由的，不受行住坐卧、语默动静所束缚的。它的基本特点，是以随起的心为观心的内容，即随自意而观察思维一切起心动念，“意之趣向，皆觉识明了”。故智顗对此有所阐述：

> 今依经释名，觉者照了也，意者心数也。三昧如前述。行者心数起时，反照观察，不见动转根原终末，来处去处，故名觉意。诸数无量，何故对意论觉？穷诸法源，皆由意造，故以意为言端。对境觉知，异乎木石，名为心；次心筹量，名为意；了了别知，名为识。如是分别，堕心想见倒中，岂名为觉？觉者，了知心中非有意亦非不有意，心中非有识亦非不有识；意中非有心亦非不有心，意中非有识亦非不有识；识中非有意亦非不有意，识中非有心亦非不有心。心意识非一，故立三名；非三，故说一性。……故诸法虽多，但举意以明三昧；观则调直，故言觉意三昧也。①

这意味着，非行非坐三昧应当建立在“一心三观”理论基础上，是对止观学说的自觉的实践。因此，与前面三种三昧相比，它显然属于高一层次的。

智顗曾据《文殊说般若经》和《文殊问般若经》而立“一行三昧”，慧能则依《大乘起信论》而说“一行三昧”。智顗的一行三昧，保留了念佛的内容；慧能的一行三昧，主张

① 《摩诃止观》卷二上。

“于一切时中,行住坐卧,常行直心。”[①]这一转变,除了其他因素的作用,似乎也受到非行非坐三昧思想的影响。

智颢毕竟为时代所制约,接受传统佛教影响太深,所以未能将非行非坐三昧的理念贯彻到底。一方面,他希望通过非行非坐三昧,把天台止观付诸常人的语默动静,化为僧众的日常生活;另一方面,他又必须保留各种传统的佛教礼仪规范。他为非行非坐三昧规定的修行方法是:

> 于静处严道场,幡盖香灯,请弥陀像,观音、势至二菩萨,安于西方。设杨枝净水,若便于左右,以香涂身,澡浴清净,著新净衣。斋日建首,当正向西方,五体投地,礼三宝、七佛、释尊、弥陀、三陀罗尼、二菩萨、圣众。礼已,胡跪烧香散华,至心运想如常法。供养已,端身正心,结跏趺坐,系念数息。十息为一念,十念成就已,起烧香。为众生故,三遍请上三宝。请竟,三称三宝名,加称观世音。合十指掌,诵四行偈竟,又诵三篇咒。……诵咒竟,披陈忏悔。[②]

这些行仪法则同样显得十分繁琐、复杂,反映了智颢始终不渝的虔诚信仰。

在对四种三昧分别阐述的基础上,智颢自己也有一概括性的评论。他说:

---

① 敦煌本《坛经》。

② 《摩诃止观》卷二上。

> 四种三昧方法各异，理观则同。但三种方法多发助道法门，又动障道；随自意既少方法，少发此事。若但解方法，所发助道，事相不能通达；若解理观，事无不通。又不得理观意，事相助道亦不成；得理观意，事相三昧任运自成。若事相行道，入道场得用心，出则不能，随自意则无间也。方法局三，理观通四。①

这一评论指出，四种三昧虽各具特点，方法各异，但从理观上说，它们是相通的。《法华玄义》卷九上说，四种三昧“各有事相方法，勤身苦策，悉用实相正观为体，念念无间清净如空”；“若随事行行，行则无体；若随理行行，令此空慧与行相应，能破无量障道罪，能得无生忍者。”所谓“理观”，也就是中道观、实相观。即四种三昧都以法界、中道实相为系缘，最终都要达到凡圣等齐、同一法身的三昧境界。所以它的实质，是有意区分非行非坐三昧与其他三昧，并以非行非坐三昧为四种三昧之最。前三种三昧都有严格的修持方法，注意于“事”上即具体对象的实行；非行非坐三昧则侧重于实相之理的自觉体验，因而能事相通达，任运自成。三种三昧拘于方法，而非行非坐三昧则因不局限于此，故通达无碍。

从上述评论，可以见出智顗立四种三昧的本意。他要通过四种三昧，既把自己的止观学说化为人们的日常宗教实践，又要使这一止观体系的纯洁性得以完整保存。不仅在智顗的全

① 《摩诃止观》卷二下。

部哲学体系内存在着显而易见的矛盾,就是在四种三昧中,也存在着某种不协调。智顗并不回避这种矛盾,相反总是试图将它们加以统一,指出统一的基础是中道实相原理。

基于上述观念,智顗又说:

> 问:中道正观以一其心,行用即足,何须纷纭四种三昧?历诸善恶,经十二事,水浊珠昏,风多浪鼓,何益于澄静耶?答:譬如贫穷人,得少便为足,更不愿好者。若一种观心,心若种种,当奈之何?此则自行为失。若用他人,他之根性舛互不同,一人烦恼已自无量,何况多人!譬如药师,集一切药拟一切病;一种病人,须一种药治一种病,而怪药师多药。①

之所以立四种三昧,是因为有各种不同的对象;不同的对象,根据各自的需要,选择其中一种三昧修行。这好比不同的病人,其所患疾病不同,故治病的药也不同。“或宜常坐中治其诸恶,乃至随自意中治其诸恶,是名对治。”为了因病对治,故有四种三昧之设,归根结底符合《法华经》的“方便”说。

智顗又提出,四种三昧的设立是与《大智度论》的“四悉檀”说相适应的,是“四悉檀”的实际运用。他说,“遍赴众人之欲,即世界悉檀也。余三悉檀亦如是。又约一种三昧,亦具四悉檀意。”②“悉檀”是梵文 siddhānta 的音译,意译为

① 《摩诃止观》卷二下。

② 《摩诃止观》卷二下。

"成就"、"宗"、"理"等。据《大智度论》卷一所载，佛的教法有种种差别，乍看似乎前后矛盾，但概括其教说，则有四悉檀之别，均与实义不相违背。第一，世界悉檀，指随顺世间观念，而说因缘和合之法；第二，各各为人悉檀，指根据众生不同的根机和能力，而分别宣说各种解脱之法；第三，对治悉檀，指针对众生的贪、嗔、痴等烦恼，应病予药，使断恶生善；第四，第一义悉檀，即直接阐明诸法实相之理，使众生契入佛法。由此可见，"四悉檀"的主要意义，就在于称机说法，如"为人悉檀"和"对治悉檀"都属天台方便之说。智𫖮《摩诃止观》卷三下说："佛知众生种种性、欲，以四悉檀而成熟之。"故四悉檀不仅适用于天台教义，而且也适用于天台实修。

四种三昧之所以成立，四悉檀是其重要理论基础。《摩诃止观》卷一上说：

> 《禅经》云：佛以四随说法，随乐、随宜、随治、随义。……观病轻重，设药多少；道机时熟，闻即悟道，岂非随机感应利益？《智度论》四悉檀，世法间隔名世界，随其堪能名为人；两悉檀与四随同，亦是感应意也。
>
> 四随是大悲应益，悉檀是怜愍遍施。……众生有大精进勇猛，佛说一行一切行，则四三昧，于经是便宜，于论是为人。众生有平等大慧为因，感佛说一破一切破，获胜果报，及通经论，于经论俱是对治。……菩提心是诸行本，《论》举种种行，盖枝本之异耳。四三昧是通修，念佛是别修，盖通别之异耳。

在智顗的《法华玄义》、《维摩经玄疏》中，曾对四悉檀作过系统论述。认为四悉檀通于全部佛教经论义理及其修行实践，乃至“政在清静，道合天心，人王无上，即是世间第一义悉檀”[①]。又说：“若解四悉檀意，如前异说，皆大利益众生，兴显佛法也”。[②]在此总的方便原则下，“发菩提心即是观，邪僻心息即是止”，四种三昧也就是“止观”。[③]四种三昧以四悉檀为依托，成为天台止观实践法门的重要内容。

二、十乘观法

《摩诃止观》卷五上在论述“正修止观”时说，具体的止观修习应依次观想十种境，它们是：阴界入境、烦恼境、病患境、业相境、魔事境、禅定境、诸见境、增上慢境、二乘境、菩萨境。从所述内容看，主要是观想修行者自己日常的思想活动、身心状态以及各种情欲、烦恼、业报等。智顗又认为，在观想每一境时，应按十个层次进行。这十个层次是：观不可思议境、起慈悲心、巧安止观、破法遍、识通塞、修道品、对治助开、知次位、能安忍、无法爱。这十个层次既属上述十境的十种观法，故名“十重观法”。十种观法由因至果，达到圆满解脱，故又名“十法成乘观”，简称“十乘观法”。

十乘观法以“观不可思议境”为主体，其他则处于辅助

① 《法华玄义》卷一下。
② 《维摩经玄疏》卷二。
③ 《摩诃止观》卷一上。

地位。而在这由"十境"和"十乘观法"组成的圆顿止观修习体系中，又是以"观阴界入境"为中心的。所谓"观阴界入境"，其实质即为观心；观心既以观"一念三千"的不思议境为主旨，因而"观不可思议境"成为"观阴界入境"的根本。

"阴界入"的"阴"是五阴（色、受、想、行、识），"界"是十八界（六根、六境、六识），"入"是十二入（六根、六境）。阴、界、入是在不同场合下使用的概念，它们的内涵中有不少重复的因素。智𫖮《摩诃止观》卷五上说："然界内外一切阴入皆由心起……但观识阴。识阴者，心是也。"因为世间一切物质和精神现象均为心所造，心为烦恼业障之本，故当以观心修止观，即以"观阴界入"入手。这里所说的"心"，即五阴中的识阴，六识中的意识。智𫖮强调说，正修止观十种境，之所以以"阴界入"为首，是因为它是"病本"、生死之根本。他说：

> 阴者，阴盖善法，此就因得名。又，阴是积聚，生死重沓，此就果得名。入者，涉入，亦名输名。界名界别，亦名性分……若俱迷者，开为十八界。
>
> 受身之始，无不有身。诸经说观，多从色起，故以阴为初耳。以阴为本，阴因阴患，阴主善阴，又阴因别阴等。通言烦恼者，见、慢同烦恼。阴入病是烦恼果，业是烦恼因，禅是无动业，业即烦恼用，魔即统欲界即烦恼主，二乘、菩萨即别烦恼摄。通称病患者，阴界入即病本，烦恼、见、慢等即是烦

恼病。[1]

在这里，阴界入是"病本"，是作业的主体，烦恼的根源，实际也就是凡夫的"虑知之心"、"自生心"或"一念无明心"。

"不可思议境"与"思议境"相对而言，属止观修习的至极。智顗说，若要明"不可思议境"，则先明"思议境"。

思议法者，小乘亦说心生一切法，谓六道因果、三界轮环。若去凡欣圣，则弃下上出，灰身灭智。……大乘亦明心生一切法，谓十法界也。若观心是有，有善有恶；恶则三品三途因果也，善则三品修罗、人、天因果。观此六品，无常生灭，能观之心亦念念不住。又能观、所观，悉是缘生，缘生即空，并是二乘因果法也。若观此空有，堕落二边，沈空滞有，而起大慈悲，入假化物，实无身假作身，实无空假说空，而化导之，即菩萨因果法也。观此法能度所度，皆是中道实相之法，毕竟清净，谁善谁恶，谁有谁无，谁度谁不度。一切法悉如是，是佛因果法也。[2]

思议境虽有大、小乘之分，都有"心生一切法"的说法，或说有、说无，或说假、说中道，但毕竟均属"因果法"范围，各各相别，"逦迤浅深，而不相即"。不可思议境是对"一心三观"、"一念三千"学说的如实修行，它是在"十如是"中道

---

① 《摩诃止观》卷五上。

② 《摩诃止观》卷五上。

实相理论基础上实现的。

“不可思议”，意为不可按正常的思维方法和程序去想象，去思虑。一念之心即具三千世界，一念之心同时观察空、假、中三谛，是为不可思议。《摩诃止观》卷五上说：“三种世间、三千相性，皆从心起。一性虽少而不无，无明虽多而不有。何者？指一为多多非多，指多为一一非少。故名此心为不思议境也。若解一心一切心，一切心一切，……乃至一究竟一切究竟，一切究竟一究竟，非一非一切，遍历一切，皆是不可思议境。”三种世间、三千相性皆从心起，是“阴界入”的产物，“阴界入”是“病本”、烦恼之根源，所以，“观不可思议境”的目的，就在于通过止观观心，消除“病本”，获得解脱，达到对宇宙原理及其众生本质的认识。“一心三观”和“一念三千”学说指出消除“病本”的根本原理，“观不可思议境”指出实践这一原理的重要步骤。智𫖮将它置于“正修止观”中的“观阴界入境”十重观法之首，具有保证止观学说得以落实的意义。

智𫖮又认为，实践“观不可思议境”的结果，可达“无明即法性，一切心一心”；“初发心乃至作佛、坐道场、转法轮、度众生、入涅槃”，都能于一念之中实现。“不思议”本具性德、修德、化他三义，观此不思议境，即含有其他九重观法的意义，同时也还含有观阴界入以外其他九种境界的意义。故智𫖮概述观不思议境在十重观法中的地位说：

此不思议境，何法不收？此境发智，何智不发？依此境发誓，乃至无法爱，何誓不具，何行不满足耶？说时如上次第，行时一心中具一切心。[1]

意思是说，观不思议境这一重观法，虽系十重观法之一，但实际上它可取代其他九重。

十重观法中的其他九重属于辅助性质的观法，是为不能迅速由观不可思议境而悟入的人们设置的，所以比较具体，且有渐次深入的意义。智颉解释说："既自达妙境，即起誓悲他。次作行填愿，愿行既巧，破无不遍。遍破之中，精识通塞，令道品进行。又用助开道，道中之位，已他皆识。安忍内外，荣辱莫著，中道法爱。故得疾入菩萨位。"[2]这些，实际是以"四悉檀"理论，对钝根者所作的种种方便对治。

十乘观法中第三"善巧安心"者，又名"巧安止观"，就是典型的方便对治法门。所谓"善巧安心"，即"善以止观安于法性"，意为将心安于法性，明白此心即是法性，与之不一不异，便深达止观之奥秘。众生之心本来就与法性不一不异，只因痴迷颠倒而自作分别。所以通过"善巧安心"的种种方便缘喻，使还源返本，完成止观修习。智颉说：

无明痴惑本是法性，以痴迷故，法性变作无明，起诸颠倒善不善等。如寒来结水，变作坚冰；又如眠来变心，有种种梦。今当体诸颠倒即是法性，不一不异。虽颠倒起灭如旋火轮，不信颠倒起灭，唯信此心但是法性。起是法性起，灭是法性灭。体其实不起灭，

---

① 《摩诃止观》卷五上。

② 《摩诃止观》卷五上。

> 妄谓起灭。……体达既成，不得妄想，亦不得法性。还源返本，法界俱寂，是名为止。如此止时，上来一切流转皆止。观者，观察无明之心，上等于法性，本来皆空；下等一切妄想善恶，皆如虚空，无二无别。……法界洞朗，咸皆大明，名之为观。①

无明之心即是法性，但需要经止观而证得。“安心”的实际内容就是止观实践。虽说“止只是智，智只是止”，“止安”与“观安”两者“无二无别”，但从“善巧安心”的方便角度说，还是有所区别，可得八番“安心止观”。

八番“安心止观”是指：随乐欲以止安心，随便宜以止安心，对治以止安心，随第一义以止安心；随乐欲以观安心，随便宜以观安心，对治以观安心，第一义以观安心。此八番止观安心，又分为“为信行人说”的信行八番和“为法行人说”的法行八番，合则为十六番。这一划分的依据是根器的利钝。“信行”，指因听闻佛法，由信仰而修行；“法行”，指因正法而修行，由思维而得悟。信行人指钝根者，法行人指利根者。但智顗进而指出，利钝并非绝对，即只是相对而言，故又可以相互转化。他说：

> 若论根利钝者，法行利，内自观法故；信行钝，藉他闻故。又信行利，一闻即悟故；法行钝，历法观察故。或俱利俱钝，信行人闻慧利、修慧钝，法行人

① 《摩诃止观》卷五上。

修慧利、闻慧钝。[①]

这一思想意义重大。它破除了以往佛教将众生根性的利钝加以绝对化和固定化的观点，因而从更广泛的意义上指出了人们修行成佛的可能性。由于根性利钝的相对性，也使天台宗的方便说教提供了更有力的理论基础。

智顗“善巧安心”的修行，或止或观，或随乐欲，或随便宜，或随对治，或随第一义，主要依据就是根性利钝的相对性。他说：

今明众生心行不定，或须臾而钝，须臾而利，任运自尔，非关根转，亦不数习。或作观不彻，因听即悟；或久听不解，暂思即决。是故更论转根安心。若法行转为信行，逐其根转，用八番悉檀，而授安心。若信行转成法行，亦逐根转，用八番悉檀，而授安心。[②]

信行和法行在同一人身上可以转化，八番信行与八番法行的相互转化，由“八番悉檀”而成就。因此，任何人都可以根据自己的实际情况，或自修信行，或自修法行，这叫做“自行安心”。“善巧安心”这时也就等同于“自行安心”。

智顗强调说，自行安心的原则就是从属于各人的实际需要：

① 《摩诃止观》卷五上。
② 《摩诃止观》卷五上。

自行安心者，当观察此心，欲何所乐。若欲息妄，令念想寂然，是乐法行；若乐听开，彻无明底，是乐信行。乐寂者，如妄从心出，息心则众妄皆静；若欲照知，须知心原，心原不二，则一切诸法，皆同虚空。

自修法行或自修信行，应根据止观修习过程中出现的偏差而作适当调整、相互转化。他说：

若念念不住，如汗马奔逸，即当以止对治驰荡；若静默无记，与睡相应，即当修观，破诸昏塞。修止既久，不能开发，即应修观，观一切法无碍无异，怗怗明利，渐觉如空。修观若久，暗障不除，宜更修止，止诸缘念，无能无所。所我皆寂，空慧将生，是为自修法行，八番善巧布措，令得心安。信行安心者，或欲闻寂光如须弥，不畏八动，即应听止；欲闻利观破诸烦恼，如日除暗，即应听观。听观多，如日焦芽，即应听止，润以定水；或听定淹久，如芽烂不生，即应听观，令风日发动，使善法现前。或时驰觉，一念叵住，即应听止，以治散心。或沈昏蒙蒙坐雾，即当听观，破此睡熟。或听止豁豁，即专听止；或闻观朗朗，即专听观。是为自修信行，八番巧安心也。若法行心转为信行，信行心转为法行，皆随其所宜，巧钻研之。①

智𫖮有关自修法行和自修信行的上述说明,是他“十乘观法”中十分重要的部分,但往往为学者们所忽视。

作为实修止观的“十乘观法”之一,“善巧安心”地位虽在“观不可思议境”之下,但它从止观修行者的实际出发,说理清晰,步骤明确,其实际效果当在其他九乘之上。无论是自修法行还是自修信行,要在根据修行者的特点和需要;法行转而信行,信行转而法行,或由止而观,由观而止,都当“随其所宜,巧钻研之”。这一观法的意义,就在于调动修行者的主观能动性,在一定意义上涉及到了主体性问题。止观修行在这里表现为主体的自觉性,任何人都可以根据自己的需要而调整修行的内容和重点;修行者不应被动地、消极地对待止观,把止观视为固定的、凝滞的修行方法和步骤。

智𫖮进而指出,信行和法行、钝根和利根可以相互资借,通过相互资借,获得止观修习的最好效果,名为“闻思相资”、“根性相资”。他说:

> 信、行不孤立,须闻、思相资。如法行者随闻一句,体寂湛然,梦妄皆遣,还坐思维,心生欢喜;又闻止已,还更思维,即生禅定。又闻于止,还即思维,妄念皆破;又闻止已,还更思维,朗然欲悟。……此乃听少思多,名为法行,非都不听法也。信行端坐,思维寂灭,欣踊未生,起已闻止,欢喜甘乐。端坐念

① 《摩诃止观》卷五上。

> 善，善不能发，起已闻止，信戒精进，倍更增多。端坐治恶，恶不能遣，起已闻止，散动破灭。端坐即真，真道不启，起已闻止，豁如悟寂。是为信行坐少闻多，非多不思维。前作一向根性，今作相资根性；就相资中复论转不转。①

信行与法行并非孤立，两者有联系，是可以统一的；信行中包含法行，法行中也包含信行。通过“闻思相资”，把信行与法行有机地统一，从而止观也就相应了。所谓“一向根性”，是指把根性视为先天的、固定的、不可变易的；智𫖮针对教界的这种传统看法，提倡“相资根性”，带有以辩证观念取代形而上学的意义。从根性的“相资”，又论及其中的“转不转”，因而有十六番安心、三十二番安心乃至一百二十八番安心之说。

智𫖮立“善巧安心”，意在启发修行者对止观的自觉把握，发挥主体的意识能动性，这与“四种三昧”提倡的念佛法门有所不同。他指出，“一种禅师不许作观，唯专用止”，而“又一禅师不许作止，专在于观”，“两师各从一门而入，以己益教他，学者则不见意”，这并不符合止观的原则。因为止观“如车之双轮，鸟之双翼”，不可偏修。但如何保证止观协调统一，则决定于主体的自觉，所以说“慧、定偏者，皆不见佛性；八番调和，贵在得意。”②此“得意”如同后来禅家所说“冷暖自知”，故或止或观、或定或慧、或信或法、或丸或散，

① 《摩诃止观》卷五上。

② 《摩诃止观》卷五上。

均由修行者自己决定，以主体的自觉巧用方便，达到理想的目的。

十乘观法中第七“助道对治”，又名“对治助开”，与“善巧安心”有一定联系，或可视作对“善巧安心”的补充。“助道”，指以六度等具体法门帮助人们去除障蔽；“对治”，指根据各人的不同遮障，以相应的法门予以破除。《摩诃止观》卷七上说：

> 根利无遮，易入清凉池，不须对治。根利有遮，但专三脱门，遮不能障，亦不须助道。根钝无遮，但用道品调适，即能转钝为利，亦不须助道。根钝遮重者，以根钝故，不能即开三解脱门；以遮重故，牵破观心。为是义故，应须治道，对破遮障，则得安隐入三解脱门。

无论利根、钝根，都可根据特定修行而获得解脱。利根者不须助道对治即可解脱；钝根无遮者通过修道品，可转化根性。修道品即“十重观法”中的第六重，即对照三十七道品（四念处、四正勤、四如意、五根、五力、七觉支、八正道），根据需要而修习其中若干道品。助道对治主要针对钝根遮重者而言，对治方法主要为六度。六度对治有轻重缓急，视修行者情况而定，名为“调适”。如，“修三昧时散乱不定，身如独落，口若春蛙，心如风灯。以散逸故，法不现前。是时应用禅定为治。”又如，“修三昧时愚痴迷惑，计著断常，谓有人我、众生、寿命。触事面墙，进止常短，不称物望，意虑顽拙，非智黠相。是时当用智慧为治。”因钝根者的遮蔽有异，“内病既强，其相外现。若用对治，得去是病所宜。若对治不除，当依四随，回转助道。”所谓“四随”，指随乐、随宜、随治、随义，意为随顺众生乐欲及机宜，对治众生之所迷，相当于“四悉檀”。“四随”是“六度”以外的对治，具有更大的灵活性和机动性。所以智𫖮强调：“当善巧斟酌，或对、或转、或兼、或第一义。”[①]通过善巧对治，即使“根钝遮重”者也能“安隐入三解脱门”。“三解脱门”指三种通往涅槃的法门，它们依无漏之空、无相、无愿等三三昧而入。

十乘观法之第四“明破法遍”，在很大程度上也是为钝根者而设立的。“破法遍”，意为普遍、彻底地破除修行者对一切诸法的执着。因“众生多颠倒，少不颠倒”，为“破颠倒，令不颠倒”，故说破法遍。

智𫖮在“破法遍”中，针对人们止观修习中的各种错误认识、一切执着，展开十分彻底的破斥。他认为，修行的目的是要达到对“无生”的认识，由事入理，所以“破法遍”乃是根本手段。

> 且依空无生门。无生门能通止观，到因到果，又能显无生，使门光扬。何者？止观是行，无生门是教。依教修行，通至无生法忍，因位具足。……止观光扬无生门者，法不自显，弘之在人；人能行行，法门光显，使无生教纵横无碍，触处皆通。[②]

① 《摩诃止观》卷七上。
② 《摩诃止观》卷五下。

止观能显果；果不自显，由行故果满，果满故一切皆满。智𫖮以“不生生、不生不生、生不生、生生”四句说无生门，认为能因此而“摄自行、因果、化他、能所等法皆遍。”又说：“不生生亦不可说，生生亦不可说，生不生亦不可说，不生不生亦不可说，生亦不可说，不生亦不可说。按此六句，明无生门破法遍。”[①]此六句，既可破“思议惑”，又可破“不思议惑”，是为对一切执着的彻底破除。

宇宙人生之真相，乃是“心行处灭，言语道断”，非语言思虑分别所及。所以“无生门破法遍”虽有“从假入空”、“从空入假”、“中道第一义谛”三个阶段，但就对钝根者而言，首先要修“从假入空破法遍”。通过修习，获得世界本质“空”的认识。智𫖮说：

> 三界无别法，唯是一心作。今求心不可得，即一切空。观心无心，观空无空，即无所得空。观有见三假不可得，即有法空；观无见三假不可得，即无法空；观亦有亦无见三假不可得，即无法有法空。[②]

认识到世界的本质是空，则知“无明即法性，不二不异”：

> 本末双寂，毕竟清净，是名为止。又观无明即法性，不二不异。法性本来清净，不起不灭。无明惑心亦复清净，谁起谁灭？若谓此心有起灭者，横谓法性

① 《摩诃止观》卷五下。
② 《摩诃止观》卷五下。

> 有起灭耳。法性无起，谁复生忧；法性无灭，谁复生喜？若无忧喜，谁复分别此是法性、此是无明？能观所观，犹如虚空。如此观时，毕竟清净，是为从假入空观。①

“无明即法性”是万物之实相，这一思想于“信行利根”者而言，当“一闻即悟”；于“法行”者而言，思之“即能得解”。但对于钝根者来说，须“从假入空观”修习起，先破除对一切事物的执着。智𫖮强调说：“其钝根者，非唯闻思不悟，更增众失。故《中论》云：将来世中，人根转钝，造作诸恶，不知何因缘，故说毕竟空。是故广作观法，说于《中论》。今亦如是，为钝根故广破。”②所以，从根本上来说，“从假入空破法遍”是为钝根者设立的法门。

将“破法遍”与其他九重观法联系起来看，显示出“方便”原则在智𫖮全部止观修习中起的作用。止观的原理可以归结为一种，但止观实践却有多种。根据基本的原理，展开不同的实践，都能达到止观的目的。

《摩诃止观》卷五下说：

> 一切凡夫，未阶圣道，介尔起计，悉皆是见。以有见故，三假苦集，烦恼随从。……勤用止观，而摧伏之。……入空之观，破见及思；束而言之，只是破有。次观所破，只是破无；中观所破，双非二边，正

① 《摩诃止观》卷五下。

② 《摩诃止观》卷五下。

显中道。

就钝根凡夫而言，不可能迅入“一心三观”，所以当务之要是破除“有”的见思。“从假入空破法遍”只是止观的“方便道”，从“方便道”入手，“深识见爱无明因缘，介尔心起即知三假”，于是“止观随逐，破性破相。虽复贪嗔尚在，而见著已虚”。在此修习的基础上，进而修“从空入假破法遍”。最后以上述两者为方便而修“中道第一义谛破法遍”。这意味着，对于一般的止观修习者来说，不可能一念即入中道第一义谛，而必须借助于方便，“善用悉檀，信、法回转，巧修止观。”[①]可以认为，在“十乘观法”中，智颉处处贯彻着他的方便善巧、悉檀对治的止观思想。

从智颉上述有关钝根者修习方面的一系列方便设施中，可以再次看到他内心深处的末法观念。这种观念不仅使他建立起念佛、忏悔、禅坐等实践手段，而且还以自身的慈悲化他和克己度人精神感化教团，实践佛教的理念。

在智颉的全部止观学说体系中，止观的原理和止观的践行、理论的抽象和方法的具体，存在着内在的统一。这与世俗哲学思想体系相类似，是一种“极高明”与“道中庸”的统一。止观的原理属于“极高明”的部分，止观的实修则属“道中庸”的部分。“一心三观”和“一念三千”是关于止观的高度理论抽象，主要对象当是“利根”者；但对于“末法”时代的“钝根”者，很难接受这部分玄论，故主要须以四种三昧、十乘观法、二十五方便等予以“对治”。利根者少而钝根

① 《摩诃止观》卷五下。

者多。利根者悟得止观原理，尚须止观实践修证；钝根者以方便修习为根本，证得中道实相，也即领悟实相原理。故灌顶曾赞扬“十乘观法”道：

> 此十重观法，横竖收束，微妙精巧。初则简境真伪，中则正助相添，后则安忍无著。意圆法巧，该括周备；规矩初心，将送行者，到彼萨云。非暗证禅师、诵文法师所能知也。盖由如来积劫之所勤求，道场之所妙悟，身子之所三请，法譬之所三说，正在兹乎！①

正因为十乘观法“意圆法巧，该括周备”，故而无论修习者根性如何，都可循此而达到觉悟。

三、二十五方便

“二十五方便”是指在“十乘观法”之前需要修习的基本法门，是更为浅显易行的实修法门。按《次第禅门》所说，此二十五方便相当于“外方便”，而十乘观法相当于“内方便”。或可视为实修十乘观法的准备。

《法华经》之《方便品》曾说，过去、未来、现在诸佛都善“以无量无数方便，种种因缘譬喻言辞，为众生演说诸法。是法皆为一佛乘故。”智𫖮发挥经义，广开方便法门，在《法华文句》卷三上“释方便品”中论“方便”的意义，说：

---

① 《摩诃止观》卷五上。

> 方便者，门也。门名能通，通于所通。方便权略，皆是弄引，为真实作门。真实得显，功由方便。能从显得名，故以门释方便。如开方便门，示真实相。

以方便为能通之门，引导众生通于真实；方便是权宜，显示实相是目的。《摩诃止观》卷四上也说："方便名善巧。善巧修行，以微少善根，能令无量行成解发，入菩萨位。"同时又以二十五方便为"远方便"，而以十种境界为"近方便"。为何在近方便外，另立远方便？智颉说："世间浅事，非缘不合，何况出世之道？若无弄引，何易可阶？故历二十五法，约事为观，调粗入细，检散令静。故为止观远方便也。"[①]二十五方便的主要功能是"约事为观，调粗入细，检散令静"，为进而修习十乘观法和十种境界作准备。

所谓"二十五方便"，是以五科各分五类而成。它们是：具五缘、呵五欲、弃五盖、调五事、行五法。五科的相互关系具有递进意义："道不孤运，弘之在人。人弘胜法，假缘进道，所以须具五缘。缘力既具，当割诸嗜欲。嗜欲外屏，当内净其心。其心若寂，当调试五事。五事调已，行于五法，必至所在。"[②]此二十五方便，乃是"初心行人"修止观之急要、登正道之阶梯、入泥洹之等级。[③] 所谓"初心行人"，指"始学之流辈"，他们只能循序渐进修习止观。

---

① 《摩诃止观》卷四上。
② 《摩诃止观》卷四上。
③ 见《修习止观坐禅法要》。

第一"具五缘"。它们是：持戒清净、衣食具足、闲居静处、息诸缘务、近善知识。此五缘是修持者受法的基础。其中持戒清净可生起禅定及灭苦智慧，它包含"不作诸恶"和"作已能悔"两方面的实际内容。不作诸恶，是指一般信众所受的三归、五戒，以及沙弥所受十戒，比丘或比丘尼所受的具足戒；作已能悔，是指虽毁损轻戒而能如法忏悔，或毁犯重戒也能礼拜忏悔者。

在"持戒清净"方便中，智𫖮重申了忏悔的重要性。认为通过忏悔，可以"令罪消灭，不障止观"；"忏法若成，悉名清净，戒净障转，止观易明"。他又说，"罪从重缘生，还从重心忏悔，可得相治。无殷重心，徒忏无益。障若不灭，止观不明。"[①]《修习止观坐禅法要》专为犯戒忏悔者开列十法，以"助成其忏"，它们是：明信因果、生重怖畏、深起惭愧、求灭罪方法、发露先罪、断相续心、起护法心、发大誓愿度脱众生、常念十方诸佛、观罪性无生。[②] 并认为："若能成就如此十法，庄严道场，洗浣清净，著净洁衣，烧香散花于三宝前，如法修行一七、三七日，或一月、三月，乃至经年，专心忏悔所犯重罪，取灭方止。"[③]忏悔又是入禅的先决条件；一旦重罪消灭，诸禅三昧自然现前。

"衣食具足"方便，旨在保证修习止观的基本条件。《摩诃止观》卷四上说："衣以蔽形，遮障丑陋；食以支命，填彼

---

① 《摩诃止观》卷四上。

② 《摩诃止观》略有不同，如无"求灭罪方法"、"发大誓愿度脱众生"两法，而有"修功补过"、"发菩提心"两法。

③ 《修习止观坐禅法要》。

饥疮。身安道隆，道隆则本立。形命及道，赖此衣食。……此虽小缘，能办大事。裸馁不安，道法焉在?”《修习止观坐禅法要》中也说：“无此等缘，则心不安隐，于道有妨。”智顗这一观点在佛教思想史上有一定的价值。他把衣、食等物质条件视为安心入道的前提、基础，指出衣食与道法之间的重要关系，肯定了基本物质生活条件在佛法修习中的意义。可惜的是，由于受整个止观学说体系的制约，智顗不可能将这一观点运用于其他领域。

在“衣食具足”方便中，智顗将“衣”分为三种：或如雪山大士，随得一衣，蔽形即是；或如十二头陀，但蓄粪扫三衣，不多不少；或如多寒国土，于三衣之外另蓄百一等物，其原则是“趣足供事，无得多求。”因为“多求辛苦，守护又苦；妨乱自行，复扰檀越。”[1]智顗又将“食”分为四种：或如上人大士，深山绝世，以草果随时资身；或如常行头陀，受乞食法；或如阿兰若处，檀越送食；或如僧中洁净食。他强调说，衣食之法，当“知量知足”，“若过贪求积聚，则心乱妨道。”[2]这也就是说，衣食既是修习止观的必要条件，但它必须控制在最低限度内；衣食应以止观为目的，以道法为根本，它只是通向解脱的方便。所以，在物质与精神关系的原则问题上，智顗并未摆脱佛教的基本理念。“衣食具足”作为二十五“方便”之一，归根结底要融入出世主义的精神海洋中。

“闲居静处”方便，是指修习禅定的适当环境。智顗说，有三处可修禅定，它们是：深山绝人之处、头陀兰若之处、清

---

① 《摩诃止观》卷四上。

② 《修习止观坐禅法要》。

净伽蓝之中。深山远谷，途路艰险，永绝人迹，无所恼乱，可恣意禅观，念念在道，毁誉不起，为修习的最胜之处。头陀兰若之处，离开聚落，放牧声绝，无诸愦闹，为次胜之处。清净伽蓝之中，离世俗住处，独坐一室，闭门静坐，正谛思维，也不失为闲居静处。

“息诸缘务”方便，旨在割断禅定修习者与世俗生活、社会人事的联系。包括四个方面：息治生缘务、息人间缘务、息工巧技术缘务、息学问缘务。治生缘务系有为事业，易导致丧道乱心。人间缘务指“庆吊俯仰、低昂造聘，此往彼来、来往不绝”等人事往来，此类人事对于求道者而言，犹如“倒裳索领，钻火求冰”，本末倒置。工巧技术缘务，除指一般技能外，还包括医方、禁咒、卜相、书数、算计等，这类技能有害于修出世之法。学问缘务指“读诵经论，问答胜负”等，若着意于这些学问，则“领持记忆，心劳志倦；言论往覆，水浊珠昏”，不可能有余暇专心修习止观。智𫖮以般若思想论述世智与佛智的区别，说：“般若如虚空，无戏论，无文字。若得般若，如得如意珠。……习学者未得无生忍，而修世智辩聪，种种分别，皆是瓦砾草木，非真宝珠。”①修习止观者首先得修般若之智，世智有妨佛智的获得，故必须息诸学问缘务。一旦修得佛智，世间学问即了如指掌：“若能停住，水则澄清。下观琉璃，安徐取宝。能知世间生灭法相，种种行类何物不知？”②

“近善知识”，旨在通过善知识的化导，及早获取觉悟。善

① 《摩诃止观》卷四下。

② 《摩诃止观》卷四下。

知识可分三种：外护善知识、同行善知识、教授善知识。外护善知识，指那些“经营供养，善能将护行人，不相恼乱”者；他们外护修行者，“如母养儿，如虎衔子，调和得所”。同行善知识，指能“共修一道，互相劝发，不相扰乱”者；他们与三昧修习者“更相策发，不眠不散；日有其新，切磋琢磨；同心齐志，如乘一船；互相敬重，如视世尊。”[①]教授善知识，指“能说般若，示道非道”，“通塞妨障，皆能决了”，能以“内外方便禅定法门示教利喜”者；凡作三昧修习而尚未通达者，均应亲近教授善知识，以便根据其“善巧说法”而“于诸方便，自能决了”。

第二“呵五欲”。它们是：呵色欲、呵声欲、呵香欲、呵味欲、呵触欲。智顗认为，世间色、声、香、味、触五欲，常能诳惑一切凡夫，令生爱着；凡坐禅修习止观者，必须予以呵责。呵欲，意为在深知五欲之害的基础上，不与亲近，与之远离。但是，五根之乐五尘，非“凡夫浅智弱志”者所能降伏，只有依靠“智慧坚心正念”才能达到，所以呵五欲显得很有必要。

五欲实即五尘，五尘本自非欲，但能使人生起欲念，故名五欲。智顗述五欲对于习禅者的危害，说：

> 色如热金丸，执之即烧；声如毒涂鼓，闻之必死；香如憋龙气，嗅之则病；味如沸蜜，汤舌则烂，如蜜涂刀，舔之则伤；触如卧师子，近之则啮。此五欲者，得之无厌，恶心转炽。如火益薪，世世为害，

① 《摩诃止观》卷四下。

剧于怨贼。累劫以来，常相劫夺，摧折色心。今方禅寂，复相恼乱。①

这是传统佛教的基本观念。

五欲之首，当是色欲，其危害最大，它能“令人狂醉”，而“生死根本良由此也”。所谓色欲，指“男女形貌端严，修目长眉，朱唇素齿，及世间宝物，青黄赤白红紫缥绿，种种妙色，能令愚人见则生爱，作诸恶业。”②因色欲之故，以致频婆娑罗国王身入敌国，在淫女阿梵波罗房中；优填王截五百仙人手足。

声欲指“箜篌筝笛丝竹金石音乐之声，及男女歌咏赞诵等声，能令凡夫闻即染着，起诸恶业。”③如五百仙人住于雪山，闻甄陀罗女歌声，即失禅定，心醉狂乱。

香欲指男女身香、世间饮食馨香及一切薰香等。愚者不辨香的性相，闻而爱着，生起烦恼。

味欲指酒肉珍肴、肥瘦津腻、甘甜酸辣、酥油鲜血等。“种种饮食肴膳美味，能令凡夫心生染着，起不善业。”④如一沙弥，染着酪味，命终之后，生在酪中，受其虫身，是为味欲之过罪。

触欲指男女身分，柔软细滑，寒时体温，热时体凉等。愚者无智，为之沈没，起障道业。如独角仙人，因触欲之故，丧

① 《摩诃止观》卷四下。
② 《修习止观坐禅法要》。
③ 《修习止观坐禅法要》。
④ 《修习止观坐禅法要》。

失神通，为淫女骑颈。

以上对于五欲的解释，系智顗据《大智度论》卷一七所说而作。智顗接着指出，众生虽常为五欲所恼，但因愚惑无智，故犹求之不已，至死不舍。对于修禅者，五欲是“大贼”，必须远离，故立“呵五欲”方便。

第三“弃五盖”。它们是：弃贪欲盖、弃嗔恚盖、弃睡眠盖、弃掉悔盖、弃疑盖。“盖”的意思是盖覆，“盖覆缠绵，心神昏暗，定慧不发，故名为盖。”[1]因五法能盖覆心性，不生善法，故名五盖。五盖与五欲有所区别。五欲系五根对五尘而发为五识，是对外部事物产生的执着，有具体的所缘对象；五盖则是五识转入意地，由意根而生起障碍，追缘过去，逆虑未来，属于思想活动、心理状态对禅定的遮蔽，故为“心内大障”。

“弃贪欲盖”，指舍弃对五欲的贪求之心。若贪欲盖生起，则未免追忆过去所历色、声、香、味、触等五欲，从而思想计较，心生醉惑，忘失正念。“或密作方便，更望得之。若未曾得，亦复推导。”如此，则“心入尘境，无有间念；粗觉盖禅，禅何由获?”[2]五欲的贪求，必覆盖善心，使人心外向奔驰追逐，纷乱不已。贪欲之人，既不能入禅，更无由觉悟。所以，弃除世间粗劣五欲，将对五欲的渴望转向追求涅槃之乐，成为弃五盖之首。

“弃嗔恚盖”。嗔恚，意为仇恨、愤怒。嗔和贪同样是佛教一向极力反对的。智顗《修习止观坐禅法要》论述弃嗔恚盖的

---

① 《摩诃止观》卷四下。

② 《摩诃止观》卷四下。

理由，说：

> 嗔是失佛法之根本，堕恶道之因缘，法乐之冤家，善心之大贼，种种恶口之府藏。是故行者于坐禅时，思维此人现在恼我、及恼我亲，赞叹我冤，思维过去、未来亦如是，是为九恼。故生嗔恨。嗔恨故生怨；以怨心生故，便生心恼彼。如是嗔恚覆心，故名为盖。当急弃之，无令增长。

因三世九恼、怨对结恨，修禅决难成就，正如佛经中常说的："嗔为心中火，能烧功德林"。对治嗔恚，当修慈忍之法，以令心清净，方能入禅。

"弃睡眠盖"。内心昏暗名为睡；五情暗蔽，放恣支节，委卧睡熟名为眠。睡眠盖，指懒惰贪睡，使心神昏暗不明，未得者不得，已得者退失。智顗认为，"眠之妨禅，其过最重"，即佛经所说，睡眠者"如同毒蛇同室居，亦如卧阵两刃间"。弃睡眠盖，当令禅者减损睡眠，警觉无常；有昏睡者，则以禅镇或禅杖使之警醒。

"弃掉悔盖"。掉指掉散无定，悔则懊恼不安。掉分三种：一为身掉，即身好游走，诸杂戏谑，坐不暂安；二为口掉，即喜好吟咏，竞诤是非，多作戏论；三为心掉，即心情放逸，杂念丛生，纵意攀缘。《修习止观坐禅法要》中说："掉之为法，破出家人心。如人摄心，犹不能定，何况掉散！掉散之人，如无钩醉象，穴鼻骆驼，不可禁制。"又说，掉与悔往往联系在一起，"悔者，悔能成盖；若掉无悔，则不成盖。何以故？掉时未在缘中故。后欲入定时，方悔前所作。忧恼覆心，故名为盖”。“缘中”，指心所系缘的境，即思想集中于某一点。悔有两种：一为掉后生悔，自责其心，懊恼不已，成为入定障碍；二为心中常怀对往事的悔恨内疚，既悔不应作而已作，又恨应作而未作，故常怀怖畏，妨碍静修。欲弃掉悔盖，当如偈所说：“若人罪能悔，悔已莫复忧；如是心安乐，不应常念著”。

“弃疑盖”中的“疑”，非指见谛障理之疑，而指障碍禅定之疑。按智顗所说，这种疑分作三类：疑自、疑师、疑法。

“疑自”，指怀疑自己根性暗钝，罪垢深重，非入定得道之器，因而丧失信心，障碍禅定。若要真正修习止观，则不可自轻，因为众生的宿世善根毕竟难测。“疑师”，指怀疑其师不具深禅好慧，身口不称我怀，不堪教我。应以信师如佛加以对治。“疑法”，指怀疑所修之法有问题，故不能即信敬心受行。“疑”与“信”相对，传统佛教重视“信”，视“疑”为佛法之大敌。智顗在具体修行方法领域，十分注意对传统的继承，由此也可以看出。所以他说：“佛法之中，信为能入；若无信者，虽在佛法，终无所获。如是种种因缘，觉知疑过，当急弃之。”[①]“信”是坐禅入道的第一步，这就作为宗教徒的智顗来说，无可指摘。

《摩诃止观》卷四下，智顗对“弃五盖”有一简要概括。认为，若人贪欲盖重，常用不净观以弃除。因为“向谓五欲为净，爱著缠绵；今观不净，脓囊涕唾，无一可欣”，故可以不净观为治贪之药。若人嗔恚盖重，当念慈心以灭除恚火，便于安心入禅。若人睡眠盖重，当勤精进，策励身心；加以防拟，思维法相；分别选择，善恶之法。心既明净，睡盖自除。若人

① 《修习止观坐禅法要》。

掉散，则以数息法对治。若人疑盖重，则应按佛经所说，念“我身即是大富盲儿，具足无上法身财宝；烦恼所翳，道眼未开，要当修治，终不放舍。”五盖若能得弃，禅定可望得发。

第四“调五事”。它们是：调食、调眠、调身、调息、调心。“调”，意为调和，如陶匠造器，先须调和泥土，使不强不懦；又如琴师操琴，先应调和琴弦，令宽急得所。智𫖮认为，修习止观者也当通过调和五事，使三昧易生，善根易发。

“调食”，主要指修心者应注意饮食之节量，以不饥不饱为度。食若过饱，则气急心满，百脉不通，令心闭塞，坐念不安；若食过少，则身羸心悬，意虑不固。又应忌食秽浊不净及不宜之物，以免增病增眠增烦恼。

“调眠”，即调节睡眠。主要指不贪睡，省减睡眠时间，使神气清和，心念明净。《修习止观坐禅法要》说：“眠是无明惑覆，不可纵之。若其眠寐过多，非唯废修圣法，亦复丧失功夫，而能令心暗昧，善根沈没。当觉悟无常，调伏睡眠，令神气清白，念心明净，如是乃可栖心圣境，三昧现前。”这一“调眠”与“弃睡眠盖”有一致之处，都有限制睡眠时间，保证止观修习的意义。但“调眠”又有“眠是眼食，不可苦节”的又一层意思，所谓“不节不恣，是眠调相”，含有适度、恰当之意。

调食和调眠，在智𫖮止观体系中，首先是宗教修养的意义。但不可否认，它本身则具有显而易见的医学科学价值。

“调身”、“调息”、“调心”，指调和禅定时的姿势、呼吸以及心理状态。原则上说，三者相依，不能相离，故须合调。《摩诃止观》卷四下说：“初入定时，调身令不宽不急，调息令不涩不滑，调心令不沈不浮，调初入细，住禅中。随不调处，觉当检校，调使安隐。”但因所调对象以及方法不同，故可分而述之。

“调身”，主要指禅定的姿势。禅定可以行、立、坐、卧等各种姿势修习，但佛教徒的禅修多以坐姿为主，禅修因此常被称为“坐禅”。智顗说：“行住坐卧，常应系念。但卧多则沈昏，立多则疲极，行多则纷动，难可一心。坐无此过，所以多用。”[①]意为坐姿最宜去除沈、蔽二障，为禅修的最佳姿势。《修习止观坐禅法要》对“初欲入禅”者的调身法有具体说明，成为坐禅修习止观者所应遵循的基本原则。如先安坐处，使令安稳；次当作跏趺坐，或半跏，或全跏，都有一定规式。然后宽衣带周正，并安稳两手。在完成上述坐式的基础上，挺动其身，放松肢体关节；其后令手、足、头、肩、颈等一一端正。此时当调和吐纳，口吐浊气三次，想身中壅滞不通之处，随吐气而通畅；再闭口，鼻纳清气三次，舌抵上腭，闭目或双目“垂帘”。调身之要，智顗概括为“不宽不急”四字。

“调息”指调和呼吸，它是调心的基础。若“坐时有风、喘、气三相，是名不调，而用心者复为心患，心亦难定。”[②]“以气粗故，则心乱难录。兼复坐时烦愦，心不恬怡。”[③]调息方法有三：一者下着安心，意守下丹田；二者放松全身；三者想气息遍全身毛孔出入无碍。息调之相，当是“不声、不结、不粗，出入绵绵，若存若亡，资神安隐，情抱悦豫。”[④]“声”指风相，

---

① 《禅门口诀》，见《大正藏》卷四六。

② 《修习止观坐禅法要》。

③ 《释禅波罗蜜多次第法门》卷二。

④ 《修习止观坐禅法要》。

气息出入有声；“结”指喘相，气息出入结滞不畅；“粗”指气相，气息出入不够细匀和缓。调息则克服上述三相，并以“不涩不滑”为要。息调则众患不生，其心易定。

“调心”贯彻禅修的始终，是修习止观的主要法则。《修习止观坐禅法要》将调心总结为“不沈不浮”四字诀要。认为，初入定时调心包含两方面意思。一是收心止念，放下所有杂念，不令奔逸；二是坐禅时应根据心的沈浮之相，及时省察调整，令心系缘禅观之境，既不昏沈暗昧，又不散乱飘动。

智𫖮有关调身、调息、调心的论述，成为后世初习止观者的入门指导。其思想原理和具体方法，对印度传统禅法已有所变通，带有天台一家的特色。因为说理明白，步骤清晰，所以很受一般禅者的欢迎。

第五“行五法”。它们是：行欲、行精进、行念、行巧慧、行一心。

此处的“欲”，指乐欲，意为“志愿好乐一切诸深法门”，故又名“志”、“愿”、“好”、“乐”。《修习止观坐禅法要》说：“欲，欲离世间一切妄想颠倒，欲得一切诸禅智慧法门。”即由生死而入涅槃。《摩诃止观》卷四下说：“欲者，欲从欲界到初禅”。行欲，意思是说应首先确立通过止观修习而获得解脱的愿望和志向。

“精进”，指不懈进取。意为坚持禁戒，弃于“五盖”，初夜后夜，专精不废，无一刻懈怠。若不精进，难以出离欲界；禅定能生智慧，不舍精进，可得智慧。

“念”指专念禅定，不念其他；但念涅槃寂灭，不念余事。世间一切欺诳颠倒，可轻可贱，故常念禅定智慧可重可贵。若得禅定智慧，可成等正觉，广度众生。

“巧慧”，指能够分别世间乐与禅定智慧乐的智慧。《修习止观坐禅法要》说：“筹量世间乐、禅定智慧乐得失轻重。所以者何？世间之乐乐少苦多，虚诳不实，是失是轻；禅定智慧之乐无漏无为，寂然闲旷，永离生死，与苦长别，是得是重”。世间生死过患为贤圣所呵，出世间涅槃安乐为圣者所赞。

“一心”即一心分明、念慧分明。一方面，明见世间可患可恶；另一方面，又善识定慧功德可尊可贵。从而下定决心，一心修习止观。此处“一心”，非指入定一心，而是指决定一心，具有信心、意志、决心等含义。

“行五法”主要是通过方便修行，解决止观修习的思想认识问题，增强修行者脱离现实世间诸苦、永取涅槃寂静之乐的信心和决心。

综上所述，智顗二十五方便说，作为十乘观法、四种三昧修习的“外方便”或“远方便”，虽在他整个止观体系中并非核心部分，但它确是智顗宗教实践系统的有机组成部分。尤其对于“初心行人”即初修禅定、有意于天台止观的禅者来说，二十五方便是入门的必备知识和必修内容。智顗认为，修行者各有自己的特点，所需不同，二十五方便所起的是对治方便功能，可以适用于任何人，一切人都可以通过二十五方便而入于深一层次的止观修行，最终获得觉悟。它之所以为尔后禅修者广泛采用，原因就在这里。智顗声称：

> 此二十五法通为一切禅慧方便。诸观不同，故方便亦转。譬如曲弄既别，调弦亦别。若细分别，则有无量方便。文繁不载，可以意得。今用此二十五法为定外方便，亦名远方便。因是调心，豁然见理。见理

> 之时，谁论内外？岂有远近？《大品》云：非内观得是智慧，非外观、非内外观，不离外观、不离内观及内外观，亦不以无观得是智慧。今且约此，明外方便也。然不可定执而生是非。若解此意，沈浮得所，内外俱成方便；若不得意，俱非方便也。[①]

意思是说，所谓“内方便”、“外方便”，“近方便”、“远方便”，也只是方便之说；所有方便，都为了“见理”，而一旦见理，即无外内、远近之别。这意味着，在智顗那里，二十五方便与十乘观法等具有同样重要的地位；见理、解脱，必须依赖所有方便。事实上，这一思想贯穿于他的全部学说体系，表明他有意识地将高明玄虚的宗教哲学与中庸平实的修行实践加以结合，引导人们借方便而入门、而解脱。

① 《摩诃止观》卷四下。

第九章　智顗的判教体系

一、判教思潮的兴起

智顗宗教理论体系的另一部分是“教”。“教”即“教相判释”，简称“判教”。

判教，通常指判别或判定佛所说各类经典的意义和地位。佛教认为，释迦一生所说经教甚多，但因时间、地点、因缘、对象有别，在说教的形式、方法、顺序、内容等方面未免有所差异。因此，有必要将全部佛典及其教义作出系统整理、判释。通过判教，证明全部经典不仅没有矛盾，而且是相互补充的；佛典及其教义的矛盾现象，出自佛在不同情况下对不同听众的方便说教。但是，既然有深浅、大小、权实、偏圆等的具体判释，就必然在佛教内部造成对各类经典和教义事实上的抑扬褒贬，所以其本质往往反映为派系之争。所有各种派别竞相根据自己的观点和方法，对佛典进行于己有利的估价和安排。

判教思想源于印度佛教部派分裂之时。部派分裂的原因，含有“谁是佛教正统”的意义。至大乘佛教出现，更有“佛说”“非佛说”之争。但就判教的具体运用，则始于部分大乘经典。如《法华经》将佛教作大乘、小乘的区别，《楞伽经》则将佛教分为顿、渐二教，《华严经》以“三照”譬三类佛典，《涅槃经》以“五味”譬五类佛典，《解深密经》说佛典有“三时”之别。又如《大智度论》将佛教作三藏、摩诃衍以及显露、秘密的分别，《十住毗婆沙论》则分佛教为难行道、易行道二类。

公元六世纪左右，印度大乘瑜伽行派著名论师戒贤依《解深密经》卷二“无自性相品”所说“三时”，建立三时判教。将释迦一代佛教分作三个时期：第一为小乘《阿含》时，说诸法缘生，明法有我无；第二为大乘《般若》时，阐述缘起性空的理论；第三时指《解深密经》等，说明三性三无性的道理。这三时判教，具有深浅次第的判别意义，即初时因说诸法是有，故浅显；二时因说诸法性空，故稍深；三时说中道究竟原理，不落空、有二边，故系最高教义。与此同时，印度大乘中观学派也提出自己的三时判教。主张，第一时系释迦于鹿野苑为小乘根机者说四谛，明心境俱有；第二时系为中等根机者说大乘唯识，明境无识有；第三时系为上等根机者说大乘甚深般若，明心境俱空，平等一味。这三时判教同样含有深浅次第的判别意义。瑜伽行派以唯识为最深最高教义，而中观学派以般若为最深最高教义。

上述情况表明，从判教出现之初，就已显示其学派或宗派的主观立场。中国佛教的判教理论和方法，在很多方面直接受到印度佛教上述判教的影响。

南北朝时期，佛教发展迅速，大量经典以翻译方式介绍到了中国。由于传译时间有先后，所传典籍又繁多芜杂，思想并不统一，大小二乘、空有之宗学说多有分歧，从而引起教团内部的长期矛盾纷争。为调和各类佛典之间的矛盾，化解佛教内部的理论分歧，当时各学派先后建立起自己的判教体系，并借此抬高本学派的地位，扩大影响。

南北朝最早展开判教活动的，当数刘宋时代道场寺高僧慧观。慧观受《大般涅槃经》牛乳五味说以及当时“顿”“渐”之争的启发，创立“二教五时”之说。他把全部佛经分为“顿教”和“渐教”两大类，判《华严经》为顿教，又将渐教作次第五时的分别。渐教五时是：一、三乘别教，指小乘《阿含经》；二、三乘通教，指《般若经》；三、抑扬教，指《维摩经》；四、同归教，指《法华经》；五、常住教，指《涅槃经》。慧观判《般若》为“三乘通教”，地位高于小乘三藏；而以《涅槃经》为最高，判为“常住教”。这种判教，意在抬高《涅槃经》的地位而贬低《般若经》的地位，反映出罗什去世后般若学的衰落和涅槃佛性学说的兴起。据吉藏《大品游意》载，僧亮受慧观影响，也作五时判教，把《涅槃经》判为最高经典。

慧观同时代高僧道生力主顿悟，正好与慧观的渐悟相反。但他晚年在庐山改订《法华经》时，也有与慧观“渐教五时”相似的见解。他把释迦一代佛教，总别为善净、方便、真实、无余四种法轮，与此相应的经典是《阿含》、《般若》、《法华》、《涅槃》。此后，南齐隐士刘虬作《无量义经序》，提倡“五时七阶”的判教。所谓“五时”，是指：一、佛初成道，为提谓等说五戒七善人天教法；二、佛成道后，说三乘差别教法；三、又说《般若》等经三乘教法；四、说《法华经》，辨明一乘教法；五、说《涅槃经》常住教法。所谓“七阶”，是指于第二时中另分三阶，与其它四时合为七阶。这三阶是：一、为拘邻等说四谛，授声闻乘；二、为中根人说十二因缘，授缘觉乘；三、为上根人说六波罗蜜，授大乘。刘虬强调“根异教殊”，即七阶依据根器之大小而立，同时以《涅槃经》为佛教最高阶位。

在此之后，各家师说判教纷起，渐成一种思潮。据智顗《法华玄义》第五“释教相章”所述，当时有影响的判教，可归纳为十家，即所谓“南三北七”。江南代表性的有三家，江北代表性的有七家。十家判教虽互有出入，但有一个共同点，即所谓“通用三种教相：一顿、二渐、三不定”。具体则指：

> 《华严》为化菩萨，如日照高山，名为顿教。三藏为化小乘，先教半字，故名有相教；十二年后为大乘人说五时《般若》乃至常住，名无相教：此等俱为渐教也。别有一经非顿渐摄，而明佛性常住，《胜鬘》、《光明》等是也；此名偏方不定教。①

但实际上，南方三家虽大多以顿、渐、不定三类来判释一切经典，而北方七家则不尽相同。这可能与智顗主张三种教相的思想有关。

据《法华玄义》卷一〇，江南三家之一是虎丘山岌师的三时教。岌师主张顿、渐、不定三种教相，又于渐教中别立

① 《法华玄义》卷一〇上。

有相、无相、常住三教，名为三时教。认为，释迦成道后十二年内所说小乘三藏教义，明诸法实有，是为有相教；十二年后所说大乘《般若》至《法华》等经，明见空得道教义，是为无相教；最后说《涅槃经》，明一切众生悉有佛性、如来常住教义，是为常住教。

江南第二家是宗爱法师的四时教。四时是在岌师三时基础上，于无相教之末、常住教之前，另立《法华经》为同归教。因为《法华经》提倡会三归一、万善悉向菩提，不同于其他大乘经典，故名。此说也为梁代庄严寺僧旻法师所采用。

江南第三家是齐代定林寺僧柔、慧次的五时教。他们受慧观影响，先明三种教相，又从渐教中别立有相教、无相教、褒贬抑扬教、同归教、常住教五时。此说也为梁代开善寺智藏、光宅寺法云所采用。

江北七家也见之于《法华玄义》卷一〇所载。第一家是五时教。此五时教是北方某师在南方渐教四时基础上成立的，即以《提谓波利经》为人天教，置于有相教前；又以《维摩》、《般若》为无相教；四时、五时分别为同归教、常住教。认为释迦在成佛后，首先为提谓、波利二人说人天教，故在三藏有相教前应有人天教。

北方第二家是半满二教。由北魏地论师菩提流支建立。他依据《涅槃经·如来性品》有关半字、满字的譬喻，认为释迦成道后十二年内说的是浅显的佛教，是为半字教，即小乘教；十二年之后说的是高深的佛教，是为满字教，即大乘教。吉藏《胜鬘宝窟》(《大正藏》卷三七)也说："从菩提流支度后，至于即世，大分佛教为半、满两宗，亦云声闻、菩萨二藏"。

北方第三家是四宗。由地论师慧光创立。他把全部佛教划分为四宗，它们是：一、因缘宗，指讲说六因、四缘等理论的小乘《阿毗昙》；二、假名宗，指讲说“三假”理论的《成实论》；三、诳相宗（又名不真宗），指宣讲凡所有相皆是虚妄的《般若经》以及“四论”等；四、常宗（又名真宗），指宣讲佛性常住、本有湛然的《涅槃经》、《华严经》等。佛陀扇多也主张四宗说。一般认为，这一家判教当属地论师南道系的见解。

第四家是五宗。由护身寺僧自轨所立。他把四宗说中的《华严经》单独从常宗划出来，另立法界宗，由此而成为五宗。一般认为，这当属地论师北道系的主张。《华严经》讲“法界缘起”，其中《入法界品》将“法界”解释成为世间和出世间的一切“善知识”，因而有强调后天学习，向世俗外界探索的倾向，与地论南道系的“真性缘起”有所不同。据道宣《续高僧传》记载，慧光与道宠曾因观点等分歧，致使地论学有南北二道之分，以及四宗五宗的不同判教，说：“洛下有南北二途，当、现两说，自斯始也；四宗五宗，亦仍此起。”[①] 但也有记载认为，地论师的判教，当是三宗、四宗之别。如吉藏说：

> 三宗者，一立相教，二舍相教，三显真实教。为二乘人说有相教；《大品》等经广明无相，故云舍相；《华严》等经名显真实教门。四宗者，《毗昙》是因缘宗，《成实》谓假名宗，“三论”名不真宗，《十地

① 《续高僧传》卷七，《道宠传》。

论》为真宗。[①]

四宗指南道系的判教，则三宗应指北道系的判教。

第五家是六宗。由耆阇寺凛师所立。认为,《法华》、《大集》两经，在慧光的四宗判教中没有收入，颇为不妥。《法华经》明万善同归，说诸佛法久后要当说真实，故另立为“真宗”;《大集经》明染净俱融，法界圆普，故另立为“圆宗”。其余四宗同第三家四宗说。

第六家是二种大乘教。由北方某禅师所立。两种大乘教为：有相大乘，无相大乘。认为,《华严》、《璎珞》、《大品》等经，立十地阶位，各说其功德行相，故名“有相”;《楞伽》、《思益》等经，说真理没有阶位之别，一切众生即是涅槃相，故名“无相”。

北方第七家是一音教。系为某禅宗所立。这一家认为，五时教、半满二教、四宗、五宗、六宗、二种大乘教都不是正确的判教；主张“但一佛乘，无二亦无三”，佛以“一音说法”，众生因根机不等而“随类异解”。据《大乘义章》等所载，这“一音教”的判释，也是菩提流支所立。

智颉在《四教义》中认为，南三以成实师为重点，北七则以地论师为重点。这两派是南北朝佛学的重镇，它们的判教自然也具有广泛的影响。

南方建立“五时教”的僧柔、慧次，是成实师中最有影响力的学者。他们或受“四方钦服，人神赞美”，或“每讲席

① ［隋］吉藏：《大乘玄论》卷五，见《大正藏》卷三四。

一铺，辄道俗奔赴。”[①] 俩人同为齐代文惠、文宣诸王所礼敬。在梁代号称“三大师”的僧旻、法云、智藏，曾从僧柔、慧次就学《成实论》，成为当时成实学派的中坚。他们的共同特点，都普遍兼习《涅槃》、《华严》、《般若》、《法华》、“三论”等各类大乘经论，故而能就自己的理解提出判教原则。南方岌师和宗爱法师，从《法华玄义》所述来看，大约也属成实师。

北方诸师中，菩提流支曾与勒那摩提共同完成《十地经论》的翻译，而此《十地经论》是地论师所依的基本经典。自《十地经论》译出，最早予以研习和弘传的，是道宠和慧光，后来分别形成地论师的北道系和南道系，而以慧光的南道系为主流。

地论师研习经论，并不局限于《十地经论》，往往兼及《华严》、《涅槃》等经；又因为受北方各学派影响，所以思想比较庞杂，论师之间在判教说以及依持说、佛性说诸方面的分歧，也就在所难免。

智顗的判教体系，是在南北朝判教思潮兴起和发展的过程中，在对“南三北七”十家判教说进行纵横难破的基础上逐步完成的。某种意义上说，这也是时代的产物。

二、五味根机说

智顗的判教学说，主要反映在他晚年所著《法华玄义》第一〇卷中。此卷属“五重玄义”（名、体、宗、用、教相）的

---

① 见《高僧传》卷八。

第五重“教相”章。这表明，他要从“教相”入手，提出一家的判教观点。此外，智顗晚年曾应晋王之请，注释《维摩经》，成《玄疏》和《文疏》，后来灌顶把《疏》中有关判教的内容抽出，题为《四教义》十二卷（或作四卷）单独传世。智顗又曾著《四悉檀》和《三观玄义》，把其中的称机说法和教观一致思想纳入判教体系，从而形成完整、独立的判教学说。

五重玄义的“教相”章，共分五个部分：大意、出异、明难、去取、判教。其中“大意”者，“佛于无名相中，假名相说，说余经典，各赴缘取益。”① 从根机、佛意、本迹三个角度说明智顗判教思想的基本原则，故一般称之为“教相三意”。这一“大意”，相当于《法华玄义》卷一上所谓“五重玄义”的总论“七番共解”中的三种教相，即：一、根性融不融相（根机），二、化导始终不始终相（佛意），三、师弟远近不远近相（本迹）。指出，“教者，圣人被下之言也；相者，分别同异也。”这是他以教相判释作为判教原则的根本理由。

“教相”章的第二部分“出异”，即前面所述当时“南三北七”等各类判教，并将“南三北七”的共同点概括为“通用三种教相：一顿、二渐、三不定”。这是智顗判教重视“三种教相”的依据。而在第三部分“明难”中，对“南三北七”一一予以驳斥，其中重点批评了南方“五时教”。

如智顗指出，主张五时教者认为，佛在成道后十二年内所说的都是有相教，则系“成实论师自诬己论”。因为南方五

① 《法华玄义》卷一〇上。

时教主要是成实师所立,《成实论》说“我今正欲明三藏中实义”;而所谓“实义”者,即指“空”、“无相”。既然三藏中已有“实义”,因此,十二年内说有相教便不能成立。又指出,佛成道后六年便说《央掘魔罗经》,经中“明空最切”,故“此非无相,谁是无相耶?”接着,智𫖮还指出所谓十二年后佛说无相教的错误观念。他认为,无相教“明空荡相”,但“未明佛性常住”,这是一种“无常”的观念。而“若言无相,何意不荡无常。犹有无常,何谓无相?”所以“无相教”也不能成立,它不是彻底的无相。又说:“若言十二年后明无相者,何得二夜常说《般若》?”其次,对第三时褒贬抑扬教、第四时同归教、第五时常住教之说,智𫖮也一一予以驳难。

立五时教者,通常以《涅槃经》牛乳五味之说来判五时,即“用从牛出乳,譬三藏十二年前有相教;从乳出酪,譬十二年后《般若》无相教;从酪出酥,譬《方等》褒贬教;从生酥出熟酥,譬万善同归《法华》教;从熟酥出醍醐,譬《涅槃》常住教。”[①] 智𫖮对这种以五味譬五时,从而确立五时判教的观点表示了否定意见,认为它“乖文义理,颠倒相生,殊不次第。”如对以从牛出乳譬第一时有相教十二部经,智𫖮反驳说:“云何以十二部,对于九部有相教耶?一者,有相教无十二部;二者,有相教非佛初说。故不应以此为对。”[②] 又如对以从乳出酪譬十二部经出修多罗,修多罗对无相《般若》教,智𫖮指出:“修多罗则通一切有相、无相,五时皆名

① 《法华玄义》卷一〇上。

② 《法华玄义》卷一〇上。

修多罗，何以独对无相《般若》?”[①] 接着，智顗对其他三种譬喻也分别指出其不妥之处，说：“从修多罗出《方等》经，用对褒贬《净名》等教者，《净名》不应在《大品》之后。”“从《方等》出《般若》，用对《法华》者，经文自云《般若》，而曲辨为《法华》，回经文就义，最为无意。《涅槃》云：八千声闻于《法华》受记。不道《般若》受记。哪得唤《法华》为《般若》?”[②] 因此，智顗断言：“五时之失，其过如是”，“乖文失旨，不成次第”。以渐教五时判教，无论是内容还是形式，与佛经实际次第都并不相合。

五时教如此，三时、四时也都类似，故结论是：“南方教相不可复依也”。在驳难了南方三种判教之后，智顗又分别批评了北方七种判教，完成第三“明难”义。

但在事实上，智顗并非完全排斥“南三北七”判教内容。如智顗判教体系中的“五味义”说和“三种教相”说，都曾受上述各家判教启发，可以说是对南三北七判教的批判继承。因此，“教相”章的第四部分便是“去取”。“去取”的主要对象是五时教。智顗指出：“若五时明教，得五味方便之文，而失一道真实之意。”[③] 意思是说，五时教虽据《涅槃经》有关从牛出乳等“五味方便之文”而立，但并不切合《涅槃经》的真实用意。五时判教“虽得其文，配对失旨；其文通用，其对宜休”，它只是对《涅槃经》牛乳五味文字所作的不确切譬喻，不能与佛经的实际次第对应配合。

---

① 《法华玄义》卷一〇上。这里的“修多罗”作广义解，指全部经藏。
② 《法华玄义》卷一〇上。
③ 《法华玄义》卷一〇上。

智顗举例说："若言十二年前明有相教，此得小乘一门，而失三门。"因为按照智顗"四教义"的观点，藏、通、别、圆四教都有四门得道。如三藏的四门得道，"或见有得道，如《阿毗昙》；或见空得道，如《成实》；或见亦有亦空得道，如《昆勒》；或见非空非有得道，如《车匿》。"① 众生各据自己的根性，而以种种门入道。若欲举一标四，则可总说三藏；若欲广明四门，则应备立四种。但这里的第一时有相教只说有相一门，而不说其余三门（空、亦有亦空、非有非空），从而导致"疑误后生，空有成诤"的结果。他又举例说，"若十二年后明无相，无相者，此得共《般若》，失不共《般若》。"第二时无相教对于《般若》有得有失，因为《般若》也有有、空、亦有亦空、非有非空四门，若说《般若》是无相教，则只得共《般若》一空门，而失其余三门。至于第三时抑挫声闻、褒扬菩萨教，也有偏颇得失。"此得斥小一种声闻，全失七种声闻；得显大一意，全不得折挫诸偏菩萨；褒扬极圆菩萨，亦不得折挫诸权菩萨；褒扬于实菩萨，又不识偏、圆、权、实四门。所得处少，不得处多。"② 又第四时同归教，"唯得万善同归一乘之名，不得万善同归一乘之所。所者即佛性，同归常住等也。只得会三归一，不得会五归一，不得会七归一；唯得归于一，不得归佛性常住。"③ 意思是说，把《法华经》列为同归教，是对该经的贬抑。因为《法华经》不仅说了会三

① 《法华玄义》卷一〇上。《昆勒》即《昆勒论》，《车匿》即《车匿所用论》，此两论均未传入中国。

② 《法华玄义》卷一〇上。

③ 《法华玄义》卷一〇上。

归一的“名”，而且也说了同归佛性之“所”；佛性常住，不只是《涅槃经》的思想，而且也是《法华经》的思想。《法华经》是在完全意义上的“万善同归”。《法华玄义》卷一〇上又说：

> 《涅槃》二十五云：究竟毕竟者，一切众生所得一乘。一乘者名为佛性。以是义故，我说一切众生悉有佛性。一切众生悉有一乘故，今经是一乘之教，与《涅槃》玄会。且《涅槃》犹带三乘得道，此经纯一无杂。

《法华经》不仅与《涅槃经》佛性常住说玄会，而且更在众经之上。又第五时常住教，指《涅槃经》佛性常住、阐提成佛。智颛认为，成实师通常以二谛（真、俗或空、有）立论，若说佛性常住，则与二谛论有矛盾，“全失非常非无常，双用常无常”。

总之，五时教有得有失，所以应当“研详去取”：“核实故言研，核权故言详，适法相故言去取”。判教应照顾到权、实，同时符合教相的真实次第。

在分析南方五时教得失的基础上，智颛进而指出其他各家判教的得失，说：

> 四时教、三时教无文可依，无实可据，进退无所可取。北地五时亦无文据，又失实意，其间去取，类前可知。半满教得实意，失方便意。四宗教失五味方便意，又失实意。五宗、六宗例如此。二种大

> 乘教权实乖离。……一音教得实失权。[1]

各家判教也都集中在权与实，即方便与真实问题上。或得权失实，或得实失权，或权实皆失，或权实乖离，凡此种种，都属偏颇。所以，智𫖮在论“去取”时，主张根据各种判教的特点，区别对待。这实际上肯定各家之说仍有合理的成分，只是需要加以改造、整合。他说：

> 有相则具用四门。无相则用共、不共。八门褒贬则用贬小褒大、贬偏褒圆、贬权褒实。同归则用同归一乘、常住佛性、究竟圆趣。常住则用非常、非无常，双用常、无常。[2]

通过“去取”，使权实统一、符合教相实际。这表明，智𫖮并无全然否定南三北七判教的意图和做法。他要通过“明难”（即批判）、“去取”（即改造）的途径，在当时各家已有判教的基础上，确立更为周密、完善的判教体系。

智𫖮自己所立的“三种教相”说，也是在对南方三家判教（普遍主张顿、渐、不定三种教相）批判继承的基础上成立的。下文详述。

根据五重玄义“教相”章的结构，在经历了“大意”、“出异”、“明难”、“去取”四阶段的辨析后，智𫖮提出了自己的判教主张，是为第五阶段“判教”。

---

① 《法华玄义》卷一〇上。

② 《法华玄义》卷一〇上。

智颉判教体系，包括四个部分：五味根机说、三种教相说、四教义、教观统一论。先述五味根机说。

智颉所立“教相三意”之一，是为“根性融不融”，即指判教原则之一的根机说。五味根机的经典依据是《大般涅槃经》的牛乳五味譬和《法华经》的长者穷子譬。《大般涅槃经》卷一四（圣行品）说：

> 善男子！譬如从牛出乳，从乳出酪，从酪出生酥，从生酥出熟酥，从熟酥出醍醐。醍醐最上，若有服者，众病皆除，所有诸药悉入其中。善男子！佛亦如是，从佛出十二部经，从十二部经出修多罗，从修多罗出方等经，从方等经出般若波罗蜜，从般若波罗蜜出大涅槃，犹如醍醐。言醍醐者，喻于佛性；佛性者即是如来。

五味，指乳、酪、生酥、熟酥、醍醐，系制作牛乳过程中所成的五种味。对《涅槃经》的这一比喻，后人通常从根机（人）或教法（法）两方面展开理解。从众生根机上理解，主要以五味之浓淡比喻根机之利钝，名“约机浓淡”。从教法深浅上理解，则主要用以比喻释迦一代所说经典的次第，名“约教相生”。

智颉的五味根机说，侧重“约机浓淡”，以与当时一般的“约教相生”说相区别。为强调自己的观点，他更以《法华经》长者穷子譬加以论证。

智颉指出：《涅槃经》的五味譬主要是从根性上说明的，众生因信解行证的差别，故而作各种方便譬喻，目的在于保证渐机者“转凡成圣”的“利益”。他举例说：“若《华严》为乳，三藏为酪，此则方便味浓，大乘味薄。”三藏小乘，《华严》大乘，但《华严》反为乳，三藏反为酪，故而它是从方便利益众生的意义上说的。智顗又说：“如贵药非病治，贱药是病宜。贵药非宜，徒服无益。初说《华严》，于初心未深益，于渐机亦未转，于二缘如乳。若渐机禀三藏，能断见思，三毒稍尽，即转凡成圣。如变乳为酪，不可以用益，谓贱胜；不用益，谓贵劣。《华严》亦如是，于小如乳，于大如醍醐。”[①]从乳味至醍醐，并非次第高下之别，其浓淡主要是就根机而言；不同根机适应不同的教说，如牛乳之有五味。对渐机者说《华严》，不一定有益；但若禀三藏教，则可转凡成圣。

所以他又说，根据修行者的不同根机，才有佛的五味牛乳之说：

> 约行人心者，说《华严》时，凡夫见思不转，故言如乳。说三藏时，断见思惑，故言如酪。至《方等》时，被挫耻伏，不言真极，故如生酥。至《般若》时，领教识法，如熟酥。至《法华》时，破无明，开佛知见，受记作佛，心已清净，故言如醍醐。行人心生，教亦未转。行人心熟，教亦随熟。[②]

“行人心”，指修行者的根机。众生根机有生熟即钝利、小大之别，生熟的根机各对应于生熟的五味牛乳。

---

① 《法华玄义》卷一〇下。
② 《法华玄义》卷一〇下。

从方便利益众生的角度看，智颉的五味根机说，重点就钝根渐机者而言，即所谓“此五味教，调熟一段渐机众生。”[1]他又说：“问：既以五味分别，那同称渐？答：约渐得明五味耳。”[2] 这意味着，以《涅槃经》牛乳五味说用于判教，其意义在“调熟一段渐机众生”，使渐机者由五味之喻而一一获取醍醐。这与《法华经》提倡的“方便”说相适应。

智颉又强调说，在众生与五味的关系上，虽有“一人禀一味”和“一人历五味”两种情况，但就“小乘根性”来说，对应的是“一人历五味”。他说：

> 问：为一人禀五味，为五人耶？答：自有一人禀一味，如《华严》中纯一根性，即得醍醐，不历五味也。《大经》云：雪山有草，牛若食者，即得醍醐。自有一人历五味，如小乘根性，于顿如乳，三藏如酪，乃至醍醐，方乃究竟。如《大经》云：从牛出乳，乃至酥出醍醐。[3]

一人一味，指的是“纯一根性”即大乘利根者，他们可以不历其他四味，而顿得醍醐味。其经典依据也是《大般涅槃经》(卷八等)。一人历五味，则指小乘钝根者，他们需经其他四味而渐得醍醐味。这就是“利者得传传入，钝者五味调入。”此外，尚有历二味、三味、四味者。如“自有利根菩萨，

① 《法华玄义》卷一〇下。
② 《法华玄义》卷一上。
③ 《法华玄义》卷一〇下。

未入位声闻，或于三藏中见性，是历二味”；“自有《方等》中见性，是历三味”；“《般若》中见性，是历四味”。

这就是说，牛乳五味对应众生根机之差异，五味并非高下深浅之别，各类经典原则上也无次第等级之别；对应众生根机，五味中都能见到佛性，各种经典中都能获取醍醐。从这一意义上，智𫖮据《大般涅槃经》之喻而说“五味杀人”。他说：“《大经》云：置毒乳中，遍五味中，悉能杀人。即此意也。”[①] 这里的“毒”喻指佛性，《涅槃经》倡“一切众生悉有佛性”，故“置毒乳中”，意即众生悉有佛性；“杀人”则喻指以智慧破除无明，证取涅槃。置毒于乳，即融于五味，佛性存在于五味之中，因而由任何一味均能获取醍醐。乳味与醍醐味在本质上是相通的，只是根机有别，而作方便利益上的五味分别。

在《法华玄义》卷五下，智𫖮更具体阐述“置毒乳中，乃至醍醐，遍五味中，悉有杀义。”若众生始于凡地，得闻《华严》，即便见理，入佛慧者，名“血乳杀人”；此喻凡夫之佛性，如牛新生，而血乳未别。若先得十住位后，再于《华严》得悟，名“酪中杀人”。若于十行位得悟，名为“生酥杀人”。若于十回向位得悟，名“熟酥杀人”。若于诸地更悟者，则名“醍醐中杀人”。佛性融于五味，众生根机虽不一，但各由其中一味得悟，是为五味随处毒杀。这一思想，在智𫖮论述“三种教相”的不定教时，有更多的发挥。

为合理安排《法华经》和《涅槃经》，保证两经在五味譬中醍醐味的并列地位，智𫖮又提出“前番五味”和“后番五

---

① 《法华玄义》卷一〇下。

味”的判教。所谓“前番五味”，指经由《华严》、《阿含》、《方等》、《般若》等，至于《法华》，而以《法华经》为五味中的后教后味。“后番五味”则指于《法华》中未得入者，更以《般若》淘汰，令于《涅槃》中悟入。故《涅槃经》也是后教后味。

《法华玄义》卷一〇下说：

> 此五味教，调熟一段渐机众生。如身子等大德声闻，于《法华》中得受记莂，见如来性，成大果实。如秋收冬藏，更无所作，不生不灭，名大涅槃。即是前番。从《摩诃般若》出《妙法华》，为未熟者更论《般若》，入于《涅槃》，而见佛性。即是后番。又从《般若》出《大涅槃》也。

这就是说，《法华》和《涅槃》同为五味中的后教后味，即醍醐味，在本质上并无分歧，所谓“二经教意，起尽是同”。他又说：“《法华》三周说法，断奠声闻，咸归一实；后开近显远，明菩萨事。《涅槃》亦尔，先胜三修，断奠声闻，入秘密藏；后三十六问，明菩萨事也。”所以，“二经俱是醍醐”，“第五醍醐佛性味同也”。“今佛熟前番人，以《法华》为醍醐；更熟后段人，重将《般若》淘汰，方入《涅槃》，复以《涅槃》为后教后味。”[①] 两部经都为根机未融熟者而说，使他们“根利障除”，获取醍醐。前番、后番之说，犹如田家耕种，“先种先熟先收，晚种后熟后收。”这样安排，既提高了《法

① 《法华玄义》卷一〇下。

华经》的地位，又不因此而冷落了当时教界普遍重视的《涅槃经》。

智顗又从“人”与“法”的相互关系中，说明“五味”根机说的必要性和重要性。他认为，释迦一生所说之法，唯是一味，但因众生根机生熟不一，从而有多种形式。说：

> 夫众生机缘不一，是以教门种种不同。《经》云：自从得道夜，至泥洹夜，所说之法，皆实不虚。仰寻斯旨，抑有由致。所以言之，夫道绝二途，毕竟者常乐；法唯一味，寂灭者归真。①

佛法之一味与众生根机之不一，虽有矛盾，但可以统一。这基本上是对《法华经·方便品》思想原则的运用。智顗为此而立“法开会”和“人开会”，通过五味根机说将此两者圆融统一起来。

所谓“法开会”，指佛的全部教法说的都是同一原理，所以须开除三乘方便之教，令入真实一乘教法；所谓“人开会”，意为教法既无差别，故当泯除三乘之别，归于人人皆能成佛、证悟涅槃。法开会从佛法理论上说，人开会则从实践佛法的主体上说。无论在真实教法上，或是在方便利益上，最终都会入一佛乘。智顗认为，这就是《法华经》的思想，“五味”与《法华经》思想是一致的。所以说，《般若》“但会其法，不会其人”，而《法华》则“人法行俱会”。②《般若》只

① 《四教义》卷二。

② 《法华玄义》卷九下。

讲一实相原理，属法开会，《法华》不仅讲一乘真实教法，而且讲方便证入，既示法开会，又示人开会。他又说：

> 故知从得道夜，常说中道，常说大乘。而众生罪故，使如来以毒涂乳，著弊垢衣，方便婆和，引令向大。故言虽说种种道，其实为一乘。①

两种“开会”，是要统一真实教法和方便证悟，而“五味”说便具有这种功能。

在对《法华经》的研习中，智顗充分利用和发挥其中的“寓意”，并把它与《涅槃经》佛性思想结合，创立天台五味判教学说。智顗论五味根机，其中一个重要特点，是运用了《法华经》的“长者穷子喻”。

长者穷子喻出自《信解品》，其大意是：有一长者之子，幼年即离家出走，长大后生活穷困，以乞食为生。数十年后，行至大富长者门前，徘徊不敢入。长者于师子座，即时认得是其亲子，便遣家人追问。其子心生恐怖，懊悔莫及，昏厥于地。长者乃巧设方便，雇之为佣，使之除粪。某日，长者于窗户中见其子羸瘦憔悴，污秽不净，即脱璎珞严饰之服，改着粗弊垢腻之衣，执除粪之器，状有所畏。其子遂心相体信，出入无碍。至长者临终之时，聚会亲族，以实情告知其子，并将无量财宝全部委付其子。其子欢喜无比，而作是念：我本无心有所希求，今此宝藏自然而至。

《法华经》在讲完这一故事后说：“大富长者则是如来，我

① 《法华玄义》卷九下。

等皆是佛子。”又说：“佛知我等心乐小法，以方便力，随我等说，而我等不知真是佛子。今我等方知世尊，于佛智慧无所吝惜。所以者何？我等昔来真是佛子，而但乐小法；若我等有乐大之心，佛则为我说大乘法。”[①] 这是长者穷子喻的本来寓意。所谓“我等皆是佛子”，指众生本来具备佛性；长者的无量财富，即此佛性。穷子不知自已就是长者之子，喻为不乐大乘教法，故长者施以方便，使之志求大乘。穷子“心相体信”后，便知为长者之子；所谓“无量珍宝，不求自得”，喻当即证悟成佛。

智𫖮在借用这一譬喻时，为与《涅槃经》牛乳五味说相应，作了着意的主观处理，《法华玄义》卷一〇上说：

> 《信解品》云：踞师子床，见子便识，此语初鉴大机久矣；于窗牖中遥见其子者，此鉴小机久矣。密遣二人，方便附近，语令勤作，此鉴须开三久矣。心相体信，入出无难，此鉴调斥久矣。领知众物，此鉴淘汰久矣。后付家业，此鉴教行等久矣。

他认为，《法华经》这一譬喻显示的是“佛意深远”；因为它是从根机上作的方便说教，所以可以与《涅槃经》五味说一一对应。他对譬喻所作的五位划分，就是要证明《涅槃经》关于牛乳五味的根性之喻，在《法华经》中也一应具足，这五位与五味所表现的拟宜、诱行、弹呵、淘汰、证悟关系完全相合。所谓“鉴大机”、“鉴小机”，是为拟宜，相当于乳味；

① 见《法华经·信解品》。

“开三”指开三乘归于一乘，“鉴开三”是为诱行，相当于酪味；“鉴调斥”是为弹呵，相当于生酥味；“鉴淘汰”相当于熟酥味；“鉴教行”是为证悟，相当于醍醐味。这是《法华经》寓意的“调熟一段渐机众生”；在“长者”方便诱引启发下，“穷子”弃小机而趋大机，融熟根性，成就醍醐味。

但是，值得指出的是，智顗阐述的“五味”义是不彻底的。在《法华玄义》卷一〇下，他在把牛乳“五味”说与“长者穷子譬”作比拟的同时，又结合当时南方流行的“五时”说，也提出了自己的“五时”教说。具体阐述如下：

第一，《信解品》说：“其父先来，求子不得。中止一城，其家大富”，“多有僮仆，臣佐吏民。”时贫穷子，遥见其父，踞师子床，疾走而去。其父“即遣傍人，急追将还”，“穷子惊愕，称怨大唤。”于是“父语使言，不须此人，勿强将来。”智顗认为，这一层蕴意在于“领初成佛寂灭道场”，“说圆顿教门”，相当于“佛日初出，顿教先开”的《华严》时，又“譬如牛必先出乳”（乳味）。

第二，《信解品》说：“尔时长者，将欲诱引其子，而设方便，密遣二人，形色憔悴，无畏德者：汝可诣彼，徐语穷子……雇汝除粪。”长者“即脱璎珞，著垢腻衣”，“以方便故，得近其子。”这一层蕴意，是“领次顿之后，隐舍那威德相，好作老比丘像，说三藏之教。”相当于阿含时，“二十年中，常令除粪，得一日之价，即是从十二部后出修多罗”；又“譬如从乳出酪”（酪味）。“除粪”喻放弃三藏教义。

第三，《信解品》说：穷子“过是以后，心相体信，入出无难。然其所止，犹在本处。”这一层蕴意，是“明三藏之后，次说《方等》”，相当于《方等》时。所谓“心相体信”，指

"得罗汉已，闻骂不嗔；内心惭愧，不敢以声闻、支佛法化。"此时"心渐纯熟"，故"如从酪出生酥"（生酥味）。

第四，《信解品》说："尔时长者有疾，自知将死不久，语穷子言：我今多有金银珍宝，仓库盈溢，其中多少，所应取与。""穷子即受教敕，领知众物……而无希取一餐之意。然其所止，故在本处。"智𫖮认为，这一层蕴意，是"从《方等》后，次说《般若》。"相当于《般若》时。因为"《般若》观慧，即是家业；历于名色，乃至种智，即是众物。……因是得识大士法门，灭破无知。"这是"譬从生酥出熟酥"（熟酥味）。"大士"，指菩萨。

第五，《信解品》说："复经少时，父知子意，渐以通泰"，"临欲终时，而命其子，并会亲族……即自宣言：此实我子，我实其父。今我所有，一切财物，皆是子有"，乃付以家业。这一层蕴意，"即是《般若》之后，次说《法华》。……明见佛性，住大涅槃。是时无明破，中道理显。其心皎洁，如清醍醐。"相当于《法华》、《涅槃》时。这譬如"从于熟酥转出醍醐"（醍醐味）。

同时，在《法华玄义》卷一〇下，智𫖮又提出"五味半满相成"之说，即从方便权实角度，不仅将"五味"与"五时"结合，而且将"五味"与"半满"统一。

半满教是北方地论师菩提流支所立，谓释迦成道后十二年内说半字教，十二年后说满字教。智𫖮认为，半满二教相当于小大二乘，半是权假，满是真实。又认为，五味属于方便权假，使渐根众生获取醍醐。因此，五味与半满可以相辅相成。他说：

若直论五味，犹同南师，但得方便。若直半满，犹同北师，但得其实。今明五味不离半满，半满不离五味。五味有半满，则有慧方便解；半满有五味，有方便慧解。权实俱游，如鸟二翼。虽复俱游，行藏得所。

南方五味说“但得方便”，北方半满教“但得其实”，这是智顗的看法，但也反映了南北学风上的某种差异。他要使“五味半满相成”，当然也就具有了融会南北佛学的意义，与他全部佛学体系是一致的。

五味、半满与五时的关系如何？智顗又作了如下的解释。

若《华严》顿满大乘家业，但明一实，不须方便，唯满不半；于渐成乳。三藏客作，但是方便，唯半不满；于渐成酪。若《方等》弹诃，则半满相对，以满斥半；于渐成生酥。若《大品》领教，带半论满；半则通为三乘，满则独为菩萨；于渐成熟酥。若《法华》付财，废半明满；若无半字方便调熟钝根，则亦无满字开佛知见；于渐成醍醐。如来殷勤称叹方便者，半有成满之功，意在此也。[①]

五味与五时的一一对应，与半满教的介入有关。这是权实统一思想在判教领域的具体运用。在此后的“通别料简”中，智顗进而说：“五味半满论别，别有齐限；论通，通于初后。”

① 《法华玄义》卷一〇下。

"若《华严》顿乳，别但在初，通则至后"，是为第一时；"若修多罗半酪之教，别论在第二时，通论亦至于后"；"若《方等》教半满相对，是生酥教，别论是第三时，通论亦至于后"；"《般若》带半论满，是熟酥教，别论在第四时，通论亦至初后"；"若《涅槃》醍醐满教，别论在第五时，通论亦至于初"。所谓"别"指将释迦教法，依次第区分；所谓"通"，指于每一时中，对机说法，使众生各得法益，显示释迦教法的融通。

事实上，在《法华玄义》卷一〇上，智𫖮还单独阐述了对"五时"的看法。"五时"的主要经典依据是《华严经》，晋译《华严经·性起品》（卷三四）说："譬如日出，先照一切诸大山王，次照一切大山，次照金刚宝山，然后普照一切大地。"①这意味着，全部佛典可以按照佛说的时间先后次第，分为五个时期。

第一华严时。智𫖮说："佛于无名相中，假名相说，说余经典，各赴缘取益。至如《华严》，初逗圆别之机，高山先照，直明次第不次第。"意思是说，释迦成道之初，专以根机敏慧的菩萨为对象，如日出先照高山，令迅速悟入。说法内容即为《华严经》，说法形式即为顿教。

第二鹿苑时。智𫖮说："若说四《阿含》，《增一》明人天因果，《中》明真寂深义，《杂》明诸禅定，《长》破外道。而通说无常，知苦、断集、证灭、修道。不明如来曲巧施小之意。""鹿苑时"就说法场所而言；若据所说经名，则可称为"阿含时"；若就说法对象而论，则又可名"三藏教"。该时以

---

① 《华严经》（佛陀跋陀罗译，六十卷本），见《大正藏》卷九。

根机较浅的初学者为对象，讲说小乘四《阿含》，而以其中“四谛”学说为主要内容。说法形式上，归之为渐教。

第三方等时。智𫖮说：“若诸《方等》，折小弹偏，叹大褒圆，慈悲行愿，事理殊绝。不明并对诃赞之意。”指对已有小乘基础者，佛进而为之说《方等》类经典，使之掌握大乘佛教原理。“方等”，指大乘经典；因为大乘经典不仅数量广大，而且在内容上讲述甚深平等之理。“斥小叹大”、“弹偏褒圆”，意思是启发小乘人耻小乘而慕大乘。鹿苑时“不明如来曲巧施小之意”，方等时“不明并对诃赞之意”，都有可能造成误解，所以又作第四时说法。就说法形式言，方等时仍归之为渐教。

第四般若时。智𫖮说：“若《般若》论通则三人同入，论别则菩萨独进，广历阴入，尽净虚融。”该时主要说《般若经》，故以经名而立名。《般若》诸经内容，为淘汰大小乘分别之偏执，显示诸法皆空、中道实相之理。这一思想虽可避免上述误解，但“亦不明共别之意”。共，指共般若，为三乘共学之《般若》；别，指别般若，为菩萨所学之《般若》。在说法形式上，也归为渐教。

第五法华、涅槃时。指佛在最后所说的《法华经》和《涅槃经》。这两部经都说毕竟一乘（佛乘）思想，其中《法华》以方便引导十界众生成佛，《涅槃》说众生皆有佛性，根本教义一致，故并列为第五时。在说法形式上，属于非顿非渐教。但在具体论述时，智𫖮对这两部经实际上是有所区别的。他说：“若《涅槃》在后，略斥三修，粗点五味。亦不委说如来置教原始、结要之终。”认为，从《华严》到《涅槃》，“凡此诸经，皆是逗会他意，令他得益。不谈佛意，意趣何之？”

这意味着，《涅槃经》还不是最高、最圆满的教法。《法华经》则不同，他说，“今经不尔。绀是法门网目，大小观法，十力无畏，种种规矩，皆所不论。为前经已说故。但论如来布教之元始，中间取与，渐顿适时，大事因缘究竟终讫。说教之纲格，大化之筌罣。”“当知此经，唯论如来设教大纲，不委微细纲目。”① 因此，只有《法华经》才是佛说的究竟。

关于五时的区别，智𫖮概括说：

> 但以禀教之徒根缘不一，时方有别，是以大圣设教名字不同，言方亦别也，故有顿渐赴机。至如《华严》广明菩萨行位；三藏偏说小乘；《方等》破小显大；《大品》历法遣荡会宗；《法华》结撮始终，开权显实；《涅槃》解释众经，同归佛性常住。②

五时各有教法内容及其特点。《法华》与《涅槃》虽并列第五时，但也有所不同。《法华》开三显一，令众生成就“入佛知见”，明确指出此前教法都属方便权说，唯此是真实佛乘。《涅槃》则对未能于《法华》得悟者而说，相当于对《法华》的补充。所以两经虽然并列，实际并不真正平衡。

智𫖮创立天台宗，是以《法华经》为中心展开的。智𫖮判教的根本意图，是要在全面调整和合理安排各种佛教经典的同时，突出《法华经》的崇高地位。《法华经》是“畅述如来出世本怀”的根本经典，是“经中之王”，非其他大小乘经

① 《法华玄义》卷一〇上。

② 《维摩经玄疏》卷六。

所能比拟。唯《法华经》开示如来真实一乘，遍摄一切众生，避免特殊教相。其他经典则各设特殊教相，教化不同众生，不能摄尽一切众生。但是，《涅槃经》有关涅槃佛性思想的传播，正在结束着魏晋般若学统治的历史，把对般若性空的研究转入涅槃佛性之有的肯定。《涅槃经》在南北朝后期已受佛学界普遍重视，直至隋唐，佛性学说始终占有重要地位，这是智颉时代的新课题。梁武帝不仅亲自讲述《涅槃经》，并撰著《制旨大涅槃经讲疏》，而且钦命佛教学者为《涅槃经》广作注释。《大般涅槃经集解》七十二卷集录了道生、僧亮、法瑶、昙济、僧宗、宝亮、智秀、法智、法安、昙准等当时十余家著名涅槃学者的学说。在有关判教中，大多有意提高《涅槃经》的地位，将该经判为究竟。智颉在确立《法华经》中心地位的同时，给予《涅槃经》以特殊地位，反映了涅槃佛性思想在当时的广泛影响这一实际形势。

五时教的判释，是要通过《法华经》权威的确立，独树一帜，完成天台一宗学说，保证天台宗在教界的地位。虽然它在形式上与“南三北七”中的五时判教相似，但实际内容已有重大变化。此前五时教多指渐教之五时区分，智颉则顿渐共约五时，且以《法华》为非顿非渐。此外，智颉所说五时，是以五味为前提，受五味说的制约，并未离开根机说。所谓“但以禀教之徒根缘不一，时方有别，是以大圣设教名字不同，言方亦别也，故有顿渐赴机”，就是这一意思。由于众生“根缘”不同，所以可约五时说教，权设大小乘经典次第。但究竟说来，佛以一音说法，三乘归于一乘，《法华》为最圆满之说，五时的高下、优劣显得有所多余；从逗机引导众生由《法华》而悟入的角度说，五味之说更为恰当。

《法华经》专开本、迹二门，前十四品为迹门，阐述开权显实、废权立实、会三归一思想；后十四品为本门，阐述开迹显本、废迹显本、会迹归本思想。迹门针对佛陀教法，说明权教(《法华经》之外）与真实教(《法华经》)的关系。对《法华》实教而言，其他都是方便教。《法华》是醍醐，其他是乳、酪、生酥、熟酥；四味不等于醍醐味，但四味中包含醍醐味，所以终能成就醍醐。四味是方便，醍醐是真实。《法华文句》卷六下说："究竟一味。远近始终，合论五味。"又说："四大弟子深得佛意，探领一化五味之教。"此处"一"指《法华》(及《涅槃》)，醍醐味；"五味"由"一"所化，因方便而说。智顗五味根机说，在这层意义上是对《法华经》本迹二门说的发挥，它从判教的角度圆满一佛乘。

三、三种教相说

教相，指释迦一代所说教法的相状差别，即各类经典及其教义的特征或差异。判教之所以又名教相判释，表明教相是判教的关键部分。

智顗《法华玄义》卷一上说："教相为三。一，根性融不融相；二，化导始终不始终相；三，师弟远近不远近相。教者，圣人被下之言也；相者，分别同异也。"这是他站在《法华经》立场上，对《法华经》与其他经典所作的区别，名为"教相三意"，有时也称"三种教相"。

他认为，《法华经》之外的各种经典及其教法，真实与方便相杂，且听法众生根性或利或钝，参差不一，是为"不融"；而《法华经》唯说一乘真实教法，且听法众生根机无利钝之分，纯熟一味，是为“融”。又认为，其他经典及其教法，大多应时随机益物，故并非真实圆满，是为“不始终”；而《法华经》阐明如来设教元始，引权归实，巧作顿、渐、不定等教相度脱众生，能尽如来之真义，是为“始终”。又认为，其他经典主张，释迦于今世成佛时，实智始满，将施权智，其弟子未得实智，也不可施权智，是为“不远近”；而《法华经》则主张，释迦于过去久远之世，早已成佛，已满权实二智，其弟子也已于过去世入实智，并行权智，故在释迦于今世成佛之前，师与弟子已权实长远，是为“远近”。

上述“教相三意”，分别从根机、佛意、本迹方面说明《法华经》与其他经典的不同，其中“化导始终不始终”（佛意）是重要的一环，因为它反映了佛的真实教意，是佛的全部教法形式的概括。这一概括，提出了顿、渐、不定三种教相，并被智𫖮称为判教的“大纲”。本节所要阐述的，便是作为判教大纲的这三种教相。

智𫖮《法华玄义》卷一〇上说：

> 大纲三种：一顿、二渐、三不定。此三名同旧，义异也。今释此三教，各作二解：一约教门解，二约观门解。教门为信行人，又成闻义；观门为法行人，又成慧义。闻慧具足，如人有目，日光明照，见种种色。

这段话包含两层意思。一是明确判教的大纲是顿教、渐教、不定教三种教相；二是对三种教相都必须从教门和观门两个方面加以考察，认识教观的完全一致性。

根据这一构思，智𫖮安排了三种教相的教、观二门全部经典。就教门言，它们是：

第一，顿教教门。指《华严》、《净名》、《大品》、《法华》、《涅槃》等经典。智𫖮说：

> 若《华严》七处八会之说，譬如日出，先照高山。《净名》中唯信嗅薝卜。《大品》中说不共般若。《法华》云：但说无上道。又始见我身，闻我所说，即皆信受，入如来慧；若遇众生，尽教佛道。《涅槃》二十七云：雪山有草，名为忍辱，牛若食者，即得醍醐。又云：我初成佛，恒沙菩萨，来问是义，如汝无异。诸大乘经，如此意义，类例皆名顿教相也，非顿教部也。[1]

这就是说，顿教并非局限于《华严》，而且也适用于其他大乘经典；《维摩》、《般若》、《法华》、《涅槃》等经典中也同样显示顿教教相。智𫖮这一说法，显然是为了表示与南地“三种教相”判教的区别。前面说到顿、渐、不定，“此三名同旧，义异也”，即他只是借用了当时有关判教名称，而在内容上有自己的特点。他指出，之所以把其他大乘经也列入顿教，是从“教相”上所作的判释，而并非出自“教部”。这实际上是要表明，他的这种安排，是真正意义上的“教相判释”，而南地各家判教则囿于教部，即机械地将某经置于某一部类，造

① 《法华玄义》卷一〇上。

成对经典高下、优劣次第的误解。[1]

第二，渐教教门。指“从佛出十二部经，从十二部经出修多罗，从修多罗出《方等》经，从《方等》经出《般若》，从《般若》出《涅槃》。”[2] 这相当于《大般涅槃经》卷一四所说牛乳五味，即智顗五味根机说中的后番五味判教。这一渐教教门，不同于五时教中的渐教；五时的渐教局限于鹿苑(《阿含》)、《方等》、《般若》，这里则与五味相联系。因此，它同样强调“教相”而反对“教部”，试图从众生根机上说明渐教的权宜设立。当然，它也显示了与南地三种教相中渐教的区别。

第三，不定教教门。指不在顿、渐二门之中，不为二门所摄。按《法华玄义》卷一〇上、卷五下、《摩诃止观》卷一上等所述，智顗的不定教，根据“佛以一音演说法，众生随类各得解”的经义而立，故具备于五味之中，五味之中都含不定，即所谓“五味杀人”。他说：

> (《涅槃经》)第二十七卷云：譬如有人置毒乳中，则能杀人，乃至醍醐亦能杀人。此譬两用。一，通约顿渐，明不定教，处处皆得见佛性也。二，约行不定，行人心行譬之如乳，实相智譬之以毒；毒有

---

① 智旭解释“相”、“部”区别，说：“顿教部，谓初成道，为大根人之所说顿，唯局《法华》”；“顿教相，谓初发心时便成正觉，及性修不二、生佛体同等义，则《方等》、《般若》诸经，悉皆有之。”(见《教观纲宗》)智顗后面强调说渐教相、不定教相，也是从“相”、“部”的这种区别上说的。

② 《法华玄义》卷一〇上。

殒命之能，此智有破无明之力。久远劫来，说实相毒，置于凡夫心，乳毒慧开，发不可为定。或于初味发，或于后味发，不得次第往判。故言，置毒乳中，乃至醍醐，通五味中，悉有杀义。①

不定教是相对于顿教、渐教而言的，它的特点是“处处皆得见佛性”。其理论依据是佛的“一音说法”，其实践原理是五味根性。五味置毒，即众生不论根性如何，皆有实相之智，随时而发，随处成佛。因此，不定者，既非顿，又非渐；既是顿，又是渐；既在顿渐之外，又在顿渐之内。

智𫖮又曾将不定教划分为“显露不定”和“秘密不定”两种。他在《法华玄义》卷一上说：

虽高山顿说，不动寂场，而游化鹿苑；虽说四谛生灭，而不妨不生不灭；虽为菩萨说佛境界，而有二乘智断；虽五人证果，不妨八万诸天获无生忍。当知即顿而渐，即渐而顿。《大经》云：或时说深，或时说浅；应问即遮，应遮即问。一时一说一念之中，备有不定，不同旧义。专判一部味，味中悉如此。此乃显露不定。

这一显露不定教，包含以下几层意思。一是与顿、渐的关系，即主张佛以一音说法，依如来不思议力，令众生于渐说中得顿益，于顿说中得渐益，所谓“即顿而渐，即渐而顿”。二是

① 《法华玄义》卷五下。

与五味的关系，认为五味相互渗透，所谓“专判一部味，味中悉如此”；而“高山顿说……八万诸天获无生忍”云云，即具五味义。三是与“旧义”即南地三家之说的关系，指出“一时一说一念之中，备有不定”，与旧义不同。旧义以《胜鬘》、《光明》等经为三教中的不定教，此处“不定”意在强调一音异解，通于五味，其范围极广，非约具体经典而言。

在同卷中，智顗又说：

> 秘密不定，其义不然。如来于法，得最自在。若智若机，若时若处，三密四门，无妨无碍。此座说顿，十方说渐，说不定。顿座不闻十方，十方不闻顿座。或十方说顿，说不定，此座说渐，各各不相知闻。于此是显，于彼是密。或为一人说顿，或为多人说渐，说不定；或为一人说渐，为多人说顿。各各不相知，互为显密。或一座默，十方说；十方默，一座说。或俱默俱说。各各不相知，互为显密。虽复如此，未尽如来于法自在之力；但可智知，不可言辨。

此处秘密不定教，也有三层意思。第一，如来于法自在，而众生同听异闻。佛以一音说法，自在无碍，众生虽于同一席上受教，但因根机不同，故领悟不一，或以为顿，或以为渐。第二，对于如来的教法，此座听者以为是顿，彼座听者以为是渐，虽各得利益，但彼此各不相知，是为“互为显密”。第三，如来的真实说法，从根本上说来，既非顿，也非渐、不定，因为它“但可智知，不可言辨”。这就意味着，智顗承认有一种带有神秘色彩的佛教观念的存在，而这一佛教的主张，被他称为“秘密不定教”。

在同卷中，智𫖮接着说，佛教教相“虽复甚多，亦不出渐、顿、不定、秘密”。但在同书卷一〇上又说：“教有二种：一显露教，二秘密教”。可见他实际上是把顿、渐、不定三种归入“显露教”，而将秘密一种归入“秘密教”，这与传统将佛教区分为“显教”和“密教”两类是相通的。

但是，智𫖮自己的判教，既非显、密二教，也非顿、渐、不定、秘密四教，而是顿、渐、不定三教，即三种教相。

智𫖮在论《法华经》与其他诸经相异之处时曾指出：“今《法华》是显露，非秘密；是渐顿，非渐渐；是合，非不合；是醍醐，非四味；是定，非不定。如此分别此经与众经相异也。”① 这表明，秘密教不在他的判教之中。事实上，他的三教也是只论显教而不说密教。他说：“就隐显共论四教。隐即秘密教，显即顿、渐、不定教。秘密既隐，非世流布，此置而不论。”② 这里，他明确表示，秘密教不在他的判教系统之内。

因此，智𫖮虽然将不定教作显露不定和秘密不定的划分，但实际上，秘密不定可直视为秘密教；而秘密教既不在论述范围，故显露不定则可直视为不定教。如此，不仅顿、渐二教为显教，而且不定教也属显教，合而为显教的三种教相，与《法华经》所述一致。质言之，智𫖮主张以显教的顿、渐、不定三种教相为纲判释佛陀一代教法，而非后来天台宗所说的

---

① 《法华玄义》卷一上。

② 《法华玄义》卷六下。

有所谓“化仪四教”（将顿、渐、不定、秘密合称）。关口真大先生认为：“《法华玄义》之教相玄义大纲，有顿、渐、不定之三种教相。从来皆说五时八教是天台大师的教判，但自《法华玄义》，以及天台大师的撰述中，却看不出有五时八教之说。五时八教之教判论，乃后代中国天台的产物。”① 这一看法很有道理，它是从对智颛著作的直接考察中得出的。既然智颛本人明确指出“一顿、二渐、三不定”是他教相判释的“大纲三种”，我们就没有必要将天台后学的“化仪四教”说成是智颛的原意。

从智颛教相判释的结构上看，也只能是顿、渐、不定三种教相。因为有了这三种“教”，才能与三种“观”相配合，构成“教观一致”的体系。

《法华玄义》卷一〇在阐述了三种“教门”之后，又说明了与此对应的三种“观门”。这三种观门就是：圆顿观、渐次观、不定观。圆顿观对顿教，渐次观对渐教，不定观对不定教，这些都是在显教范围之内，并未涉及密教。智颛指出，三种教相作为大纲，必须从教门和观门两方面诠释，这就再次从原则上肯定了三种教相的实际地位。

三种教相，从形式上看，与南地所判相似，这是智颛对时人判教“去取”工作中的“取”的部分。但在实际内容上，则主要做了“去”的工作。除了三种教相所安排的经典内容不同，在判教的原则和标准上也有重大区别。

从原则上说，智颛三种教相立足于众生根机之说。他认

① 《天台止观的构成和特色》，见《现代佛教学术丛刊》第58卷，台湾大乘文化出版社1978年版。

为，“但约显露，明渐、顿五味之相”，五味完具于顿教和渐教之中。同时他又认为，佛于一时一说一念之中，“备有不定”；不定教“但约顿、渐，其义自明”。这就是说，不定教不仅因顿、渐两教而成立，而且就五味而表现其内容。在《法华玄义》卷一〇上，智顗把不定教与“五味杀人”结合展开考察，这意味着不仅顿、渐两教与五味有联系，而且不定教也不能脱离五味。换句话说，五味通于三种教相，三种教相基于五味而立。[①] 众生因有根机的差别，故作三种教相之分，或由顿教而入，或由渐教而入，或由不定教而入，但既然如置毒乳中，五味皆可毒杀，则三种教相也不过是权宜施设罢了。

正因为如此，三种教相必有一最高标准，即有必要立《法华经》的真实一佛乘。如上文所引，智顗提出以《法华经》为显露，非秘密；为渐顿，非渐渐；为合，非不合；为醍醐，非四味；为定，非不定。若能根机融熟，便可于《法华经》一门深入，证悟佛道。是以三种教相的真实用意，也在于确立《法华经》的特殊地位。

四、藏通别圆四教义

如果说三种教相侧重阐明佛陀一代教法的形式，那么四教义则主要论述这些教法的内容。智顗有《四教义》一书，专以讨论这一问题。其内容包括：释四教名、辨所诠、明四门

① 智旭《教观纲宗》指出，智顗之所以在顿之外，又立渐、不定，原因在于“若但说顿，收机不尽”。见《大正藏》卷四六。

入理、明判位不同、明权实、约观心、通经论等七科。

《四教义》所述四教是：三藏教、通教、别教、圆教。

三藏教简称藏教。其内容见《四教义》卷一所说：

> 三藏教名者，此教明因缘生灭、四圣谛理，正教小乘，傍化菩萨。所言三藏教者，一修多罗藏，二毗尼藏，三阿毗昙藏。……今言三法之名各是一句，三名各含一切文理，故名藏也。《阿含》即是定藏，四《阿含》多明修行法也；《毗尼》即是戒藏，正明因事制戒、防止身口之恶法也；《阿毗昙》即是慧藏，分别无漏慧法不可比也。此之三藏，的属小乘。

藏教指以《阿含经》为主的小乘经、律、论。内容为向初学者讲明因缘生灭、四圣谛等道理，通过析空观（经分析而知世间一切皆空）而断除见、思二惑，入无余涅槃。藏教“正教小乘，傍化菩萨”，“但有小乘得道，未有大乘之益，故以小乘为正。”藏教的内容属于小乘，《阿含经》等但明事物“空”的一面，而不知事物“不空”的一面，故只以初学者为对象。

同卷又述通教，说：

> 通者，同也。三乘同禀，故名为通。此教明因缘即空，无生四真谛理，是摩诃衍之初门也。正为菩萨，傍通二乘。故《大品经》云：欲学声闻乘者，当学般若；欲学缘觉乘者，当学般若；欲学菩萨乘者，当学般若。三乘同禀此教，见第一义，故云通教

> 也。……诸大乘《方等》，及诸《般若》，有二乘得道者，为同禀此教也。

通教之名，取之于“三乘同禀”，但“正为菩萨”，即以大乘为对象，主要通于别教、圆教。所以说，“共名但得二乘近边，不得远边。若立通名，近远俱便；言远便者，通别、通圆也。”这是“通”与“共”的区别，也是立“通名”的理由。通教可以看作是由藏教向别教的过渡，其内容主要阐明“因缘即空”的道理，即因缘和合的一切事物均无自性，当体即空，毕竟空。经典以《般若》为主，包括《方等》等其他大乘经典。其所证之果，通于有余、无余两种涅槃。

同卷又述别教，说：

> 别者，不共之名也。此教不共二乘人说，故名别教。此教正明因缘假名、无量四圣谛理，的化菩萨，不涉二乘。故声闻在座，如聋如哑。《法华经》明迦叶领解，自述往昔闻《方等》、《大品》，净佛国土，成就众生，心不喜乐，即其义也。

别教之名，取之于“不共二乘人说”，而专为菩萨而说。《方等》、《大品》等经通于二乘，别教则别指《维摩经》等。又据智𫖮释义，“别”字有八种含义，即：教别，意为独被菩萨；理别，意为隔历三谛；智别，指三智次第；断别，指三惑前后；行别，指五行差别；位别，指位位不相收；因别，指不即二边；果别，指证果别前后。于此八别中，别教以大乘菩萨为对象，观三谛而悟中道实相之理；自行化他，内则断除无明见思，外则利他化度众生。智顗又着重指出“别”的另一重要含义，是有别于“圆”，说：“兼欲简非圆教。别虽异通，犹是未圆之名也。”别教虽已区别于通教，但与圆教尚有一定距离。

关于圆教，同卷认为：

> 圆以不偏为义，此教明不思议因缘。二谛中道，事理具足，不偏不别，但化最上利根之人。故名圆教也。

圆教是释迦一代教法的至极，宣说大乘究竟之理。主张诸法圆满具足，圆融无碍，举一全收；众生迷悟不别，烦恼即菩提，生死即涅槃。所属经典为《华严》、《涅槃》、《法华》等，实际以《法华》为中心。

智顗又说，圆教之“圆”也有八种含义。

> 教圆者，正说中道，故言不偏也。理圆者，中道即一切法，理不偏也。智圆者，一切种智圆也。断圆者，不断而断无明惑也。行圆者，一行一切行也；大乘圆因，涅槃圆果，即因果而具足无缺，是为一行一切行。位圆者，从初一地，具足诸地功德也。因圆者，双照二谛，自然流入也。果圆者，妙觉不思议，三德之果，不纵不横也。①

① 《四教义》卷一。

圆教不仅教法、原理圆融无碍，而且智慧、断惑、修行、位次、原因、果实也都圆满具足，不可思议。圆教演说中道实相之理，凡圣等一，生佛不二；成就一切种智（通教为一切智，别教为道种智），实践一心三观（别教为次第三观）。所以圆教是化导最上利根之教。

为突出圆教在四教中的特殊地位，智𫖮曾将它与别教作一比较，认为有十个方面的优点。他说：

> 别、圆两种，俱通中，论其同异，略为十。一，融不融；二，即法不即法；三，明佛智非佛智；四，明次行不次行；五，明断断惑不断断惑；六，明实位不实位；七，果纵果不纵；八，圆诠不圆诠；九，约难问；十，约譬喻。[1]

别教和圆教，虽都通于中道实相，但圆教具有别教所不可比拟的全方位的圆融性；而藏教、通教因不通于中道实相，更"不俟分别"。这里所举十条，其前七条相当于上文"圆"字八义（因、果二义合入第七条）。所谓"圆诠不圆诠"，指别教不融不即，不能全诠，唯有圆教，圆融一切，一即一切。所谓"约难问"、"约譬喻"，是指《法华经》的说法特点以及理解《法华经》的方法。

智𫖮认为，《法华经》具备上述圆教的十大优点。他说：

> 今经十义者，观一切法空如实相，决了声闻法，

① 《法华玄义》卷九上。

> 是诸经之王，开方便门，此是融凡小大之人法也。一切世间治生产业，皆与实相不相违背，即客作者是长者子，此是即法之义也。开示悟入佛之知见，今所应作，唯佛智慧，即佛慧也。著如来衣座室等，即不次等行也。不断五欲而净诸根，又过五百由旬，即不断断义也。五品六根净，乘宝乘游四方，即实位也。佛自住大乘，定慧力庄严，以此度众生，即果不纵也。合掌以敬心，欲闻具足道，即今佛文前圆诠也。诸法实相义，已为汝等说，即古佛文后圆诠也。智积、龙女问答，显圆也。轮王顶珠，其车高广，皆圆喻也。十意既足，圆门明矣。①

他引证《法华经》的种种譬喻，说明该经是圆教的代表。

四教之间的关系如何？圆教与其他三教的关系如何？这是智颉在《四教义》中重点辨析的内容。一方面，他认为，“四教通而为语，于一教中各有四教”；另一方面，他又指出，四教“虽复互通，而研其理实，当教立名，不可混滥。”其结论是：三教为权，圆教最实。

为何说“一教中各有四教”？因为每一教中均含有其他三教的某些因素。如三藏教说无常无我，三乘同禀而入道，即可说是通教；若别为菩萨而说弘誓六度，即可说是别教；若为菩萨说一切种智，令求佛果，便是圆教。又如圆教，它也说戒、定、慧，故可名三藏教；也说真空之理，故可名通教；也有历别阶级法门，故可名别教。通教、别教也类似。但是，

① 《法华玄义》卷九上。

从“理实”即原则上判释，四教毕竟不可混同，应予以区别。如三藏教的无常学说，主要适用于二乘，“二乘闻无常，发真断结，一世便入涅槃。”对菩萨来说，无常学说并不相宜。“菩萨虽禀无常之教，三阿僧祇劫不发真断结。”又如圆教虽也说戒、定、慧，但它“皆约真如实相、佛性涅槃而辨”，不可与藏教“偏浅”的戒、定、慧同日而语；圆教所说的“佛性真空平等之理”，既不为声闻、辟支佛所能知，更不为所得入，则不能说是“通”；圆教所立“种种法门、位行阶级，无不与实相相应，摄一切法；从初一地，无不具足一切诸地”，故又不能说是“别”。[①] 所以，四教属于“当教立名”，与实际相符。

根据“当教立名”的原则，智顗重申了四教与各类经典的关系。他说：

> 若《华严》顿教，用别、圆两教；若渐教之初，小乘经，但用三藏教；若大乘《方等》，则具有四教；若《摩诃般若》，用通、别、圆三教；《法华》但用圆教；《大涅槃》名诸佛法界，四教皆入佛性涅槃。[②]

别教、圆教对应于《华严》；藏教对应于小乘经、律、论；藏、通、别、圆四教对应于《方等》，因《方等》通于三乘，并不专属某一教；圆教对应于《法华》。这就意味着，智顗之所以立四教，其真实用意是要将《法华经》判作圆教，以与其他

---

① 《四教义》卷一。

② 《四教义》卷一。

三教所对应的经典相区别。相对于《法华经》，《华严经》和《涅槃经》虽也属圆教，但并非纯圆之教；唯有《法华经》，才是纯圆之教。《涅槃经》名诸佛法界，为四教所共入，缺乏独特个性，实际已被拒绝在纯圆之外。故《四教义》卷一又说：

> 《法华经》明三草二木，禀泽不同，譬方便说，即三教也；一地所生，一雨所润，譬说最实事，即圆教也。

根据这一说法，藏、通、别三教都只是方便权说，唯有圆教才是究竟实说；在四教判教中，《法华经》也是最高圆满的经典。《四教义》卷一二也说：

> 权实者，权是暂用之名，实以永施为义。方便波罗蜜随情近益，故名为权；智慧波罗蜜称理究竟，故名为实也。是则三教暂赴物情，故名为权；圆教究竟利物，故名为实。

这样，智顗就把自己所宗的《法华经》从其他大乘经典中区分开来，成为四教之最。

前述“五味”主要针对众生根机而言，形成智顗判教与时人有别的一大特色。这里的“四教”则重新回到传统判教的老路，展开对释迦一代教法优劣次第的安排。《四教义》卷一二明确提出：

> 次辨体者，三教所诠，即是思议解脱之体；圆

> 教所明，即是不思议解脱也。次明宗者，是即四教明四种四谛因果，感佛国不同也。次显用者，即是四教从浅至深，次第以深呵浅也。……三藏、通教、别教，自行化他偏僻；《法华》不思议，圆顿之道。

他断言，四教的相互关系是“从浅至深”，“以深呵浅”，由藏而通而别而圆，有一个品级次第的递进关系；同时，三教与圆教又有一种原则的区别，即前者是“可思议”教，所以偏僻不圆，而后者则是“不可思议”教，所以是圆顿至极。这一次第安排，以判教形式保证了《法华经》的特殊崇高地位。但是，它与“五味”判释的思想显然不很一致。对此，智𫖮所作的选择是，确保《法华》圆教的特殊地位，同时给《涅槃》留下高于其他诸经的位置。他说：“《法华经》开权显实，正直舍方便，但一圆教。《涅槃经》具足四教，成五味义。”《法华经》作为究竟一乘真实之教，唯一纯圆；《涅槃经》虽然不在纯圆之位，但以方便五味具足四教，令一切众生皆入涅槃。意思是说，两经所重不一，各具优劣，但毕竟一者究竟，一者方便。又说：“问曰：《方等》大乘亦具四教，何故不成五味义？答曰：不明声闻作佛，五味之义不成。”[①]《方等》虽也具四教，但无《涅槃》五味方便、众生成佛之说，所以《涅槃》又有别于一般的大乘经典。

但是，智𫖮并无以四教取代五味的意思。在他的判教体系中，四教与五味并存。所以他对这两者做了不少调和融合的工作，认为四教没有脱离众生根机，它们与众生根机同样

① 《四教义》卷一二。

有着密切的联系。《四教义》开宗明义说道：

> 夫众生机缘不一，是以教门种种不同。经云：自从得道夜，乃至泥洹夜，所说之法，皆实不虚。仰寻斯旨，弥有攸致。所以言之，夫道绝二途，毕竟者常乐；法唯一味，寂灭者归真。

佛陀一生所说之法，只是一种真实不虚佛法，之所以判释四种教门之别，无非适应众生不同的根机需要。因此，四教可以说是“随机化物”的产物。智顗接着又说：“佛以一音演说法，众生随类各得解。随类异解者，即是四教不同之相也。”[①]所谓“随类异解”，就是根据众生不同根机，而有对佛法的各自理解。后来智旭在《教观纲宗》中，把智顗的这种观点加以概括，以“因病施药”的譬喻说明，他说：“云何有四？乃如来利他妙智，因众生病而设药也。见思病重，为说别教；见思病轻，为说通教；无明病重，为说别教；无明病轻，为说圆教。”众生见思、无明轻重不一，其间包含对佛法领会的顿渐、利钝有关，四教犹如药味，众生犹如诸病，是为“随机化物”。

为说明四教深浅与五味根性的不相矛盾，智顗提出要“约五味譬明四教位”。其原则是：

> 凡夫无治道，全生如乳；声闻发真，通皆如酪。

---

① 《四教义》卷一。

通教菩萨及二乘，如生酥。别教如熟酥。圆教如醍醐。①

这是以乳味和酪味譬三藏教，以生酥味譬通教，以熟酥味譬别教，以醍醐味譬圆教。但就具体而言，五味遍于藏、通、别、圆四教，此依"《大涅槃经》明五味譬不同，以成四教辨位不同之相。"如《四教义》卷一二所说：

经云：凡夫如乳，须陀洹如酪，斯陀含如生酥，阿那含如熟酥，阿罗汉、辟支佛如醍醐。此譬意恐是显三藏教明位也。经又云：凡夫如乳，声闻如酪，辟支佛如生酥，菩萨如熟酥，佛如醍醐。此譬意恐是显通教明位也。经又云：凡夫如杂血乳，罗汉如清净乳，辟支佛如酪，菩萨如生熟酥，佛如醍醐。此譬意恐显别教明位也。经又云：雪山有草，名曰忍辱，牛若食者，即得醍醐。忍辱草者喻八圣道，乳喻十二部经，随有能修八圣道者，即见佛性，住大涅槃。此即譬于圆教菩萨，从初发心即开佛知见，见佛性，住大涅槃也。

藏教中即具有五味，此五味虽于声闻乘作譬（须陀洹、斯陀含、阿那含、阿罗汉为声闻之四果），但正如《涅槃经》"譬如有人置毒于乳，乃至醍醐，亦能杀人"，凡"有超果者，即

① 《法华玄义》卷一〇下。

得醍醐”[1]，即五味皆可证得涅槃。通教中也具五味，因通教为三乘同禀，故五味遍于三乘，三乘人都可于通教五味中证得涅槃。别教不共二乘人说，专为菩萨而说，却又有别于圆教，故其五味既别于藏教、通教，又别于圆教（如通教以辟支佛为生酥、菩萨为熟酥，别教则置辟支佛于酪味，而以菩萨兼生、熟酥；但又非如圆教之正直纯一味）。圆教虽具五味，但实际只是醍醐一味，不论五味，即所谓“无差别中作差别”，“从初发心即见佛性，住大涅槃”。

智觊通过上述“约五味譬明四教位”，是要说明，无论五味根性还是四教次第，都是方便权宜，最终都归于《法华经》究竟一乘真实解脱。所以，若以“五味杀人”之譬，则无论是法，无论是人，都圆融无碍。“若对经教五味明义，处处皆得见佛性，入涅槃也。……若是约位明杀人义，四味五味根缘不定，随其大乘机发，即皆以如来灭度而灭度之。”[2]如此，四教虽作深浅次第分别，但也可因五味而无所阻隔。所以智觊又说：“约四法论开合者，即是四教。约圆开别，约别开通，次开三藏。如是次第，会来合圆。又四法论开合者，约四门。本是圆四门，众生不解，开出别四门，乃至通、三藏四门。利者得传传入，钝者五味调入。”[3]四教的核心是圆教，五味的根本是醍醐；三教是权，圆教是实，钝根者不能于圆教悟入，所以可用五味调入。进一步说，三教虽然是权，但也因五味而使众生各从一教证得涅槃。

---

① 《法华玄义》卷一〇下。“超果”，意为超越前果而直接证入后果。

② 《四教义》卷一二。

③ 《法华玄义》卷一〇下。

为引导众生由四教而开佛知见，住大涅槃，并说明四教以《法华》圆教为核心的圆融统一，智𫖮又引入“四悉檀”范畴，提出以“四悉檀起四门教”之说，使他的判教体系进一步趋于完善，但同时也更为烦琐化。

据《大智度论》卷一所说，佛的说法有种种差别，归结起来为“四悉檀”即四种方式。对此，智𫖮在《法华玄义》卷一下作详细阐述，并主张以四悉檀“起教”，即配合藏、通、别、圆四教。如以世界悉檀起藏教生灭四谛，以为人悉檀起通教无生四谛，以对治悉檀起别教无量四谛，又以第一义悉檀起圆教无作四谛。

四悉檀的主要意义，是说明佛的称机说法、化导众生。智𫖮《摩诃止观》卷三下说：“佛知众生种种性、欲，以四悉檀而成熟之。”同书卷一上又说：“圣说多端。或次说，或不次说；或具说，或不具说；或杂说，或不杂说。众生禀益不同，或次益，不次益；或具益，不具益；或杂益，不杂益。”因此，佛以四悉檀遍施众生，众生便可各自得益。

在《四教义》中，智𫖮重点论述了“四悉檀起四门教”，即四悉檀如何配合四教之四门。

所谓“四门”，指有门、空门、亦有亦空门、非有非空门，是为通往佛教真理之门。智𫖮认为，每一教各具四门，四教则具十六门。四悉檀起四门教，就是要说明众生如何入这四门乃至十六门，一一成就佛道。他说：“《法华经》云：以种种法门，宣示于佛道。如此法藏于不可说，用四悉檀而起教门，令一切众生，以佛教门，出三界苦”；“四悉檀义者，正是述一家通经说法。……今明四教，一教各有四门，四教即有十六门。”[①] 又说，四门之设，就是要使众生由此而“诠理”、“入理”、“契理”：“四门入理者，寻真性实相之理，幽微妙绝，一切世间，莫之能契。但以大圣明鉴通理之门，乃于无言之理赴缘起教，以教为门。是以禀教之徒因门契理”。[②]

四教之四门，共同之点是都可导入真理，但因四教次第之别，又有各自特点。略有两种区别：“今明佛法四门，皆得入一理，但有两种不同。一者，三藏、通教两种四门，同入偏真之理。二者，别、圆两教四门，同入圆真之理。”[③] 这意味着，四教之四门，同中有异。进一步说，藏、通两教之间和别、圆两教之间也都有四门之别，智𫖮《四教义》卷三又说：“既有巧、拙两度之殊，故有两种四门能通之别”；“教门既有偏圆之殊,故有两种四门能通之别。”譬如州城开有四门，门虽有四，但入门使君只是一人。藏教的四门，如从州城四边偏门而入；通教的四门，如从四正门而入。又譬如台城开有四门，门虽不同，所见天子只是一人。别教的四门，如从台城四边偏门而入；圆教的四门，如从四正门而入。通过州城与台城、偏门与正门的比喻，将四教的四门分别作出安排，从而突出圆教四门的地位。

四教各自的四门相，依据《四教义》卷三、《法华玄义》卷八下、《摩诃止观》卷六上等所述，可概括如下：

藏教四门。根据缘生析空（因缘生法、分析而空）思想

① 《四教义》卷一。
② 《四教义》卷三。
③ 《四教义》卷三。

而立，以此证入偏真之理。第一有门，指“因缘生灭之有”，由此可破十六知见，见阴界入一切有为法，其本质皆无常、苦、空、无我，从而获得真实知见。这一有门由《阿毗昙》阐述。第二空门，指“因缘假实法生灭入空”，由此可破假实之惑，见假实空，发真无漏，见空得道。这一空门由《成实论》阐述。第三亦有亦空门，指“因缘生灭亦有亦空”，由此可破偏执有、无之惑，发真无漏。这一亦有亦空门为《昆勒论》所属。第四非有非空门，指“因缘生灭非有非空之理”，由此可破有、无边邪执见，见因缘非有非无，发真无漏。这一非有非空门为《车匿所用论》所属。

通教四门。根据中道实相原理而立，以此证明因缘即空、诸法如梦如幻之理。第一有门，指善恶业果之法，乃至涅槃，皆如幻化；似镜中之像，虽无实性，而有幻化。第二空门，指诸法既如幻化，幻化本自不实，不实即空；乃至涅槃同样如此，如镜中之像，假有形色，求之却了不可得。第三亦空亦有门，意为诸法既如幻，则可名之为有；幻既不可得，故名之为空。第四非有非空门，意为幻有既不可得，幻空更不可得，故空有皆舍，名非有非空。通教四门的经典依据是《大智度论》所说“一切实，一切不实，一切亦实亦不实，一切非实非不实”四句。智𫖮认为，这四句阐明诸法实相原理，是四悉檀中第一义悉檀的应用，因众生根机之别，故可作四门设施。他说：“若三乘共禀此教，而根缘不同，各于一句入第一义，故四句皆名门也。”① 四句即是三乘同入四门，得见第一义（真理）。

① 《四教义》卷三。

藏教四门是小乘四门，通教四门是大乘四门，智顗提出两者的主要区别是：

> 三藏四门，皆灭色入空，如析实人，头等六分，求人不得，故名为空。通教四门，皆即色是空，如观镜像，六分即空，不待析尽为空。……三藏观生空得道已，又更观法空生法，二境不融。今通门生空即法空，法空即生空，无二无别。[①]

三藏教的四门阐述“灭色入空”，即因缘所生诸法，通过分析而知其性空的本质；通教四门阐述事物当体即空，故生空与法空无二无别，融通无碍。

别教四门。根据“历别入中”（历别，即隔历不融，指空、假、中三谛彼此互不融通；历别入中，意为别教所以立三谛，目的在于显示中道实相）的思想而立。以此证入佛性第一义。智顗认为，别教四门散见于《大般涅槃经》，可由该经牛乳之譬得到证明。第一有门，依《涅槃经》说，佛性犹如乳中有酪性，石中有金性，故名为有门。第二空门，意为若石中无金性，乳中无酪性，众生佛性犹如虚空，则大涅槃也空，迦毗罗卫城也空，故名为空门。第三亦有亦空门，依《涅槃经》说，佛性亦有亦无。有，指一切众生皆有佛性；无，指因善巧方便而得见佛性。譬如牛乳之中，可说亦有酪性，亦无酪性。第四非有非空门，意为佛性即是中道，这符合双非双遣的原则。《涅槃经》譬之为乳中非有酪性，亦非无酪性。

① 《法华玄义》卷八下。

圆教四门。根据三谛圆融无碍的原理而立，证得中道实相之理，入佛性第一义。第一有门，指见、思之惑虽假，但皆具足佛法；又诸法即法性因缘，乃至第一义也属因缘。故此有门为三谛相即之假。第二空门，指幻化的见、思二惑既不在因，也不属缘；我、涅槃二者皆空；唯有空病，而空病亦空。由此而见三谛皆空之理，显示三谛相即之空。第三亦空亦有门，如一微尘中有大千经卷，于第一义而不动，但善能分别诸法实相；又如大地能生发种种芽，于无名相中假名相而说。故此门属空假双亦的中道。第四非有非无门，指幻化的见、思二惑即是法性，法性不可思议，非世故非有，非出世故非无；一色一香，无非中道。故此门属空假双非的中道。

智顗强调，“能通教门，大为十六；所通之理，但是偏、圆两真。前八门同入偏真，后八门同入圆真。”别、圆两教与藏、通两教有重大区别。又说：

> 三藏四门迂回隘陋，名为拙度。通教四门是摩诃衍，宽直巧度。门有巧拙之殊，能通为八；真理无二，所通唯一。……别教四门偏而未融，圆教四门圆而且融。偏圆既殊，能通为八；圆真不二，所通唯一。①

不仅圆真与偏真有别，就是圆真内部也有区分。别教是偏圆，圆教是圆圆；前者偏而不融，后者圆而且融。

---

①《法华玄义》卷八下。

智顗上述观点显然与他的圆融三谛学说有联系。虽说四教四门，乃至十六门，无论从何门入，均可证悟佛道，但藏教多从有门而悟入，通教多从空门而悟入，别教多从亦有亦空门而悟入，唯圆教多从非有非空门而悟入。这表明，四教有次第深浅之别。圆教的特色在圆融三谛。空、假、中三谛之理，无论在其中哪一谛中，都互具其他二谛之理，圆融统一，无所隔历。相对于圆教之圆融三谛而言，其他三教都只是隔历三谛，故圆教是实，三教是权。

四悉檀起四门教，详见于《四教义》卷三。智顗明确提出，“今佛法四门，皆因四悉檀而起。”意思是说，四教之四门，归根结底是以四悉檀为背景而成立的，所以它们属于如来的随机教法。

以四悉檀起藏教四门为例。第一，四悉檀起有门，包括以下四种方式：以世界悉檀对“心乐有法”的众生，说《毗昙》有门；以为人悉檀对“宜闻生善”者说有门；以对治悉檀对“执无因缘、邪因缘，或执空取着、起诸结业”者说有门；以第一义悉檀对“闻即悟见第一义”者说有门。可见，世界悉檀所起有门重在随众生乐欲，为人悉檀所起有门重在生善，对治悉檀所起有门重在破恶，第一义悉檀所起有门重在悟理。第二，四悉檀起空门，在上述四悉檀起有门基础上，即可起空门。第三，四悉檀起有无门；第四，四悉檀起非有非空门，两者均以四悉檀起有门为意，分别对不同众生说不同法门。之所以如此，是因为“众生四种根缘不同，若用四悉檀起缘，即得起四门”，这叫做“赴缘起教说四门”。

智顗认为，四悉檀赴四种根缘，这是《法华经》的精神所在，也是该经高于《涅槃经》的一个重要方面。《四教义》

卷一说：

> 问曰：《大涅槃经》云：根有三种，一者下根，二者中根，三者上根。为中根人于波罗奈转小法轮，为上根人于拘尸那城转大法轮；若下根人，如来终不为转法轮。今何得言有四种根性，为下根人说三藏教耶？答曰：诸佛教门，随缘不定。或说一根，或说二根，或说三根，或说四根；或言为下根者说，或言不为下根者说。言为下根者说者，如《法华经》，三草二木禀泽，皆得增长；言不为下根者说，即如引《涅槃经》文也。

四教之设，以“诠理化物为义”，四悉檀“赴缘而有四说”，完成佛教的终极目的，使一切众生皆成佛道。在这一点上，《法华经》所说四种根机带有大乘菩萨慈悲精神的特殊意义。《法华经》不仅具有很高的宗教理论价值，而且具有极强的实践指导意义，这是《涅槃经》所不及的。强调以四悉檀赴四种根机，也就是提出《法华经》化导众生的普遍意义；而四教以四悉檀配合阐述，保证了四教普遍的宗教功能。

按照智顗的解释，四悉檀是“佛智慧，对利、钝缘则成四种。”作为如来普度众生的方法，四悉檀各有对象，各有侧重；但既然各成悉檀以度众生，则不仅第一义悉檀是真实，其余三悉檀也各具真实。从真实的角度说，四悉檀之间并非隔历，而是融通的。例如，阴、界、入的隔别，虽是世界悉檀所说，但因缘和合而有人，这就可以用为人悉檀解释了；正世界破邪世界，是为对治悉檀；而闻正世界而得悟入佛道，即属第一义悉檀。又如，四悉檀所说不同，故可说全是世界悉檀；四悉檀遍化众生，故可说全是为人悉檀；四悉檀都破恶，故可说全是对治悉檀；又随便依据其中某种悉檀，都可达到觉悟，故可说四悉檀全是第一义悉檀。

从判教思想发展和演变的角度看，智顗藏、通、别、圆四教的设立，受北地诸师的影响较大，是在北地诸师判教的基础上发展起来的。

智顗通过四悉檀与四教义的配合，将他的圆融学说体系在内容上又有所扩充；更重要的，是使该学说体系更能有效地指导众生止观实践，全面发挥其实际功能。智顗"教观统一论"的提出，与他的这种"四悉檀"说有着紧密的联系。

五、教观统一论

智顗宗教哲学理论体系总分为教、观两个部分；教为经教、教义、教相判释，观为一心三观、一念三千等。但这两部分并非互不相涉。在智顗看来，作为一个完整的哲学体系，教、观是相辅相成的。因此，在他关于止观的著作里有"起教"篇目，而在讨论教相的著作里又有"观心"论题，随处体现教观的密切联系。如"天台三大部"中，《法华玄义》、《法华文句》主说教相门，傍及观心门；《摩诃止观》则主说观心门，傍及教相门。

智顗《法华玄义》卷八下，关于教观的关系，有"信法两行"、"教观相资"的论述。他说：

若以佛教为门者，教略为四。若于一教以四句

> 诠理，即是四门；四四合为十六门。若以行为门者，禀教修观，因思得入，即以行为门。藉教发真，则以教为门。若初闻教，如快马见鞭影，即入正路，不须修观。若初修观，如夜见电光，即得见道者，不更须教。并是往昔善根习熟。今于教门得通，名为信行；于观门得通，名为法行。若闻不即悟，应须修观；于观悟者，转成法行。若修观不悟，更须听法；听法得悟，转名信行。教即为观门，观即为教门。闻教而观，观教而闻。教观相资，则通入成门。

“信行”，指闻教，即通过教门而得悟；“法行”，指修观，即通过观门而得悟。就上上根机来说，无论是信行还是法行，都能随即悟入。但就普通根机而言，闻教和修观不可偏废，信行和法行须当结合，通过教观相资，方能成就佛道。这意味着，教离不开观，观也离不开教，所以众生若求佛道，就应该“闻教而观，观教而闻”。《四教义》卷一指出，教观相资是“赴四种根性、十二因缘法所成众生而说。”智𫖮说：“四种根性者，一者下根，二者中根，三者上根，四者上上根。赴此四种根性故，因此教观无碍而起，普利众生，得成信、法两行之益。”众生因根性的差别，教观相资无碍、圆融统一。

从教观相资的角度，智𫖮提出以四种观门对应四种教门。他说：

> 佛弟子深信佛教，修习佛法，能发无漏，故成信、法两行。若信行人，即是四种教门；若法行人，即是四种观门。是则信行人以佛教门出三界苦，约

> 四教各有四种教门，一往则有十六种教门，十六种信行人。约四教中有四种观门，一往则有十六种观门，十六种法行人。若细分别四教，则有信、法两行，教门无量无边，信行亦无量无边；观门无量无边，法门亦无量无边。[1]

信行与法行统一，信行有四种教门，法行便有四种观门；信行有十六种教门，法行便有十六种观门；乃至信行有无量无边教门，法行便有无量无边观门。在《摩诃止观》卷三下，智𫖮还详细阐述了四种教门与四种观门的密切关系。

事实上，《摩诃止观》在主说各种止观原理和修习的同时，也联系到了教相分析。止观和教相的结合，可称之为“止观设教”。这就是说，《摩诃止观》的一大任务，就是要完成教观的统一。在《摩诃止观》中，智𫖮从止观的角度对藏、通、别、圆四教作出解释，并以指导止观的《中论》“三是偈”四句（“因缘所说法，我说即是空，亦为是假名，亦是中道义”），与藏、通、别、圆四教一一对应。在他看来，四教只是方便施设，用以对治根性有异的众生之病；四教的本质是一念心，因一念心而起，所以不离一心三观。但四教的设立，则可含容全部佛法，即它不仅可合理安排全体经教，而且可配合止观修习，对治众生之病。

《摩诃止观》中的判教，当然要服从于止观的“发心”、“观心”、“安心”这一次第。在“安心”部分，智𫖮提出“教他”和“自行”两个概念。其中“教他”之“他”即指“信

---

① 《四教义》卷三。

行人”和“法行人”,“自行”则指与“教他”相对应的“乐信行”和“乐法行”。该书卷五上说:“因闻入者是为信行,因思入者是为法行”,两种人“若论根利钝者,法行利,内自观法故;信行钝,藉他闻。又信行利,一闻即悟;法行钝,历法观察故。或俱利俱钝,信行人闻慧利、修慧钝,法行人修慧利、闻慧钝。”这些提法与《法华玄义》很相似,但它是在止观安心的前提下阐述的。所以,智𫖮又分别对信行人和法行人设立安心的八番止观。其中对信行人有四止四观:随乐欲以止安心,随便宜以止安心,对治以止安心,随第一义以止安心;随乐欲以观安心,随便宜以观安心,对治以观安心,随第一义以观安心。对法行人也有相似的四止四观。这里所说的八番止观,是对“四悉檀”的具体化,所以又可说是“八番悉檀”。

《摩诃止观》虽以观心为本,但它运用四悉檀,把教门和观门作了合理的安排,显示两者不可割裂的关系。智𫖮说:

> 众生心行不定,或须臾而钝,或须臾而利。任运自尔,非关根转,亦不数习。或作观不彻,因听即悟;或久听不解,暂思即决。是故更论转根安心。若法行转为信行,逐其根转,用八番悉檀而授安心;若信行转成法行,亦逐根转,用八番悉檀而授安心。①

四悉檀在教门与观门之间起的是桥梁作用。无论信行还是法

① 《摩诃止观》卷五上。

行，都应以四悉檀为方便；信行与法行的相互转化，也可通过四悉檀说明。当然，四悉檀的成立，首先与众生的根机相联系。按智𫖮所说，众生根机之利钝也非绝对，它更多的是与“心行”即心的活动相联系；由于心的活动“不定”，故“须臾而钝，须臾而利”。根据这一观念，四悉檀的桥梁作用也就具有了更为广泛的思想基础。

在《四教义》和《法华玄义》、《法华文句》中，智𫖮同样以四悉檀论述教观统一、根性利钝。但与《摩诃止观》的不同之处是，它们并不把观心作为出发点，而是把观心与教门置于相互资成、互为增益的平等地位。《四教义》卷一说：

> 问曰：四教从何而起？答曰：今明四教，还从前所明三观而起，为成三观。初从假入空观，具有析、体，拙、巧二种入空不同，从析假入空故，有藏教起；从体假入空故，有通教起。若约第二从空入假之中，即有别教起。约第三一心中道正观，即有圆教起。问曰：三观复因何而起？答曰：三观还因四教而起。问曰：观、教复因何而起？答曰：观、教皆从“因缘所生”四句而起。问曰：“因缘所生”四句因何而起？答曰：“因缘所生”四句即是心，心即是诸佛不思议解脱。诸佛不思议解脱毕竟无所有，即是不可说，故净名杜口默然无说也。有因缘故，亦可得说者，即是用四悉檀，说心、“因缘所生”之四句，赴四种根性、十二因缘法所成众生而说也。

四教从三观而起，三观复因四教而起，这是把四教和三观放在辩证的关系之中加以考察，教观完全平等一致，无所偏颇。“三观”指空观（从假入空观）、假观（从空入假观）、中观（中道第一义谛观），属于智顗所立“次第止观”中的三个次第，已见第五章第一节所述。此三观据《菩萨璎珞本业经》卷上所说“从假入空二谛观，从空入假平等观，中道第一义谛观”而立。智顗以此三观对应四教，是因为从空观中又可分出析空观和体空观两种，实际是以四观对应四教。其中，析空观又名拙度观，指小乘的“析色成空”，故对应于藏教；体空观又名巧度观，指大乘的“当体成空”，故对应于通教；假观对应于别教；中观对应于圆教。由于中观已经包含和体现了一心三观的基本精神，成为观法的最高原则，所以也可名之为一心三观，它与教相中的圆教配合而成教观的至极圆融状态。故《四教义》卷一一说：“若圆教所明，从初随喜心，修一心三观，入十信位，断界内惑尽，即伏界外无明”。

若进一步弄清楚教观从何而起，则可依《中论》三是偈所说作解。龙树学说归纳世界本质为中道实相，所以虽可说四教皆从“一念无明因缘所生之心”① 起，但毕竟无心可得，无因缘可和合，也无思议解脱可言。如此说来，“因缘所生”、“四种根性”、“四悉檀”等，都只是方便设施。在智顗看来，真正的解脱属不可思议的领域，教、观多种的设立只是化导众生的手段。三观、四教都可巧用四悉檀而兴起，也可与因缘所生、四种根性相配合，这些都属可思议的领域。但通过这些思议领域的修习，最后获得不思议解脱。

与《四教义》所说略有不同，《三观玄义》卷下论三观与

① 《四教义》卷一二。

四教的关系，并非完全将两者置于平等地位。说：

> 析假入空观，即摄七贤七圣位二十七贤圣，约二谛，明三观，摄三藏佛位。体假入空，约二谛，明三观，摄通教三乘之位。别相三观，但摄别教，五十二心贤圣之位。一心三观，摄圆教，一切五十二心位。

又说：

> 诸佛菩萨，因修三观，得入圣位，为利众生，起教益物。虽言教无量，并为三观摄也。……是故举三观，观无明一念因缘所生之法，如一微尘摄三千大千经卷，尚不足疑，何况前所摄经也！

这里表达的是一种“摄”与“所摄”的关系，三观处于主导地位，四教则一一为之所摄。《摩诃止观》和《三观玄义》都是侧重论述止观观心的著作，其中更多地反映止观在教观体系中的地位，这是可以理解的。

《法华玄义》卷一〇教相判释论教观统一，则放在三种大纲中展开，即把顿、渐、不定三种教相分别与圆顿、渐次、不定三种止观对应，指出它们之间的相互联系。先述三种止观门的具体内容：

> 圆顿观。从初发心即观实相，修四种三昧，行八正道，即于道场开佛知见，得无生忍，如牛食草即

得醍醐。

这一圆顿观为《摩诃止观》所详述，对应于顿教相。圆顿观自初发心至入涅槃，始终以实相为所缘，以《法华经》为圆顿之教。

> 渐次观。从初发心为圆极故，修阿那波那十二门禅，即是根本之行，故云：凡夫如杂血乳。次修六妙门、十六特胜、观练熏修等，乃至道品、四谛观等，即是声闻法，如清净乳行也。次修十二缘观，即是缘觉，如酪行也。次修四弘誓愿、六波罗蜜，通藏菩萨所行事理之法，皆如生酥生也。次修别教菩萨所行之行，皆如熟酥，故云：菩萨如熟酥也。次修自性禅，入一切禅，乃至清净净禅；此诸法门，能见佛性，住大涅槃，真应具足，故名醍醐行也。

渐次观为《次第禅门》所详述，对应于渐教相。渐次观历藏、通、别、圆四教而证悟实相之理，入大涅槃。

> 不定观者，从过去佛深种善根，今修证十二门，豁然开悟，得无生忍，即是毒在乳中，即能杀人也。……若有坐禅，修中道自性等禅正观，学无作四圣谛，行《法华》、《般舟》等四种三昧，豁然心悟，得无生忍，即是醍醐行中杀人也。

此不定观为《六妙法门》所详述，对应于不定教相。不定观同于不定教相，倡“五味杀人”思想，意为根据众生不同根性，任从一味深入，均可得入涅槃。

若按信、法二行分别，三种教相是信行，三种止观是法行。信、法统一，教、观相资，故智𫖮于教相判释时明确提出“教门”和“观门”为“三教”的“二解”。教相大纲只是顿、渐、不定三教，因有信、法二行，故须作教、观二种解。他说：“今辨信、法二行，明于佛法，各作三意。历前诸教，无有一科而不异诸法师也。若欲修禅学道，历前诸观，为法行人说安心观，无有一科与世间禅师同也。是名略点教观大意，大该佛法。”① 以为佛法的全部精神，可以由教观概括而尽。这种教观统一的思想，为同时代佛教学者所未曾涉及，完全是智𫖮的独创。

在智𫖮的基本著述中，普遍同时论及教相和观门。可见，教观共举并重以及统一相资，是智𫖮全部宗教哲学理论的基点。判释教相、究明教理，可指导众生止观观心，而观心则可将有关教理体验于自心，从而实现宗教的功能。这一教观的相资，相当于理论与实践的一致（只是智𫖮的止观已上升为学说体系，但仍然具有指导具体修行的意义），即解行相依。立足于这一基点，智𫖮有意识建设起庞大而又复杂的哲学体系，对当时以及尔后各家各派的学说都产生深远影响。智𫖮以后的各种佛教哲学思想体系，都十分注意教、观两方面的平衡，非如此，便难以构成独立宗派，或则走向极端，如禅宗的一些派系。

禅宗在其先驱者达摩时代，主张“藉教悟宗”，“持《楞

---

① 《法华玄义》卷一〇上。

伽》以为心要”。在整个楞伽师五祖相承的时期，十分重视对《楞伽经》的研习。道信承认，他的禅法原则，就是“内外相称，理行不相违。”① 意思是将教理与禅观紧密结合，不使割裂。但在慧能之后，禅宗便不断朝着“离经叛道”的方向发展。慧能反对以经教为禅法的理论基础，主张不立文字，随心任运。至五家禅时期，禅宗的极端化达到顶峰，禅僧呵佛骂祖、毁辱经教的行为成为教界的时尚。这种完全否定印度经典的倾向，无疑具有思想史的重大进步意义，是佛教中国化的重要内容，对于发扬主体的自觉，培养民众内在的自信，批判传统佛教信仰，都产生过不容忽视的积极作用。但是，禅的极端化对于传统佛教而言，是一种粗暴的干预和破坏，从而也丧失了传统佛教的大部分宗教功能。慧能的佛教思想和逻辑方法与智𫖮绝然不同，他不仅否定教观的统一，甚至反对一般意义上的“观”法，从而导致后来禅宗与天台宗的原则分歧。

禅宗长期轻视经教，在其自身发展过程中不免产生偏颇，落入空疏之弊。时人清凉文益《宗门十规论》业已指出：“今人看古教，不免心中闹；欲免心中闹，但知看古教。”② 他的这一鼓励禅者研习经典的思想为永明延寿所继承和发展，从而在禅宗内部全力推行“禅教一致”，这种“禅教一致”有似于天台宗的“教观统一”。延寿早年曾于天台山天柱峰修习禅观，后来参诣天台德韶禅师，密受玄旨，成为文益再传弟子。后又于国清寺结坛修《法华忏》。晚年再度入天台山，夜施鬼

① ［唐］净觉：《楞伽师资记》，见《大正藏》卷八五。

② ［唐］文益：《宗门十规论》，见《续藏经》二编第一五套第五册。

神，朝放诸生，余力念《法华经》一万三千部。他虽为禅宗后裔，但思想上受天台佛教影响相当深刻，其行仪与天台也十分相似。所以他的"禅教一致"说的提倡，其思想背景可上溯到智顗的"教观统一"说。也正是由于延寿"禅教一致"说的推行，才使"离经叛道"的禅宗有回归传统佛教的可能，使禅宗重新全面发挥其宗教功能。延寿之后的禅宗，无论在思想上还是形态上，都与唐末五代的禅宗有明显的反差。当然，就一般思想史而言，两者的地位和评价是另一个方面的问题。

智顗的判教体系如上所述。智顗之后，天台宗学者在对此继承发扬的过程中，作了较大的修正，这就是人们常说的"五时八教"。

"五时八教"中的"五时"源于"五味"，属于对"五味"根机说的改造，强调从佛说的时间先后顺序上划分各类经典，以此判断经典的优劣高下。"八教"分为"化仪四教"和"化法四教"两部分。化仪四教是对"三种教相"的发展，即在原来"不定"教中分出秘密、不定两种，合顿、渐两教而为四教。化法四教即相当于原来"四教义"之藏、通、别、圆。后世学者又在上述这些新的说法的基础上，对五时与化仪四教、化法四教之间的关系，作了许多烦琐复杂的解释。或有将"五时八教"视为智顗判教，则显然是一种误会。

在智顗弟子灌顶的《天台八教大意》中，已有"化仪四教"和"化法四教"之说。认为，"前佛后佛，自行化他；究其旨归，咸宗一妙。佛之知见，但机缘差品，应物现形，为实施权，故分乎八。”[1] 顿、渐、秘密、不定，系“化之仪式，譬如药方”；藏、通、别、圆，系“所化之法，譬如药味”。在湛然的《法华玄义释签》等著作中，则已有“五时八教”之说，该书卷一说：“种种道者，即两教因人，别教教道。五时八教，故云种种。”其后，高丽谛观著《天台四教仪》，将五时与五味一一相对，并认为“是为五时，亦名五味”；同时又将五时与化仪四教配合。谛观宣称，智𫖮的判教核心就是“五时八教”，说：“天台智者大师，以五时八教，判释东流一代圣教，罄无不尽。”以此为契机，五时八教成为后世天台宗人判教的基本内容。

至蕅益智旭之时，对历代相承的天台“五时八教”说提出异议，试图恢复智𫖮教相判释的本来面目。他的《教观纲宗》表达了以下几个主要观点：

首先是坚持教观统一的基本原则。书名本身就表明了这一观点。在他看来，五时八教之说偏于教门而忽视观门，背离了当年智𫖮的思想原则。他开宗明义指出：“佛祖之要，教观而已矣。观非教不正，教非观不传。有教无观则罔，有观无教则殆”。

其次是重视五味根机说。认为五时说列论佛陀说法时间先后，如十二年说三乘别教，八年说《方等》、三十年说空宗《般若》等，皆属讹传，“为害甚大”。因为佛陀一代“随宜闻者即说”，既不分前后，也不论时间，只因众生根机之别，而悟解有先后。“如来说法，神力自在，一音异解，岂容思议？又有根稍利者，不必具历五味。”故应以五味判释，反对五时

① ［隋］灌顶：《天台八教大意》，见《大正藏》卷四六。

之说。

第三是主张以三观配合三教，不立秘密教。认为，“秘密教，互不相知，故无可传。”与顿、渐、不定三教相应的观法也只是三观：“盖秘密教，既不可传，故不可约之立观。设欲立观，亦只是顿、渐、不定”。

智旭的《教观纲宗》对于我们加深认识智𫖮的判教思想有一定帮助。

综上所述，智𫖮的判教体系由五味根机说、三种教相说、藏通别圆四教义、教观统一论等四个主要部分组成，其内容既有对前人的继承，但更多的是他自己的独创。

通过判教，智𫖮为佛教全部经典作了统一安排，各各给它们找到适当的位置。判教的基本原则表明，佛陀一代所说佛法，并无前后高下优劣之别，但因众生根机有异，故而作种种方便施设；只要掌握教观统一的原理，不论众生根机以及闻法先后如何，都将从佛法而获得证悟，入大涅槃。在这一基本原则下，智𫖮不仅调和了佛教内部有关经典、教理方面的种种矛盾，而且通过对南北两地诸师判教思想的吸收和发展，将当时的判教理论推进到一个新的阶段。

智𫖮的判教，力图将释迦一代全部经教，按照圆融统一的哲学原则，予以平等对待，不偏不倚，用以说明释迦“一音说法”、众生各自领解的宗教意义。但是在实际判释过程中，出于创宗立派的需要，他便自觉或不自觉地突出了《法华经》地位。他曾说：“若弘余教，不明教相，于义无伤。若弘《法华》，不明教者，文义有缺。”[①] 这就是说，阐明教相的重

① 《法华玄义》卷一〇上。

要意义，就在于弘扬《法华经》；对于其他经典，则关系不大。在讨论各类经典与四教的关系时，智颉认为，“经论用四教多少不同”，如《华严》顿教用别、圆两教；渐教之初小乘经典用藏教；大乘《方等》用藏、通、别、圆四教；大乘《摩诃般若》用通、别、圆三教；《法华经》唯用圆教。所以，《法华经》是最高经典，在所有经典中具有优势地位。在教观一致论中，智颉认为，只有圆教才与一心三观相对应。这说明，通过判教，最终还是确立起了《法华经》作为宗经的特殊地位。

客观地说，不仅“南三北七”各家判教带有严重的主观色彩，不能完全如实地反映经典及其思想的形成、发展的过程，而且就智颉的判教体系而言，同样未能尽除个人的主观色彩，当然也不能真正说明事物的本来面目。因为数千卷佛教经典，绝非释迦一人一时之作，它们经历了自己漫长的演化过程，各类经典在不同程度上反映出各个历史时期印度各地区社会的特点和思想界的面貌。原始佛教的基本原理与部派佛教学说的区分，小乘佛教思想与大乘佛教思想的差别，大乘佛教中观学派与瑜伽行派的歧异，等等，都是客观的历史事实；各类佛经之间，乃至同一部佛经内部（前后）的矛盾现象，也是客观的存在。不去揭示这些矛盾，指出这些矛盾的原因，相反以调和折衷的方法，竭力掩盖或否认这些矛盾，当然无法解决根本问题。预先确定全部佛经都是佛的一音说法，并以此为前提，再去判释它们的内容或地位，这不但会背离事物真相，而且在逻辑上也是颠倒的。

第十章 智𫖮对儒、道两家的态度

一、儒家思想的吸收

智𫖮融合南北两地的佛教特色，结合当时社会人生的实际需要，完成止观理论体系和教观一致的思想原则，创立了天台宗，建立起完整的宗派哲学体系。为了推进印度佛教的中国化，使之更好与中国传统文化和社会生活相适应，智𫖮在对儒、道两家提出批评的同时，分别予以吸收和改造。

智𫖮作为南朝名门世族的子弟，自幼受传统儒学的熏陶，儒家的王朝正统观念和忠孝伦理思想在他身上有明显的反映；即使在他出家学佛之后，也未曾一日忘却“家国殄丧”之难。① 所以，为了突出他所信仰的佛教的崇高和完美，虽然也

① 详见第二章所述。

有对儒学批评的言论[①],但总体上看,他的佛学大量渗透了儒家的思想,不曾违背儒家的政治伦理原则。

智𫖮佛学对儒家思想的吸收,突出表现在对仁义礼智等观念的认同上。

智𫖮时代,佛教的出世观念常常受到正统儒家学者以及道教徒们的批判,为了应付这一局面,佛教学者往往以儒释一致说乃至三教融合论进行调和,普遍以佛教的五戒与儒家的五常、五行说加以类比。这种类比已为社会各阶层所理解和接受。如《魏书·释老志》中说:“其始修心则依佛、法、僧,谓之三归,若君子之三畏也。又有五戒,……大意与仁、义、礼、智、信同,名为异耳。”“三藏十二部经,如九流之异统”;“所谓佛者,本号释迦文者,译言能仁,谓德充道备,堪济万物也。”智𫖮也是从这一角度展开对儒家思想的吸收的。

五戒,指不杀生、不偷盗、不邪淫、不妄语、不饮酒,是佛教最基本的戒律;五常,指仁、义、礼、智、信,是儒家最基本的道德规范;五行,指水、火、木、金、土,是古代朴素的物质观念。三者本非同一领域,所以对它们的类比具有明显的主观目的。智𫖮《摩诃止观》卷六上写道:

> 若深识世法,即是佛法。何以故?束于十善,即

① 《摩诃止观》卷一〇上先是批评道家“是非得失,皆其自然”之说,是“破因不破果”,即无因而有果。接着又批评儒家之说为“破果不破因”,说:“礼制仁义,卫身安国;若不用行,灭族亡家。但现世立德,不言招后世报,是为破果不破因”。儒家的礼制仁义,只是用于现世立德,却不涉及后世果报,因而与佛教的因果说有一定距离。

是五戒。深知五常、五行，义亦似五戒。仁慈矜养，不害于他，即不杀戒；义让推廉，抽己惠彼，是不盗戒；礼制规矩，结发成亲，即不邪淫戒；智鉴明利，所为秉直，中当道理，即不饮酒戒；信契实录，诚节不欺，是不妄语戒。周孔立此五常，为世间法药，救治人病。又五行似五戒：不杀防木，不盗防金，不淫防水，不妄语防土，不饮酒防火。又五经似五戒：《礼》明撙节，此防饮酒；《乐》和心，防淫；《诗》风刺，防杀；《尚书》明义让，防盗；《易》测阴阳，防妄语。

这是他有意识、人为地把佛教“五戒”说成与儒家“五常”、“五行”、“五经”相似，以表明佛教有关社会人生的基本观念与儒家伦理道德规范是一致的，而不是对立的，所以可以同时并存，互为补充；而所谓周孔立五常，以救治世间病人，则说明儒家的伦理原则也适用于佛教出世理念，在本质上有相通之处。

基于上述观点，智顗明确表示，作为佛教徒，完全可以将五戒和五常同时修习，不必作儒释之别。他说：

今人虽入道场忏悔，恶心不转，则恶业不坏。恶业不坏，得绳不断，罪不得灭也。……若坚持五戒，兼行仁义，孝顺父母，信敬惭愧，即是人业。①

① 《法华玄义》卷六下。

除了对父母行孝顺之礼，智𫖮又依孔子之说论及师徒关系，说："夫师有匠成之能，学者有资禀之德。资之舍父，敬师如父；师之谦让，处资如弟。故夫子云：回也处余如父，余也处回如弟。"① 师徒关系如同父子关系，这是儒家五常之礼的规定，智𫖮深表赞同。

对父母之孝可以升华为对君主之忠，君臣的关系成为"礼"的核心内容。所以，"礼"也就具有了特殊的地位，甚至可以提高到佛教"法性"、"实相"的本体高度认识。智𫖮写道：

> 体字训礼。礼，礼法也。各亲其亲，各子其子，君臣撙节。若无礼者，则非法也。出世法体，亦复如是。善恶、凡圣，菩萨、佛，一切不出法性。正指实相，以为正体也。②

君臣父子之礼就是体，就是最高原则。

据学者们分析研究认为，智𫖮的上述思想与当时流行的伪经《提谓波利经》也有一定关系。

《提谓波利经》是一部由中国僧侣为在家信徒编造的经典，书名最早见于《出三藏记集》卷五，题为"北国比丘昙靖撰"。据《续高僧传》卷一《昙曜传》附昙靖传载，北魏在太武帝死后复兴佛法，"但旧译诸经并从焚荡，人间诱道，凭准无因"，于是昙靖"出《提谓波利经》二卷，意在通悟，而

---

① 《维摩经文疏》卷一一。

② 《法华玄义》卷一上。

言多妄习。”该经早已散佚，但其内容在后来的佛教著作中多有引述，在敦煌遗书中也保存了它的残本。[①]

提谓、波利是佛教传说中最早归依佛陀的两名商人，从佛陀受三归依和五戒。《提谓波利经》主要内容，是讲述五戒、持斋修行和因果报应；其显著特点，是把佛教的五戒十善说教与儒家伦理观念、五行学说乃至道教延寿益算思想结合。如说：

> 十善者，同出天地之数。不杀，仁也；不盗，智也；不妄言、绮语、两舌，信也。此五行属天。不贪、不恚、不淫、不恶口，义也；不饮酒，礼也。此五行属地。

又说：“不杀曰仁，仁主肝，木之位”；“不邪曰义，义主肺，金之位”；“不饮酒曰礼，礼主心，火之位”；“不盗曰智，智主肾，水之位”；“不妄曰信，信主脾，土之位”。在智顗的有关著作中，多次引用《提谓波利经》的内容，表现出对该经儒释一致说的高度重视。

智顗《法界次第初门》卷二说：

---

① 敦煌本《提谓波利经》已有四种：大不列颠博物馆所藏斯坦因掠取本（S. 2051）、巴黎国立图书馆所藏伯希和掠取本（P. 3732）、北京图书馆本（《敦煌劫余录》霜字十五号）、俄罗斯亚洲民族研究所所藏敦煌本。此外，日本学者塚本善隆辑有《提谓波利经》佚文二十一条，载于《塚本善隆著作集》第二卷，《北朝佛教史研究》第六章（东京，大东出版社 1979 年版）；牧田谛亮《疑经研究》第四章，对敦煌本前三种作了介绍（京都，京都大学人文科学研究所，1976 年）。

故佛为提谓等在家弟子授三归已，即授五戒，为优婆塞。若在家佛弟子破此五戒，则非清信士女。故经云：五戒者，天下大禁忌。若犯五戒，在天则违五星，在地则违五岳，在方则违五帝，在身则违五脏。

又《摩诃止观》卷六下论“三种法施”，说：“三归、五戒、十善道、四禅、四无量心等，名世间法施；二，出世间法施；三，出世间上上法施。”并说：“《大经》云：一切世间外道经书，皆是佛说，非外道说。《光明》云：一切世间所有善论，皆因此经。若深识世法，即是佛法”。这是借用《大般涅槃经》和《金光明经》之说来证明《提谓经》儒释一致说的正确无误。世间法施除了五戒、十善，当然也应包括五常、五行、五经。智𫖮又直接引《提谓经》关于佛法五戒配合世间五常、五行、五帝等说：

提谓、波利等问佛：何不为我说四、六戒？佛答：五者天下之大数，在天为五星，在地为五岳，在人为五脏，在阴阳为五行，在王为五帝，在世为五德，在色为五色，在法为五戒。以不杀配东方，东方是木，木主于仁，仁以养生为义；不盗配北方，北方是水，水主于智，智者不盗为义；不邪淫配西方，西方是金，金主于义，有义者不邪淫；不饮酒配南方，南方是火，火主于礼，礼防于失也；以不妄语配中央，中央是土，土主于信。①

前引智颉有关五戒与五常统一并修之说，与《提谓经》的思想十分相似，显而易见直接源于《提谓经》。

但智颉吸收儒家学说，提倡世间伦理观念，具有比《提谓经》更为深层的含义。他把仁义五常与家国兴亡、社稷安危直接联系，表现出一个出世者的非出世主义理念。他说：

《释论》云：世典亦称实者，乃是护国治家称实也。外道亦称实者，邪智僻解谓为实也；小乘称实者，厌苦苏息，以偏真为实也：如是等但有实名，而无其义。……若周孔经籍，治法、礼法、兵法、医法，天文、地理、八卦、五行；世间坟典，孝以治家，忠以治国，各亲其亲，各子其子，敬上爱下，仁义揖让，安于百姓，霸立社稷。若失此法，强者陵弱，天下焦遑，民无聊生，鸟不暇栖，兽不暇伏。若依此法，天下太平，牛马内向。当知此法乃是爱民治国而称为实。②

这段话，对儒家典籍及其思想所产生的"护国治家"、"爱民治国"意义，作了充分的肯定，并认为这是与佛教的精神深相一致的。这也就是说，在智颉看来，佛教的出世理想并不与儒家"孝以治家"、"忠以治国"的入世观念相悖。在大乘

① 见《仁王护国般若经疏》卷二引，《大正藏》卷三三。

② 《法华玄义》卷八上。

佛教“世间即出世间”的思想中，包含了“天下太平，牛马内向”的社会人生理想。智𫖮对儒家观念的认同，应该看作是他对大乘佛教菩萨精神的确切认识和如实践履，也是他对佛教中国化、民族化的一项重大贡献。

智𫖮又曾引《清净法行经》[①]所说，以儒家的安民治世的社会政治措施比喻为佛教的四悉檀，即：“文行诚信，定《礼》删《诗》，垂裕得昆，即世界也。官人以德，赏延于世，即为人也。叛而伐之，刑故无小，即对治也。政在清静，道合天心，人王无上，即是世间第一义悉檀也。”[②]“政在清静，道合天心”的儒家最高政治标准（实际带有黄老政治的色彩），也就是佛教的最高精神境界。这表现智𫖮并未彻底忘情于现实社会生活。

在智𫖮的佛学著作中，就曾借佛教义理而论及世俗政治，对家国的衰亡和百姓的倒悬深表切肤之痛。如《摩诃止观》卷四下说：

> 色害尤深，令人狂醉。生死根本，良由此也。如难陀为欲持戒，虽得罗汉，习气尚多，况复具缚者乎！国王耽荒无度，不顾宗庙社稷之重，为欲乐故，身入怨国。此间上代亡国破家，多从欲起。赫赫宗周，褒姒灭之，即其事也。

---

① 《清净法行经》在《出三藏记集》卷四“失译杂经录”中被著录，隋法经等《众经目录》卷二、唐智升《开元录》卷一八均列入“疑惑”类经典。《开元录》说该经“记说孔、老、颜回事”。

② 《法华玄义》卷一下。

这段话实际上是对梁、陈两代亡国破家悲剧性结局的历史反省。形式上是从佛教教义的分析入手，实际上则归结为“国王耽荒无度，不顾宗庙社稷之重”，属于儒家政治原则问题。

无论从哪个角度看，智顗的这种认识都具有一定的真理性；这也说明，儒家学说与大乘佛教教义在某些方面确有相通之处，而智顗则自觉地把这些相通之处集中到治世安民的高度上认识。

在梁、陈王朝未亡之时，智顗曾为之殚思竭虑，以图挽救败亡之势；梁、陈败亡之后，他又念念不忘“宗庙社稷”之情，为之总结教训。智顗对故国、故君充满了“哀其不幸，怒其不争”的复杂感情。

可以认为，智顗佛学中的儒学渗透，并非为了作简单的儒释对照，以明两者的统一，从而敬答一般的排佛言论。智顗对儒家思想的吸收，具有更为深层的内涵和坚实的基础。这是出自他对儒学的切身体验和内在肯定，是一种自觉的需要。这种对儒学的自觉，使他不仅与当时佛教内部儒佛调和论者相区别，而且也与宋以后受理学支配的佛教调和论者不同。

正是出于对儒学的自觉，智顗才表现出对旧王朝的忠诚和怀念。作为出家人的智顗，他的精神生活中既有对佛教最高境界的追求，同时又有对儒家伦理观念的恪守。事实表明，智顗并未放弃传统文化思想观念，儒家的文化背景使他保持着对社会的强烈责任感。

在《法华玄义》卷八上，智顗把佛典以外的全部典籍区别为“世典”和“外道典籍”两类。所谓“世典”，主要指“周孔经典”。在《维摩经玄疏》卷六中，智顗又把外典作“世间经书”和“外人经书”两类的分别。他认为，外典是俗学，其中世间经书属“爱论”，外人经书属“见论”，说：“世间经书所明，但为安国治家、赏善罚恶、仁义礼智、诚信孝敬、养生养性之道，皆是爱论。”智𫖮又认为，属于“爱论”的世间经书，主要指儒家经典，说：“菩萨住是位，为降伏天魔及其眷属，即入爱假，现诸神通，乃至同事利物，说诸爱论。如此土三坟五典、安国育民之经书也。”[①] 安国育民的道理是儒家之学的基本特征。

“爱论”，指对一切事物偏重感情执着的言论。儒家经典的核心是“安国治家、赏善罚恶、仁义礼智、诚信孝敬”，属于“爱论”范畴。在智𫖮看来，儒家未能忘怀世间爱欲，故而不同于佛教断除爱欲的教义。[②] 但智𫖮无意扩大两者的距离，相反竭力弥合这种差距。在指出世典“爱论”与佛典“实相”论有别的同时，实际上他对“爱论”采取了肯定的态度。仁义礼智的目的，是要实现治世安民、治国平天下的崇高理想，这与大乘佛教“普渡众生”的慈悲精神并无矛盾。智𫖮学佛的初衷，是为“出世”，但他毕竟未能彻底出世，因为他不可能完全摆脱对现实社会人生的关切。他的佛学充满了睿智的分析和高妙的思辨，但也显示出浓厚的感情色彩。理智与感情并存，佛学与儒学交融，出世不忘世间，这是智𫖮学说体系的真实背景，也是他一期人生悲剧性结局的根源。

为论证儒释的一致，智𫖮又提出“三种法药”之说，以为儒、释分别设教只是“应病授药”。他说：“入假识药者，病

① 《维摩经玄疏》卷二。

② 参考廖明活：《天台智𫖮对儒家道家的态度》，见《世界宗教研究》1984年第1期。

相无量，药亦无量。略言为三：一、世间法药；二、出世间法药；三、出世间上上法药。”[1] 这“世间法药”实指医治世间众生之病的“世智之法”，即儒家仁义五常等基本道理。他接着写道：

> 如是等世智之法，精通其极，无能逾，无能胜，感令信服，而师导之。出假菩萨欲知此法，当别于通明观中勤心修习，大悲誓愿，精进无怠。诸佛咸加，豁然明解，于世法药，永无疑滞。然世法药，非毕竟治；屈步移足，虽垂尽三有，当复退还。

意思是说，儒家之学作为“法药”之一，也有它特殊的效用，若能“精通其极”，同样可以消除世间（“假”）烦恼。因此，即使“出假菩萨”（指慈悲济物、诱引凡夫脱离迷妄世间的菩萨）也应于此“精进无怠”。但是，以世药所治的病不同于出世之药，它“非毕竟治”，“当复退还”。因为，从佛教信仰的角度说，唯有按佛教教义如实修行而入涅槃者，才是“毕竟”（毕竟，究竟、至极的意思），所获之果“不复退还”。

在提出“入假识药”之后，智顗进而指出“应病授药”的方法。他说：

> 应病授药者，既知苦、集之病，又识道、灭之药。若众生无出世机，根性薄弱，不堪深化，但授世药。如孔丘、姬旦，制君臣、定父子，故敬上爱

① 《摩诃止观》卷六上。

下，世间大治，礼律节度，尊卑有序，此扶于戒也；乐以和心，移风易俗，此扶于定；先王至德要道，此扶于慧。元古混沌，未宜出世；边表根性，不感佛兴；我遣三圣，化彼真丹。礼义前开，大小乘经，然后可信。真丹既然，十方亦尔。故前用世法，而授与之。[1]

儒家君臣父子、仁义道德是为“世药”，主要用以医治“无出世机，根性薄弱，不堪深化”的众生。智𫖮站在佛教的立场上认为，儒家世间之学（“世法”）在中国的推广（“真丹”，即震旦，指中国），是为佛教大小乘经典的传入开辟道路的，完全可以成为佛教戒、定、慧三学的辅助。这种看法虽然有意提高佛教地位，但毫无排斥儒家的意思，倒是带有视儒家为佛教同道、足以补充佛教不足的意义。所谓“礼义前开，大小乘经然后可信”，表明智𫖮对中国传统思想文化有着极其深刻的体认；佛教在中国的传播，不应该以抛弃儒家礼义为前提，倒是必须借助于儒家的有关学说。儒家之学不仅与佛教教义无矛盾冲突，相反，儒家治世安民的基本功能，正是佛教所缺乏的。

事实上，智𫖮准确无误地看到，儒家和佛教在很多领域有着共同点，其中的心性理论是核心部分。他正是通过对两家心性理论的融合贯通，大谈人性的善恶本具，并以修习善恶来解释人的各种社会表现。一旦心性学说得以会通，儒释之间其他领域的差别都可由此而消融。

① 《摩诃止观》卷六下。

二、道教思想的影响

智颢对道家（道教）的态度，有别于对儒家。在他看来，道家（道教）虽也有它存在的理由，是传统文化的一个重要部分，但它既不能与儒家相提并论，更无法与佛教相比拟。

首先，智颢在将儒家归之为“爱论”的同时，把道家属之于“见论”。

所谓“见论”，指对一切事物作错误的判断、认识，并予以执着，以为正确的认识。智颢《维摩经玄疏》卷六论及“外人经书”时，关于“见论”，有如下表述：

> 外人经书所明，非实相者，外道多起身、边邪见。或计神及世间常是事实，余妄语；乃至或计神及世间非常非无常是事实，余妄语。如是堕十四难，生六十二见。虽各谓是实，非实相也。以其各各因见起诸烦恼，作种种行业，流转生死，是故诸有言教，皆是属见戏论。

各种“见”都与烦恼相联系，能造种种行业，生死流转，不能解脱。因此，他把道家学说归为“见论”，并作为“外人经书”的一个部分看待。

智颢在《法华玄义》卷八下说，“外道典籍”包括老子、庄子的著作：“若此间庄、老无为无欲，天真虚静，息诸夸企，弃圣绝智等，直是虚无其抱，尚不出单四见外，何关圣法？纵令出单四见外，尚堕复四见中，见网中行非解脱道。”老庄提倡无欲无为、天真虚静、绝智弃圣，是堕于见网。所谓“四见”，是指佛教所说的“外道四见”。有多种四见，如妄计一切法为一、为异、亦一亦异、非一非异；或妄计邪因邪果、无因无果、有因无果、无因有果；或妄计世间常、无常、亦常亦无常、亦非常亦非无常；或妄计事物有、无、亦有亦无、非有非无等。故有“单四见”、“复四见”之名。老庄之学以思辨见长，探讨有关宇宙人生、自然社会等知识性问题，在佛教看来相当于外道“见论”。这种见论属于世间烦恼，无补于现实社会人生，不能使众生获取解脱。所以智顗指斥说：“如斯流类，百千万种虚妄戏论，为惑流转，见网浩然，邪智澜漫，触境生著。”[①] 若是儒家的爱论，尚有治世安民、化导世俗的功能，道家的见论，则属于“邪智澜漫”，无补于世俗。

其次，老庄之说虽然在某些地方与佛教教义有相似之处，但那只是形式上的偶然，两者从根本上说，则不可同日而语。

《摩诃止观》卷五下说：

> 今世多恶魔比丘，还戒还家，惧畏驱策。更越济道士，复邀名利，夸谈庄老，以佛法义偷安邪典，押高就下，推尊入卑，概令平等。以“道可道，非常道；名可名，非常名”均齐佛法，不可说示。如虫食木，偶得成字；检校道理，邪正悬殊；愚者所信，智者所嗤。

《老子》“道可道，非常道；名可名，非常名”，与佛教有关说

① 《法华玄义》卷八上。

法相似，但那只是“如虫食木，偶得成字”，实际上两者的教义“邪正悬殊”。若以佛教教义去比附道家所说，应该看作是“押高就下，推尊入卑”，这是不容许的。所以，智顗在《摩诃止观》卷一〇上说：“今时多有还俗之者，畏惮王役，入外道中，偷佛法义，窃解庄、老，遂成混杂，迷惑初心。”佛教与道家在学说教义上不可混杂，前者的本质是出世，彻底摆脱烦恼，后者则执著邪见，滋生烦恼。当时一些佛、道调和论者往往以形式上的相似来说明两家的平等一致，智顗认为，这是因为他们没有看到两家教义的根本区别所致。

他进而指出：

> 若得今之用观意，大乘诸门生执，尚须空破，终不同彼世间法师禅师，称老子《道德》、庄氏《逍遥》与佛法齐。是义不然。圆门生著，尚为三藏初门所破，犹不入小乘，况复凡鄙见心？荧日悬殊，山毫相绝。自言道真，慢瞿昙者，宁不破耶？[①]

在他看来，道家学说与佛教教义相较，犹如荧日悬殊，山毫相绝；或以为道家与佛学无所差别，乃是对佛教的轻慢，必须予以破斥。

智顗对道家深表不满的一个重要原因，是道家提倡“自然”之说。

老庄以无欲为“自然”，虽然与佛教所说断灭贪欲的原理接近，但也容易与真正的佛学相混淆，为“偷安庄老”之徒

① 《摩诃止观》卷三下。

所利用；同时，还会使人误解为一无施为、不作取舍、纯然任运的存在状态。况且，“自然”一语含义空泛，如何实行，并无客观标准，故成为智顗批评的要点。[①]如他从因果方面批评老庄“自然”说，说：“庄子云：贵贱苦乐，是非得失，皆其自然。若言自然，是不破果；不辨先业，即是破因。”[②]老庄的这种“破因不破果”即无因而有果说，与儒家“破果不破因”说有所不同，当然也更与佛教的因果关系说有很大距离。又如他从“行业”（即作业，指身、口、意所造作的行为）角度对“自然”加以批评，说：

> 又计自然，任运恣气，亦不运御从善，亦不动役作恶。若伤神和，不会自然。虽无取舍，而是行无记。行业未尽，受报何疑！若计自然作恶者，谓万物自然，恣意造恶，终归自然。斯乃背无欲而恣欲，违于妙而就粗。如庄周斥仁义，虽防小盗，不意大盗揭仁义以谋其国。本以自然息欲，乃揭自然而为恶，此义可知也。[③]

根据“自然”之说，修行者容易出现两个错误倾向。一是既不从善，也不作恶，所得行业为“无记业”（非善非不善业），仍不能摆脱因果轮回报应。二是借“万物自然”名义，恣意作恶，作种种恶业，受种种恶报。

---

① 参考廖明活：《天台智颢对儒家道家的态度》。

② 《摩诃止观》卷一〇上。

③ 《摩诃止观》卷一〇上。

智顗对老庄“自然”之说的上述批评，在中国佛教思想史上有重大意义，值得引起注意。在智顗看来，儒家的“仁义”五常虽与佛教教义有别，但它有益于社会，有助于人生解脱；而道家的“自然”之说，则于社会无所裨益，相反有害于人生解脱。这是智顗的善恶观念的具体表现。从性恶说角度看，“自然”可以与性恶相通，因此它容易导致人们造作恶业，以为恶便是人性的自然流露，不必计较。

从智顗对儒、道学说的不同态度，可以看出，他始终主张以一种稳妥的佛教思想指导一种平衡的佛教修行。这样，他既继承和发展了大乘佛教教观并重、止观统一的传统，同时也吸取了传统文化中占主导地位的儒学“中庸”理念。

智顗的这一态度，使他的佛教思想体系与后来的禅宗得以区别开来。虽然他的“一行三昧”等思想曾影响于初期禅宗“东山法门”，但禅宗后来提倡的“自然”，却是早已为他所竭力反对过的思想。历史事实表明，在老庄那里，“自然”、“无为”之说只是表述事物的存在状态和人生的无欲自得，但联系庄子的境界论，则可以被利用和改造成为激烈的思想体系。禅宗的一些派系就是这样。[①] 智顗对“自然”说的否定，反映了他的思想体系中的保守成分（与后来禅宗相比），他的佛教思想，较多地兼顾了传统，没有实现对传统佛教的突破，因为他所处的时代（士族经济政治仍在上升时期）尚没有提出这种强烈要求。其结果，一方面使天台宗保持了平稳的发展状态，未能达到像禅宗那样的思想进步；另一方面，则保证了向隋唐宗派佛教的平稳过渡。在天台宗的历史发展过程

① 参见拙文：《洪州禅学与老庄哲学》，《安徽大学学报》，1991年第3期。

中，虽保存了各类繁杂的宗教仪轨，强调了四众的严格修行程式，但也避免了过于偏激的思想和行为。

再次，智𫖮又指出了道家与佛教在形式上的许多差别。如说："佛迹世世是天竺金轮刹利；庄老是真丹边地小国柱下书史、宋国漆园吏。"又如说："佛说法时，放光动地，天人毕会，叉手听法。适机而说，梵响如流，辩不可尽。当于语下，言不虚发，闻皆得道。老在周朝，主上不知，群下不识；不敢出一言谏诤，不能化得一人。"又说："如来行时，帝释在右，梵王在左，金刚前导，四部后从，飞空而行。老自御薄板青牛车，向关西作田。庄为他所使，看守漆树。"[①] 这种比较，由于出自过激的宗教感情，未免显得偏狭，但由此也可以清楚地看出智𫖮在当时三教关系中的基本立场和态度。

三教关系贯穿于东汉以后的全部文化思想史，是南北朝思想界特别重大的课题。

东汉末年，佛教传入不久，尚属初传时期，《牟子理惑论》乃首先提出"三教一致"说。认为佛教"居家可以事亲，宰国可以治民，独立可以治身"，与儒、道"何异之有乎？"[②] 又大量引用儒、道和诸子百家之书，说明佛教与中国传统思想一致。以此发端，汉魏佛教常以儒、道经典佐证佛教的合法性。

三国时代起，佛、道在宗教观上开始分家。佛教以"无生"（寂静、涅槃、实相）为理想，主张有生必有死，指责道教长生之说为愚惑欺诈；道教以"不死"为目标，主张养生

① 《摩诃止观》卷五下。

② ［东汉］牟子：《牟子理惑论》，见《弘明集》卷一。

长寿，抨击佛教是“修死之道”。道教以民族宗教自居，贬斥佛教是“夷狄”之教，是老子出关，西渡流沙，用以教化不知礼仪的胡人的产物，不适合文明的华夏；佛教则揭露道教施行“三张伪法”（“三张”，指张陵、张衡、张鲁），败坏人伦，造反闹事，故不可推广。

东晋以后，佛教因般若学对玄学的适应，发展迅速。它不仅对道教和道家思想予以排斥，甚至对儒家之说也时表不满。僧肇虽以老庄为心要，但认为与佛教相比，老庄差之甚远。慧远听道安讲《般若经》，乃悟“儒、道、九流，皆糠秕耳”。这表明，由于佛学地位的上升，佛教进一步受到社会的重视。至南北朝时，一些佛教学者甚至提出，佛教可以包容儒、道。从而，三教关系有所深化。在南方，主要表现为儒、释、道三家在思想领域的论战；在北方，则主要表现为道教鼓动儒家的排佛毁佛活动。

庐山慧远是南方佛教的代表人物。他为建立既不同于外来佛教，又不完全依附传统文化的中国佛教做出过重要贡献。他提出“内外之道可合”的原则，认为佛教理应发挥社会教化功能，为巩固皇权、维护纲常伦理服务；但僧尼出家即是变俗，在仪行礼制上，必须保持独立风貌，故著有《沙门不敬王者论》。宗教观念上，慧远把“神不灭论”引入佛教业报轮回学说体系，而其思想来源，实出于儒家的孝道观和积善积恶说。受慧远影响，宗炳著《明佛论》，认为“中国君子明于礼义而暗于知人心”，主张儒释思想的统一。他说，群生本体的“神”本来相同（这“神”指不死的精神，即《周易》所谓“阴阳不测”），随缘迁流而成粗妙的个别的“识”；练粗成精，即为圣人。神、识、形，三者本质相同。宗炳之说，奠定了中国佛教哲学发展的基调。在南朝的三教论战中，除了范缜的《神灭论》，佛教可谓所向披靡，理论上占了上风。从智𫖮的有关佛教思想中，可以看到受慧远等南方佛教学者与儒、道论战的风格。

智𫖮对道家（道教）的反感，原因之一，是对方站在民族文化或民族宗教的立场上排斥佛教，提出所谓佛是“胡神”，故需“老子化胡”；原因之二，是对方借儒家之手，鼓动儒家打击佛教，集中表现在北魏太武帝灭佛和北周武帝灭佛两大事件中；原因之三，是对方因理论上的薄弱而随意窃取佛教之说，却又以此攻击和削弱佛教。智𫖮时代，佛道之间的矛盾已相当激化，但佛教因理论上的绝对优势，绝无对道教妥协的表示，相反采取咄咄逼人的进攻恣态。北周释道安在《二教论》中，甚至没有把道教作为佛教的对手，仅视之为儒家的附庸，说：“释教为内，儒教为外，……教唯有二，宁得有三？”① 智𫖮的心理状态和思想方法，是三教关系这一特定文化背景的反映。

但是，三教论争的过程，也是三教相互吸收、渗透和补充的过程。智𫖮在对道家（道教）展开批评的同时，也多少受到对方的影响。只是，智𫖮与当时一般学者相似，尚未对道家和道教作严格区分，往往以“庄老”概括道家和道教，或以“道家”等同于道教。他未能认识到，道家是学派，道教是宗教，虽然两者有内在联系，但并非含义相等。

根据智𫖮的圆融哲学，道家（道教）虽比佛教要粗浅得多，但还是可以为佛法所包容统一。《维摩经玄疏》卷一说：

---

① ［北周］道安：《二教论》，见《广弘明集》卷八。

> 问曰：诸论天人所有经书，依何而造？答曰：法身菩萨住诸三昧，生人天中，为天人师，造论作诸经书。如《金光明经》云：五神通人作神仙之论，诸梵天说出欲论，释提桓因种种善论。亦是初番悉檀之方便也。故《造立天地经》云：宝应声闻菩萨示号伏牺，以上皇之道来化此国。又《清净法行经》说：摩诃迦叶应生振旦，示名老子，设无为之教，外以治国；修神仙之术，内以治身。

这里，智顗借伪经《清净法行经》之说，将老子的"无为"学说和道教的神仙之术视作佛陀大弟子迦叶亲自来华化导的产物。这一方面固然有贬低道家（道教）的意思，但同时也表明佛、道有融合的基础。《造立天地经》也属伪经。智顗据《金光明经》所说，所谓各种不同思想理论的提出，乃是"初番（世界）悉檀之方便"，所以，无论是孔子所创儒家学说，还是老庄所立道家学说，都可看作菩萨应机的方便法门。这样，因为全部经论各有其自身的思想价值，故而区别它们的真伪也就显得没有必要了。质言之，"悉檀之方便"可以调和一切"外道"。

若将道教与道家加以区分，智顗对道教的态度，显然有别于道家。

智顗长期栖隐的天台山，佛道双修，源远流长。道书中有黄帝受金液神丹于天台山，太清真人彭宗治赤城，右弼真人西周王太子晋、九天仆射伯夷叔齐治桐柏等神话传说。三国时，道士葛玄在这里创建法轮院和福圣观，佛教僧侣则建立有资福寺、翠屏寺。后经葛洪《抱朴子》、支遁《天台山铭序》、孙绰《天台山赋》、顾恺之《启蒙记》、孔灵符《会稽记》、陶弘景《真诰》等佛、道著作的宣传，至南北朝后期，天台山已成“佛窟仙源”即佛道并修的名山。① 智𫖮对天台山历史知之甚详，当年他决定入山修习止观，不仅没有回避这一事实，相反有求觅仙迹，助成佛道之意。《别传》记载智𫖮入山前对门人所说的一段话，可证他对道教神仙之说的态度：

> 蒋山过近，非避喧之处。闻天台《地记》称有仙官，白道猷所见者信矣；《山赋》用比蓬莱，孙兴公之言得矣。若身缘兹岭，啄峰饮涧，展平生之愿也。

白道猷是东晋高僧，曾栖隐于天台山；孙兴公即东晋著名学者孙绰，主张三教一致。智𫖮认为，金陵人员混杂，环境喧闹，无益于止观修习，故而向往千里之外人迹罕至的天台山。天台既有蓬莱之喻，又有仙宫之称，必然是宗教修行的胜地。这至少意味着，智𫖮承认在宗教修行方面，佛教与道教有着共同点。

事实上，道教仙学也确实曾予佛教禅修以影响。如晋代僧从、法成、僧善等佛教僧侣，都善于道教的辟谷服气之术。南北朝时期，佛教修禅者中也有学行道教养生术的。如北魏昙鸾，曾赴江南就陶弘景学道教仙术，陶授与《仙经》十卷。

① 参考周琦、连晓鸣：《中国佛教天台宗概说》，载《东南文化》1990年第6期。

返回洛阳时，恰遇菩提流支。菩提流支劝他放弃道术，专修佛法，并授《观无量寿经》一部，说："此大仙方，依之修行，当得解脱生死。"① 昙鸾乃烧道教《仙经》，专修西方净土法门。昙鸾的净土著述中，虽不见仙学影响的迹象，但从《道藏》中所保存的《昙鸾法师服气法》看，他似乎并未完全否定道教养生术，而把佛教胎息禅法融入道教养气法中，形成一种具有佛道融合色彩的养生气功。② 据传，昙鸾还有阐发道教服气养生的著作多种（已佚）。

陶弘景在隐居修道期间，曾入天台山寻访道教遗迹，"谒诸僧标及诸处宿旧道士，并得真人遗迹十余卷。"③ 他的道教思想，继承老庄自然无为学说和葛洪神仙方术，又融合儒、佛两家的学说，主张三教合流，宣称"百法纷凑，无越三教之境"。他曾于宁波阿育王塔受佛戒。又在茅山道观中设立佛、道二堂，隔日朝礼，佛、道双修。他的宗教思想和修行风格是否也曾对智顗产生影响，虽无直接资料证明，但值得研究。

早在智顗之师慧思的思想中，已有受道教仙学影响的具体记载。慧思在他的《立誓愿文》中表示，为了维护佛法，"愿先成就五通神仙，然后乃学第六神通"。为此，他祈愿诸位贤圣赐之以"好芝草及神丹，疗治众病除饥渴"，并说"足神丹药修此愿，藉外丹力修内丹。"他把道教追求的炼养成仙作为通向佛教涅槃之域的桥梁。他一再宣称，为了佛教利益，

① 《续高僧传》卷六，《昙鸾传》。

② 参考陈兵：《佛教禅学与东方文明》，上海人民出版社1992年版，第420页。

③ 《古今图书集成·神仙部列传》。

所以要入山修行，求得长寿、获取仙道，说："誓愿入山学神仙，得长命力求佛道"，"为护法故，求长寿命。"慧思的佛道兼修思想无疑对其弟子智𫖮产生影响。

在智𫖮的止观修习中，也确实吸收了道教的某些修行方法。

《摩诃止观》在提出以禅治病时，说到有一类"系缘止"的方法。这种"系缘止"相当于道教"意守丹田"法。他说：

> 系心在脐中如豆大，解衣谛了取相。后闭目，合口齿，举舌向腭，令气调恂。若心外驰，摄之令还。若念不见，复解衣看之，熟取相貌，还如前。……所以系心在脐者，息从脐出，还入至脐，出入以脐为限。①

脐中如豆大者，名"忧陀那"，相当于道教概念"丹田"。系缘，意为将心的意念集中于某一特定对象；故系心忧陀那，即相当于意守丹田。又说："丹田是气海，能锁吞万病。若止心丹田，则气息调和，故能愈疾。"丹田的位置，"去脐下二寸半。"② 按智𫖮所说，这种修行方法能根治百病，又能生发诸禅，最为稳妥。

根据安世高所译《安般守意经》关于心之系缘有鼻尖、心中两处之说，智𫖮结合道教修炼法，提出五种系缘说。他说：

---

① 《摩诃止观》卷八上。

② 《摩诃止观》卷八上。《修习止观坐禅法要》则又说："有师言，脐下一寸，名忧陀那。此云丹田。若能止心，守此不散，经久即多有所治"。

"一系心顶上，二系心发际，三系心鼻柱，四系心脐间，五系心在地轮（足）。外国金齿三藏说此为五门禅。"① 这五种系缘中，顶上和发际相近于道教所说"上丹田"，而脐间相当于"下丹田"。

在《修心止观坐禅法要》和《摩诃止观》中，智顗都提到"六字气治病"法。《修习止观坐禅法要》云：

> 但观心想，用六种气治病者，即是观能治病。何等六种气？一吹，二呼，三嘻，四呵，五嘘，六呬。此六种息，皆于唇口之中，想心方便，转侧而作，绵微而用。颂曰：心配属呵肾属吹，脾呼肺呬圣皆知，肝脏热来嘘字至，三焦壅处但言嘻。

《摩诃止观》卷八上又说：

> 用气治者，谓吹、呼、嘻、呵、嘘、呬。皆于唇吻吐纳，转侧牙舌，徐详运心，带想作气。若冷用吹，如吹火法；热用呼；百节疼痛用嘻，亦治风；若烦胀上气，用呵；若痰瘇用嘘；若劳倦用呬。六气治五脏者，呵治肝，呼、吹治心，嘘治肺，嘻治肾，呬治脾。又六气同治一脏，脏有冷用吹，有热用呼，有痛用嘻，有烦满用呵，有痰用嘘，有乏倦用呬；余四脏亦如是。

---

① 《释禅波罗蜜次第法门》卷三。

以吹、呼、嘻、呵、嘘、呬六字气治病，最早见于《明医论》及道书《神仙食炁金柜妙录》，在陶弘景所辑的《养生延命录》中加以引述。此法不见于印度佛教经典，实际出自道教修炼法。《养生延命录》说：

> 凡行气，以鼻纳气，以口吐气，微而引之，名曰长息。纳气有一，吐气有六。纳气一者，谓吸也；吐气有六者，谓吹、呼、唏、呵、嘘、呬，皆出气也。

认为按照六字吐气，可以治疗众病，如“吹以去风，呼以去热，唏以去烦，呵以下气，嘘以散滞，呬以解极。”智𫖮以六字气治五脏病之说，比陶弘景所述更为详细、具体，但也略有不同，当知是在道书基础上有所修正。

可见，智𫖮在把批评的对象主要指向老庄道家之学时，对道教的修养方法进行了吸收融合。道教在养生健身祛病之道上有自己的突出贡献，而这又恰恰是佛教的弱项。智𫖮的吸收是有选择的。他与同时代的佛教学者一样，基于佛教哲学思想体系为三教之最的认识，对道家理论表示不屑一顾（故而判为“见论”），但并不完全排斥道教的养生长寿之法。他曾说，“金石草木之药，与病相应，亦可服饵。”[①]“三百人得信忍，四天王得柔顺忍，皆服长乐之药，佩长生之符，住于戒中，见诸佛母。”[②]若服饵佩符等道教仙术于养生有益，他是不会反对的。

---

① 《修习止观坐禅法要》。

② 《法华玄义》卷一〇上。

第十一章　智𫖮在佛教思想史上的地位

一、杰出的佛教哲学家和实践者

智𫖮及其佛教哲学思想，预示着中国佛教一个新时代的开始。

魏晋时期，门阀士族地主大力推行玄学，并以此取代两汉的经学而成为学术思想的主流。玄学家以老庄思想解释儒家经典，提出有无、本末、动静、体用等一系列重要哲学范畴，论证现象世界背后存在着真实的、永恒不变的、超言绝象的精神性本体“道”或“无”。佛教则宣传大乘般若学说。般若学说旨在论证客观世界的虚妄不实，宣扬“诸法性空”思想，认为只有通过般若智慧体得永恒真实的“诸法实相”、

“真如法性”，才能获得觉悟和解脱。[1]般若学的这种理论与玄学思想有许多相似之处，所以在当时得到迅速发展和广泛传播。在这一过程中，不仅佛学有玄学化的趋势，而且佛学也对玄学产生影响。

由何晏、王弼开创的玄学“正始之音”，是在汉末崇尚《老子》的风气中形成的，着重阐发“以无为本”的思想，被称作玄学的“贵无派”。支谶翻译《道行般若》，几乎与《老子》在汉末的盛行同时。至三国时代，研究《般若经》已开始成为一门独立的学问，即般若学。般若学是佛教以纯理论形式进入上层社会的开端；直到两晋，它始终是佛教的显学。名僧与名士的交游，也往往以般若学为契机。东晋孙绰著《道贤论》，以七道人与七贤人比拟，使名僧与名士、般若与玄学，相得益彰。

据姚秦僧睿总结，在鸠摩罗什之前，般若学的发展经历了两个阶段，即“格义”和“六家”。所谓“格义”，是指援引中国传统儒、道的概念来解释佛学概念，着重从义理上融合中印两种不同思想，消除在佛玄交流中的隔阂和抵触。由于般若学和玄学同属本体论的哲学思维，所以格义佛教主要围绕

① 般若，梵文prajñā的音译，意译为“智慧”；全称“般若波罗蜜多”，意译“智度”。是大乘所说“六度”（布施、持戒、忍辱、精进、禅定、般若）之一，意思是通过修得智慧，抵达涅槃彼岸。而这一“智慧”的内容就是对世界本质“空”的认识。所以，吕澂先生说：“般若，就其客观方面说是性空，就其主观方面说是大智（能洞照性空之理的智慧），把主观客观两方面联系起来构成一种看法，谓之空观。”（《中国佛学源流略讲》，第46页）在这一意义上，般若的实质也就是空观，空观的过程就是以智慧洞照万法性空，其关键在于修得智慧。

着本体论的哲学问题，通过对有无、本末、色心等范畴的辨析，沟通佛学与玄学。在这种学风的推动下，形成了一种具有民族特色的般若学思潮。同时因受格义思想方法的影响，般若学者们不同程度上背离了《道行》、《放光》等般若经典的固有说法，把玄学的争论带入佛学，在般若学内部造成学派的分化。这就是所谓“六家”或“六家七宗”。

从六家七宗对般若思想的理解和阐述看出，当时佛教学者很多，佛学歧义繁兴，“是佛学在中华之始盛”，而“西方教理登东土学术之林，其中关键，亦在乎兹”，乃至“天下学术之大柄，盖渐为释子所篡夺也。”[①]学术之大柄渐为释子所篡，是因为佛学的本体论思辨要高于传统儒学乃至玄学。从这时起，佛学开始成为中国哲学的一个组成部分，并且日益成为中国哲学中的活跃因素。但从中国佛教思想史的角度看，它仅处于对印度佛教的初步消化、阐释阶段。

僧睿晚年所著《喻疑》一文，反映了晋宋之际中国佛教思想理论的重大变化。他说：

> 三藏祛其染滞，《般若》除其虚妄，《法华》开一究竟，《泥洹》阐其实化。此三津开照，照无遗矣。但优劣存乎人，深浅在其悟。[②]

这表明，自魏晋以后一直居于佛学统治地位的般若学时代已经行将结束。也就是说，由于罗什对中观学派的介绍和传播，

① 《汉魏两晋南北朝佛教史》上册，第172页。

② 《出三藏记集》卷五。

在把般若理论推向顶峰的同时，也使般若理论走向了终点。

僧肇曾参与罗什译事，对罗什的学说有深刻的领会。在此基础上，他总结批评魏晋各家般若学的观点，建立起自己的系统佛学体系。他把郭象一派的《庄》学与《维摩经》的般若思想融合，并对三世因果说与《大般涅槃经》观点进行调和，总结性地回答了当时玄学和佛学所讨论的一些主要问题。他为后人留下了重要论著《肇论》。《肇论》由卷首《宗本义》和《物不迁论》、《不真空论》、《般若无知论》、《涅槃无名论》四篇论文组成。这些论文把佛教神学问题和哲学认识问题紧密结合，以高度抽象的理论形式表达出来，标志着中国佛教理论进入了一个新的阶段。僧肇是智𫖮之前最有成就的中国佛教哲学家。明末高僧智旭写道："此土述作，唯肇公及南岳、天台二师，醇乎其醇，真不愧马鸣、龙树、无著、天亲。"[①]他把僧肇与智𫖮等人相提并论，视之为佛学理论最为纯正、具有划时代贡献的佛教学者。事实上，僧肇对罗什所译"三论"的重视和发挥，以及对中道实相理论的阐述传播，不仅为南朝三论学派的形成提供了思想资料，而且也为后来天台宗、三论宗的建立准备了理论条件。智𫖮止观学说体系的哲学基础和思想方法，与《肇论》有很多相似之处，这是不言而喻的。但智𫖮毕竟不是僧肇的同时代人，他的贡献和地位远在僧肇之上。

僧肇在总结批评魏晋般若学各家观点的基础上，建立起自己的系统中道实相理论；《肇论》标志着中国佛教在理论方

① ［明］智旭：《阅藏知津》之"凡例"，见《大正藏》之《法宝总目录》第三册。

面已有长足发展，中国佛教学者已有能力独立展开对印度佛教经论的研究和阐述。至南北朝中后期，出现了以探讨专门经论为中心的各种佛教学派，其中涅槃学派取代般若之学的地位而首先兴起。涅槃学派开始了中国佛教本体论转向心性论研究的历史，它不仅对大乘佛教在中国的存在和发展意义重大，而且也对推动中国哲学的发展有突出贡献。这在智𫖮的判教中可以看出。

南北朝的佛教学派通过对各类经论的研究，加深了对印度佛教的消化和吸收，标志着中国佛教开始走向成熟。但由于南北两地政治的分裂、经济文化的差异，佛教学派地域性的特点相反给中国佛教的全面繁荣和发展造成了障碍。智𫖮对中国佛教的贡献之一，是他借《法华经》“会三归一”之说，在综合南北朝学派异说的基础上，建立起中国佛教的第一个宗派，使“中国化”的佛教获得了坚实的理论基础和实践原则。

熔南北两地佛教思想、学术风格于一炉的天台宗的形成，意味着真正意义上的“中国佛教”的出现，这是中国佛教史上的大事。智𫖮之后的宗派领袖和佛教学者，在建立自己宗派及其理论体系的时候，都必须正视智𫖮的教观统一理论和止观学说体系。所以，智𫖮在总结南北朝学派佛教的同时，开辟了宗派佛教的新时代。

智𫖮的历史地位，国内学术界过去没有给以必要的重视；相反在较长一段时期内，他被作为宗教领袖和唯心主义哲学家而受到不公正的对待。近年来，学术界已开始展开反思，重新认识智𫖮及其佛学思想。与此同时，在近代日本佛教学者中，对智𫖮的历史地位则已有充分的肯定。如铃木大拙曾指出：

> 天台宗智𫖮大师是佛教的一位伟大哲人，华严宗的法藏大师亦是……智𫖮和法藏二人，无论在中国或整个世界看来，都属顶层的人物。
>
> 中国佛教哲人如智𫖮和法藏等人，即使列在世界最伟大的思想家之林，亦毫无愧色。无疑的，他们都是中国土生土长的产物。但我们可以说，他们的思想方式都曾受到印度先驱的熏陶和启迪，因此，他们也都是马鸣大士、龙树尊者和世亲菩萨等圣哲的直传法嗣。[①]

作为佛教学者，智𫖮当之无愧地是世界最伟大的思想家之一。他的思想，不仅属于中国，而且也属于全世界。他是中国人的骄傲。华人学者傅伟勋教授也指出，智𫖮等佛教哲学家，具有“世界性的最高地位”[②]，这是他们名垂史册的主要原因。所以，我们实在没有理由对这样一位先哲予以苛求。

应该承认，智𫖮所创天台学说体系，虽然出自宗教神学论证的需要，在很大程度上具有经院哲学共同的烦琐倾向和虚妄色彩，但在论证过程、思想方法乃至取得结论等方面，都有一定的正确成分。他在对“一心三观”、“圆融三谛”、“一念三千”、“性具实相”、“性具善恶”等重要哲学命题的反覆论

---

① 《禅：敬答胡适博士》，见《禅宗：历史与文化》，黑龙江教育出版社1988年版。

② 《从西方哲学到禅佛教》，三联书店1989年版，第306页。

证中所体现的思辨能力和水平，大大超过了此前中国古代所有哲学家（包括世俗的和出世的），丰富了中国哲学的内容，推进了中国哲学的纵深发展。隋唐哲学倘若没有佛学这一章，将显得十分单薄，但若把佛教哲学纳入其中，便完全可以改观，变得相当丰富、充实。任继愈先生说："按历史实际情况考察隋唐哲学思潮，儒家以外还有佛、道两家。佛、道两家的社会影响及理论造诣均超过儒家。佛经、道经的数量也多于儒经。佛、道两家，特别是佛教，在哲学理论上更有其独到之处。"又说，如果把佛教各宗派大师和道教学者全部罗列，"唐朝的哲学界实在是一个群星灿烂的时代，比过去任何一个朝代都丰富、充实。"[①]以天台宗为始的隋唐佛教宗派各立宗旨，异花竞放，造成唐代哲学的繁荣。其中智顗的佛教哲学，即使放在整个隋唐佛教哲学的大背景下，也决不比其他大家逊色。[②]这就决定了他在佛教思想史乃至中国哲学史上的特殊地位。宋代张方平对王安石说："儒门淡泊，收拾不住，皆归释氏。"[③]这里所谓"儒门淡泊"，指的是缺乏哲学味道。圣贤之所以归于释氏，是因为佛教的哲学抽象思维高于儒家。这一点，我们可以从智顗的世界本质论、人生本质论、人性善恶论、道德实践论等哲学思辨中得到验证。佛教在隋唐时与儒、道鼎足而立，且其学说水准为三教之最，智顗之天台佛学功不可没。

在智顗的学说体系中，不仅包容了中印两国的文化思想，而且也融合了中国南北两地的佛教风格、学术文化。柳田圣山

① 《中国哲学发展史·隋唐卷》之"绪论"，人民出版社1994年版。

② 见本书第六章第二节所述。

③ ［南宋］大慧宗杲：《宗门武库》，见《大正藏》卷四七。

认为，“智𫖮的远大意图，他正确综合印度以来的全部佛教哲学与实践，使之体系化。可以说，这里已经包含了真正的中国佛教的特色。”①智𫖮是中国化佛教的真正开创者。由于智𫖮有效地通过“方便通经”原理，将传统文化（如本体论哲学、人性善恶理论、道德修养方法等）融入佛教哲学，实际上起到了肯定民族文化、增强民族自信的作用。智𫖮在以自己独创的概念、范畴诠释印度佛教经典、义理的过程中，曲折地表达了对民族文化的信念；而他对本土所撰“伪经”的偏爱，则从侧面反映这种信念。

智𫖮的佛学，虽然没有为隋王朝的统一政治作论证的意图，但以“会三归一”前提出发而完成的圆融体系表明，这种佛学顺应了历史的潮流，有助于南北朝分裂局面的结束——虽然他并不希望看到完成全国统一的是隋王朝。智𫖮以佛教徒的身份而判定儒家之说为“爱论”，并以赞许的态度指出爱论的核心是仁义五常。他在对儒家忠孝观念、名教节义认同的基础上，表达了对梁、陈旧王朝的感情，这种感情虽然带有消极的色彩，但它与传统文化相联系，表现出中国哲学的特点。中国哲学不仅是理智的产物，而且带有情感的属性。古代哲学家或谈宇宙，或谈人生，但最终都要把理智的哲学思辨落实到社会人生、日用人伦。智𫖮取大乘佛教“世间即出世间”思想，发扬救度众生的菩萨精神，按照中国传统哲学的模式，既完成了高度智慧的圆融哲学体系，又适当地表达了自己的世俗情感。他以大乘悲愍众生的广大之心，实践了为受尽战乱磨难的社会和民众的忏悔，并最终因无法摆脱“爱

① 《禅与中国》，第98页。

论”之感情纠葛而成为殉道者。智顗的外在形象是纯粹的佛教僧侣、佛教学者、佛教实践家，但他的内心世界则在印度佛教思想之外，另有中国传统文化思想的重要位置。

智顗的佛教，已是典型的中国佛教。智顗以深厚的传统文化素养为基础，对印度佛教进行了全面改造，使远离人间烟火的佛教与现实社会人生的距离缩短了。智顗以后的佛教大家，多数沿着智顗的路线，深入展开与传统文化思想的融合。如最为人们称道的、佛教中国化典型的禅宗，不仅在理论上融合了传统儒、道思想，而且在实践中强调人伦的日用。由于佛教的中国化，尤其是对儒家伦常观念的吸收，使隋唐以后一些佛教学者的社会责任感和使命感有明显加强，一定程度上克服了佛家空疏浮虚之弊。

毫无疑问，智顗为我们留下了一笔丰富的宝贵思想遗产。

历史上的智顗不仅是一位杰出的佛教哲学家，而且也是一位伟大的宗教实践家。《摩诃止观》一书，不仅完整揭示了“止观”的哲学理论体系，而且也是作者止观实践体验的全面总结。正如柳田圣山所说：

> 智顗的宗教与哲学则是中国人把空之哲学与实践组合为本土宗教的最初的卓越成果。尤其是《摩诃止观》，以这种空义为基础，把自古以来的多种佛教瞑想法体系化，揭示出从具体实践进入深邃境界的途径，这对尔后中国佛教各宗的发展，特别具有划时代的意义。……中国佛教的伊始首先接受的是神异的印度佛教，直到天台宗的开始，才真正成为中国知识分子的宗教，它在名实方面，都以高度的哲

学为基础。天台的实践,是佛陀独特的瞑想宗教在中国前所未有的灿烂的奇葩。[1]

他认为,佛教哲学与宗教实践的结合,是智𫖮的卓越成就,具有划时代的意义。只是,他所说的天台实践,主要指四种三昧等的“瞑想法”。实际上,智𫖮的天台哲学与实践的统一,可以从更广泛意义上加以认识。

智𫖮之前的南北佛教,各有所偏;即以佛教徒个人而言,也各有所重。智𫖮提倡教观并重、止观双修,对结束南北朝佛教学派之争以及理论与实践不平衡发展的历史,具有重大意义。作为佛教学派,《般若》、《涅槃》等经典主要是纯粹佛理讨论的对象,往往与禅观瞑想、心性修养的具体践履脱离;而如僧稠、达摩等禅者则片面追求个体的坐禅体验,未见哲学理论的建树。僧肇、道生是智𫖮之前首屈一指的佛教学者,但他们都偏重于纯粹的佛教义理的阐述和发挥,而忽视了佛教的实践,这从佛教提倡的“解行相应”角度看,违背了应有的平衡原则。北方禅者的一味枯坐瞑想,以及念佛者的念佛修行,无意于教义的理解和阐发,同样失去教观的平衡。智𫖮的佛教,是以“解行相应”原则为前提,以本迹、权实等的辩证思想为基础,展开对佛教教义与宗教修行的全方位的统一活动。

在智𫖮的佛教体系中,一方面,他向人们展示了宇宙人生的种种矛盾冲突,由此而推及现实社会的诸多烦恼苦闷。另一方面,他又十分自信地指出,唯有教观并重、止观双修,才

① 《禅与中国》,第96页。

能使众生摆脱现实苦恼。在他的体系中，原本矛盾对立的现象，都可最终获得统一，如理想与现实、中道实相与社会人生、涅槃境界与人伦日用；又如一心三观与次第三观、一念之心与三千世间；又如般若与念佛、观想与称名、自力与他力、禅与净土；又如一行三昧与四种三昧、非行非坐与诵咒忏悔；又如信行与法行、五味根机与三种教相、四教义等等。而所有这些矛盾统一，都可归结为佛教哲理与宗教实践的圆融一致和相互促成。极高明的哲学思辨并不妨碍止观实修，坐禅念佛的中庸实践也不影响菩提涅槃之道。

作为宗教实践家，他把对至高的精神境界的热切追求与四种三昧、二十五方便、十乘观法等平实的修行相结合；又在“四悉檀”方便口号下，将对实相的证悟与大小乘佛教、乃至内外之道的一切修行相结合。智顗的一生，也是对自己学说思想身体力行的一生，其悲愍众生、自律自励的精神以及忠诚信仰、高尚苦节的情操，足以垂范后代僧侣学者。

二、教观体系的广泛影响

智顗的教观体系对教内外各家学说都曾产生过影响，现仅就其中影响较为深广者，从四个方面（儒家心性论、三论宗学说、华严宗判教、东山法门思想）阐述如下：

首先，关于智顗“性具善恶”说对儒家心性说的影响。

自“性具善恶”说提出后，天台宗人对此十分欣赏，且引为自豪，视之为高于其他各宗的重要标志。它经湛然发挥，后由知礼盛传，在隋唐、宋明各历史时期都曾对儒家思想产生深刻影响。

儒家思想在维护封建统治的过程中曾充分展现它的有效功能，但同时也暴露出不少薄弱之处。如它没有高度的哲学基础，缺乏理论思辨；又如它以人本为主，以治国为目的，所以崇尚伦理的说教而少有佛教那样的治心方法。刘禹锡指出，儒家“以中道御群生，罕言性命”，难以摄服人心，故至唐代“世衰而寝息”。①于是李翱作《复性书》三卷，试图重新“收拾人心”。

此前韩愈在提倡“性三品说”时，论及“性”与“情”的关系，但他未能说清“善恶”的起源问题。李翱在此基础上，提出“性善情恶”论。他认为性属善、情属恶，因而需要“复性”。而要复性，则当灭情。《复性书》中说，儒家“性命之书虽存，学者莫能明，是故皆入于庄、列、老、释。不知者谓夫子之徒不足以穷性命之道，信之者皆是也。”意为欲发掘儒家本有的性命之学来与佛教心性之说抗衡。其实，《复性书》的内容渗透了佛教天台宗的性具善恶学说以及禅宗的佛性思想。

李翱认为，性是无不善的纯粹东西，而情则善恶交混。圣人之性，与凡人相等，只是圣人不动于情，善保其本性，所以至善；而凡人则反之。这一思想源于如来藏佛性学说。所说之“性”，相当于真如佛性、自性清净心；所说之“情”，相当于客尘、烦恼。李翱指出人们经长期修养，弃去情恶，回归至善，均可成为圣人，这与如来藏佛性学说主张去染复净，回归本体，在思想方法上是一致的。所以《复性书》说：

① 《刘禹锡集》卷四，《袁州萍乡县杨岐山故广禅师碑》。

> 水之性清彻，其浑之者沙泥也。方其浑也，性岂遂无有耶？久而不动，沙泥自沉，清明之性鉴于天地，非自外来也。故其浑也，性本弗失；及其复也，性亦不生。人之性亦犹水也。

这一比喻显然受了佛教思想影响。

李翱的复性观点虽然不能直接与智颉性具善恶说衔接，但是与湛然真如“不变随缘”之说关系甚密，故在修养方法上，他主张有似于天台止观的“弗虑弗思，动静皆离”。他认为，通过这种修养，即可达到“至诚”境界，成为圣人，此时，“虽有情也，未尝有情也”，即回复到静和明的本然之性。

《古文辞类纂·复性书下》诸家集评，载真德秀引朱熹之语：“李翱论复性则是，灭情以复性则非。情如何可灭？此释氏之说淆于其中而不知。”契嵩《辅教编》也说，李翱“复性”之说，“其微旨若得于佛经”。[①]事实上，《复性书》对佛教心性学说的吸收，与李翱跟天台宗以及禅宗僧侣的直接交往分不开。

据传，李翱于贞元九年（793）始就州府贡举时，曾“执文章一通”，谒见梁肃，深得赞赏。[②]梁肃是唐代古文学家，曾就学于天台宗荆溪湛然，因此他的思想明显有天台心性说的痕迹，且已有“复性”说的萌芽。在《天台止观统例》中，梁肃把“止观”说成是“导万法之理而复于实际”的途径，说：

---

① ［北宋］契嵩：《辅教编》，见《镡津文集》，《大正藏》卷五二。

② 见《李文公集》卷一，《感知己赋》。

> 夫止观何也?导万法之理而复于实际者也。实际者何也?性之本也。物之所以不能复者,昏与动使之然也。照昏者谓之明,驻动者谓之静。……是唯一性而已,得之谓悟,失之谓迷;一理而已,迷而为凡,悟而为圣。迷者自隔,理不隔也;失其自失,性不失也。

这里所说"唯一性而已",相当于智𫖮"一念无明法性心"。因无明与法性互具,无明即是法性,所以通过修习止观,灭无明而存法性。梁肃的上述观点为李翱所用,从而援引止观修习方法,提倡灭情复性,使"心寂不动,邪思自息"。

梁肃之说直接出自湛然。湛然《始终心要》说:"夫三谛者,天然之性德也";"秘藏不显,盖三惑之所覆也,故无明翳乎法性,尘沙障乎化导,见思阻乎空寂。然兹三惑乃体上之虚妄也,于是大觉慈尊喟然叹曰:真如界内绝生佛之假名,平等慧中无自他之形相,但以众生妄想,不自证得,莫之能返也。由是立乎三观,破乎三惑,证乎三智,成乎三德。"①意思是说,所谓返天然之性德,即是破无明见思之惑,复归于真如法性。

智𫖮根据"一念无明法性心",认为无明与明,好比恶与善的关系,"恶性相即是善性相,由恶有善,离恶无善。"②但这只是就性上说,就理上说。如果诉诸修,诉诸事,则性善非即修善,理具非即事具。这好比竹中有火性,未即是火事,故

---

① [唐] 湛然:《始终心要》,见《大正藏》卷四六。

② 《法华玄义》卷五下。

有竹而不烧；如果遇缘，则事成而能烧物。智顗说："恶即善性，未即善事；遇缘成事，即能翻恶。……翻于诸恶，即善资成。"[①]因为善事由翻恶而成，明性亦由解无明而得，所以智顗主张不可离无明而修明性，同时又十分重视修善悟道，通过"治无明糠，显法性米"[②]，使"无明转变为明"[③]。湛然发展智顗的这些看法，他取《大乘起信论》的"一心二门"说解释性与情的关系。《起信论》阐述真如受熏、随缘不变之义，湛然则以不变为性、随缘为情，性即真如、情即生灭。但性与情、善与恶均出自"一心"，所以湛然也说："如来不断性恶，阐提不断性善。点此一点，众滞自消。"[④]这样，湛然通过资取《起信论》学说，不仅述及无明与法性的关系，而且也事实上接触到了去情复性的问题。

由智顗而湛然，由湛然而梁肃、李翱，天台的心性学说影响于儒家学者，"复性"之说得以成立。而"复性"说则是宋明理学"天命之性"和"气质之性"的基础，对程朱理学的人性论的形成有过重要贡献。

其次，关于天台止观与三论宗思想的关系。

最早传习"三论"之学的，是罗什弟子僧睿、僧肇、昙影等人，僧肇所著《肇论》被推为三论学的中国经典。僧睿在《中论序》中说："《百论》治外以闲邪，斯文（指《中论》）祛内以流滞；《大智释论》之渊博，《十二门论》之精诣。寻斯

① 《法华玄义》卷五下。

② 《摩诃止观》卷七下。

③ 《摩诃止观》卷六下。

④ 《摩诃止观辅行传弘决》卷五。

四者，真若日月入怀，无不朗然鉴彻矣。”①这是他第一次认识到中观学派“四论”之间的内在联系，并把它们当作一个整体来理解。这对三论学的兴起和推广很有意义，同时也对天台学说产生一定影响。天台宗虽然推崇《大智度论》，但并不排斥三论，因为四论是一个整体，并无矛盾。

梁代初年，三论学者僧朗以摄山（今南京郊区）为中心，弘传三论之学，使此前的“关河三论学”有所变化。摄山的三论学后来被吉藏视为三论宗正统之所在。

僧朗弟子首推僧诠。僧诠有学徒数百，其中成就卓著的有法朗、智辩、慧勇、慧布四人，号称“诠公四友”。法朗学通“四论”以及《华严》、《大品》等经典，知名弟子号称有二十五哲，吉藏即其中之一。

三论学者素以善辩好争著称。他们的共同点，是用“二谛”、“中道”统摄全部佛教。罗什所传的龙树学，就是“四论”之学。“四论”的中心思想，是中道实相说。以中道解释实相，也就是以二谛相即解释实相。二谛说和中道观是中观学派把世间与出世间联结起来的纽带，是认识论上的彻底空观和实践方法上的实用原则系为一体的核心观念。这一观念无疑对智顗“一心三观”学说的形成有所启发。

吕澂先生曾概括“诠公四友”学说的共同特点为四个方面，它们是：一、离开了《成实》的夹杂思想，成功纯粹的三论学；二、沟通了《涅槃》、《法华》等大乘经典的思想；三、建立了不着两边也就是辩证的思想方法；四、发挥了不真空

① 《出三藏记集》卷一一。

(假名即空)的中道思想。[1]这些特点大多为天台宗所具备；尤其是对《涅槃》、《法华》的沟通，成为天台判教的一大要点。这些特点也是后来吉藏三论宗思想学说的基本规模，显然，它与智顗的天台宗相比，在学说规模上远为逊色。

另一方面，天台先驱者的定慧双修则对“诠公四友”颇具影响。三论学者特重义学，但后来都能“定慧两举”。如道宣《法朗传》说：

> 初摄山僧诠，受业朗公，玄旨所明，惟存中观。自非心会析理，何能契此清言，而顿迹幽林，禅味相得。……禅门弘敞，慧声遐讨，皆莫高于朗焉。然辩公（智辩）胜业清明，定慧两举。故其讲唱，兼存禅众。[2]

这里所说的法朗“禅门弘敞，慧声遐讨”以及智辩“胜业清明，定慧两举”，都与慧思的“定慧双开”教法有密切联系。慧思把慧文所创的以大乘空观为指导的禅法传播到南方，“昼谈义理，夜便思择”，“自陈世心学莫不归宗，大乘经论镇长讲悟”，造成对南方学者佛教风格的深远影响。同时，他又把《般若经》与《法华经》加以结合，强调修习“法华三昧”，这对于智顗最终建立以《法华经》为主体，与般若三论学派既相联系又相区别的天台宗意义重大。

据道宣记载，“诠公四友”之一的慧布曾造访慧思，受慧

① 见《中国佛学源流略讲》，第312页。

② 《续高僧传》卷七。

思指点，并获印可。《慧布传》说：

> （布）专修念慧，独止松林；萧然世表，学者欣慕。尝造思禅师，与论大义。连彻日夜，不觉食息。理致弥密，言势不止。思以铁如意打案曰：万里空矣，无此智者。坐中千余人同声叹悦。①

可见慧布对慧思的定慧双修有深刻的认识和体验。其后，又有三论学者智锴从智顗修习禅法，受天台止观之学。道宣《智锴传》云：

> （锴）少出家，在扬州兴皇寺听朗公（法朗）讲三论，善受玄文，有名当日。天皇十五年，遇天台智公，修习禅法，特有念力，顗叹重之。晚讲《涅槃》、《法华》及《十诵律》，弘敷之盛，见重于时。……守志大林，二十余载，足不下山，常修定业。隋文重之，下敕追召，称疾不赴。②

从这一记述可以看出，不仅在佛学思想和止观修习方面，而且在举止行为和道德实践方面，智锴都因受智顗直接影响，故而能十分相似。智顗先在扬州，后又至荆州弘传止观法门，完成天台三大部，荆、扬一带不仅是天台宗的重要根据地，而且后来也是三论宗的繁荣发展地区，这与智顗的宗教活动有

① 《续高僧传》卷七。
② 《续高僧传》卷一七。

某种内在联系。正如吕澂先生所说，三论和天台有很多相通的地方，如“都是禅教并重，都推崇《智论》、《中论》，并讲《法华》、《涅槃》，在道理上也都讲中道、二谛等。”[①]当然，相通之处绝非仅此。但正因为有相通，两者才会互为影响。

事实上，智颉学说对隋代三论宗的正式成立也有过促进作用。

据《国清百录》卷四记载，三论宗的实际创始人吉藏于隋初曾先后三次致书智颉，措辞谦抑，表示要向智颉请教天台教义；同时附有吉藏请智颉赴会稽（今浙江绍兴）讲《法华经》的疏。如书中说：“吉藏自顾慵讷，不堪指授，但佛日将沈，群生眼灭，若非大师弘忍，何以克兴！伏愿广布慈云，启发蒙滞。”又如疏中说：“智者栖凭，二十余载；禅慧门徒，化流遐迩。……若非道参穷学，德侔补处，岂能经论洞明，定慧兼照。至如周旦殁后孔丘命世，马鸣化终龙树继后。……谨共禅众一百余僧，奉请智者大师演畅《法华》一部。此典众圣之喉襟，诸经之关键。”但因智颉病重，未能成行。据传吉藏后来曾亲自于嘉祥寺开讲《法华经》。吉藏之所以对智颉如此敬重，是因为他早在金陵时已受到智颉学说的启发，《别传》曾写道：“兴皇法朗，盛弘龙树；更遣高足，构难累旬。磨镜转明，揩金足色；虚往既实，而忘反也。”这里所说的“高足”，当然包括吉藏在内。法朗令其高足与智颉辩论，其结果是弟子们不仅没有驳倒智颉，反而受益于智颉，虚往而实返。

又据《佛祖统纪》卷一〇说，吉藏后曾向智颉弟子灌顶求取《法华玄义》，“发卷一览，即便感悟。”此说已为多数学

① 《中国佛学源流略讲》，第 175 页。

者所怀疑，但也并非空穴来风。《法华玄义》以“五重玄义”形式概述《法华》要旨，吉藏也曾以“五重玄义”阐述《仁王经》，其所著《仁王经疏》上卷说：“天台智者，于众经中阐明五义，今于部例，亦五门分别。”[①]又其《三论玄义》，则有取自《法华玄义》题意之嫌。

两家虽有长期交往的历史，但为了完成自宗独立的学说体系，吉藏有意识将他的理论思想追溯到“关河旧说”，以与智顗的天台教义相区别。后人也以鸠摩罗什、僧肇为三论宗的先祖，把吉藏看成是印度中观学派的嫡传。天台以经命宗，三论以论命宗；天台立“一念三千”、“性具善恶”诸说，均从肯定的角度立论，三论则着重于“无所得”，以否定方式表述观点。吉藏明确提出，三论宗就是要通过“无著无碍”思想原则和论述方式，达到对最高真理的认识。在他看来，不仅成实师、毗昙师、地论师、摄论师的理论不彻底，而且连天台宗的教学也属“有所得”，唯有他的只破不立、彻底批判的立场和方法，才能达到“无所得”。

需要指出的是，虽然吉藏的言论看起来批判性很强，但最后仍然归于圆融无碍。他说：

> 问：若内外并呵，大小俱斥，此论宗旨，何所依据耶？答：若心存内外，情寄大小，则堕在偏邪，失于正理。既失正理，则正观不生；若正观不生，则断常不灭；若断常不灭，则苦轮常运。以内外并冥，大小俱寂，始名正理。悟斯正理，则发生正观。正观若

---

① ［日］最澄：《大唐新罗诸宗义匠依凭天台集》，见《传教大师全集》。

生，则戏论斯灭。戏论斯灭，则苦轮便坏。三论大宗，其意若此。盖乃总众教之旨归，统群圣之灵府，味道之流，岂不栖凭斯趣耶？[1]

所谓“正理”，指佛教最高真理，相当于实相；所谓“正观”，指正确的认识，这种认识由破除内外、大小等对待而实现，因为世界的本质是在中道实相基础上的圆融统一。吉藏的这一观点，相当于智𫖮的“一心三观”理论，甚至可以说即脱胎于“一心三观”。

第三，关于智𫖮教相判释对法藏华严判教的影响。

华严宗的判教，在实际创始人法藏时已自成一家体系。他在《华严经探玄记》和《华严一乘教义分齐章》中，以过去十家所立教门为借鉴，参照由智𫖮确立的天台宗教相判释原理，提出“五教十宗”说。此说根据教义的深奥或浅显、全面或片面，把全部佛教分为五类，又按所尊崇的教理分作十宗。这就是法藏所说的“初就法分教，教类有五；后以理开宗，宗乃有十。”[2]依法所立的“五教”，是指小乘教（又名愚法声闻教）、大乘始教（又分空始教和相始教两类）、大乘终教、大乘顿教和大乘圆教。

法藏的“五教”说，与智𫖮所立“四教义”相似，当是对智𫖮的吸收和发挥。五教中的小、始、终相当于智𫖮四教中的藏、通、别。他又取天台后学所说“化仪四教”中的顿教，建立大乘顿教；同时，为抬高自宗地位，贬低天台佛教，他

① 《三论玄义》卷上。

② 《华严一乘教义分齐章》卷一，见《大正藏》卷四五。

又建立属于“别教一乘”的华严圆教。

法藏认为，天台宗和华严宗都讲圆教，但圆教可分为“同教一乘”和“别教一乘”。《法华经》所说的一乘圆教是指“会三归一”，即以究竟一乘（佛乘）归纳方便三乘（声闻、缘觉、菩萨）；因为一乘、三乘所说的道理是一致的，只是深浅程度不同，所要名为“同教一乘”。而《华严经》所说的一乘圆教，阐扬三乘未曾讲过的道理，即独立于三乘之外，与《法华经》的“会三归一”有别，所以名为“别教一乘”。这意味着，《法华经》作为同教一乘，只能属于五教判教中的终教、顿教；虽然它所说的道理圆满，在这意义上也可说是“圆顿”，但是由于它属于同教，所以只能是“渐顿”。相对于《法华经》的“渐顿”，《华严经》则是“顿顿”。此说一出，随即引起天台宗的不满。为此，湛然在《止观义例》中作了严厉的反击。

法藏所立“十宗”，是指我法俱有宗、法有我无宗、法无去来宗、现通假实宗、俗妄真实宗、诸法但名宗、一切皆空宗、真德不空宗、相想俱绝宗、圆明俱德宗。前六宗皆属“五教”中的小乘教，后四宗相当于“五教”中的四种大乘教。

法藏弟子慧苑承认，华严宗所判的“五教”，只是在天台宗“四教”之外增加了一个顿教，没有多少创新。他说：“贤首借天台四教，立五教判，加之未曾见于天台之顿教。”[①]法藏的判教，意在通过抬高华严而贬低天台、唯识等。其后，澄观也说：“陈、隋二代，天台智者、南岳思大师立四教。……立教开宗有二：一以义分教，一依教分宗。今初以义分教，教类

① 《续华严经略疏刊定记》卷一，见《续藏经》第五套第一册。

有五，即贤首所立，广有别章。大同天台，但加顿教。”①

以法藏为代表的华严宗判教学说，至宗密而有所变化。这种变化表现在由原来对天台宗的吸收转向对禅宗的融会。宗密在《华严原人论》中提出了他自己的“五教”说，即人天教、小乘教、大乘法相教（即大乘有宗）、大乘破相教（即大乘空宗）、一乘显性教。一乘显性教又名“直显真源教”，即直接显示人的本原和世界的本质。这一人的本原和世界的本质，指的是本觉真心，它具有“常住清净”、“本觉”、“知”三个特点。宗密兼学华严和禅，故而处处重视两者的融会。

最后，关于天台止观对“东山法门”禅法思想的影响。

禅宗的形成，是中国佛教史上的大事。据早期文献记载，从禅思潮在与佛教义学的对立中兴起，到禅众形成为僧侣中的特殊群体；从禅众批量流动的生活方式，到群聚定居，经历了一个相当长的历史过程，有极其深刻的社会原因。传说的达摩一派禅师，自北向南转移，代表了当时禅众发展的主要方向。慧可门下的僧粲已在南方活动，但行踪难详。僧粲的弟子道信先入舒州皖公山，再往江西庐山，最后定居蕲州黄梅双峰山，聚众五百余人。能够发扬他的成果，奠定禅宗基础的，则是弘忍。弘忍住冯茂山，在双峰山之东，名“东山”，故他的禅法号称“东山法门”。东山法门形式上以“东山”命名，实际上包括了道信、弘忍两代禅师的禅法思想。弘忍三十年不离道信左右，“得付法袈裟”，坚持道信禅风，尽传道信禅法。

据《楞伽师资记》说，东山法门有两个要点。一是“依《楞伽经》，诸佛心第一”；二是依“《文殊说般若经》，一行

① 《华严经疏》卷一，见《大正藏》卷三五。

三昧”。前者属传统保守部分，后者属革新进取部分。这表明，东山法门既是达摩禅的正统，又对达摩禅有所发展，成为向慧能禅宗过渡的关键。

“一行三昧”是东山法门的核心。它的经典依据是《文殊说般若经》。该经认为，通过修习般若波罗蜜，领悟法界无碍无相的道理，端身正向，系心一佛，专称佛名，相续不断，便得解脱。道信等人曾提倡并实践一行三昧。道信的《入道安心要方便法门》，重点阐述一行三昧的实践法。他说：“诸佛法身，入一切众生心想，是心是佛，是心作佛。”“一切业障海，皆从妄相生；若欲忏悔者，端坐念实相。”[①]意思是说，通过唯心念佛和实相念佛，领悟法界唯一实相，心、佛均无所求，诸佛法界无差别相，以至身心方寸、一切施为举动都是菩提、道场。其中体现的对般若智慧的重视以及对明净之心、实相之悟的肯定，虽符合楞伽师禅发展的内在逻辑，但也与天台止观的学说体系有密切关系，受到智𫖮思想的深刻影响。

智𫖮《摩诃止观》卷二曾介绍四种三昧，其中第一种常坐三昧即所谓“一行三昧”出自《文殊说般若经》。其方法，随一佛方向端坐正向，专念一佛，心意集中，“专系念法界”，证取法界实相之理，达到与佛平等一如的境界。可见，东山法门的一行三昧与天台智𫖮这里所说的一行三昧，基本内容一致，且都依《文殊说般若经》而确立。但智𫖮之说在先，道信之说在后，道信和弘忍的东山法门起源于禅法，与慧思、智𫖮的止观法门有相似的禅学背景以及地域转换的历史条件，成立时间相差仅约半个世纪，所以，东山法门必然受到智𫖮止观

① 见《楞伽师资记》。

学说的影响。

智顗特别重视"观心"，他在论及"正修止观"时说，应依次观想"阴界入"等十种境，而在观想每一种境时又应按十个层次进行，即所谓观心十法门，名"十乘观法"。其中第三种"巧安止观"又名"善巧安心"，意思是"善以止观安于法性"，即在明白众生之心即是法性的同时，实践止观法门。智顗又在《摩诃止观》中例举了种种善巧方便以为"安心"的具体方法。与此相应，道信在其所著《入道安心要方便法门》中，反覆论述了"安心"、"入道"的原理和方法，其基本精神也与智顗相通。

慧思、智顗等学者普遍兼有禅师身份，"止观"的原意是止息散心，观想简择，获得般若智慧。"止观并修"也就是"定慧双开"，是禅定与智慧观照的结合和统一。这一思想实际上为东山法门所吸收。道信所谓"安心"，主要指坐禅念佛；所谓"入道"，则是悟解佛性思想和实相原理。《方便法门》大量引述大乘经典，从中看出道信对于经教的高度重视，这与天台的观念是一致的。安心、入道的原理和方法，实际就是践履与教理并重以及相互促进的法门，即道信所谓"内外相称，理行不相违"；"学道之法，必须解行相扶。先知心之根源，及诸体用，见理明净，了了分明无惑，然后功业可成。"[①]可见，在禅宗先驱者楞伽师的思想中，也已充分注意到了禅定修习与智慧证悟之间的重要联系。

智顗关于止观学说，有四部重要著作，其中《释禅波罗蜜次第法门》一书，可视为禅学的集大成者。智顗对止观的重

---

① 见《楞伽师资记》。

大贡献，是将它系统化、理论化，使之成为指导止观实践的理论体系。但在实践中，智顗未曾偏离于禅，相反因见“南方习禅者寡，发见人微”，鼓励南方学者因定发慧。他说：“因禅发者，初因心静，后转观明，翻转自在，有如妙达。”[①]他自己也有“禅镜渊海”之誉。这样的止观实践，在东山法门中有许多类似的反映。《楞伽师资记》一书的中心，是说禅者通过独坐静处而领悟自觉圣智，表现了禅定与智慧的统一。东山法门强调指出，只有通过坐禅实践，才能完成智慧觉悟。道信经常教导弟子说：“努力勤坐，坐为根本”。他本人身体力行，“昼夜常坐不卧，六十余年胁不至席。”[②]弘忍《最上乘论》认为，“但于行住坐卧，恒常凝然，守本净心。”时人称颂他“冥契道真，摄心绝智，高悟通神，无生证果。”[③]这种实践与天台止观法门相当接近。

早期楞伽师与天台先驱学者是否有直接联系，现尚无资料得以证明，但从他们都是“禅师”这一点上看，即有许多共同之处。慧文禅师以大乘空观为指导，注重摄心常坐。慧思始则摄心坐禅，后改由般若空观入手，兼发空定，通过体验“相有体空”、“心性清净”而得悟。由于受北方其他禅系的陷害，慧思被迫南迁，在光州大苏山展开“禅教并重”、“定慧双开”的止观活动。他不仅保持了北方佛教重视禅定的传统，而且吸收了南方佛教弘重义门的特点。慧思走的这条道路，相

① 《摩诃止观》卷一〇上。

② 《传法宝记》，见柳田圣山：《初期禅宗史书的研究》后附资料校注，筑摩书房1971年版。

③ 见《楞伽师资记》。

当于后来楞伽师东山法门的道路。楞伽师自慧可起，因受北方禅系排斥，转入江淮之间山林地区活动，因而有可能广泛接受南方佛学思想的影响。东山法门与天台止观在佛教学说上的交接点是般若思想。道信除接受《文殊说般若经》外，在《入道安心要方便法门》中，还至少三度引用其他般若经典，甚至以《金刚经》所说“我应灭度一切众生，灭度一切众生已，而无有一众生实灭度者”等语，来说明“修道得真空者，不见空与不空，无有诸见”的实相原理。以般若思想为交接点，东山法门便能有效地吸收天台止观学说。

东山法门传承地区，原系天台宗活跃的地区，因而两者也就有了事实上的联系。道信门下从学的著名禅师，多属先前天台宗的徒众。如法显禅师，他早年曾入荆州四层寺，依天台智觊“闻所未悟”，接受天台止观学说。此后他“静处闲居”，实践止观，经三十年。再往蕲州双峰，受东山法门，“更清定水”。[1]又如善伏禅师，他曾于天台慧超禅师处修学天台禅观，后方入荆州，见道信禅师，被“示以入道方便”[2]。在由天台学者改而成为楞伽师的过程中，他们必然将止观学说带入东山法门。又如前述智锴禅师，他曾从智觊修习禅法，深为智觊所重，思想和行履都与智觊相似。晚年住庐山大林寺。道信在智锴卒后不久即住于大林寺，表明道信通过般若思想而与天台、三论发生联系。

弘忍弟子神秀系统禅法思想的最大特点，是忠实于东山法门。《楞伽师资记》记载武则天与神秀的对话：“则天大圣

① 《续高僧传》卷二〇，《法显传》。

② 《续高僧传》卷二〇，《善伏传》。

皇后问神秀禅师曰：所传之法，谁家宗旨？答曰：禀蕲州东山法门。问：依何典诰？答曰：依《文殊说般若经》，一行三昧。则天曰：若论修道，更不过东山法门。”据多数学者认为，神秀有禅学著作《观心论》和《大乘无生方便门》。《观心论》篇名与智顗著作完全相同，其内容也以“观心”的目的和方法为根本，进一步确认禅定、念佛的地位。《大乘无生方便门》提倡方便通经，五方便各以经教为依据而展开，其中包括《法华经》。《观心论》认为，“心者，万法之根本也。一切诸法，唯心所生；若能了心，万行具备。”因而，“心为出世之门户，心是解脱之关津。”宗密在列举“禅之三宗”时，将神秀系统的禅归之于“息妄修心宗”。他说：

> 息妄修心宗者，说众生虽本有佛性，而无始无明覆之不见，故轮回生死。诸佛已断妄想，故见性了了，出离生死，神通自在。当知凡圣功用不同，外境内心各有分限，故须依师言教，背境观心，息灭妄念。念尽即觉悟，无所不知。如镜昏尘，须勤勤拂拭，尘尽明现，即无所不照。①

这一概括准确地反映了神秀禅法思想的要点。神秀既以一行三昧为观心的核心，他的思想也就不能抛弃智顗止观双修的基本模式。而这种观心修行的心性论基础，与智顗“性具善恶”学说也有相通之处。

在张说所撰的《唐玉泉寺大通禅师碑》中，对神秀禅法

① 《禅源诸诠集都序》卷二。

思想也有概括。他说：

> 其开法大略，则忘念以息想，极力以摄心。其入也，品均凡圣；其到也，行无前后。趣定之前，万缘皆闭；发慧之后，一切皆如。①

所谓“趣定之前，万缘皆闭；发慧之后，一切皆如”，几乎是智顗止观学说中“一心三观”的翻版。可见，神秀的禅仍然沿着定慧双开、止观并重的方式展开，其原因不只在东山法门，而且也在天台止观。

但是，应该看到，神秀的禅法思想有一种规范化、程式化的倾向，带有某种传统禅学的保守色彩。其原因，一则他在弘忍十大弟子中享有最高地位和声望，二则他后来处于京城知识阶层的包围之中。后来神会曾将他的禅法归纳为十六个字，即“凝心入定，住心看净，起心外照，摄心内证。”②这是批评神秀的禅过于保守，缺乏进取精神。

智顗的佛教体系，在“圆融”的旗号下，包容了保守与拓展、传统与革新的矛盾。一方面，在智顗的哲学和实践中，注意到了主体的地位，肯定了意识主体的能动性，并提供了传统文化思想与印度佛教思想结合的初步经验。另一方面，智顗的天台佛教，其基本教义以及坐禅、念佛等修行方法，仍然保持了印度佛教的风貌，未能摆脱佛教传统律仪规范的束

---

① ［唐］张说：《张燕公集》卷一四。

② ［唐］独孤沛集：《南宗定是非论》，见胡适校写《神会和尚遗集》卷二，上海亚东图书馆1927年版。

缚。神秀禅的保守，间接受到智𫖮佛教思想中保守部分的影响。而慧能禅则在一定意义上可看作是对智𫖮止观学说中革新部分的发展。

慧能对神秀的批评，主要集中于坐禅等问题上。他认为，禅定的关键只在于内心的体悟，故不应拘泥于外在的功夫和形式。他对禅定所作的全新解释是："外离相即禅，内不乱即定；外禅内定，故名禅定。"[①]在此基础上，他提出"定慧等学"、"定慧体一不二"，即认为定和慧的关系是相即互含，所谓"名即有二，体无两般。"他主张"即慧之时定在慧，即定之时慧在定"，这好比灯与光的关系，从定来看是光，从慧来看是灯。这一观点虽然肯定了有"定"和"慧"两个概念的存在，借助于智𫖮的止观学说展开，但是它实际上又是对止观学说的批评。定慧双修、止观并重属于"定慧各别"，即把两者割裂；定慧等学则强调"体一不二"，实质是完全否定禅定。这也就说明，智𫖮的天台止观，为论证圆融，从彻底的平等立场对待定和慧，无所偏正。相对于此，东山法门的楞伽师、尤其是神秀则似乎有偏重于坐禅的倾向。而慧能则要通过"定慧等学"，对坐禅予以彻底否定，转而专重般若智慧。神秀和慧能的分歧，源于对止观的不同理解和态度。

慧能将"定慧等学"应用于实践，提出与天台智𫖮、东山法门不同的"一行三昧"。慧能的"一行三昧"依《大乘起信论》而立，主张"于一切时中，行住坐卧，常行直心"的修行，从而完全排除坐禅、念佛等手段。进而他又提倡无念为宗、无相为体、无住为本，简化修行成佛的顺序、步骤，强

---

① 敦煌本《坛经》。

调主体直觉能力的自然发挥，以般若之智悟见自心佛性，顿入佛地。因此，他所谓的“定慧等学”，只是破除定慧双修、止观并重的方便，实际上根本不承认禅，没有禅的任何地位，唯有般若智慧，而这智慧也就是主体的自觉。

慧能禅是中国禅学在特定历史条件下发展的必然产物，是对印度佛学作的全面改造，同时也包含着对天台止观的反思。慧能思想打破了智顗天台学说的圆融和平衡，它抛弃了止观体系中传统和保守的成分，坚持了其中革新和拓展的因素。在哲学思辨和学说体系上，慧能无法与智顗比拟；但在思想领域，慧能有特殊贡献，是智顗所无法想象的。以慧能的主体意识发动为起点，才有后期禅宗的呵佛骂祖、毁辱经教的行径。但也正由于失去止观的平衡，禅宗的思想和行为最终给佛教自身带来严重挫折。

三、湛然“无情有性”说述评

智顗去世后，天台宗传承久远，天台思想在传承过程中有所变化。

按天台宗人自己的解释，该宗的传法世系表见下页。

智顗的门徒很多，其中最著名的当数灌顶。灌顶（561～632），俗姓吴，字法云。原籍常州义兴（今江苏宜兴），后迁临海章安（今属浙江），故又称“章安大师”、“章安尊者”。二十岁出家。自陈后主至德元年（583）师事智顗起，至隋开皇十七年（597）智顗去世止，灌顶未曾离开过智顗，是智顗创立天台宗的有力助手。智顗的学说多经灌顶之手而得以广泛传播，如所谓“天台三大部”即由他记录并整理而成书，故

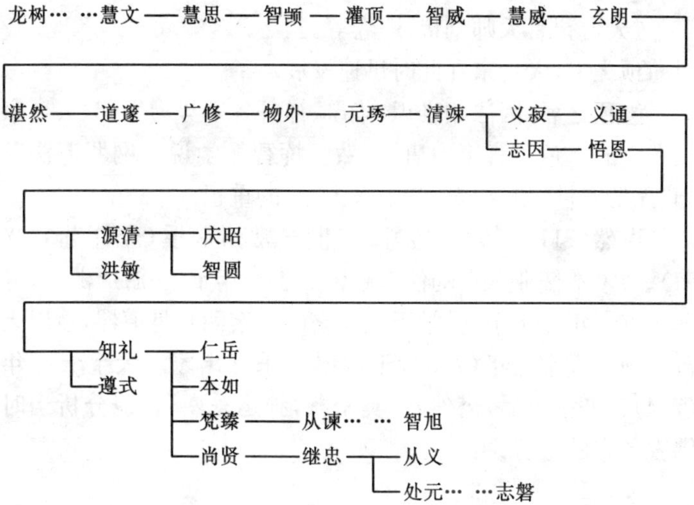

梁肃《天台止观统例》说他“于同门中慧解第一，能奉师训。”①有“天台五小部”之称的《金光明经玄义》、《金光明经文句》、《观音玄义》、《观音义疏》、《观无量寿佛经疏》，也都由灌顶笔录成书。灌顶的笔录相当真实可信，风格严谨，学术性强。凡属他自己发挥或补充的地方，都有按语，使读者得以区分。灌顶本人的著作有：

《涅槃玄义》二卷；

《涅槃经疏》三十二卷；

《观心论疏》五卷；

《天台八教大意》一卷；

---

① ［唐］梁肃：《天台止观统例》，见《大正藏》卷四六。

《国清百录》四卷；

《天台智者大师别传》一卷等。

因灌顶之力，天台宗在此时迅速发展。

灌顶之后，因法相唯识、华严、禅等各宗势力兴起，天台宗没有大的起色。直至中唐，湛然发挥智顗学说，“网罗遗法”，创“无情有性”说，担负起“中兴天台”的重担。

湛然(711～782)，俗姓戚，世居常州荆溪(今江苏宜兴南)。“家本儒业”，自幼便有超俗之志。年十七，游历浙东，寻师访道。年二十余，受学于左溪玄朗。玄朗知是道器，授以天台止观。天宝七年(748)，于荆溪净乐寺出家。天宝十三年(754)玄朗去世后，湛然乃“契密藏，独运东南”。他分析当时佛教各宗的形势说：

> 智者破斥南北之后，百余年间，学佛之士莫不自谓双弘定慧，圆照一乘，初无单轮只翼之敝。而唐以来，传衣钵者起于庾岭，谈法界、阐名相者盛于长安。是三者皆以道行卓荦，名播九重，为帝王师范，故得侈大其学，自成一家。①

在智顗建立止观学说体系后的百余年间，天台双修并重之说为学佛之士所普遍尊崇。但是，随着禅宗(“传衣钵者”)、华严宗(“谈法界者”)、唯识宗(“阐名相者”)兴起，各自“侈大其学”，使天台宗的优势丧失殆尽。因此，他决心中兴天台。他对门人说：

---

① 《佛祖统纪》卷七。

道之难行也，我知之矣。古先圣人，静以观其本，动以应乎物；二俱不住，乃蹈于大方。今之人或荡于空，或胶于有，自病病他，道用不振。将欲取正，舍予谁归？[①]

在他看来，止观学说受屈的原因，主要是他宗的混滥，“讲华严者唯尊我佛，读唯识者不许它经，至于教外别传，但任胸臆”[②]，这些都远逊于天台教义，是对天台圆教的倒退。自此，他“大启上法，旁罗万行；尽摄诸相，入于无间。即文字以达观，导语默以还源。乃祖述所传章句，凡十数万言。心度诸禅，心不逾矩；三学俱炽，群疑日溃。”[③]经湛然毕生努力，终于使止观教义重行，天台一宗“焕然中兴”。

湛然著作颇丰，实际远不止“十数万言”。主要有：

《法华玄义释签》二十卷；

《法华文句记》三十卷；

《止观辅行传弘决》四十卷。

以上三种属于对“天台三大部”的注释性著述，严密地阐述和发挥了智𫖮的止观学说。此外尚有：

《止观义例》二卷；

《止观大意》一卷；

《十不二门》一卷；

---

① 《续高僧传》卷六，《湛然传》。

② 《佛祖统纪》卷七。

③ 《续高僧传》卷六。

《金刚錍》一卷；

《略维摩疏》十卷；

《净名疏记》六卷；

《始终心要》一卷；

《法华经大意》一卷；

《法华五百问论》三卷；

《法华三昧行事运想补助仪》一卷；

《摩诃止观辅行搜要记》十卷；

《华严经愿行观门骨目》二卷；

《重治定涅槃经疏》十五卷；

《观心诵经记》一卷；

《授菩萨戒仪》一卷等。

尚有传为湛然所著，而今已散佚不可考者，计六、七种。

湛然对天台学说的最大贡献，是把智顗的“性具善恶”说发展为“无情有性”说。

唐中期后，佛教各宗派普遍把一切诸法归结于自心，这样，万法唯心的思想被推到了极端，朝着唯心的方向已没有什么发展的余地。于是，佛学出现了一种由众生有性到万物有性思想发展的倾向。湛然“无情有性”说的提倡，既把握了时代佛教的脉膊，又不失时机地宣传了自智顗起一以贯之的心性学说，把隋唐佛教的佛性论推向顶峰。

“无情有性”说的佛学基础是智顗的“性具善恶”说。智顗论性具善恶，首先从十界互具、一念三千的“性具实相”说出发，将善恶归结为中道佛性原理下的相即平等，主张“一色一香，无非中道”。其次，智顗又把佛性分为正、缘、了“三因”，名“三因佛性”，并借助中道实相，提倡“三因互具”，把三因与空、假、中三谛相联系，说明既然缘、了二因具善恶，那么正因也应具善恶。湛然根据智𫖮所创“性具实相”原理，又吸收《大乘起信论》“真如随缘”思想，建立“诸法真如随缘而现，当体即是实相”[①]之说。这一“当体实相”说比智𫖮的“性具实相”说更能直捷有效地解释性具善恶说。同时，湛然又运用智𫖮“三因佛性”说，重申性具善恶。他说：“性德缘、了，本自有之。今三千即空性了因也，三千即假性缘因也，三千即中性正因也。是故他解唯知阐提不断正因，不知不断性德缘、了。故知善恶不出三千。”“若了义者，应云阐提、善人俱有性德，而阐提无修善，善根人有；阐提有修恶，善根人无。”因此，性具善恶是破除佛学中诸多疑难的要点：“如来不断性恶，阐提不断性善。点此一意，众滞自消”。[②]

湛然以这种性具善恶说，集中批判了华严宗“但理随缘”、“缘理断九”的性起说。《观经疏妙宗钞》载湛然语曰：“他宗不明修性，若以真如一理名性，随缘差别为修，则荆溪出时甚有人说也。故知他宗同极，只立性起，不云性具，深可思量。”[③]意思是说，华严宗的性起说，只是以真如名性，随缘名修，是一种浅显的佛性论；而天台宗的性具说能独树一帜，高出各宗佛性论。湛然又概括两家佛性论的主要区别，认为，性具善恶说主张佛界九界互具，故“妄体本真”、“达妄即真”，妄心也可成佛；而性善说因主张佛界九界隔历，故须断

① 《法华玄义释签》卷二。

② 《摩诃止观辅行传弘决》卷五之三。

③ ［北宋］知礼：《观经疏妙宗钞》，见《大正藏》卷三七。

九界修恶，灭无明尽方入涅槃，唯真心能成佛。

根据这种区别，湛然针对华严宗只承认“有情有佛性”之说，提出了“无情有性”说。他说：“余患世迷，恒思点示。是故呓言：无情有性。”[①]所谓“无情有性”，意为不但有情众生都有佛性，而且就连没有生命的无情之物如墙壁瓦石等，也都有佛性，都能成佛。

从释迦牟尼时代起，佛教在传统上一向认为，成佛是“有情”众生的事；“无情”之物没有意识、感觉、思维等活动能力，所以无佛性可言，更无成佛之事。湛然“无情有性”说的提出，打破了传统看法，是佛教思想史上的重要事件。

“无情有性”说集中体现于《金刚錍》中。《金刚錍》借梦中呓语提出“无情有性”，又假设宾主问答形式予以具体阐述。

首先，湛然认为，有情有佛性、瓦石无佛性等说法，那只是经文的方便之说。他举《涅槃经》为例，说经中关于佛性，有多种说法，其中《迦叶品》云：“古佛性者，所谓十力、无畏、不共、大悲、三念、三十二相、八十种好。”这些都是佛所具备的。如按这种解释，非但瓦石无性，就连一切众生也无佛性：“子何不引此文，令一切众生亦无，何独瓦石？”但若依理而论，则终无异辙，世间诸法皆有佛性。正如《迦叶品》又说，“众生佛性，犹如虚空，非内非外。”佛性既如虚空，无所不收，无所不该，则“岂隔烦恼及二乘乎？”“安弃墙壁瓦石等耶”？

其次，湛然又据智颉藏、通、别、圆四教说，提出“无

① ［唐］湛然：《金刚錍》，见《大正藏》卷四六。

情有性”说是大乘圆教（天台宗）有别于其他三教的圆融之谈，是高于权教的特殊教义。他说，若依小乘，则有无情之名；若依大乘，则有佛性之语。愚者因为不懂得大小乘的融通，故而“弃《涅槃》虚空之喻，不达修性三因离合，不思生佛无差之旨，谬学传习无情之言，反难己宗唯心之教”，将“无情”与“佛性”分离。他又说，《法华》之前的藏、通、别教“可云无情，不云有性”；而圆教“始末知理不二”，故“心外无境，谁情无情？”乃至“举足修途，皆趣宝渚；弹指合掌，咸成佛因。”这实际上是根据智𫖮所立天台圆教的“一念三千”说，来论证无情有性。所以他接着又说：“实相法尔，具足诸法；诸法法尔，性本无生。故虽三千，有而不有，共而不杂，离而不分。”三千皆为实相，无情之物自然具足佛性。

第三，湛然又以智𫖮的三因佛性说来加以论证。他认为，说有情众生具有佛性而否认无情之物也有佛性，那是以正因为佛性，属于权教之说，不达修性三因离合。若据天台圆教之说，则应该是三因互具，即正、缘、了三因并是佛性。天台佛教以空、假、中三谛喻了、缘、正三因，将一切假名设施视之为缘因，而缘因也是佛性；既然如此，则没有理由说无情无佛性。同时，湛然又对正因佛性与无情有性加以会通，说：

> 此全是理性三因，由未发心，未曾加行。故性缘、了，同名正因，故云众生皆有正性。既信己心有此性已，次示此性非内外、遍虚空，同诸佛等法界。既信遍已，次示遍具。既同诸佛等于法界，故此遍性具诸佛之身。

缘、了同名正因，众生皆具正性，而正性非内外、遍虚空，则无情也应具正因佛性。按照这一说法，说众生有佛性，是信法入门的方便，究竟而论，则应是诸佛等于法界，无情之物悉具诸佛之身。

第四，湛然运用真如佛性思想，以《大乘起信论》的真如不变随缘之义和水波关系之喻为依据，论证无情有性。

《金刚錍》又写道：

> 故子应知，万法是真如，由不变故；真如是万法，由随缘故。子信无情无佛性者，岂非万法无真如耶？故万法之称，宁隔于纤尘？真如之体，何专于彼我？

真如佛性是永恒的精神实体，世界一切都是真如佛性的具体表现。真如随缘而有诸法，诸法本质即是真如。真如佛性既遍于一切处，一切处无所不在，则无情必然与有情同样具足。世界现象虽丰富多彩，但最后的精神实体只有一个，那就是真如佛性，它贯彻、融化于一切事物之中。

湛然这一观点的前提是以真如为佛性、真如即佛性。以真如为佛性，是大乘佛教普遍的认识，但湛然借此以论证无情有性，则是独创。湛然说："无佛性之法性，客在小宗；即法性之佛性，方曰大教。"法性又名真如、法界、实际、真性；佛性即法性，佛性也就是真如，这属"大教"之说。他又说："故今问子：诸经论中，法界、实际、实相、真性等，为同法性在无情中，为同真如分为两派？若同真如，诸教不见无情法界及实际等。……既真佛体在一切法，请子思之，当免迷教，及迷佛性之进否也。故真如随缘即佛性随缘，佛之一字即法佛也。故法佛与真如，体一名异。”既然真如恒常遍在，而佛性与真如体一名异，那么，无情有性便在理论上不容置疑。以真如佛性遍在之说来论证无情有性，可以说是湛然最有力的理论，也是最能使论敌折服的理论。

《起信论》在论述真如不变随缘时，曾以水与波的关系作比喻，意在尽管波涛汹涌，形象千变万化，但其湿性（即水）不变。湛然在论证无情有性时，也借用了这一比喻，说：

> 是则无有无波之水，未有不湿之波。在湿讵间于混澄，为波自分于清浊。虽有清有浊，而一性无殊；纵造正造依，依理终无异辙。若许随缘不变，复云无情有无，岂非自语相违耶？

湛然的解释，强调真如之不变随缘的相即，不变即随缘，随缘即不变。或者说本质即现象，现象即本质；现象只能作为精神实体的现象而存在，所以一切无情都是真如佛性的具体表现。

除《金刚錍》外，湛然又于《止观辅行传弘决》卷一之二中，从十个方面论述了无情有性学说。这十个方面是：

> 一者约身。言佛性者，应具三身，不可独云有应身性；若具三身，法身许遍，何隔无情！二者从体。三身相即，无暂离时，既许法身遍一切处，报、应未尝离于法身，况法身处二身常在。故知三身遍于诸法，何独法身！法身若遍，尚具三身，何独法身！三约

> 事理。从事则分情与无情，从理则无情、非情别，是故情具，无情亦然。四者约土。从迷情故，分于依正；从理智故，依即是正。如常寂光即法身土，身土相称，何隔无情！五约教证。教道说有情与非情，证道说故不可分二。六约真俗。真故体一，俗分有无；二而不二，思之可知。七约摄属。一切万法，摄属于心；心外无余，岂复甄隔。但云有情，心体皆遍；岂隔草木，独称无情？八者因果。从因从迷，执异成隔；从果从悟，佛性恒同。九者随宜。四句分别，随顺悉檀；说益不同，且分二别。十者随教。三教云无，圆说遍有。

这十条论证的基础，主要是真如不变随缘说，如理事关系、真俗关系、体用关系都由它演化而成。但湛然有意将这些关系纳入止观体系，则侧重表现为中道实相理论。从事上说，有有情、无情之分，但从理上说，则无所分别，因此佛性也不存在何者具、何者不具的问题。真与俗、体与用也是这样。所以湛然又说："于佛性中，教分权实，故有即、离。今从即义，故云：色香无非中道。此色香等世人咸以为无情，然亦共许色香中道、无情佛性。""是则一尘具足一切众生佛性，亦具十方诸佛佛性。"[①]根据三谛相即、一心三观的道理，色香即是中道，无情不别有情，所以无情万法具足诸佛佛性。

湛然论"无情有性"说，与智顗"说己心中所行之法门"，在思想方法上一脉相承。湛然曾批评持"无情无佛性"者，

---

① 《止观辅行传弘决》卷一之二。

说他们拘泥于经文章句,"迷名而不知义"[①],就是表明自己不拘成说、发挥经义的勇气和信心。

"无情有性"说的确立,把道生"一阐提人皆得成佛"的思想又向前推进了一步。它使中国佛学与印度佛学的距离再次拉大,表现出鲜明的民族特色和时代特色。

由于"无情有性"说在逻辑上把"真如缘起"论与"涅槃佛性"论沟通起来,所以克服了佛性不具普遍性的缺点,使佛性不仅支配社会人生,而且统辖宇宙天地,包容整个物质世界和精神世界。但是,佛性范围的无限扩大,则又给佛教内部带来新的思想危机。草木瓦石也有佛性的命题,已经接近"物质能不能思维"的边缘,接近了泛神论或自然神论。佛性的自然化,使佛性融入客观自然物质,有可能使佛教自身走向反面。

"无情有性"说除了以智顗的"性具善恶"说为佛学背景外,它的理论来源,还可以上溯到《庄子》所谓"道"在稊稗、瓦甓、屎溺之说。庄子之说经过地论师、三论师以及牛头禅师等的阐扬而影响于湛然。

据禅宗史书记载,唐初,在江左润州牛头山(在今南京西南部)一带活跃着一支禅宗派系,名牛头禅。由于牛头诸师长期受江南佛学的熏陶,所以他们曾依据三论宗学者吉藏有关"无情成佛"说的介绍,从"道无所不遍"出发,提出"草木无情,本来合道"之说。吉藏在评论当时十一家佛性说时,就曾提出:"若欲明有佛性者,不但众生有佛性,草木亦有佛性";"若于无所得人,不但空为佛性,一切草木并是佛

① 《金刚錍》。

性也。”他又以《涅槃经》所说“一切诸法中，悉有安乐性”等经文为理由，指出“依通门义，一切众生悉有佛性，草木亦耳。”①只是吉藏尚未将这一思想加以系统组织和发挥。牛头初祖法融的《绝观论》则说：“道者，独在于形器之中耶？亦在草木之中耶？”“道，无所不遍也”，故可说“草木久来合道。”②所谓“草木合道”，实际是“草木有性”的变通说法。后来，“青青翠竹，尽是法身；郁郁黄花，无非般若”之说遂成为牛头禅的特色之一。牛头禅的“无情合道”说不仅为湛然的“无情有性”说提供了思想资料，而且也对后期禅宗的某些派系产生影响，如曹洞宗之祖良价禅师就曾受南阳慧忠“无情说法”之说的启发而有所悟入。

但是，“无情有性”说也为禅宗其他派系所反对，乃至备受谴责。慧能弟子神会在答牛头山袁禅师问时，明确表示：“佛性遍一切有情，不遍一切无情”；“岂将青青翠竹同于功德法身，岂将郁郁黄花等般若之智？”并且认为，“若是将青竹黄花同于法身般若者，此即外道说也。”③洪州禅也对牛头之说持否定态度。百丈怀海说：

> 从人至佛，是圣情执；从人至地狱，是凡情执。只如今但于凡圣二境有染爱心，是名有情无佛性。只如今但于凡圣二境及一切有无诸法都无取舍心，亦

① 《大乘玄论》卷三。

② ［唐］法融：《绝观论》，见《大正藏》卷八五。

③ 《神会语录》，铃木大拙校订本，见石峻等编：《中国佛教思想资料选编》第二卷第四册，中华书局1983年版。

无无取舍知解，是名无情有佛性。只是无有情系，不同木石太虚、黄花翠竹之无情。[①]

他把“无情”诠释为“无有情系”，以与牛头的黄花翠竹之“无情”相区别，虽然他也说“无情有佛性”，但内容恰恰相反。他们之所以始终反对“无情有性”说，主要是因为该说缺乏主体的日用性和能动性。大珠慧海说：“若见性人，道是亦得，道不是亦得。随用而说，不滞是非。若不见性人，说翠竹著翠竹，说黄花著黄花，说法身滞法身，说般若不识般若。”[②]意思是说，“黄花翠竹”之说忽视了主体的见性能动意义，易于滞着事相，不得解脱。

由义玄建立的临济禅则进一步发展了洪州禅的有关思想，他不仅反对无情成佛，而且将“人”从“众生”中分离出来，将“人”作为禅的根本的、乃至唯一的对象，把“人”的自由解脱视为最终目的。《临济录》不仅是现实社会“人”的说法和活动的生动记载，而且也是以“人”为对象的杰出讲演录，其中提到的“人”、“道人”、“大丈夫儿”、“道流”、“大德”、“听者”、“学道人”、“无依道人”、“无位真人”、“真正学道人”等概念，无一不是指向现实的“人”。为此，我们也就可以从洪州门下极力抨击的“翠竹黄花”之说中，见到更为深刻的思想内蕴了。

从智𫖮的“性具善恶”，到湛然的“无情有性”，再到义玄的“人”的自然解脱，具有内在的逻辑发展规律，符合思

① ［南宋］赜藏主集：《古尊宿语录》卷一，见《续藏经》二编第二三套。

② 见［北宋］道原：《景德传灯录》卷六，《大正藏》卷五一。

想史的辩证发展过程。

智顗的整个佛学体系，存在着革新与传统、拓展与保守的矛盾，这使他的思想虽然带有某种主体性的意义（尤其突出表现于“一心三观”、“一念三千”中），但因囿于传统佛教的众生成佛概念，无法达到后来洪州、临济等禅系那样对“人”的本质活生生的把握，从而使主体性不能得到发扬。湛然的“无情有性”说，在理论思维上有新的贡献，把“性具善恶”推到了极端，从而保证了天台佛教在唐代中叶的复兴。但这种高度抽象的哲学思辨脱离现实太远，难以指导现实人生的具体实践。与此同时，对佛性的至高无上的尊严性的破坏，却为禅宗思想的发展提供了借鉴。质言之，“无情有性”说在思想史上可以说是对“性具善恶”说的倒退；成佛对象由“众生”而扩大至“无情”，容易脱离对“人”的自身解脱的高度关切。但若没有“无情有性”，洪州禅将无法在批判中获得革新，而临济禅也将难以重新确立人的地位和尊严。禅宗临济宗等提倡的人的自信、自力、自尊、自我解脱，不仅是时代的产物，而且也是对佛教思想史深刻反省的结果。

四、宋明天台思想的演变

宋代天台宗人对智顗佛教思想的继承，主要集中在“性具善恶”论上。而在具体实践方面，他们发展了智顗所倡导的念佛三昧，以与当时盛行的弥陀净土信仰接轨；同时又完善了智顗初制的仪轨制度，尤其是水陆法会和各种忏法。

义寂（918～987），字常照，俗姓胡，温州永嘉（今属浙江）人。因见当时天台教典已散落殆尽，仅存“零编断简”，乃通过德韶，请吴越王钱俶遣使高丽、日本，求得大量已佚教典，使"一宗教文，复还中国。"义寂因此而备受时人尊重，"由是一家教乘，以师为重兴之人矣。"①他被视为湛然之后又一"中兴教观"有功之人。钱俶赐名"净光大师"。

义通（927～988），字惟远，出身高丽王族。从义寂受学，"敷物教观凡二十年"。后来"法席大开，得二神足而起家：一曰法智师（知礼），一曰慈云师（遵式）。法智师延庆道场，中兴此教，时称四明尊者；慈云建灵山法席，峙立解行，世号天竺忏主。"②因宋太宗赐其所居传教院名"宝云寺"，故称"宝云大师"。

知礼（960～1028），字约言，俗姓金，浙江四明人。从义通学天台教观，三年后即代师开讲说法。"凡三主法会，唯事讲、忏。四十余年，胁不至席。当时之人，从而化者以千计，受其教而唱道于时者，三十余席。"③晚年曾结伴十僧，共修"法华忏"三年。后拟集体自焚，经杨亿、李遵勖、遵式等人劝阻，未曾实行，但名声由此而更著。

遵式（964～1032），字知白，俗姓叶，天台宁海人。出家后先攻律学，后从义通学天台教义。宋真宗赐号"慈云大师"。上层官僚章得象、王钦若等曾与之交游。与知礼法系相比，遵式一系比较萧条。他一生写过多部有关天台忏仪的著作，如《金光明忏仪》、《大弥陀忏仪》、《小弥陀忏仪》等，故被称为

① ［南宋］宗晓：《四明教行录》卷七，见《大正藏》卷四六。

② ［南宋］宗晓：《四明教行录》之序。

③ ［北宋］赵抃：《宋故明州延庆寺法智大师行业碑》，见《四明教行录》卷七。

“慈云忏主”或“天竺忏主”。

晤恩（912～986），字修己，俗姓路，姑苏常熟（今属江苏）人。出家后先学律部，后从志因受学天台教义。据载，他“不喜杂交游，不好言俗事，虽大人豪族，未尝辄问名居”；“平时谨重一食，不离一钵，不蓄财宝，卧必右胁，坐必跏趺。”[①]这在当时渐趋世俗化的佛教界是比较突出的。同时，晤恩在佛学上于天台教观有深刻研究，曾先后“讲演大部二十余过”，故志磐说他“剖析幽微，时称义虎”，“《法华》大意，昭著于世，师之力也。”[②]可见他坚持了天台解行相应、目足双运的传统风格。

宋代天台宗史上的重要事件，是所谓“山家”与“山外”之争，以确认智颉佛学的正统所在。

据《释门正统》、《十义书序》等记载，“山家”与“山外”之争发端于晤恩的《金光明玄义发挥记》，焦点是智颉《金光明经玄义》广本的真伪，实质是关于所观之境属于“真心”还是“妄心”，即如何看待智颉的“性具”学说。但在“绵历七载”的长期争论中，涉及的问题相当广泛。争论结果，知礼一派获胜，遂自诩“山家”，即以天台正统自居；持相反意见者，则全被贬斥为“山外”，即非天台正统。“山家”的代表人物，除知礼外，还有他的弟子梵臻、尚贤、本如等；“山外”的代表人物，除晤恩外，尚有他的弟子源清、洪敏，以及源清弟子庆昭、智圆等。此外，原属知礼一系的仁岳、从义等人，后因与知礼观点不合，被贬称为“后山外”。

---

① 《宋高僧传》卷七，《晤恩传》。

② 《佛祖统纪》卷一。

智顗所著《金光明经玄义》传有广、略两种本子，并行于世。义通曾撰《金光明玄义赞释》和《金光明文句备急钞》，以解释略本。其时，晤恩在《金光明玄义发挥记》中提出，广本所述“观心释”，义理乖违，当属后人擅添，因而须予否定；略本详说法性圆妙，没有提出“五重玄义”中的真实性，故须予以肯定。为此，知礼起而反驳，在所著《释难扶宗记》中，肯定广本为天台智顗所作，并重点阐发了广本中的“观心”教义，即提倡“妄心观”。知礼批评晤恩，说他否定“观心”乃是有教无观，不符合智顗教观统一的教旨。此后，庆昭等人又与知礼多次往覆问答释难。虽中经钱塘太守调停，曾暂时告一段落，但不久争论复起。先是智圆作《金光明经玄义表征记》，再次非议广本“观心释”。知礼则作《金光明玄义拾遗记》予以反驳。后源清又著《十不二门示珠指》，坚持真心观，宗昱（与义通同门）又著《注十不二门》，提倡灵知心性之说，均在教理上阐发华严“性起”学说。对此，知礼则作《十不二门指要钞》，强调天台的根本教义是“性具三千”，属圆教圆融之说，而华严主张万法“性起”缘起，属别教隔历之说。

上述争论表明，“山外”派的思想确实受了华严“性起”学说的影响。他们主张的真心观，以心性真如为观察的对象，即承认心之本体为纯净无染的“真心”，只是“随缘”而造作万法。这种真心观既与华严的“性起”缘起说有联系，则必然与天台智顗的“性具”说相违背。智顗的“性具”学说，主张“一念三千”、“性具善恶”，认为万法本具于一心，一念即具三千善恶诸法。但同时它也显然受到儒家心性学说的影响。自唐代韩愈、李翱提倡复兴儒学以后，李翱的“性善情恶”的“复性”论为儒家学者所重视。至宋初，儒学复兴的呼声甚高，心性学说成为当时学界研讨的核心论题。“山外”派思想中的真心观在某种意义上也是对该时代学术潮流的适应。

“山家”派的思想似乎更接近智顗“性具善恶”，尤其是“性恶”说的原意。知礼《十不二门指要钞》提出的“理具事造”、“别理随缘”等观点，就是意在坚持和复述智顗的性具学说。他认为，本性圆满，具足万有，是为理具三千、性具三千；此理具三千，随缘而成现象界，有森罗万象之差别相，是为事造三千、事用三千。理具与事造虽然名异，但两者之体为一。同时认为，根据“教权理实”和“暂用还废”的原则，隔历的别教之理也能随缘而成现象界。智顗主张“性恶”，但这并非意味着反对修善。事实上，性恶和修善是统一的。智顗曾严厉批评那些“笑持戒修善者谓言非道，纯教诸人遍造众恶”①的人，并积极提倡修持善道，重视三学六度。就理论逻辑而言，“性恶”说也往往比“性善”论更容易得出修善的结论。这好比荀子之所以提倡人性本恶，乃是为了指出以“礼仪法度”来“化性起伪”的必要性。知礼提出“妄心观”，就是要将智顗的“性具”学说导入切实的宗教实践。也就是要求人们以内省的方式，认识一切众生“性恶”本质，因而需从日常生活的每一俗念中去忏悔、防止恶业，强化个人道德修养。南宋天台僧善月对知礼的“性恶”说有很高评价，认为它得了智顗的真传，说：

> 性恶之言出自一家，非余家之所有也。得其旨者，荆溪之后唯四明（知礼）一人耳。故所述记钞，凡

① 《摩诃止观》卷二下。

明圆旨，必以性恶为言。[1]

同时，善月又指出，“只一修恶之言而有云断者，断其情也。”意为“山家”既说性恶，但又说断修恶；断修恶也就是“断其情”，情断善现，回于性善。若按这一解释，知礼所说“性恶”，主要指情欲而言；他的所谓“妄心观”，也就是要依据对“性恶”的认识，断除情欲。“山外”派取消“观心”的倾向，无疑将导致人们放弃对情欲的自我克制。这当然属于“山家”的片面认识。

此外，“山家”因较多地继承和发挥了智顗的“性恶”说，便自奉为天台正统，而将不同观点者视为异端，贬为“山外”，反映出其自身强烈的宗派情绪。这种情绪与正在复兴中的儒家伦理纲常说教显然有重要关系，正如志磐所说：“父作之，子述之。既曰背宗，何必嗣法？”如庆昭弟子“以他党而外侮”，仁岳、从义等则“以吾子而内畔”，这些行为“皆足以溷乱法门，壅塞祖道”[2]，都是不能容忍的。由于世俗的宗法伦理观念全面渗透入佛教思想，从而更加增强了教团内部党同伐异的色彩。

事实上，对儒家传统观念的吸收，乃是宋代天台宗人的普遍现象。身为“山外”派的智圆就是其中的典型人物。

智圆（976～1022），字无外，号中庸子，俗姓徐，浙江钱塘人。自幼出家，二十一岁从奉先源清学天台教义。源清卒后，住西湖孤山，与处士林和靖为友，又与遵式相交。据所著

① ［南宋］善月：《山家绪余集》卷中，见《续藏经》二编第六套第三册。
② 《佛祖统纪》卷二二。

《闲居编》自述，“学通内外”，“旁涉老庄，兼通儒墨”；“或宗于周孔，或涉乎老庄，或归乎释氏，于其道不能纯矣。”[①]这意味着，他虽然在形式上是佛教僧侣，但在思想上已熔三教为一炉，无内外学之分。

当然，智圆的三教融合，重点是对儒释的调和。他说：

> 夫儒、释者，言异而理贯也，莫不化民，俾迁善远恶也。儒者饰身之教，故谓之外典也；释者修心之教，故谓之内典也。……吾修身以儒，治心以释，拳拳服膺，罔敢懈慢。[②]

儒家重饰身，佛教重修心；外儒内佛，可使人迁善远恶。这种说法似乎突出了佛教的“修心”意义。但事实并非如此。智圆要在肯定佛教修心效果的基础上，使佛教成为实践儒家伦理道德的工具，其方法就是以儒家的仁义五常取代佛教的心性学说。他说：

> 山也，水也，君子好之甚矣，小人好之亦甚矣。好之则同也，所以好之则异乎！夫君子之好也，俾复其性；小人之好也，务悦其情。君子知人之性也本善，由七情而汩之，由五常而复之；五常所以制其情也。由是观山之静似仁，察水之动似知。故好之，则心不忘于仁与知也。……小人好之则不然，唯能目嵯峨、

① ［北宋］智圆：《闲居编》卷一一，见《续藏经》二编第六套第一册。
② 《闲居编》卷一九。

耳潺湲，以快其情也。孰为仁乎？孰为知乎？及其动也，则必乖其道也。①

在这里，智圆把“复性”与“任情”作为划分君子与小人的标准看待。同时，他又对“性”和“情”的内容作出规定：“性”即性善，亦即儒家仁义五常；“情”是恶源，即指七情之欲。因此，智圆试图要“复”的“性”，已不再是自家的佛性，而成为宗法意义上的儒家人性。性善情恶说是李翱《复性书》儒家人性理论的基本观点，它通过吸取天台佛性理论和止观学说而确立。智圆的“复性”说，看上去似乎是《复性书》性善情恶说的翻版，但它是通过儒家伦理思想对佛教心性理论的改造而提出的。

智圆的性善情恶说，使天台智𫖮所创立的“性恶”说完全变了样。这也可以从一个侧面说明，“山外”派确实未能坚持智𫖮有关学说的精神。为了迎合时代的需要，适应时代佛学的潮流，智圆放弃了自宗的原则，修改了自宗的教义。“山家”对“山外”的抨击当然有自己的充分理由，但无奈中也祭起儒家五常的旗帜，同样反映了社会政治的重大变化和思想界新格局的形成。这种社会的变化，是统一政治局面的出现；而思想界的新格局，是理学取得对佛、道的支配。

理学的核心是以伦理纲常为原则的心性学说。它的人性论的根本命题是“性即理”。朱熹曾认为，二程所提倡的“性即理也”乃是“颠扑不破”的真理。这一思想不仅影响有宋一代佛教，而且也影响到明清佛教。

① 《闲居编》卷二九。

明代天台宗谈论性具善恶，其代表人物是传灯。传灯(1554～1627)，号无尽，俗姓叶，衢州（今浙江衢县）人。他所著的《性善恶论》着重阐发自唐代起深受佛门欢迎的性恶法门，可以说是佛教学者在理学占统治地位的形势下对唐宋天台宗人有关思想的注释和发挥。

传灯适应理学的要求，对“性”下了与之相同的定义。他说：“性者理也。性之为理，本非善恶。”[①]“性即理”的命题虽然属于理学人性论，但它是在吸收佛教心性本体论的基础上确立起来的。因此，当传灯在论证性具善恶学说时，便自然地借助于它，并通过天台宗“十界互具”实相论，大谈性善和性恶在“理”本体上的融通。因为十界互具，所以九界之性恶即是佛界之性善。于是，一方面性即是理，本非善恶；另一方面，性同时又具足善恶。

根据性具善恶原理，传灯进一步认为，善恶不能不说，但最终要落实在“修”上，即所谓“约修以论性”。他说：“盖台宗之言性也，则善恶具；言修也，而后善恶分。乃以本具佛界为性善，本具九界为性恶；修成佛界为修善，修成九界为修恶。”[②]可见，他把修善修恶看得比性善性恶更为重要，这也与理学家重视“存天理，去人欲”的修心养性的基本原则相符。从修习的角度出发，传灯强调性恶。他说：“是故约修以论性。修既有善恶矣，而性岂得无之？”“今且务使其即修恶以即性恶，以为己躬履践。”[③]只有突出了性恶，才能有助于人们的实

① ［明］传灯：《性善恶论》卷一，见《续藏经》二编第六套第五册。

② 《性善恶论》卷一。

③ 《性善恶论》卷一。

修。

他所说的“己躬履践”的具体内容是什么呢?据传灯所说，主要当指君臣父子、仁义礼智信等伦理规范。《性善恶论》卷一又说：

> 夫子之于《诗》与《春秋》也，其始终本末，各有条贯。正以王化之本，始于天下之易行。何也?盖天下固知有父子也，父子不相贼，而足以为孝；天下固知有兄弟也，兄弟不相夺，而足以为悌。孝悌足而王道备，此固非有深远而难见，勤苦而难行。……一失容者，礼之所由废；一失言者，义之所由亡。君臣之相攘，上下之相残，天下大乱，未尝不始于此道。

可见，传灯重视性恶，是要配合理学，实践传统伦理，以维护王权。他之所以既谈“本教”，又谈“世教”，是认为两者有着内在统一，并以此证明性具学说“深有功于圆教，大有益于圆修。”这里所谓“圆教”、“圆修”，实际是指儒、释的统一（即以理学为标准)。

智旭（1599～1655）是天台宗历史上的最后一大家。俗姓钟，江苏吴县人。二十四岁出家。因见当时禅宗流弊甚深，曾有意于弘扬律学，后又修习其他各宗，自称私淑天台宗。他说：“予二十三岁即苦志参禅，今辄自称私淑天台者，深痛我禅门之病，非台宗不能救耳。”[1]但后来又因不满于天台末流的门

① ［明］智旭：《灵峰宗论》卷二，金陵刻经处本。

户之争，所以声称“私淑台宗，不敢冒认法脉”。

智旭的天台教理，强调智颛的教观一致说，为此而著《教观纲宗》。在该书中，他努力阐明智颛教相判释的原旨，批评了后人的改纂活动。他推崇知礼的有关学说，以为知礼全面继承了智颛的天台止观体系。智旭的原意在恢复天台止观的本来面貌，但终因佛教自身的全面衰落而难以实现。事实上，在该时代佛教环境的制约下，他为佛教所作的贡献更多地体现于“融会诸宗，归极净土”方面。清以后天台宗传人，大多依据智旭的有关论疏，予以整理发挥，从而逐渐形成融合禅观、经教、戒律而归于净土的“灵峰派”（因智旭曾长住杭州灵峰而得名），一直延续至近现代。

由智颛所创立的佛教天台宗，后来先后传入日本和韩国，为中国与这两个国家的文化交流作出过重要贡献。

九世纪初（约804），日僧最澄（767～822）在研习由鉴真带去的天台典籍后，因生敬仰之心，携弟子义真入唐求法。在天台山，他从修禅寺的道邃和佛陇寺的行满修学天台教观，并从道邃受菩萨戒。最澄回国后，以比睿山为中心弘扬天台教义，建立日本天台宗。基于最澄弘法的成就，在他去世后，天皇谥号“传教大师”。在平安时代（784～1192），天台宗与真言宗并行发展，史称“平安二宗”。十三世纪，日僧日莲根据此宗所依的《法华经》，另创日莲宗。今人日本天台山座主山田惠谛长老曾指出：“没有天台宗开祖智者大师，就没有日本的天台宗，也就没有后来的日本佛教各宗派的兴起。”[①]可见天台佛教确实在中日文化交流史上占有重要的一页。

① 引自《天台创教，比睿承风》，见《法音》1983年第1期。

天台宗对韩国的影响比对日本要早。南北朝后期,新罗僧玄光入陈朝求法,至南岳衡山谒慧思禅师,证得法华三昧。回国后,他于熊州翁山传授止观,一时门下弟子颇众,但尚未形成独立的宗派。高丽僧般若于隋初来华,先至金陵听讲佛法,“深解义味”;后入天台山从智𫖮学天台教观,又于天台华顶实修止观凡十六年。后卒于国清寺。唐代则有新罗僧法融、理应、纯英等曾于玄朗门下求学天台教义。北宋元丰八年(1085),高丽僧义天来华,受到宋哲宗的礼遇。他在中国遍学华严、天台、禅等各宗,而以天台为重点,并矢志将天台玄义传回本国。回国后他以国清寺为根本道场建立高丽天台宗,门下弟子云集,多达千人。国清寺是高丽国王为义天特意所建,其名仿照祖庭,以表尊崇之意。韩国天台宗后来分为两派,其一派名“天台疏字宗”,另一派名“天台法事宗”。前者继承义天学说,重视天台论疏的阐述;后者重视实修,专修法华忏。自天台宗传入韩国,天台思想和文化成为两国交流的重要内容,天台山则成为韩国僧侣向往的圣地。

附　录

智颉年谱

538 年（梁武帝大同四年），一岁

智𫖮俗姓陈，字德安，生于荆州之华容（今湖北监利）。祖籍颍川（今河南许昌），高宗茂积，盛传于谱史。当永嘉南渡之际，为避北方战乱，举家南迁，寓居荆州。父陈起祖，学通经传，谈吐绝伦，而武策运筹，偏多勇决。梁元帝时为散骑常侍，封益阳侯。母徐氏，性温良恭俭，偏勤斋戒。

544 年（大同十年），七岁

聪明好学，喜往伽蓝，见僧必敬，有脱俗之志。诸僧口授《法华经·普门品》一遍，即能通达。

552 年（梁元帝承圣元年），十五岁

意求出家，但不为父母所许，乃刻檀像，披藏寻经，晓夜礼诵。

554 年（承圣三年），十七岁

西魏军攻陷江陵，梁元帝被执处死。江陵百姓十余万口被驱归关中，其余悉数被害。智顗双亲也于此时亡故。因见家国殄丧，亲属流徙，叹荣会之难久，痛凋离之易及，乃发弘愿，誓作沙门，以荷负正法。

555 年（梁敬帝绍泰元年），十八岁

得湘州（治所在今湖南长沙）刺史王琳的勉励和资助，辞别其兄陈鍼，于湘州果愿寺出家，拜沙门法绪为师，法名智顗。法绪授以十戒，导以律仪。

557 年（陈武帝永定元年），二十岁

法绪示以北行，依慧旷律师，学大乘经典，并受具足戒。其间，诣大贤山（在今湖南衡阳南）隐居，诵《法华经》、《无量义经》、《普贤观经》等经典，并实践方等忏法。

560 年（陈文帝天嘉元年），二十三岁

入光州（今河南光山）大苏山，诣慧思禅师，受学禅法。慧思示以普贤道场，为说《法华》“四安乐行”。智顗乃昏晓苦到，如教研心。切柏为香，柏尽则继之以栗；卷帘进月，月没则燎之以松。不久，即证悟“法华三昧”。慧思便令代讲《大品般若经》，时慧旷律师亦来会坐。慧思评论他“于说法人中最为第一”。

561 年（天嘉二年），二十四岁

灌顶出生。

567 年（陈废帝光大元年），三十岁

慧思于隐遁南岳衡山前，正式付法于智顗，并命其往陈都建康（今江苏南京）传灯化物，延续佛种。智顗奉师严命，即与同道法喜等二十七人东下金陵，开始一生的弘法活动。金陵弘法之初，首先折服禅者法济和论者大忍，旋即朝野请益成蹊，颂声溢道。朝廷命官如仆射徐陵、仪同沈君理、光禄王固、侍中孔焕、尚书毛善、仆射周弘正等纷纷求教，俱服戒香，同飡法味。白马惊韶、定林法岁、禅众智令、奉诚法安等金陵佛界上匠，皆舍指南之位，遵北面之礼。

568年（光大二年），三十一岁

慧思率弟子四十余人止于南岳。

569年（陈宣帝太建元年），三十二岁

受朝廷礼请，住瓦官寺。在寺创弘禅法，讲述《释禅波罗蜜次第法门》，撰著《六妙法门》；同时讲说《法华经》和《大智度论》。

575年（太建七年），三十八岁

因见蒋山过近，非避喧之处，又闻天台山深谷远，有仙宫之称，乃率慧辩等二十余人，入天台隐居。虽宣帝有敕留连，徐陵济涕请住，均被谢绝。初止石桥庵，后迁佛陇，实修止观。

576年（太建八年），三十九岁

至天台华顶峰，行头陀行，昼夜禅观，刻苦研修。头陀既竟，复还佛陇。风烟山水，外足忘忧；妙慧深禅，内充愉乐。共慧绰等人种苣拾橡，安贫无戚。

577年（太建九年），四十岁

创寺新成，朝廷赐名修禅寺。宣帝下诏，割始丰县调，以充众费；蠲两户民，以供薪水。是年慧思入灭。

581 年（太建十三年），四十四岁

讲《金光明经》。建放生池。

583 年（陈后主至德元年），四十六岁

灌顶于是年起师事智顗。

584 年（至德二年），四十七岁。

受陈永阳王伯智礼请，开讲《法华经》。

585 年（至德三年），四十八岁

后主七次遣使邀请，重返金陵。即被延上东堂，四事供养，礼遇殷勤。住灵耀寺。于太极殿开讲《大智度论》，礼法一如国师瓘阇黎故事。又于太极殿讲《仁王般若经》，后主亲临听法。

586 年（至德四年），四十九岁

因所住灵耀寺过于偏隘，不便立众安禅，乃移居光宅寺。后主于光宅寺舍身，大施僧众，再请讲《仁王般若经》。讲毕，后主于大众内起礼三拜，俯仰殷勤，以彰敬重。在寺为皇太子授菩萨戒，又为皇后沈氏取法名“海慧”。

587 年（陈后主祯明元年），五十岁

于光宅寺详细讲述《法华经》。是年弟子灌顶二十七岁，听取并记录全部讲解，后将讲经内容整理成书，即为《法华文句》。

588 年（祯明二年），五十一岁

杨坚任命其第二子晋王杨广为行军元帅，率贺若弼、韩擒虎等九十个行军总管，士兵五十二万，分八路进军伐陈。

589年（隋文帝开皇九年），五十二岁

隋军攻陷建康，后主被俘，陈朝灭亡。寺院遭毁，僧众星散。智顗“策杖荆湘”，路途颠沛，止息于庐山。隋文帝三子秦孝王杨俊闻讯而遣使相邀，智顗示以“虽欲相见，终恐缘差”。

590年（开皇十年），五十三岁

隋文帝敕令智顗，以佛法配合隋朝政治。所谓“既已离世网，修已化人，必希奖进僧伍，固守禁戒，使见者钦服，闻即生善，方副大道之心，是为出家之业。若身从道服，心染俗尘，非直含生之类无所归依，仰恐妙法之门更来谤讟。宜相劝励，以同朕心。”

591年（开皇十一年），五十四岁

晋王杨广在扬州致书累请，遣使招引。智顗“初陈寡德，次让名僧，后举同学”，三辞不免，乃以四愿相约，前往扬州。晋王于金城殿设千僧会，请为己授菩萨戒。智顗授戒毕，又为之取法名“总持”。晋王则报以“智者”之号，故后世多名智顗为“智者大师”。授戒法会结束后，出居城外禅众寺。

592年（开皇十二年），五十五岁

不日便欲还归故林。晋王固请，答以“先有明约，事无两违”。乃至“拂袖而起”，晋王不敢重邀，合掌送至城门。溯江而上，再上庐山，结徒行道。僧俗闻风而至，累迹相造。度夏毕，去潭州（治所在今湖南湘潭），转赴南岳以报师恩。后回故乡荆州，以“答生地恩”。

593年（开皇十三年），五十六岁

于荆州当阳县玉泉山建立精舍。隋文帝闻知，敕赐寺额，先名“一音”，后改名“玉泉”。又重修十住寺。在玉泉寺讲说《法华玄义》，由灌顶记录整理成书。

594年（开皇十四年），五十七岁

于玉泉寺讲说《摩诃止观》，由灌顶记录整理成书。至此，“天台三大部”宣告完成。

595年（开皇十五年），五十八岁

晋王杨广手疏邀请赴扬州传法，曰：“戒为基址，信实行先，保解毗尼”，“即日欲伏膺智断，率先名教，永泛法流，兼用治国。”不日再度邀请，曰：“智者昔入陈朝，彼国明试，瓦官大集，众论锋起。荣公强口，先被折角；两琼继轨，才获交绥；忍师赞叹，唯唱希有。弟子仰延之始，屈登无畏，释难如流，亲所闻见，众咸瞻仰。适承前往荆楚，讲《法华经》，旧学名僧，莫不归服。故知非禅不智，验乎金口。”智顗频辞不免，再度去扬州，住禅众寺。并受晋王之托，撰《净名经疏》。

596年（开皇十六年），五十九岁

春，以雅好泉石为由，辞归天台，似有终老之意。曾立誓云：“若于三宝有益者，当限此余年；若其徒生，愿速从化。”又告僧众云：“吾当卒此地矣，所以每欲归山。”其时，吴民越俗扫巷淘沟，沿道令牧幡华交候。

597年（开皇十七年），六十岁

口授《观心论》，随语疏成，不加点润。冬，晋王遣高孝信入山迎请。智顗奉命，随使者成行。行至石城寺（今浙江新昌大佛寺），乃云有疾。语其弟子智越：“大王欲使吾来，吾不负言而来也。吾知命在此，故不须进前也。”奉请进药，曰：“病不与身合，药何能遣？年不与心合，药何所留？”又请进斋饭，云：“吾生劳毒器，死悦休归。世相如是，不足多叹。”又口授遗书七纸，与晋王别。即端坐大石像前入灭，时为十一月二十四日。世寿六十，僧腊四十。弟子遵师遗嘱，归葬于天台佛陇。

索　引

一、人名索引

三　画

四　画

五 画

六 画

七 画

八　画

九 画

十 画

十一画

十二画

十三画

十四画

十五画

十六画以上

二、文献索引

二　画

三　画

四 画

五　画

六 画

七　画

八 画

九 画

十　画

十一画

十二画

十三画

十四画

十五画

十六画以上

三、词语索引

一　画

二 画

三 画

四 画

五 画

六　画

七　画

八 画

九 画

十 画

十一画

十二画

十三画

十四画

十五画

十六画以上

图书在版编目(CIP)数据

智𫖮评传 / 潘桂明著. —南京：南京大学出版社，1996.2(2007.10 重印)

(中国思想家评传丛书/匡亚明主编)

ISBN 978-7-305-02906-6

Ⅰ. 智… Ⅱ. 潘… Ⅲ. 智𫖮(538～597)—评传 Ⅳ. B949.92

中国版本图书馆 CIP 数据核字(2006)第 013170 号

中国思想家评传丛书

智 𫖮 评 传

潘桂明 著

南京大学出版社出版发行

社址：南京市汉口路 22 号 邮编：210093

电话：025-83596923 025-83592317 传真：025-83328362

网址：http://press.nju.edu.cn

电子邮件：nupress1@public1.ptt.js.cn

南京爱德发展有限公司 印刷

开本 850×1168 1/32 印张 18.625 字数 418 千

1996 年 2 月第 1 版 2007 年 10 月第 3 次印刷

印数 4001—5500

ISBN 978-7-305-02906-6

定价：46.00 元